A Stéphanie
Pour que jamais tu n'oublies.

Tes parents

Quant à la motivation qui nous a guidés six années durant, elle peut se résumer par ces paroles empruntées à Paul-Emile Victor :

"Faire que l'aventure
Au-delà des aléas
Du meilleur et du pire
Du succès et de l'échec
Soit déjà en elle-même un accomplissement."

L'ouvrage comporte quelques termes spécifiquement marins que nous n'avons, à dessein, pas remplacés par des périphrases. Lorsqu'ils apparaissent pour la première fois, ces mots sont accompagnés d'un astérisque renvoyant le lecteur qui le désire à un petit glossaire en fin de volume.

❖

**Nos chaleureux remerciements à Pierre Mayoraz, correcteur,
pour ses judicieux conseils et les heures consacrées
à la lecture de ce texte. Notre vive reconnaissance également
à notre ami Claude Bardonneau.**

Alain et Françoise Carron

ALACALUF

EN FAMILLE
autour du monde

Les Éditions du Plaisancier
BP 27 • 69641 Caluire Cedex
Tél. 04 78 23 31 14 • Fax 04 78 23 48 16

Loisirs Nautiques
24, Rue Poyenne • 33300 Bordeaux
Tél. 05 56 69 94 27 • Fax 05 56 39 55 66

Développements à caractère scientifique et croquis : Françoise Carron.
Photographies des auteurs.
Dessins : Stéphanie Carron.
Croquis p. 302 : Jean Delaborde.

ISBN 2 85725 183 1

SOMMAIRE

1 La route 9
2 Les Goudes 15
3 La Grande Bleue 21
4 Le large 31
5 Passer si près de l'Afrique 39
6 A la rencontre du soleil 55
7 Brasil 67
8 La revanche 97
9 La planète bleue 101
10 Le choix 119
11 Provision de soleil 121
12 Chez "Face d'Ananas" 131

13 Une quête de Sud 137
14 Le monde de Chiloé 177
15 Les archipels de l'ouest 199
16 Tierra del Fuego 235
17 Le Horn 251
18 Seconde expédition 271

19 Rapa Nui, l'île des géants 307
20 L'île de la Perle Noire 323
21 Adieu l'artiste ! 347
22 L'atoll enchanté 349
23 La rencontre 397
24 Le retour 407
25 Souviens-toi Stéphanie 459

GLOSSAIRE 461

CARACTÉRISTIQUES PRINCIPALES D'ALACALUF 466

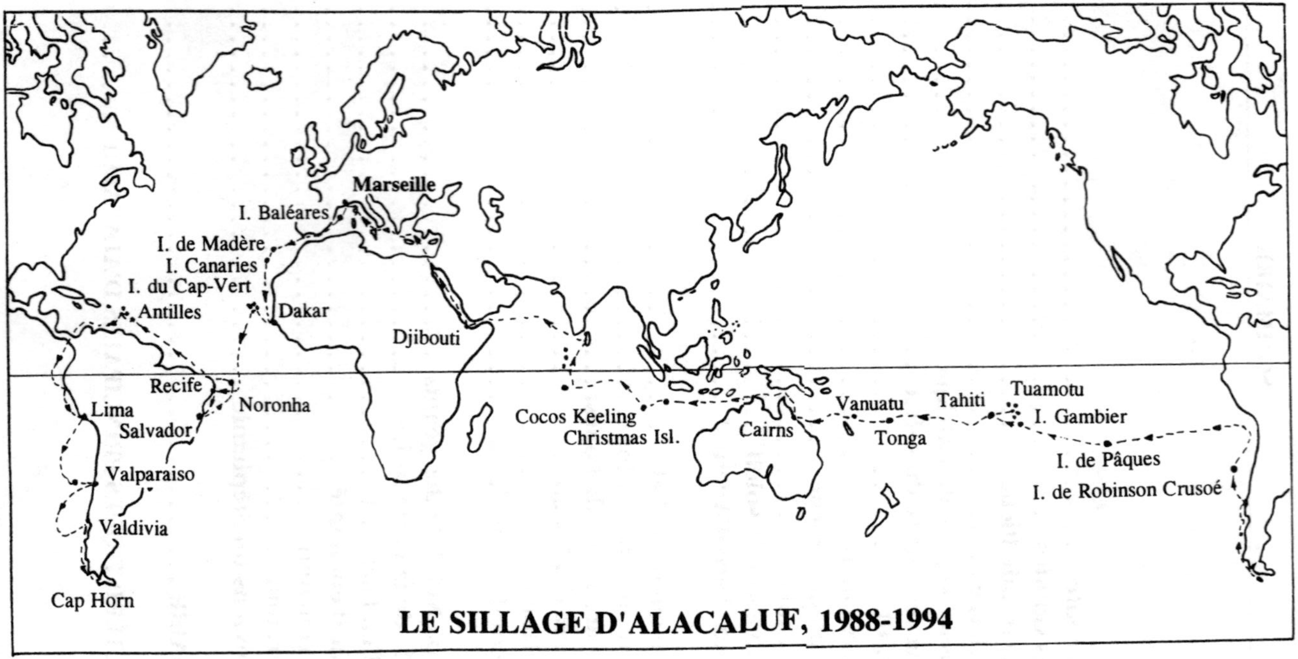
Marseille
I. Baléares
I. de Madère
I. Canaries
I. du Cap-Vert
Antilles
Dakar
Djibouti
Recife
Noronha
Lima
Salvador
Valparaiso
Valdivia
Cap Horn
Cocos Keeling
Christmas Isl.
Cairns
Vanuatu
Tonga
Tahiti
Tuamotu
I. Gambier
I. de Pâques
I. de Robinson Crusoé
LE SILLAGE D'ALACALUF, 1988-1994

1

La route

Le trousseau de clés tombe à l'intérieur de la boîte aux lettres, un bruit bref, sitôt englouti par le silence de la nuit. Nous restons un moment, Françoise et moi, le regard fixé sur la fente qui vient d'avaler, de sectionner le fil qui nous rattachait à ce qui est devenu depuis quelques secondes le passé, pour nous placer devant les réalités de notre choix.

Un coup d'œil sur la banquette arrière. Stéphanie, trois ans, dort déjà, bien calée contre une pile d'affaires qui n'est que le prolongement de l'amoncellement occupant tout l'arrière de la voiture jusqu'au toit. Nous voyons défiler les lumières d'Annecy. avec un pincement dans la poitrine à la pensée qu'ici aussi nous laissons des amis. Maurice, à qui je dois ma formation de plongeur, des premiers coups de palmes au monitorat, Fanfan, qui a révisé le matériel de plongée et établi la liste des pièces de rechange.

Deux heures du matin, la partie la plus sinueuse du trajet est passée, le pinceau des phares est rivé à l'asphalte rectiligne. J'ai les mains mollement posées sur le bas du volant et le regard perdu au-delà de la portée des phares. La Tercel roule toute seule sur l'A7. D'autres images défilent devant le pare-brise.

Curieusement, je vois aussi du bitume et des kilomètres, mais nous sommes en hiver 1982. Les routes sont glissantes, le Jura ne cède du terrain aux coteaux de Bourgogne qu'à contrecœur, virage après virage, colline après colline. La récompense, au bout de la longue nuit, sera l'aube naissante, les croissants et le café fumant et, surtout, l'arrivée au chantier pour LE voir, s'assurer que tout se passe au mieux et que la cinquantaine d'options ou de modifications apportées aux plans originaux sont bien réalisées.

Combien de fois avons-nous fait le parcours Genève/Saint-Brévin-les-Pins ? Régulièrement, toutes les six semaines, le temps que dura la construction, d'octobre à juin. Selon un rite établi, départ le jeudi soir, voyage de nuit afin d'être sur place le vendredi matin et de disposer de la journée entière, voire du samedi matin, puis retour le dimanche. Quelle joie, à chaque fois, de voir "le bébé grandir" et de se retrouver avec les contremaîtres du chantier Metalu autour d'un pot de muscadet et d'un plat d'huîtres ; prémices de soirées animées, balayées par le souffle de l'aventure, sans oublier les vivifiantes balades en bord de mer autour de Pornic, flairant, inhalant l'odeur de l'iode et du varech jusqu'à s'en faire sauter les poumons.

Une ombre au tableau tout de même : les 1000 kilomètres qui nous attendaient le jeudi soir, après la journée de travail. La prudence voulait que deux conducteurs se relaient, ce que nous faisions d'ordinaire Françoise et moi... Mes mains remontent en haut du volant, je me redresse sur mon siège et éclate de rire, ce qui réveille Françoise qui somnolait à côté.

— Qu'est-ce qui se passe, tu rigoles ?

— Oui, je pense au cousin !

❖

... Cette fois-là, le cousin s'était porté volontaire pour m'accompagner. On a tous des cousins, mais je ne sais pas s'il y en a beaucoup de cet acabit-là. Heureusement diront les mauvaises langues.

Sa langue, le cousin, il ne l'a pas dans sa poche, d'ailleurs dans ses poches il n'y a rien. De quoi vit-il alors ? D'amour, d'eau fraîche pas vraiment, de l'air du temps, mais du temps présent parce que demain on verra bien. Il a sur les choses de ce monde une vue très personnelle et anticonformiste, le cousin. Et ce droit à la différence il le revendique et l'assume, le cousin, haut et fort.

Nous avons donc quitté Genève, par un frimas du diable qui ne facilitait pas la conduite, avec déjà passablement de retard sur l'heure qu'une si longue distance aurait logiquement conseillée. Partis ? Pas pour longtemps. La frontière de La Cure dans le Jura passée, voici qu'après quelques "virolets" se présente une sympathique auberge, bien tentante il est vrai par la chaleur qu'on devine derrière ses carreaux givrés. Le cousin, auquel j'avais imprudemment laissé le volant dès le départ, gare la voiture devant la porte et s'exclame :

— On va s'en mettre plein la panse !

— ... Oui et après boum ! Car repus et "gelés" comme la route, nous terminerons dans les sapins !

— Taratata, c'est l'estomac vide qu'on va se les geler. Viens, je suis sûr qu'ils ont un excellent antigel là-dedans !

Deux bonnes heures plus tard, effectivement bien réchauffés, nous avons repris la route. Clémente, elle nous mena à destination, pas frais, mais sains et saufs.

La journée du vendredi se passa comme prévu, dans la joie de voir la construction progresser, et contribua grandement à l'édification du cousin, tout étonné de découvrir les belles choses que l'on peut réaliser avec de l'aluminium.

Nous fîmes la connaissance de Marc Pajot, venu discuter des transformations qu'il souhaitait effectuer sur son catamaran *Elf Aquitaine*, dont le père spirituel, d'ailleurs, est le même que celui d'*Alacaluf*, Sylvestre Langevin.

Suivit une soirée mémorable avec les amis du chantier, qui n'eut que le défaut de réduire à presque rien de salutaires heures de sommeil. Techniciens qui avaient un week-end pour se remettre des facéties du cousin et qui, hilares, me demandèrent :

— Il est toujours comme ça ?

— Non, souvent c'est pire !

C'est donc un peu fatigués que nous avons pris le chemin du retour, samedi dans la matinée... après que le cousin eut avalé un petit déjeuner de son cru, champagne et huîtres, "pour faire un fond", a-t-il dit.

Désireux d'éviter un piège du style "sympathique auberge jurassienne", je conduisis, mais dus céder la place deux heures plus tard. Le cousin, ragaillardi par un petit somme, ne se le fit pas répéter. Lorsqu'à mon tour j'émergeai, il me sembla que le paysage n'était pas celui que nous admirions d'habitude le long de la Loire.

— Mais, tu es sûr de la route, tu t'es trompé !

Le cousin impassible :

— Non, non... seulement...

— Explique-toi !

— On va à Paris !

— Comment ? !

— Ecoute p'tit frère, c'est ainsi qu'il m'appelle dans ses moments de débordements affectifs et ses tentatives de persuasion, j'ai accepté de t'accompagner dans la traversée de ce grand pays de France, j'ai feint de m'intéresser à tes trucs d'alu et de suivre vos discussions en des termes barbares auxquels je n'entravais que dal, alors fais-moi ce plaisir, juste un détour par Paris.

— Qu'est-ce que tu veux y faire, une petite halte gastronomique et réparatrice dans la Loire, qu'y a-t-il de mieux ?

Et le cousin, sautant sur son siège, parodiant Serge Lama.

— Mais, les p'tites femmes, les p'tites femmes de Paris !

En ce qui me concerne, cette escapade parisienne se résuma en un trajet de métro, un débarquement dans un hôtel douteux, un repas rapidement avalé et un plongeon dans les bras de Morphée, de Sylvestre Langevin, des contremaîtres du chantier et surtout d'*Alacaluf*, le tout ponctué par un puissant ressac qui tenait plus de la fatigue que de la houle atlantique. La nuit du cousin fut plus agitée... Ainsi que sa matinée, mais pour d'autres raisons. Il nous fallut en effet beaucoup marcher entre le commissariat, la gendarmerie et le garage qui avait séquestré le véhicule, sous prétexte qu'il gênait la tenue d'un marché dominical dont aucun écriteau n'indiquait la tenue la veille. Le cousin, en perte de vitesse, n'entendit pas ma remarque acerbe, effondré sur son siège. Il fallut la lui répéter à son réveil à Genève :

— Le coup du détour par Paris, tu ne me le feras pas deux fois !

❖

Le dernier péage est passé. Il était temps, il a surgi au bon moment, au milieu d'une multitude de boîtes qui me dansaient devant les yeux. Je revoyais la tête de ce gérant d'une grande surface, éberlué devant le "train", constitué de sept chariots contenant 600 conserves, stationné devant une caisse.

— J'aimerais bien vous faire une petite remise, se lamentait-il, mais cela n'est pas dans mes compétences !

Puis, après s'être frotté le menton avec insistance, il disparut quelques instants pour revenir, souriant, une énorme boîte de chocolats sous le bras.

— Tenez, c'est tout ce que je peux faire, mais c'est de bon cœur. Je passerai ça dans le compte "marchandises avariées", et bon voyage !

Un geste sympathique, un maillon supplémentaire de la chaîne qui s'organisa pour qu'*Alacaluf* ne manque pas son rendez-vous avec la semi-remorque, ce 10 août 1988.

Notre vive reconnaissance à tous. A ceux qui, l'hiver déjà, se sont mis à l'ouvrage, augmentant le rythme à l'approche de l'échéance, et contribuèrent à faire rentrer des rudiments de mécanique, d'électricité et autres bricolages dans une tête qui n'a malheureusement jamais eu d'attirance pour les travaux pratiques.

Merci donc à toi Gérard pour la pose du guindeau* et du régulateur*, et à toi Jacques pour ton dévouement, la fourniture des pièces de rechange moteur et un outillage complet qui, même en des mains si peu adroites, s'est révélé d'une utilité qui a dépassé les prévisions… les plus pessimistes.

❖

2

Les Goudes

Après avoir retrouvé le convoi, à l'aube, devant les grilles du chantier Carènes Service dans le port de la Pointe Rouge, nous avons procédé à la mise à l'eau et avons mâté, avant de rejoindre Les Goudes distants de trois milles*.

Le voilier est amarré devant une petite plage dans le minuscule port des Goudes, tout près de Marseille. Sur l'avant, deux aussières le relient à un môle fait de gros blocs. Une troisième file, de l'arrière, jusqu'à une armature de bois qui sert à hisser de petites embarcations hors de portée des assauts de la mer par mauvais temps.

"Là vous serez tranquilles, même par fort mistral", avait lancé Ely la veille, alors qu'*Alacaluf* se trouvait temporairement à couple d'un vieux voilier fatigué à l'allure attachante, l'*Astrolabe*.

— Lorsque la manœuvre sera terminée, venez à la maison, avait proposé Ely, nous parlerons d'embruns et d'îles lointaines.

Nous voici donc chez Ely Boissin, propriétaire de l'*Astrolabe*, dont notre ami Daniel Piarrot, qui dirige le club Goudes Plongée, nous avait souvent parlé. Pendant que Stéphanie joue avec les deux chats, nous faisons plus ample connaissance. Nous apprenons qu'en plus de la plongée qu'il a pratiquée de nombreuses années, en libre comme en scaphandre, Ely s'est lancé dans la voile et l'exploration systématique d'une grande partie de la Méditerranée, qui l'amenèrent à rédiger des guides et à organiser des tournées de films-conférences. Doté d'une verve animée par la passion de la mer et du Midi, ainsi que d'un punch typiquement méridional, il partage actuellement son temps entre l'écriture et une émission de radio sur un de ses sujets favoris, la Provence, et s'initie avec brio aux subtilités de l'aquarelle marine.

Au fil de la conversation, une conclusion s'impose logiquement à mon esprit. Pour les artistes tout comme les sportifs d'élite, peu importe le choix de la discipline, ils peuvent briller dans plusieurs. Excellente raison pour ne pas se limiter à une seule. Et dans l'existence, pour tout un chacun cela peut être pareil, à condition de s'en donner les moyens.

Lorsque l'on vit une passion intensément, elle imprègne la personnalité et souvent déborde jusqu'à envahir et marquer l'environnement de l'être habité. Dans son club de plongée, Daniel s'est ménagé une petite retraite. Sur les murs, de nombreuses huiles témoignent de sa vénération pour le monde sous-marin. Au travers des œuvres réalisées, au couteau pour la plupart, on devine l'homme assis devant son chevalet alors que l'esprit est encore là-bas, en plongée, en admiration devant l'exubérance et le foisonnement des formes et des couleurs. Il se dégage de ses toiles une impression de jaillissement, d'explosion et d'ivresse des profondeurs qui n'est pas étrangère à la carrière de corailleur professionnel de notre ami.

C'est à côté, dans la grande pièce tenant lieu de réfectoire, de salle de cours et de bar, que l'on se réunit traditionnellement en fin d'après-midi après la dernière immersion. Ce lieu est un sanctuaire, un véritable musée sous-marin ; impressionnant tant par ce que l'on y voit que par ce que l'on y ressent. Les murs sont couverts d'objets hétéroclites remontés de différentes épaves, en particulier de celle du *Liban*. On trouve également des poissons, des boulets de canon, des ancres et des crânes humains munis chacun d'une étiquette censée expliquer leur trépas : "vidage de masque défectueux", "n'a pas su résister aux sirènes des abysses", "a plongé trop lesté sans ses palmes"... Clin d'œil aux plongeurs débutants. Il y a aussi un piano, car Daniel, avant de quitter les brumes du nord pour les rives et le corail de la Grande Bleue, était à ses heures chanteur-compositeur. C'est donc là, dans une chaude ambiance, que ceux qui ont plongé testent l'effet du pastis sur la désaturation, rejoints par des amis de l'extérieur venus se ressourcer. C'est à une de ces occasions que nous avons fait la connaissance du bouillonnant Patrick Mouton qui, tour à tour et avec autant de bonheur, fait valoir ses talents d'écrivain, de journaliste et de photographe sous-marin. Patrick vient de publier un guide des deux cents plus belles plongées en Méditerranée. Légèrement corpulent, la barbe généreuse et les yeux pétillant d'enthousiasme, il avait déclaré :

— Je passerai un de ces matins voir votre "canot" !

Comme les jours précédents, nous sommes occupés à tenter de trouver un emplacement approprié au barda invraisemblable qui envahit l'intérieur du bateau. Nous avons commencé par étaler sur le pont le contenu de la cabine de Stéphanie, et cela nous donne une illusion de progrès... à condition de ne pas regarder dehors.

Toc toc toc, on frappe contre la coque.

C'est Patrick, debout dans une embarcation, accroché d'une main aux filières, brandissant de l'autre un fusil sous-marin :

— J'ai quelque chose pour vous !

Assis dans le cockpit d'*Alacaluf*, Patrick poursuit :

— C'est un de mes fusils, longueur idéale, je vous en fais cadeau. Pour avoir navigué jusqu'aux Canaries avec des copains sur un voilier, je peux vous dire que l'on n'imagine pas les services que rend un bon fusil en croisière, à la cuisine du bord bien sûr, et même à la caisse. J'ai parfois vendu le produit de ma chasse aux hôteliers.

Il est 18 heures.

— Ohé du bateau !

Tiens, quelqu'un nous hèle de la berge. Je m'y rends en annexe.

— Bonjour, je m'appelle André, j'habite juste au-dessus. J'ai appris que vous prépariez un grand départ. Je suis moi-même passionné de voile et j'ai pensé qu'une petite soirée sur notre terrasse vous changerait de vos préparatifs. Venez donc, vous êtes les bienvenus.

Cette spontanéité, ce sens de la communication et cette gentillesse qu'ont les Provençaux sont formidables. Ces qualités, André et Annie les cultivent à merveille. Nous aurons souvent l'occasion de les apprécier, le soir même déjà, ainsi que le lendemain à bord :

— Mais qu'est-ce qui se passe, tout a sauté ? demande André.

— Il semble que le circuit électrique et l'électronique du bord n'aient pas supporté les vibrations et les chocs du transport en camion.

— Je connais une maison sérieuse sur le Vieux Port qui peut s'occuper du navigateur par satellite, et je te donnerai un coup de main pour l'électricité.

❖

Nous sommes au club de plongée par un après-midi calme et ensoleillé. Françoise compare l'inventaire de la pharmacie du bord avec des listes qu'elle a établies. Stéphanie fait la sieste dans un dortoir que Daniel a mis aimablement à notre disposition et qui nous sert d'entrepôt, le temps que certains bricolages soient terminés et que l'on procède à un rangement systématique.

Je suis sur la terrasse, attablé devant une carte marine de l'endroit, des ouvrages de navigation astronomique et les deux sextants. Le temps est magnifique, j'en ai profité pour contrôler et régler les appareils. Cette tâche terminée, je contemple ce spectacle stupéfiant, si près de la deuxième ville de France, que constituent les falaises du bord de mer, le début des calanques et les îles à l'est de la rade de Marseille. Successivement, mon regard se fixe sur le promontoire rocheux qui abrite ce petit bijou qu'est la baie des Singes, sur la majestueuse et aride île Maïre, sur l'îlot Tiboulen, puis se fond dans le bleu roi de la mer que délimite un horizon exceptionnellement net ; cette ligne magique, qui recule au fur et à mesure qu'on avance. Me reviennent alors ces mots d'Alain Gerbault : "De toutes les folies et aberrations qu'on rencontre dans l'humanité, celle qui me paraît la plus inconcevable, c'est que l'homme, pendant son passage sur la terre, n'ait pas la curiosité de la connaître tout entière."

Avoir un rêve ce n'est déjà pas si mal. Pouvoir le réaliser c'est mieux. Et essayer constitue un entre-deux, c'est ce que nous sommes en train de faire. Curieusement, la décision de tenter cette aventure a été prise il y a quelques mois seulement, ce qui explique la frénésie qui entoura la préparation. Certes, le projet avait germé au seuil de la vingtaine, mais sans se donner d'échéance, "un jour, oui un jour..."

L'année 1987 fut catastrophique : la disparition tragique du frère de Françoise, un sérieux accident de plongée pour moi et des migraines vasculaires dégénérant en troubles circulatoires graves pour Françoise, la laissant passablement handicapée.

"Un jour, oui un jour... avant qu'il ne soit trop tard", voilà la conclusion que nous en avons tirée, d'autant que les médecins recommandaient une longue absence professionnelle et un changement d'air.

Eh bien, à bord d'un voilier, de l'air il y en aura, du changement aussi. D'ici à Gibraltar, nous aurons tout le loisir de juger du résultat de l'expérience et, s'il est négatif, de nous arrêter et de nous fixer en Espagne pour quelque temps. Car n'oublions jamais cette évidence : aujourd'hui est le premier jour du reste de notre vie.

Attablés dans "le sanctuaire", nous écoutons Daniel jouer au piano des mélodies de son ami Christophe, gorge serrée, regard embué. Une infinie tristesse plane et enveloppe chacun des participants à cette soirée d'adieux.

Nous revivrons cette scène en pensée souvent, Françoise et moi, toujours avec la même émotion, notamment chaque fois que le magnétophone passera la chanson de Jean-Jacques Goldman "Puisque tu pars" :

"... Sans drame, sans larme
Pauvres et dérisoires armes
Parce qu'il est des douleurs qui ne pleurent qu'à l'intérieur
Puisque ta maison
Aujourd'hui c'est l'horizon
Dans ton exil essaie d'apprendre à revenir
Mais pas trop tard
Dans ton histoire
Garde en mémoire
Notre au revoir
Puisque tu pars..."

3

La Grande Bleue

— Vous êtes encore là ?

— Non, on est de nouveau là !

— ??

— Partis en début d'après-midi hier, nous avons dû faire demi-tour peu après avoir dépassé le phare du Planier. Trois heures après l'appareillage, nous avons branché le pilote électrique, il ne fonctionnait pas. Nous avons vérifié l'alimentation, contrôlé que le compas intérieur n'était pas bloqué ; non ce n'était pas ça. Nous avons installé un second pilote du même modèle, il nous faisait tourner en rond, seule la fonction bâbord* répondait correctement.

— Oh "puteing" ! mais c'est pas possîîble, s'exclame André avec son savoureux accent provençal qui ferait passer Charles Pasqua pour un Normand.

— Attends, tu ne connais pas la suite. Nous sommes donc revenus au milieu de la nuit et, ce matin, nous avons testé le troisième pilote, d'une autre marque celui-là. A jeter lui aussi.

— ... ? Un double pastis !

— Ils n'ont pas supporté, eux non plus, le transport en camion. J'aurais dû les vérifier avant de larguer les amarres.

Moins d'une semaine plus tard, nous débordons les deux petites jetées et passons devant le club de plongée. Daniel, sa femme Marie-Christine et leurs enfants sont sur la terrasse. Nous envoyons quelques fusées, les bras s'agitent de part et d'autre. *Alacaluf* incline sa route vers le large. Il ne sera bientôt plus qu'un point minuscule sur l'immensité qui s'ouvre devant lui.

Le vent est noroît*, 20 nœuds*, c'est une queue de mistral. La mer agitée, levée par le grand frais* des jours précédents, rend pour l'instant l'allure désagréable. Mais cela devrait s'améliorer, car notre cap sur les Baléares doit logiquement nous permettre de filer vent de travers et peut-être largue*.

Mener un voilier en haute mer ne s'apprend pas en un jour, sans présenter de difficultés majeures pour autant. Françoise et moi avons passé notre permis B, travaillé la navigation astro et avons eu tout loisir de prendre en main *Alacaluf* plusieurs années sur le Léman. Cela ne nous empêche pas, aujourd'hui, d'avoir dans le cœur une sensation inconnue, un mélange de joie, d'espoir et de légèreté, ainsi qu'une certaine lourdeur au creux de l'estomac... Se retrouver seuls à bord de son bateau au départ de ce qui devrait être un grand périple, le conditionnel est de rigueur, est quelque chose de fabuleux. Ça n'a plus rien à voir avec l'école de croisière, même s'il reste bien des choses à apprendre et à parfaire... comme la navigation astronomique avec d'autres astres que le soleil. Tiens, cette nuit, si ça ne chahute pas trop, au programme des droites* de lune.

Stéphanie, après être restée deux petites heures dans le cockpit sagement attachée, désire descendre :

— Za bouge ici, z'est mieux dehors !

Nous lui expliquons qu'elle ne peut rester éternellement sur le pont, puis elle découvre d'elle-même que, dans le roulis*, les deux endroits les plus indiqués sont les couchettes du carré* et sa cabine.

— Mes Barbies zaiment aussi jouer dans la couchette !

… C'est parfait, tout le monde est content.

Notre premier repas sera léger, nos estomacs n'en réclamant pas davantage : lentilles et purée, rapidement sorties de leur boîte respective.

Un coup d'œil à l'extérieur, ça y est, elle vient. La lumière s'efface devant sa consœur la pénombre. Notre première nuit seuls. Pas d'inquiétude, mais un petit quelque chose de très lointain, qui chatouille, qui vient du temps où, tout petit, la nuit on n'aimait pas. Encore une sensation unique, jamais auparavant durant nos quarts de nuit nous n'avions ressenti cela.

— Alors, cette première nocturne sous les étoiles, ça s'est bien passé ? demande Françoise.

— Oui, j'ai bien aimé. J'ai passé mon temps à rêvasser dans le cockpit et à faire des droites de lune. Je n'ai même pas écouté une cassette, et toi ?

— Si, je me suis organisé un petit concert. Peu de cargos malgré la proximité de Marseille. Au fait, tu es content de tes observations ?

— Non, un manque évident de précision par rapport aux droites de soleil. Comme si j'avais un faux horizon, causé par l'éclat de l'astre sur la surface de la mer.

— Manque de pratique, au boulot capitaine !

— Possible. La prochaine nuit on essaiera avec une planète et une étoile, cela supprimera la nitescence.

L'aube du deuxième jour nous trouve sur le pont en proie à une grande agitation :

— Là, là, je l'ai vue !

— Où ça ? Mais c'est de la brume...

Son contour se précise. "Youpie notre première île ! Minorque devant l'étrave." Nous exultons, laissons éclater une joie qui est sans rapport avec la navigation effectuée. Cette île qui sort de l'horizon est un symbole ; la preuve tangible que nous ne rêvons plus, ou que le rêve s'est mis en marche. Et cela tient de la magie. Il y a quelques minutes, il n'y avait rien, maintenant, c'est indistinct mais indéniable, elle est là, elle est née, sortant des nimbes bleu pâle de l'aurore. Et puis, là aussi quelque chose de profondément enfoui dans le passé se réveille : l'île au trésor. Ile, ce joli mot synonyme d'évasion, associé à un autre terme qui lui aussi fait rêver.

Nous sommes mouillés au fond d'une grande baie, devant un môle qui abrite quelques barques de pêche. Derrière lui, la ville de Fornells éclate de blancheur sous le soleil. Certaines courbes et quelques coupoles laissent poindre une influence maure. C'est magnifique. Vite préparons l'annexe, une petite reconnaissance s'impose, car ce soir c'est la fête ; deux événements à célébrer, un anniversaire et notre premier atterrissage.

Minorque nous laissera une impression toute de douceur et de quiétude, en cette fin septembre, comme endormie après l'effervescence de la saison touristique. Nous n'oublierons pas les langoureux réveils de Mahon, la ville principale, sortant avec peine chaque matin d'un léger duvet de brume, ni les merveilleuses petites criques de la côte sud, ni Ciudadela nichée tout au fond d'un étroit chenal, avec ses petites tavernes au ras de l'eau. Majorque, en revanche, ne soutiendra pas la comparaison et c'est sans regret que nous ne nous attardons pas, ralliant rapidement la petite île de Cabrera, recommandée par notre ami Ely. "Tentez le coup, c'est une île militaire. Il se peut qu'on vous refoule, suivant la fantaisie du commandant en place, mais ça vaut le détour."

Aucun geste malveillant lors de notre arrivée dans l'après-midi. Le soir, encouragés et alléchés par la perspective de boissons fraîches, nous visons la petite buvette en bord de plage et tentons un débarquement.

— *¡ Buenas noches, bienvenida !*

Malgré un accueil si sympathique, nous mettons le cap, deux jours plus tard, sur Ibiza que nous atteignons de nuit par une mer agitée. Après un exercice pénible, consistant à tenter de distinguer les feux d'entrée des innombrables lumières de la ville en arrière-plan, nous nous amarrons à un quai, sur le coup des quatre heures du matin. Pas pour longtemps, à peine endormis :

— ¡ *Hola !* du bateau. Le ferry va arriver. Les marinas et le mouillage pour voiliers sont là-bas de l'autre côté. Veuillez dégager s.v.p. !

Pas vraiment frais, nous relevons nos amarres et nous nous dirigeons à l'endroit indiqué. Pressés de retrouver la tiédeur de nos couchettes, nous filons l'ancre et 25 mètres de chaîne.

Ibiza la rayonnante, un brin hippie, toute de décontraction. Ibiza et ses ruelles étroites qui montent à l'assaut de la cathédrale, ses balcons de fer forgé où sèche éternellement un linge coloré, sa *Calle Mayor* et ses étals grouillants de vie. Ibiza l'artiste, avec ses coins de rues où fleurissent des talents inconnus.

Conquis par l'ambiance, nous décidons, un soir, de nous laisser tenter par sa cuisine.

— Divin !

— Un régal, renchérit Françoise.

— Tiens, une brise se lève, les bannes des échoppes voisines s'agitent.

A la fin du repas...

— Les bâches sont carrément fouettées, ça souffle vraiment fort.

Nous traversons le plan d'eau en annexe pour rejoindre notre bord.

— Le vent vient du sud et tous les voiliers ont fait un demi-tour, remarque Françoise.

— ... ! Et *Alacaluf* a fait davantage, il a disparu ! Regarde là-bas cet attroupement !

Nous fonçons vers le groupe qui s'est formé dans le fond du bassin où sont amarrées quelques grosses barques de pêche. En face d'elles, flotte un voilier dont l'identité se précise de seconde en seconde...

Ça gesticule ferme. Nous sommes à portée de voix malgré le sirocco. Des exclamations et des cris nous parviennent... Le tempérament latin dans les moments de grande exaltation.

Cela fait quelques instants que je ne quitte plus le voilier des yeux. Ses mouvements sont normaux, rien n'indique qu'il talonne*. La chaîne, que l'on distingue bien maintenant, est tendue. Le bateau ayant dérapé, est-ce que l'on arriverait, par le plus grand des hasards, en même temps que lui au fond de la darse ? Un coup d'œil par le travers me fait remarquer ce petit chalutier dont l'amarre est anormalement raidie elle aussi... Je comprends. *Alacaluf* a reculé perpendiculairement à la position du navire de pêche. Son ancre, draguant le fond, s'est prise dans le filin d'amarrage de l'embarcation... Il y a un Bon Dieu pour les innocents !

— Ça devient scabreux. Il s'en faut d'un cheveu qu'on ne nous prenne pour des marins d'eau douce.

— Si le ridicule tuait, on serait déjà morts ! coupe vertement Françoise.

Ayant frisé le k.-o. dans le premier round, nous devons nous reprendre d'une façon éblouissante dans le deuxième...

Le Bon Dieu qui d'une main stoppa providentiellement *Alacaluf*, de l'autre évita que l'on ne se mélangeât les pinceaux. Après avoir regagné notre place, nous empennelons* une ancre à bascule du même poids que la première et remouillons la totalité de notre ligne, en prenant soin, cette fois-ci, de tester la tenue en marche arrière.

❖

Entre les îles d'Ibiza et de Formentera se trouve un petit bijou, appelé Espalmador. Avoir le privilège d'y séjourner fin octobre est un plaisir digne d'un roi. Les navettes touristiques, regorgeant d'estivants, ont cessé leurs rondes infernales. La petite île a retrouvé son vrai visage. Chaque soir, dans les chauds rayons du couchant, la barque échouée sur la plage de sable doré offre une aquarelle grandeur nature de toute beauté, tandis que, sur la gauche, les pics escarpés bordant Ibiza se fondent doucement dans les bleus pastel.

Il y a presque une semaine qu'*Alacaluf* est mouillé au milieu de cette toile de maître, mais il nous faut poursuivre notre route vers l'ouest. C'est à contrecœur que nous abandonnons ce petit paradis.

Le temps se gâte durant la nuit et nous oblige à prendre un ris* dans la grand-voile, puis un second. Nous renonçons à installer le tangon* et ses retenues, qui auraient permis d'établir un petit foc* en ciseaux dans ce force 7, et préférons filer sous grand-voile seule arisée*. C'est l'occasion de se familiariser avec ces manœuvres de nuit par mer agitée, de repérer les points d'appui, d'apprécier la lampe frontale et le pont très sûr d'*Alacaluf* qui fournit à chaque pas une prise solide.

Le lendemain, nous embouquons le long chenal qui conduit au port de la Manga, à l'intérieur d'une immense lagune, appelée Mar Menor, où se cache une marina flambant neuve. Les Espagnols n'ont pas lésiné sur les moyens, pont pivotant qui laisse passer les voiliers à certaines heures et impressionnante infrastructure d'équipements. Nous irons de surprise en surprise ; le tarif est raisonnable et ce port de plaisance n'est pas le seul du genre. Les jours suivants, au terme de courtes étapes, nous découvrons San José, Almerimar, Benalmadena et la Duquesa, tantôt typiques, tantôt gigantesques, ayant toujours comme points communs un accueil sympathique, des prix vraiment abordables et la blancheur de leurs maisonnettes passées à la chaux qui leur confère une note proprette.

Un beau matin, alors que se profile dans le lointain la silhouette si caractéristique du rocher de Gibraltar, une troupe de dauphins rejoint le bateau et l'escorte pour ses derniers milles en Méditerranée. A la plus grande joie de Stéphanie qui aimerait bien tous les embrasser du regard, n'y parvient pas et crie en pointant son doigt : "Çu-là, çu-là !" Quel carrousel ! Lancés à toute vitesse, les animaux se pourchassent, coupent la route du voilier, se frôlent, décrivent un grand cercle et reviennent sprinter le long du bord pour rejaillir devant l'étrave. Il y en a même, légèrement à l'écart, qui sautent à la verticale, vrillent et retombent à plat dans de grandes éclaboussures. Fin d'exercice qui tranche avec la souplesse de leurs marsouinages.

C'est la première fois qu'un tel spectacle nous est offert, et en plus ici, au pied des Colonnes d'Hercule. Nous sommes fascinés, émus, pensifs... présage, présage...

— Françoise, sais-tu ce qu'il faut faire pour revoir de telles choses ?

— ... Continuer !

"Sans intérêt, c'est plein d'Anglais et ça sent le poisson !" La sécheresse de cette affirmation, formulée par une connaissance il y a quelques mois, me revient à l'esprit au moment où *Alacaluf* double Europa Point et oblique vers le nord pour entrer dans la baie d'Algésiras où se trouve Gibraltar.

Naviguant en eaux espagnoles depuis plusieurs semaines, ignorant l'étendue exacte laissée aux Anglais autour du rocher, nous avons prudemment hissé les deux pavillons de courtoisie sur tribord*. Nous nous approchons du quai réservé aux formalités d'entrée des bateaux de passage. Un fonctionnaire en uniforme noir arrache sa casquette, agite les bras, trépigne en hurlant :

— *Lay down the Spanish flag !* (Baissez le pavillon espagnol !)

Nous le regardons, surpris, et lui faisons remarquer que, pour ce faire, il nous faudra amener également l'Union Jack... ce qui risque de l'irriter...

L'homme s'étouffe à moitié et s'égosille :

— *Lay it down immediately, immediately !*

Barre sur tribord, *Alacaluf* fait demi-tour et s'éloigne du tempétueux personnage.

— Un brin chatouilleux les représentants de Sa Gracieuse Majesté !

— D'une susceptibilité exécrable, renchérit Françoise, que fait-on ?

— Allons nous mouiller là-bas. Il y a peut-être du poisson, mais ça ne sent pas l'Anglais !

Nous visons un plan d'eau calme de l'autre côté de la piste d'aviation.

Deux minutes plus tard : "Attention le mât !..."

Françoise vire de bord sur place et nous regardons, effarés, le moyen-courrier, au ras des flots, toucher la piste quelques dizaines de mètres plus loin.

— Mais ils sont cinglés, faire atterrir des zincs pareils sur ce mouchoir de poche ! Non seulement il nous démâtait si tu n'avais

pas réagi, mais en plus il a failli manquer le bout de la piste...
Françoise toute tremblante à la barre :
— Que fait-on ?
— Le pavillon suisse est déjà à poste, nous pourrions hisser le drapeau blanc, leur dire qu'on est neutres, qu'on ne leur veut pas de mal...
Quelques heures plus tard en fin d'après-midi, après *a nice cup of tea,* le belliqueux agent s'était calmé et l'on put effectuer officiellement notre entrée en territoire britannique, puis amarrer *Alacaluf* aux vieux pontons de bois.

Curieuse impression que celle laissée par ce reliquat de monarchie perdu sur son caillou, où se concentrent les traits les plus déplaisants du caractère d'un peuple qui font la joie des caricaturistes. Nostalgie aussi à l'évocation des souvenirs, autrement positifs, que nous laissent le séjour de six mois et le voyage en moto que nous avons effectués en Grande-Bretagne, dix ans auparavant. Nous nous attendions alors à de la froideur, de l'indifférence, et avons reçu partout un excellent et souvent très chaleureux accueil, sans parler de l'aide lors des pannes mécaniques.

❖

Pour ceux qui regardent vers l'ouest, Gibraltar est la dernière marche, psychologique surtout, avant le grand saut dans l'Atlantique, et c'est pour nous le moment de faire un petit bilan.
Comme au parlement, débat d'abord, votation ensuite, même Stéphanie aura le droit de vote et l'unanimité sera requise.
— Françoise, comment perçois-tu ce voyage par rapport à la petite ?
— Très bien. A part d'éventuels ennuis de santé, je ne vois pas de problème. Stéphanie est ravie d'être avec ses deux parents, elle rayonne, colonise toutes les surfaces planes pour y installer ses jouets. A cet égard, il faut être indulgent et accepter une certaine pagaille. Lorsque ça chahute, elle se cale dans une

couchette antiroulis avec ses affaires ou dans les coussins de sa cabine. Il faudrait prévoir une réserve importante de livres et de cassettes audio pour la suite. Concernant l'école proprement dite, on verra l'année prochaine. Pour l'instant, cela se limite à des activités d'éveil, à la découverte des lettres et des chiffres, à des ouvrages illustrés et des histoires qu'on lui raconte. Elle est pleine de vie. J'ai remarqué qu'elle m'observe faire la lessive, puis m'imite avec les affaires de ses Barbies et de ses nounours. Tiens, regarde les habits de poupées qui sèchent sur les filières, c'est le résultat de "son travail".

— Et les ennuis de santé ?

— Je te rappelle que nous avons deux pharmacies bien étoffées, une pour Stéphanie, une pour nous. Elles nous ont d'ailleurs coûté assez cher et me paraissent complètes. Reste bien sûr l'impondérable, le gros pépin, mais je pense que, dans un tel cas, nous avons de quoi tenir jusqu'à ce qu'une évacuation soit possible.

— Et toi ?

— Banco, si tu continues de m'aider dans les tâches physiques qui sollicitent trop ma jambe ou mon bras... et si la Faculté est d'accord.

Nous passons au vote :

Abstention : zéro. Pour : trois. Contre : zéro

Et le plumitif de service de conclure…

… Malgré l'inconfort relatif, auquel nous sommes complètement habitués maintenant et qui, de surcroît, ne nous a jamais pesé. Malgré, ah ! c'est plus ennuyeux, le mal de mer parfois. Malgré le temps consacré aux bricolages et les aptitudes du préposé. Eh bien ce petit passif est balayé, pulvérisé par les apports, au sens le plus large, d'une telle aventure.

Et vogue la galère !

Glou, glou, glou…

— De l'eau dans les fonds ?

— Non, j'ajoute quelque chose au pastis pour l'éclaircir.

4

Le large

Résumons. Idéalement, pour passer ce fameux goulet, il faudrait partir à basse mer et que celle-ci ait lieu le matin, compte tenu de la distance à parcourir, 35 milles. Nous devrions ensuite serrer la côte nord jusqu'à Tarifa, car le courant favorable y est supérieur à celui du milieu du détroit, puis viser le cap Espartel, sur la côte africaine, qui forme l'angle sud-ouest du passage. Cela signifie traverser le rail qui gère le trafic des cargos dans le détroit ; ceux qui rentrent en Méditerranée naviguant au sud et ceux qui en sortent au nord. Ce scénario optimiste permettrait de contrebalancer le courant "de surface" des eaux atlantiques qui entrent, en permanence, en Méditerranée à la force de 1 à 1,5 nœud. Idéalement toujours, il serait souhaitable d'avoir un *levante*, vent d'est, qui nous propulserait dans l'océan avec un bon coup de pied dans les fesses. A défaut, une brise de nord, ou pas de vent du tout, conviendrait aussi. On peut toujours rêver...

Le 3 décembre, nous tentons notre chance. Le voilier taille sa route, sous un ris et moteur en appui. La vitesse est remarquable,

plus de six nœuds, malheureusement la berge défile très lentement... Le courant contraire gomme les deux tiers de notre progression. Le vent est modéré, force 3 à 4, il forcira quelques heures plus tard en virant au nord. Nous croisons deux sous-marins faisant route en surface à la hauteur de Tarifa. Au centre du détroit, nous nous trouvons en face des monstres d'acier qui entrent en Méditerranée. Pas de quartier, ils sont prioritaires, arrivent vite et la nuit qui tombe ne facilite pas les choses.
A 20 h 15, nous avons le cap Espartel par le travers bâbord. Le rail est passé, nous pouvons nous relâcher, c'est d'ailleurs le moment de se caler un peu l'estomac.

La journée entière s'est déroulée, barre en main, dans le cockpit. Nous larguons le ris pris au départ et enclenchons le pilote électrique. J'assure le premier quart, avec l'intention de tenir le plus longtemps possible poùr laisser Françoise se reposer.

Minuit, les heures passent lentement, il fait frisquet dehors. Comme il n'est plus nécessaire de rester constamment à l'extérieur, je m'allonge dans ma couchette et sors toutes les dix minutes faire un tour d'horizon.

Deux heures du matin, j'ai de plus en plus de peine à réagir à l'alarme de ma montre-bracelet. Je me propose de réveiller Françoise après avoir jeté un dernier coup d'œil.

"Mince, une lumière sur l'avant bâbord, et elle ne paraît pas éloignée... Comment se fait-il que je ne l'aie pas vue avant ?"

Quelques minutes plus tard.

"Mais j'ai la berlue, la voilà sur l'avant tribord maintenant." Pas pour longtemps. L'espiègle lumignon s'est éteint, alors qu'un autre apparaît sur bâbord à nouveau ; plus mutin celui-là, car, à peine allumé, il se déplace sur notre gauche pour se fondre dans l'obscurité.

— Françoise, réveille-toi, c'est ton tour, et viens me dire si je rêve !

— Qu'y a-t-il, des cargos ?

— Non, nous sommes harcelés par des mauvais génies qui allument, éteignent et déplacent des falots...

— Tu radotes, c'est la fatigue, probablement des feux de bateaux au loin, tantôt visibles, tantôt masqués par la houle.

Quelques minutes plus tard.

— Et ça là, ce fanal tremblotant qui... regarde, regarde, il nous vient dessus !

Les suppositions émises sur le moment trouveront confirmation ultérieurement, il s'agissait bien de filets dérivant, ballottés par une forte houle.

Durant la seconde nuit, le vent monte malgré un baromètre haut perché, 1027 millibars, et nous oblige à prendre un deuxième ris dans la grand-voile. Au matin, ciel gris, mer formée, le voilier taille une bonne route dans un noroît frais. Pourvu qu'il ne refuse* pas ; s'il nous fallait tirer des bords dans ce force 6, ça deviendrait vite galère.

Aucun changement les jours suivants. Apparition suffisante du soleil pour les observations astronomiques, mais la plupart du temps l'atmosphère est chargée, nébuleuse, le vent variant entre 20 et 30 nœuds.

Nous sommes le 7 décembre, c'est notre cinquième jour de mer. Le ciel change d'aspect, se découvre, mais des nuages lenticulaires se forment sur tribord... Pas très bon tout ça. Effectivement, une demi-heure plus tard, un vent de 40 nœuds nous oblige à prendre le troisième ris, ça déménage.

— Za bouze. Ma "Nounette" a le mal de mer...

— Un peu de patience Stéphanie, nous arrivons demain.

A l'aube, les hauteurs de l'île de Porto Santo se découpent dans la grisaille. En approchant du port, nous passons à proximité de grosses tonnes rondes qui montent et descendent dans la houle. Elles sont destinées aux navires qui ravitaillent l'île et qui s'y embossent*. Non éclairées, elles peuvent constituer un sérieux danger pour un voilier arrivant de nuit.

Nous pénétrons entre les deux jetées toutes neuves. Surprise, le port est désert et nous avons l'embarras du choix pour nous amarrer à un des pontons en alu récemment installés.

Quel silence, quelle paix après ces cinq jours de navigation musclée !

L'après-midi, nous nous dégourdissons les jambes en grimpant sur les buttes qui dominent le plan d'eau. Un coup d'œil circulaire permet d'apprécier, successivement, les pics et falaises sur notre gauche, le petit port endormi et l'immense plage de sable jaune qui court jusqu'à l'autre extrémité de l'île et qui n'est interrompue que par une digue de bois en face du village. Le soleil fait son apparition. L'île se colore de tons vifs, la plage s'enflamme, le vert des prairies tranche sur les ocres chauds de la terre et des traînées noires jaillissent du gris des parois de roche volcanique.

Si les visiteurs ne sont pas légion pour l'instant, nous ne sommes pas les premiers à relâcher ici. Le côté intérieur du môle, en face des pontons flottants, commence à se couvrir des souvenirs laissés par d'autres oiseaux de passage. Témoignant souvent d'un sens artistique certain qui est, à défaut, remplacé par beaucoup d'humour, ces peintures laissent entrevoir l'enthousiasme et l'espoir qui guident leurs auteurs dans la réalisation de leurs projets. Des symboles comme les dauphins, les tortues, les cocotiers, le soleil reviennent souvent.

Un matin, Françoise sort la tête par le capot de la descente.

— Tiens, nous avons un voisin !

Une heure plus tard, l'officier portugais d'immigration, trouvant que la grasse matinée avait assez duré, interpelle l'équipage. Une tête hirsute, rasée à la Serge Gainsbourg, les yeux mi-clos, émerge pour s'entendre dire qu'il lui faudra effectuer les formalités d'entrée avant la fin de la matinée, mais que rien ne presse…

Le mal étant fait, Jeff et Catherine réveillés, nous faisons connaissance. Et nous aurons de nombreuses occasions d'approfondir cette relation lors de soirées à bord d'*Alacaluf* ou de *Sally*, leur voilier, sur lequel les jeunes mariés font un voyage de noces… prolongé. Ils ont tous deux abandonné, pour un temps, leur occupation respective, Catherine son travail d'infirmière et Jeff sa fonction d'instructeur au centre de plongée des Glénans.

Une passion commune pour la mer et une admiration partagée pour Brassens nous réuniront lors de chaleureuses soirées passées à discuter de nos démarches respectives ; veillées qui fréquemment se termineront en chantant des refrains de Maître Georges, accompagnés par la guitare de Jeff.

Cela fait presque deux semaines que nous goûtons le charme de cette île un peu oubliée. Nous sommes le 21 et avons décidé de rallier Funchal, la capitale de l'île de Madère, avant Noël. Nous prenons congé d'Urs Moser, un compatriote qui monte un club de plongée ici et qui nous a emmenés découvrir des "coins à mérous" connus de lui seul.

La marina de Funchal est très encombrée en cette fin d'année, mais nous trouvons tout de même de la place, plusieurs voiliers ayant préféré se mettre à couple derrière le grand môle d'entrée plutôt qu'aux pontons flottants... Nous ne tarderons pas à comprendre pourquoi.

Par régime de nord, il n'y a aucun problème, mais lorsque le vent souffle du sud, une houle envahit l'ensemble du port et la marina, créant un ressac pénible pour les bateaux et leurs aussières.

C'est ce qui se produit peu après notre arrivée.

— Dis donc, fait remarquer Françoise, ça bouge drôlement là-dedans !

— Ça ne durera probablement pas, la mer me paraît bien grosse pour la force du vent.

Le lendemain, celui-ci se maintient aux alentours de 30 nœuds.

— Oh là là ! proteste Françoise, regarde nos cordages comme ils ont souffert malgré les protections, et nous avons deux chaumards* tordus.

— C'est un moindre mal. Certains bateaux ont rompu leurs amarres... et les pontons commencent à se disloquer !

Dans l'avant-port, deux vieux gréements étaient venus s'abriter derrière la jetée principale. Ce sont les voiliers du père Jaouen. Eux non plus ne sont pas à la noce et leur taille les condamne à rester le long de cet immense quai.

Soudain, mes yeux s'agrandissent, une lame a frappé l'extérieur de la digue. Des gerbes d'eau explosent au-dessus du mur et s'élèvent dans le ciel, dépassant la tête du grand mât du *Bel Espoir*.

C'est l'effervescence dans la marina, les uns tentent de maîtriser des embarcations valdinguant en tous sens, les autres essaient de maintenir, avec des cordages, des pontons qui partent à vau-l'eau. La situation n'est plus tenable. Il faut se faire accepter à couple, en dixième ou douzième position d'une file déjà constituée à l'abri du môle d'entrée. Les pontons seront bientôt totalement désertés et la marina offrira cette image surprenante de voiliers ligaturés les uns aux autres, blottis coque contre coque, par rangées compactes. Ce qui donnera lieu à de savoureuses conversations.

— Vous êtes en sixième position dans la deuxième file... Ne vous plaignez pas. Dans la cinquième, nous devons escalader douze voisins pour rejoindre notre bord... Passe encore le matin à jeun, mais le soir !

— Absolument, d'ailleurs ce sont les ponts des trois premiers bateaux qui sont les plus périlleux, car ils sont constamment arrosés d'embruns...

— Ah, ah, ah ! Figurez-vous qu'hier soir, l'Anglais du catamaran s'est étalé, raide comme une planche, sur le pont du Belge là-bas, *"bloody monohull"* (sale monocoque), qu'il criait !

Il règne ici une ambiance du tonnerre, découlant peut-être de cette convivialité forcée qui, sans jeu de mots, resserre les liens entre équipages. Mais il y a autre chose, flottant dans l'air, presque palpable, qui tient à la mentalité et à la motivation des gens. La douce indifférence qui prévaut en Méditerranée est ici remplacée par un intérêt pour l'autre. Pour des raisons peut-être différentes, chacun partage cette attirance pour le grand large. Chacun est tenaillé par l'obsédante idée de basculer, un jour, de l'autre côté de l'horizon pour découvrir ce qui s'y cache.

Ici rôde l'esprit d'aventure, souffle celui du large qui invite à l'évasion, au grand saut. Il a tellement marqué son empreinte sur le môle qu'on ne trouve plus de place pour y laisser une petite trace de son passage ; un symbole pour se souvenir que nous aussi, un jour en ces lieux, nous étions envoûtés par l'aura de Funchal et des grandes traversées.

❖

Le 29 décembre, Françoise s'envole pour Genève afin de subir une série de contrôles médicaux. Stéphanie l'accompagne. Il est convenu qu'elles me rejoindront dans quelques semaines, plus au sud, lors d'une prochaine escale.

5

Passer si près de l'Afrique

Tout en maintenant l'avant d'*Alacaluf* depuis le pont de *Jonathan*, Thierry plaisante :

— Ce n'est pas mal comme arrivée, mais tu t'es arrêté à deux mètres du ponton...

— ... C'est trop. Lâche le bateau, je vais te faire une démonstration de la précision des atterrissages, à la voile pure, de l'école lémanique...

Thierry me regarde, incrédule, hésite, puis repousse *Alacaluf*. Le voilier abat*, prend de la vitesse. J'engage la barre au vent pour le faire empanner* dans ce port miniature. Rien ne se passe. J'insiste, rien à faire. Le bateau, privé du foc préalablement enroulé, refuse de virer vent arrière. A 20 mètres de l'étrave, les fonds remontent, rocheux, le voilier fonce droit dessus. Des Noirs s'agitent sur la digue, gesticulent. Quelques-uns courent, prêts à se mettre à l'eau... pour réceptionner les six tonnes d'*Alacaluf*.

"Bon sang de bon soir, c'est pas vrai !"

Instinctivement, je mets la barre sous le vent, toute. Ce qui était un défaut devient alors une qualité. Le voilier, trop ardent* sous grand-voile seule, vire vent debout, sur place, revient sur son sillage et lofe* pour s'immobiliser à côté de *Jonathan*.

— Ça ira comme ça, Thierry ?

Blême, comme moi d'ailleurs, Thierry rétorque :

— J'avais entendu parler des banques, des coucous, du chocolat, de la fondue... mais jamais d'une susceptibilité aussi chatouilleuse. Je vais préparer deux whiskies bien tassés.

Les voiliers sont amarrés côte à côte dans le petit port de l'île de Gorée, en face de la ville de Dakar.

Nous sommes dans le carré de *Jonathan*, commentant joyeusement cette "mirobolante" arrivée, nécessitée par une panne de moteur survenue il y a quatre jours. C'est le point final d'une traversée peu banale, née de la rencontre de Thierry et Patou, à Funchal puis à Las Palmas, qui avaient réussi à me dissuader de rallier directement les îles du Cap-Vert. Usant d'une stratégie toute de finesse, ils avancèrent l'argument massue, les soirs où une certaine béatitude gagnait du terrain alors que nous étions installés dans de moelleux coussins : "Passer si près de l'Afrique sans la voir, ce n'est pas possible ! Et puis, il y a la Casamance, la forêt vierge et ses villages traditionnels..."

Une fois que je fus acquis à cette thèse, Thierry, toujours débordant d'idées, fit la suggestion que l'on pourrait naviguer de conserve, VHF enclenchée sur un canal convenu et, en réglant convenablement l'allure des bateaux, veiller la nuit à tour de rôle. C'est parfait en théorie, dans la pratique...

C'est pourtant ce que nous avons réussi à faire, pendant huit jours. Il faut des voiliers aux performances voisines et un peu de discipline, de nuit notamment, le bateau "de veille" calquant sa vitesse et son cap sur l'autre, quitte à corriger par la suite. Le fait de naviguer tous deux sous régulateur d'allure, et non sous pilote électrique, ne corsa pas l'affaire outre mesure. Régulateur ? Oui, définitivement installé et réglé à Funchal, il donna satisfaction au-delà des meilleures espérances. Désormais, sous voiles plus de pilote. Ces démoniaques mécaniques ne seront astreintes qu'à tenir la barre dans la "calmasse" lorsque nous serons au moteur.

— Si l'on s'accordait une petite journée tranquille pour visiter les lieux. On est en Afrique, y a pas le feu au lac, me lance Thierry dans un clin d'œil.

Qu'ils sont noirs ! Certes je ne m'attendais pas à rencontrer des Esquimaux, mais tout de même, si foncés. Cela m'avait frappé, hier, dans le dernier bord de près* serré sous le vent de l'île, lorsqu'ils sont apparus souquant sur leurs pagaies, propulsant leurs magnifiques pirogues effilées dont l'étrave saillante a l'aspect d'une corne.

Cette petite île de Gorée a malheureusement hérité d'un passé bien lourd. C'est là en effet qu'était parqué "le bois d'ébène", dans l'attente d'un irrémédiable embarquement. Est-ce dans ce souvenir pénible qu'il faut chercher l'explication du nom donné à cette maison aux volets clos, "Université des Mutants" ?

Les constructions sont en dur, souvent peintes de couleurs jadis vives, mais aujourd'hui délavées. Il y a beaucoup de tons jaunes qui prennent une coloration chaude sous le soleil. Au centre et sur les hauteurs, l'île est parsemée d'une végétation bien portante, verdure qui est davantage menacée par l'ensablement en bordure de mer. Des baobabs colossaux trônent ici et là. Le fond de l'anse est formé d'une belle plage, en retrait de laquelle quelques tables grossières permettent aux visiteurs de se désaltérer ou de déguster un *blaff* de poisson. Derrière les maisonnettes qui bordent le port se trouve une place où se tient un petit marché d'artisanat. A côté, des enfants de tous âges jouent sur un terrain de football improvisé. Un tir maladroit, la balle passe au-dessus des buts et s'engouffre dans une pièce par la fenêtre. Pas de casse, elle était ouverte et il n'y a pas de vitre. Une tête de jeune femme apparaît tout sourire ; le ballon est renvoyé dans un éclat de rire.

J'ai encore à l'esprit les images de Madère et des Canaries, et je me demande si je ne rêve pas en voyant celles qui me dansent devant les yeux. Quel dépaysement ! J'ai l'impression de m'être endormi dans un lit et de me réveiller dans un autre.

Réveil brutal.

— Vous êtes expulsé dans les meilleurs délais !

Ces mots sortirent dans un français impeccable, mais avec un accent africain presque caricatural, à la Michel Leeb, les syllabes bien dé-ta-chées.

Manifestement satisfait, le commissaire du port se renverse sur son siège. Il est content de lui, fier de sa démonstration d'autorité et d'inflexibilité, destinée probablement autant à la personne qui se trouve en face de lui qu'à moi-même. J'hésite sur la conduite à tenir. Tenter de l'attendrir sur les circonstances qui m'ont amené ici ne servirait à rien, je le pressens. Tout nous oppose. Il est vêtu d'une robe d'un blanc immaculé, je suis en pantalon, habillé à l'européenne. Il est chez lui, je suis étranger. Il est musulman, je suis chrétien. Il est noir, je suis blanc. Il a le pouvoir et peut en abuser, je n'en ai aucun. Que faire ? Françoise et Stéphanie vont débarquer dans quelques jours et nous serons trois dans le pétrin. J'essaie tout de même.

— Commissaire, n'y a-t-il pas un moyen d'obtenir un visa touristique sur place, dans un cas comme celui-ci. J'ai un problème de moteur et...

— Vous avez vingt-quatre heures pour quitter le pays ! Croyez-vous que les autorités suisses agiraient différemment si un Sénégalais se présentait sans visa à l'aéroport de Genève-Cointrin ?

La loi du talion. J'insiste.

— S'il peut justifier d'une somme couvrant largement son séjour, je pense qu'un arrangement pourrait être trouvé.

— Vingt-quatre heures !

— Commissaire, ma femme et ma petite fille vont me rejoindre dans quelques jours. Elles ont déjà leur billet et ignorent qu'il leur faut un visa.

— Vous pouvez leur téléphoner pour les aviser de la situation, mais cela ne change rien pour vous.

Au bureau de poste, je cherche fébrilement le numéro de l'ambassade et parviens à joindre un responsable.

— Dites à ce commissaire que vous avez rendez-vous demain, à 9 heures, avec l'ambassadeur et que nous prenons l'affaire en main.

De retour dans le bureau du commissaire, dont l'ameublement cossu tranche avec l'état du reste du bâtiment, j'ai l'impression que mon interlocuteur pâlit à l'annonce de ma démarche. Sa proie lui échappe, la perdrix s'est envolée à une hauteur qui lui est difficilement accessible...

Muni de la demande officielle d'octroi de visa formulée par l'ambassade, je me dirige vers l'important édifice du ministère de l'Intérieur. N'entre pas qui veut, de nombreux soldats montent la garde. A la lecture de ce qui figure sur l'enveloppe, les barrières s'ouvrent. Brandissant mon pli, je demande mon chemin et parviens devant un bureau dont la porte grande ouverte me permet d'admirer une secrétaire bien en chair, vautrée sur un "Paris-Match".

Sur son invitation, je pénètre dans la pièce et aperçois une porte capitonnée portant l'inscription "Ministre de l'Intérieur". La personne, après avoir gentiment écouté, demande à un chef de la section immigration de nous rejoindre. D'un abord sympathique et ouvert, celui-ci déclare :

— Il n'y a pas de problème. Cela prendra une dizaine de jours. Repassez à la fin de la semaine prochaine.

L'âme sereine, je déambule le long des rues qui descendent vers le port. Et ça recommence. Un harcèlement plus qu'insistant, qui peut se poursuivre sur plusieurs centaines de mètres, à la mesure de l'acharnement que mettent ces vendeurs à placer leur camelote. Ils ne peuvent comprendre qu'on n'a pas envie d'acheter. Pour eux, un refus signifie prix trop élevés. Ce qui explique qu'ils s'accrochent à la même cible, en marchandant au point d'en devenir vraiment ennuyeux, provoquant finalement une réaction parfois ferme. Aujourd'hui, dans de très bonnes dispositions, je suis prêt à jouer le jeu, non pas de l'acheteur intéressé, mais du touriste poli qui dit non, gentiment, trop gentiment, pour voir jusqu'où peut aller le manège de ces vendeurs à la petite semaine.

Voilà bien 500 mètres qu'ils m'accompagnent et que je répète "non merci". Je rentre dans un petit bistrot, eux aussi. Je m'assieds à une table, eux aussi.

"Je ne vous achèterai rien, je ne suis pas un touriste mais un navigateur. Vos babioles ne m'intéressent pas, mais je vous offre volontiers un verre. Vous avez peut-être soif et je n'ai pas envie de vous exhiber un coca glacé sous le nez."

Ce petit geste est mal interprété. Muhammad fonce dans la brèche, me parle de sa famille, de ses parents, de sa jeune femme, de ses enfants et du cadet qu'on baptisera justement samedi. Quelle éloquence, son laïus n'en finit plus. Mais il ne tire pas qu'en longueur, il enfle, il grossit de détails que Muhammad rajoute, croyant faire plus vrai, pour atteindre une incohérence et des contradictions qui ne semblent pas gêner notre causeur. Tout à l'heure, il n'avait que deux enfants et venait de se marier, maintenant il en a déjà quatre... Muhammad sort un gri-gri d'un petit sac et le pose devant moi.

— Tiens, c'est un cadeau...

Dix secondes plus tard.

— Tu me donnes ce que tu veux.

Je lui rends son porte-bonheur.

Il reprend sa tirade, s'enferre dans de nouveaux développements, prend à témoin son cousin, qui était tout à l'heure son frère, dit qu'il a besoin d'argent pour nourrir sa famille, faire un présent au marabout, payer des études à Paris... et termine par ces mots :

— Tu me donnes combien pour samedi ?

— ??...

— Oui, je dois acheter le mouton pour le barbecue du baptême.

Je me lève, paie les consommations au comptoir et me dirige vers la porte sous les haro et les vociférations des deux acolytes, appelant aux plus horribles malédictions de tous les marabouts du Sénégal.

L'exemple de Muhammad n'a rien d'unique et il aurait pu se répéter des dizaines de fois. Il me semble caractéristique d'une certaine attitude face aux difficultés et à la pauvreté. Il faudra attendre de visiter d'autres régions défavorisées pour pouvoir comparer les comportements dans des situations identiques.

❖

L'avion a atterri avec trois quarts d'heure de retard, il est presque minuit. Françoise apparaît portant deux valises, un petit lutin blond sautille à ses côtés. Elle pose ses affaires et retourne en arrière ; réapparaît au bout d'une minute, un sac dans chaque main, les dépose, repart... pour revenir, portant deux autres bagages et poussant du pied un troisième. Miraculeusement, le passage de la douane se fait sans encombre.

— Ah toi et tes pièces de rechange, ton bricolage ! Il y en avait 80 kilos...

Cela posera quelques problèmes au chauffeur de taxi, qui tourne la difficulté en bourrant le coffre et en laissant le capot ouvert, assuré avec une corde. A peine parti, le voilà qui s'arrête à une station-service. Discussion avec le préposé, le ton monte. Rien à faire, l'employé refuse de faire le plein à ce taxi sauvage, non homologué. Nous repartons, Françoise s'inquiète un peu.

— Arriverons-nous avant la panne sèche ?

— Eh ! c'est l'Afrique ! Tu n'es pas au bout de tes surprises...

Françoise ouvre de grands yeux. On peut la comprendre. Parachutée en pleine nuit, les faubourgs de Dakar lui laissent une impression saisissante, stupéfiante de dépaysement.

Nous nous éloignons de la ville, la route n'est plus éclairée. Je devine Françoise tentant de lire à travers les ombres qui défilent. La voiture bifurque dans un chemin cahoteux qui mène à la plage de Hann. Malgré nos injonctions, le chauffeur continue dans le sable, au risque de s'enliser, dans la louable idée de nous éviter la corvée de porter nos bagages... Brave gars, il aura bien mérité un bon pourboire.

— Et maintenant ? demande Françoise.

— Les acrobaties ! Nous allons transporter tout ce barda au bout de cette jetée branlante, puis au bateau, en prévoyant plusieurs navettes.

Une heure plus tard.

— Nous avons eu de la chance, rien n'est tombé à l'eau.

— ... Alain, j'ai oublié un sac à l'aéroport...

Deux jours plus tard, nous sommes de retour dans l'île de Gorée que Françoise et Stéphanie découvrent avec enchantement. Les enfants noirs sont intrigués par cette fillette aux cheveux dorés, qui elle-même les dévisage en ouvrant des yeux tout ronds derrière ses petites lunettes. A l'heure de la promenade, un cortège se forme spontanément et les questions fusent : "Où tu vas Madame ? Comment s'appelle ta fille ? Tu vas rester ici longtemps ? Tu as besoin de quelque chose ?"

Un jour, à cette dernière interrogation Françoise répond par l'affirmative.

— Est-ce que ta maman pourrait m'aider à faire la lessive ? Il n'est pas facile de se procurer de l'eau ici, et lorsque je mets le linge à sécher, le soir, il est rouge du sable transporté par le vent.

Le lendemain, portant deux gros sacs, nous suivons un garçonnet qui nous conduit à sa demeure. Nous pénétrons dans une cour, entourée de maisonnettes basses, et entrons dans l'une d'elles par une porte que ferme un rideau. Il faut quelques instants pour que les yeux s'habituent au peu de lumière qui filtre dans la pièce par l'unique fenêtre, et nous comprenons que ce n'est pas la seule raison de la pénombre qui règne dans l'habitation. Les murs et le plafond sont noircis par la fumée qui s'échappe d'un foyer improvisé au milieu de la chambre. Un simple vase de terre cuite où se consument des briquettes. Une indigène nous propose les deux chaises disponibles, tandis qu'elle-même s'assied sur le coin du lit. Une table grossière et une armoire complètent le mobilier. Ma contribution dans le domaine se limitant à porter les sacs, je laisse les deux femmes à leur discussion et m'éclipse.

De retour au bateau, Françoise me confie ses impressions.

— Tu te rends compte, cette pauvre dame vit avec ses neuf enfants dans cette unique pièce. L'aîné a quatorze ans, le benjamin deux. Le mari en avait marre ou voulait du changement, il est parti "jouer au lapin" avec une autre.

— Quel âge a-t-elle ?

— La trentaine environ.

— Comment font-ils pour dormir ?

— Ils s'entassent dans l'immense lit, certains dorment sur des nattes.

Le surlendemain, Françoise retourne chercher son linge.

— Alors, comment cela s'est-il passé ?

— A peine entrée, il faisait toujours aussi sombre, j'ai eu une vision que je n'oublierai pas. Douze paires d'yeux blancs perçant l'obscurité me fixaient. Ils étaient assis autour du foyer. Je leur ai donné un paquet de bonbons qui a disparu en un tour de main. La lessive est impeccable et est imprégnée de cette odeur de brasier un peu âcre qui n'est pas désagréable du tout. Elle a été repassée avec un vieux fer creux, dans lequel on introduit un lingot de fonte après l'avoir chauffé sur les briquettes du foyer. L'odeur de l'âtre s'est transmise à l'objet tout entier. Nous avons parlé, elle m'a offert du thé, je lui ai laissé un souvenir de Suisse. Chaque fois que j'utiliserai un linge odorant, je penserai à elle...

— Thierry, une petite partie d'apnée à but exploratif et nutritif, qu'est-ce que tu en penses ?

— On est partant. Des protéines fraîches et pas chères... Il n'y a rien de tel... comme disait Guillaume !

Sans être d'un intérêt particulier, les fonds sont poissonneux ; perroquets et mérous surtout. Une petite heure d'effort suffit à nourrir amplement quatre gros mangeurs.

— Alors Thierry, à chacun ses prises, ou on partage chrétiennement ?

Le pauvre n'en a ramené aucun.

— C'est pas malin, tous les Helvètes ont une arbalète et s'entraînent à tirer sur des pommes ! Et puis tu as un fusil de professionnel !

— Je demande une minute de silence en l'honneur de Patrick Mouton... Qu'est-ce que vous mangez ce soir à bord, une boîte de thon ?

Il est 18 heures, les martèlements sourds et énigmatiques du tam-tam nous parviennent depuis le sommet de la colline. Des silhouettes en ombres chinoises s'agitent en cadence dans le crépuscule. Nous amarrons notre annexe à l'arrière de *Jonathan* et descendons dans le carré. Thierry et Patou sont tous deux décorateurs d'intérieur et font mentir le dicton selon lequel les cordonniers sont toujours les plus mal chaussés. L'aménagement de leur voilier est magnifique. L'œil est comblé et bientôt l'estomac le sera aussi, si l'on en juge par le fumet qui se dégage du four où mijotent les prises de la journée. Et pourtant, une certaine mélancolie règne ce soir, car nous sommes réunis pour la dernière fois. Les sillages des voiliers, parallèles depuis Madère, vont diverger.

Cela fait un mois qu'*Alacaluf* est arrivé à Gorée et que la demande de visa a été transmise au ministère de l'Intérieur. Nous nous y sommes rendus ultérieurement à deux reprises. La première fois, "l'affaire suivait son cours". La seconde fois, il y a trois jours, le dossier "s'était égaré", avait disparu, coincé probablement dans une de ces immenses piles poussiéreuses que nous avons vues, ficelées et "archivées", dans les couloirs de cette usine à papiers. Adieu la Casamance et ses villages traditionnels, nous avons décidé de rallier l'archipel du Cap-Vert. Thierry et Patou vont poursuivre plus au sud, vers la Côte d'Ivoire.

❖

Nous nous éloignons des côtes africaines dans un vent de nord, force 3 à 4, au plus près. Il fait beau, mais la visibilité est réduite par une certaine opacité, phénomène fréquent dans ces régions. La première nuit se passe bien, ainsi que la seconde journée qui se termine dans une accélération du vent. Nous prenons deux ris dans la grand-voile. L'allure s'en ressent, devient hachée, le voilier "pioche".

Au petit matin, le vent adonne* légèrement, ce n'est pas beaucoup plus agréable mais la vitesse s'améliore.

— Je vous avais prévenues, cette navigation contre l'alizé n'est pas une partie de plaisir, mais pensez à la prochaine, ce sera du gâteau.

Durant la troisième nuit, nous nous approchons de l'île de Boa Vista dont nous voulons longer la côte sous le vent le lendemain matin. Je suis dans ma couchette. Tout était clair lors du tour de veille sur le pont il y a dix minutes, et pourtant je ne me sens pas bien. Le dernier point satnav*, qui remonte à plus de trois heures, donnait une position approximative, la hauteur du satellite au-dessus de l'horizon ne permettant pas un calcul satisfaisant. Le prochain aura lieu dans une heure, délai qu'il faut majorer d'une vingtaine de minutes, pour les calculs et les tests, avant que la position ne s'affiche. Gênant, d'autant que notre cap, un peu plus nord que la route directe, escomptait une certaine dérive... Et si nous étions en train de foncer sur l'île en pleine obscurité ?

Je me lève et enclenche l'écho-sondeur*... 43 mètres... Nom de nom ! Nous virons de bord séance tenante, repartons un quart d'heure dans l'autre sens, mettons à la cape* et attendons le nouveau point satnav ainsi que le jour qui ne saurait tarder, il est 5 h 30.

Tut, tut, tut ! L'appareil signale une nouvelle position.

Je la reporte sur la carte... Nous sommes à trois milles de la pointe Tarafo, l'extrémité sud de Boa Vista.

Un peu plus tard.

— Françoise, réveille-toi, il fait jour et nous allons voir notre première île cap-verdienne !

— Mais où est-elle ?

— Euh !...

A 9 h 45, nous avons l'île exactement par le travers tribord, à trois milles... En théorie, car nous ne la voyons pas. L'air est tellement chargé de sable qu'il nous dissimule la troisième île du Cap-Vert en superficie, à une distance de cinq kilomètres.

L'après-midi, le vent augmente et la mer grossit, creux de trois à quatre mètres en moyenne. Une vague, plus haute que les autres, frappe sur tribord. Dépassant largement le franc-bord*, la crête écumante déferle sur le pont, submergeant le cockpit. Assis, bien calé contre l'hiloire* au moment de l'impact, j'ai eu le temps d'embrasser un winch* et de m'y cramponner. Mon harnais m'aurait évité de voler dans les filières du bord opposé, ou par-dessus, mais ce fut un réflexe. Je vois la tête de Françoise qui me regarde sous la bulle du capot de descente.

— Tout va bien... à part la douche. Ça devient sportif !

Le début de la nuit coïncide avec une envolée du vent au-delà de 40 nœuds. Il faut mettre au bas ris. Retenu par la bride courte du harnais, qui n'autorise aucun déplacement au pied du mât et le long de la bôme*, il faut, chaque fois que c'est nécessaire, ouvrir et recrocher ailleurs le mousqueton. Poser deux lignes de vie* de chaque côté du rouf*, semblables à celles qui courent le long du pont, serait une solution. Une autre, plus agréable, consisterait à me détacher. De jour, je le ferais, bien appuyé dans les balcons* de mât, un œil sur la mer au vent. Mais de nuit, sans possibilité visuelle d'anticipation, mieux vaut s'abstenir, d'autant que le grondement des lames, qui souvent déferlent, n'est pas très rassurant.

La prise de ris terminée, je vais à l'arrière du bateau voir si tout est en ordre du côté du régulateur. Le faisceau de la lampe frontale éclaire le safran* auxiliaire qui gouverne le voilier, la barre principale étant amarrée dans l'axe. La pale immergée est de travers et menace de s'en aller à tout instant ! La goupille, censée la maintenir en place, est à moitié sortie.

— Françoise, vite un marteau ! dans le coffre du siège de la table à cartes.

Je prépare une corde, dont j'aurai grand besoin dans deux minutes, et fixe une extrémité à une embase du balcon. Agenouillé dans la jupette du tableau arrière*, assuré par le harnais réglé très lâche, et surtout par le filin qui me passe sous le ventre et que Françoise tend à la demande, je me penche, essaie, d'une main, de redresser le safran lorsque la pression de l'eau se relâche et, de l'autre, martèle la goupille pour la remettre en place. Le voilier, anormalement chargé sur l'arrière, enfonce par moments la moitié de son tableau dans l'eau... et moi avec.

— Ouf ! ça y est. Mais elle peut ressortir. A surveiller fréquemment.

— De plus en plus "sportif", commente Françoise.

— Maintenant que tu as vu comment on procède, la prochaine fois, c'est ton tour...

— Si j'envoie un compte rendu détaillé de cette traversée à mon médecin, il va me faire rapatrier illico !

Au petit matin, les hautes falaises du mont Caralena, la pointe sud de l'île de São Vincente, sortent de la brume. Echancrées au sommet, ses parois lisses et abruptes dégringolent dans l'océan et donnent le vertige. Nous remontons la côte sud-ouest de l'île. A la hauteur de la pointe Machado, nous voyons les rouleaux qui défilent dans le canal qui sépare les îles de São Antão et de São Vincente. Le courant doit atteindre trois nœuds, sans parler de la dérive surface. Il nous faut soutenir au moteur. Je tourne la clé de contact... Rien !

— Tu m'as dit avoir changé le démarreur à Gorée ? demande Françoise.

— Oui.

— Ça n'a pas l'air d'aller beaucoup mieux...

— Nous ne pouvons nous lancer dans ce goulet sans l'appui du moteur par ce temps. Nous allons louvoyer dans cette anse sur notre tribord et nous mouiller le plus près possible de la plage. Si j'arrive à convaincre cette contrariante mécanique de coopérer, nous repartirons. Sinon, nous resterons à l'ancre pour la nuit, espérant des conditions plus calmes demain pour rejoindre Mindelo.

La baie de São Pedro, balayée par un vent furieux de nord-est, se trouve au bout d'une vallée qui sépare deux hautes chaînes de montagnes. Canalisé par le relief, le vent s'y engouffre comme dans un entonnoir.

Une fois la CQR* bien enfoncée dans le sable, nous admirons le paysage accidenté et aride qui entoure la plage. Sur la droite, se trouvent quelques baraques de pêcheurs. En arrière-plan on distingue un petit aérodrome.

— C'est un coin venté, déclare Françoise.

— Je ne te contredirai pas, mais qu'est-ce qui étaie cette haute pensée ?

— Regarde sur tribord !

— ... Effectivement...

En face des habitations, un voilier est également ancré... démâté ! Aux jumelles, nous apercevons le reste de l'espar* coupé à un mètre au-dessus du pont. Il y a du monde à bord.

Nous tentons un contact VHF, pas de réponse. Ils n'ont pas l'air de s'intéresser à notre présence.

Après nettoyage des cosses et des connexions sollicitées lors du démarrage, le récalcitrant moteur daigne reprendre du service. Une petite collation, les 55 mètres de chaîne à virer manuellement au guindeau pour hâter la digestion, et nous nous dirigeons vers l'infortuné voilier. Il vient juste de relever son mouillage lui aussi et détale en direction opposée, probablement à la recherche d'un meilleur abri. Nous n'insistons pas, s'il avait eu besoin de quelque chose il se serait manifesté.

Dans le canal, cela se passe comme prévu... laborieusement et lentement. Nous avons une pensée émue pour Alain Gerbault en fixant la côte sud-est de São Antão et en imaginant ce qu'a dû être cette nuit du 9 au 10 juillet 1928, au cours de laquelle son *Firecrest* s'échoua.

Dans la baie de Mindelo, nous mouillons à quelques dizaines de mètres du *Manouche*, le voilier de René et Dany, dont nous avions fait la connaissance à Gorée.

Tandis que Stéphanie joue avec Gabriel et Suani, les deux petits Mauriciens adoptés, nous échangeons nos impressions.

— René, figure-toi qu'hier en fin de nuit, nous avons viré à trois milles de Boa Vista, le sondeur indiquait 43 mètres...

— Attends, on a fait "mieux" ! Nous aussi voulions nous recaler sur la côte sud de cette île. Yves, qui a embarqué à Dakar, était de veille. Au milieu de la nuit, je me lève et le vois assoupi dans la couchette de quart : "Oh Yves, tu dors !" Je sors jeter un coup d'œil, ne sachant depuis combien de temps il roupillait... Une crique ! Nous étions dans une crique, à quelques encablures* de la berge... Encore heureux que l'aube naissait, dans le noir je n'aurais certainement rien vu...

Archipel du Cap-Vert, quelle triste antinomie ! Lorsque le regard parcourt les flancs escarpés des montagnes et des collines, aucune trace de végétation ne vient nuancer la monochromie brune de ce domaine exclusivement minéral. Et pourtant, un nom pareil ne s'invente pas, une fois, il y a longtemps, c'était verdoyant. Une politique menant à la parcellisation puis à l'abandon, l'érosion et l'élevage immodéré des chèvres ont donné la suprématie à la caillasse, en condamnant la verdure. Par chance, on dirait que les Cap-Verdiens ont laissé pénétrer dans leur cœur la chaleur qui parfois accable leur pays, sans que n'y entre une trace d'aridité. On sent beaucoup de bienveillance et de bonhomie lorsqu'on se promène dans les rues de Mindelo. La population parle le portugais et un dialecte créole typiquement cap-verdien. A la différence de ce que nous avons vu à Dakar, pas de mendicité sans contrepartie, on propose des services en échange de quelques escudos. Louis, préposé à la garde d'un ketch* américain démâté et abandonné provisoirement par son propriétaire, nous guidera à travers la ville, s'occupera du ravitaillement en fuel et en pétrole. Raphaël, 10 ans, surveillera fidèlement notre annexe. Kabu réussira à consolider le cadre d'alu de notre pale de régulateur et à fixer une deuxième manille à la goupille du safran, afin qu'elle ne s'échappe plus.

En face de Mindelo, l'imposante masse de l'île São Antão lance ses pics à près de 2000 mètres d'altitude. Elle est nettement plus haute et plus grande que São Vincente, et cela lui vaut d'avoir le taux de pluviométrie le plus élevé de l'archipel. Les Cap-Verdiens y ont entrepris une reforestation et ont réussi, malgré l'importance des massifs montagneux, à y développer l'agriculture qui suffit à subvenir aux besoins en produits frais des îles du nord.

Le port de Mindelo, Porto Grande, a joué jadis un rôle important à l'époque où les grands voiliers y faisaient régulièrement escale, ainsi que plus tard les vapeurs qui s'y ravitaillaient en charbon. Avec l'apparition des moteurs Diesel et la facilité de stockage du combustible, Porto Grande a été délaissé par le trafic au long cours, mais continue d'être très actif, à l'échelle de l'archipel, pour le commerce, la pêche et l'importation de produits énergétiques.

Un jour, nous faisons la connaissance de José et de quelques amis amateurs de planche à voile, qui nous proposent de les accompagner pour un pique-nique sur la plage de São Pedro.

— Nous aimerions organiser prochainement les championnats

du monde de *windsurf*, ici à Mindelo. L'épreuve de vitesse aurait lieu à São Pedro où il y a toujours du vent, nous dit José.

— Merci on a vu...

Endormi pendant l'été, Eole fait du zèle durant l'hiver, et nous devrons renoncer à visiter les îles situées au sud-est de São Vincente, Santa Luzia et São Nicolau. Un soir, particulièrement en colère, il retournera comme une crêpe notre annexe et son hors-bord, enverra celle d'un voisin suédois faucher l'antenne radio pour s'empaler dans l'éolienne placée trois mètres au-dessus de l'eau, et il aura la force d'expédier au fond de la baie trois chalutiers amarrés à couple à un même corps-mort.

Nous sommes aujourd'hui le 13 mars, c'est le quatrième anniversaire de Stéphanie. Après le déballage des petits cadeaux, nous faisons une promenade en ville et prenons le chemin qui conduit au restaurant de Tonton. Nous le connaissons sans jamais l'avoir rencontré, au travers des récits de navigateurs qui ont relâché ici et qui ont fait sa réputation. La traditionnelle virée chez Tonton est devenue un *must* avant le grand appareillage, surtout pour les francophones. C'est là qu'on honore une dernière fois la bonne chère avant de tester, quelques semaines plus tard, le boudin antillais ou les crevettes bahianaises. Et c'est là aussi que débute le "roulis" qui accompagnera l'équipage durant toute la traversée et qui se transformera en mal de terre à l'arrivée, sous l'effet des *ti'punchs* ou des *caïpirinhas* selon qu'on débarquera aux Caraïbes ou au Brésil.

Nous avons laissé un message dans le livre d'or de Tonton, il se termine par ces mots :

... "Petite fille du Vent, demain l'Océan te reprend et l'étrave d'*Alacaluf* chantera pour toi, sur l'immensité indigo, la chanson du grand large, un hymne à la liberté, la véritable mélodie du bonheur."

6

A la rencontre du soleil

Il y a trois jours que nous avons quitté São Vincente. *Alacaluf* se balance régulièrement d'un bord sur l'autre. C'est la première traversée au portant* pour Françoise et Stéphanie. A partir d'une certaine force de vent, cette allure n'est pas plus confortable que le près, mais l'alizé modéré qui souffle depuis le départ nous offre une navigation royale. Les voiles en ciseaux, bien gonflées, poussent le voilier au rythme de la houle qui, à chaque passage, soulève doucement l'arrière, glisse le long de la coque dans un chuintement qui se change en un petit bouillonnement à la hauteur de l'étrave. Tous les capots et hublots sont ouverts, il fait aussi bon à l'intérieur que sur le pont. A plat ventre sur l'avant du bateau, nous regardons, émerveillés, les vagues arriver, les moustaches d'écume se former de chaque côté de l'étrave et l'onde s'éloigner en nous ouvrant la route.

— Tu vois Stéphanie, il suffit de suivre ces ondulations, elles nous montrent le chemin et nous disent "venez, c'est par là !"

La petite se relève sur les coudes, fixe l'eau et s'écrie :

— Il y a des couleurs dans la mousse !

A notre tour, nous observons attentivement. Dans son roulis, lorsqu'il s'appuie sur un bord, *Alacaluf* écrase, dans de petits surfs, les vagues qui le rattrapent et projette un rideau de gouttelettes pulvérisées qui s'irisent dans les rayons du soleil. Vision irréelle d'un arc-en-ciel dans la vague d'étrave, qui naît spontanément, disparaît, éclôt à nouveau ; nébulisation mythique due à la rencontre et au mariage de la mer, du vent, du soleil et du voilier.

Nous nous retournons sur le dos. Le frou-frou régulier de l'étrave nous parvient plus fort et le regard s'accroche au génois* ballonné par tout l'air qu'il emprisonne. On dirait que la voile respire au même rythme que l'océan. Elle enfle, se dilate, expire, puis se gorge à nouveau de brise. Une grande pureté géométrique se dégage de ce triangle bombé qui se termine dans un élancement parfait en rejoignant le haut du mât. Avec ses deux ailes déployées, *Alacaluf* nous montre un autre visage, celui d'un voilier heureux, en totale harmonie avec les éléments.

Aujourd'hui, le temps s'est arrêté. Françoise a terminé son quart au lever du soleil puis s'est couchée, laissant *Alacaluf* tracer seul son sillage. Je monte sur le pont. C'est bien ça, les aiguilles ne bougent plus, l'astre a déjà bien entamé sa course dans le bleu pâle, mais le temps, celui des hommes, s'est immobilisé. Ce jour est en tout point semblable à hier, et rien n'indique que demain sera différent. Il y a dans l'air quelque chose d'immuable, de calme qui donne une impression d'éternité et d'infini. Je regarde à droite, puis à gauche. Cette fois nous y sommes, en plein dedans, au beau milieu. *Alacaluf* navigue au centre du disque magique, ce cercle parfait du bleu roi le plus pur, plaqué à une voûte du bleu ciel le plus limpide.

Je prends une hauteur de soleil, les conditions sont idéales, et trace la droite* correspondante sur la carte. La prochaine observation est prévue à la mi-journée, au passage de l'astre à notre zénith, cela nous donnera notre point quotidien, merci Seigneur.

Ayant mis un peu trop d'ouest dans notre cap ces derniers jours, nous corrigeons en prenant plein sud et pourrions nous contenter d'une seule position journalière, notre progression nous étant indiquée par les méridiennes* successives. C'est magnifique, nous plongeons sur l'hémisphère austral au moment où le soleil, lui, vient de le quitter, car nous avons passé l'équinoxe hier et l'astre remonte chaque jour un peu plus dans le tropique du Cancer. Dans notre quête de sud, nous avons rendez-vous avec lui, nos chemins ne vont pas tarder à se croiser. Bientôt, sa déclinaison* correspondra à notre latitude. Il brillera alors, à la mi-journée, exactement au-dessus du mât d'*Alacaluf,* inondera le pont de ses rayons comme encore jamais auparavant ; un feu d'artifice, un embrasement, le plus beau cadeau de bienvenue dans l'univers austral dont puisse rêver un minuscule voilier posé au milieu de l'immensité du disque magique.

Après un petit déjeuner pris dans le cockpit et ponctué d'éclats de rire, il est temps de s'occuper de choses sérieuses, mais sans leur donner cette apparence.

— Stéphanie, nous allons faire l'école... En fait nous allons "jouer à l'école". Il faut que tu saches bien compter, pour découvrir combien il y a de bonbons dans un cornet ou de carrés de chocolat dans une plaque. Pour toi qui es si gourmande, c'est important. Tu es d'accord ?

— Oh oui !...

Nous nous sommes partagé la tâche de la façon suivante. Françoise s'occupe de l'apprentissage de la langue maternelle, des travaux manuels, du dessin et de l'éveil à l'environnement. Personnellement, je me charge de l'initiation aux mathématiques et du sport. Stéphanie sait compter mécaniquement jusqu'à 20, se sensibilise à la notion de dénombrement, de quantité, et l'objet de la leçon d'aujourd'hui est la reconnaissance des chiffres, de leur forme et de leur écriture. Nous étalons sur la table du carré une collection de nombres en plastique de différentes tailles. Ils sont mélangés et la petite doit les regrouper par famille. Pour l'aider à mémoriser leur forme, nous associons des images : le 1 est un piquet, le 2 un cygne, le 3 un vieux monsieur fatigué et bossu, le 4 une fille assise, le 5 un garçon qui court, etc.

— Z'aimerais zouer dehors !

— D'accord, tu as bien travaillé, nous continuerons demain.

Stéphanie part dans sa cabine, farfouille dans son "équipet", ressort avec des linges, des couvertures et des peluches.

— Qu'est-ce que tu fabriques ?

— Ze veux faire une cabane pour "Nounette".

— Sur le pont ?... Entendu, à condition qu'un de nous reste à l'extérieur et que tu la fasses au pied du mât.

Cinq minutes plus tard, le "campement" est monté. Les serviettes, tendues sur des cordelettes, sont maintenues par des pinces à linge. "Nounette" l'ourse, "Kouki" le singe et deux poupées sont confortablement assis à l'ombre et regardent, d'un air penché, les chiffres en plastique étalés devant eux... La classe peut commencer.

Adossés contre les hiloires du rouf, nous contemplons le sillage blanc qui s'allonge. Je m'adresse à Françoise :

— Nous avons bien fait d'embarquer "Orson", c'est l'équipier modèle. Sans lui, tu imagines les heures de barre que l'on devrait faire en alternance !

Françoise acquiesce d'un hochement de tête, accompagné d'un haussement de sourcils significatif. "Orson" c'est le régulateur d'allure. Nous l'avons baptisé ainsi en pensant au film d'Orson Welles "Le troisième homme". Nous avons eu deux petits problèmes de jeunesse lors de la précédente traversée. Maintenant, infatigable et précis, "Orson" conserve le cap fidèlement, aussi bien au vent arrière qu'il le faisait au près. Un cordage permet, du cockpit, d'ajuster le cap ; deux réglages agissent respectivement sur la sensibilité de l'aérien et sur l'amplitude de l'angle de barre. Une petite merveille.

Le soir, après le repas, je suis comme d'habitude à la plonge. Il est 21 heures, la nuit tombe et il faut allumer le feu de mât. Je relève la tête, regarde machinalement par le hublot de la cuisine.

— Oula, on ferait bien de s'inquiéter !

La silhouette sombre d'un cargo défile dans la petite ouverture. Nous sautons sur le pont après avoir allumé nos feux.

— A quelle distance est-il ? interroge Françoise.

— ... Difficile à estimer, un mille peut-être. J'aimerais savoir s'il nous a repérés au radar.

Contacté par VHF, l'opérateur répond instantanément dans un anglais impeccable.

— Mais qui appelle ? Où êtes-vous ?

— Sur votre bâbord, nos feux sont allumés, clin d'œil à Françoise, vous ne nous avez pas décelés au radar ?

— Non, un instant... ah, je vous vois ! Très bien, nous nous sommes croisés. Il n'y a pas de danger.

— Votre radar était-il enclenché ?

— Oui, jour et nuit sur un navire battant pavillon britannique.

La conversation se termine dans des échanges de politesse.

— Pas très rassurant, commente Françoise.

— Surtout quand on pense que nous avons une coque métallique et un réflecteur dans les barres de flèche*...

La journée du lendemain est aussi fascinante que les précédentes. Le haut du corps passé par le capot avant, le menton posé sur les bras croisés, j'admire glisser le bateau et écoute le refrain que l'étrave joue sur le grand disque magique.

Je sais que cette symphonie ne sera pas éternelle, malgré la présence rassurante de petits cumulus ouatés, étincelant de blanc, tout autour du disque. Dans quelques jours, cette harmonie parfaite du voilier et des éléments sera mise à mal. C'est inévitable, pour gagner le Brésil, il nous faut traverser le Pot-au-Noir.

Scientifiquement définie comme une zone intertropicale de convergence entre les régimes de vents établis dans les deux hémisphères, respectivement les alizés du nord-est et du sud-est, le Pot-au-Noir est une région de grands calmes, d'orages équatoriaux, de vents parfois brusques mais éphémères, qui n'inquiète aucunement les navires à propulsion mécanique d'aujourd'hui, mais qui était redoutée par les voiliers d'autrefois qui craignaient d'y rester englués des semaines et des semaines.

Depuis hier, l'allure a notablement faibli, pas de doute nous approchons. La houle s'aplatit. Nous insistons encore vingt-quatre heures, le temps qu'*Alacaluf*, sur sa lancée, grignote encore quelques milles, et nous enclenchons le moteur. L'alizé est remplacé par la risée... mécanique. Il n'y a plus qu'à espérer que l'on traverse rapidement ce passage obligé.

La nuit débute avec ce sale bruit dans les oreilles. Trois heures, je suis de quart. Est-ce que je fabule ? Il me semble que le moulin ne tourne pas rond. Je me concentre. "Non, tout va b..., oh, un hoquet !" Je sors contrôler l'échappement. "Oula ! Ce n'est plus un bateau, c'est une locomotive à vapeur !" Une belle fumée blanche sort de l'échappement, l'eau, elle, est éjectée normalement. Je mets le régime au ralenti et me plonge dans des manuels de mécanique Diesel. La conclusion que j'en tire n'a rien de réjouissant. Il faut arrêter le moteur, ne plus l'utiliser, une quinzaine de minutes à la rigueur lors de la manœuvre d'arrivée. Je reste un instant les yeux dans le vague, à imaginer les "délices" que la navigation nous réserve ces prochains jours... L'alarme température sonne et s'allume, j'arrête la machine immédiatement.

Françoise, réveillée en sursaut, demande :

— Que se passe-t-il ?

— La risée mécanique est devenue la risée du bord !

— Et en plus clair ?

— On n'a plus de moteur !

— Nous avons des voiles.

— Ces belles choses ne sont utiles que lorsqu'il y a du vent...

Le lendemain à 7 heures, je tente de faire démarrer le moteur, pour voir. C'est vite vu, un "clac" très bref et puis plus rien. Nous montons sur le pont. *Alacaluf* se traîne sur une mer parcourue par de longues oscillations, semblables à des frissons. Une odeur étrange, nouvelle, nous monte aux narines, ça sent le lac. Nous gréons l'étai* largable et son ridoir* à volant juste derrière le tambour de l'enrouleur, puis endraillons* une voile légère, en tissu de spi, qui s'appelle un booster. Cette grosse bulle a la particularité de pouvoir s'établir en ciseaux au vent arrière, de se replier bord sur bord aux autres allures et de s'utiliser alors comme un grand génois léger. Nous amenons la grand-voile lourde et la remplaçons par une autre de plus faible grammage. Nous ne hissons pas ces nouvelles voiles, pourquoi faire ? Il n'y a pas un souffle de vent.

Le jour suivant, le point de la mi-journée nous situe 17 milles plus au sud que la veille… Soit une moyenne de trois quarts de nœud par vingt-quatre heures. Douze heures plus tard, à minuit, nous avons dérivé de 5 milles, mais l'espoir renaît avec la venue d'une brise de noroît. Dans la matinée, nous croisons un cargo italien avec lequel nous avons un contact VHF. L'après-midi nous trouve sur le pont, le nez à la verticale, en proie à la plus grande perplexité. Je tente un commentaire, à défaut d'explication.

— Tout là-haut, les cirrus sont immobiles. Dessous les altostratus viennent du sud-est. Et pour la couche qui nous intéresse, au-dessus de la mer, il y a des cumulus qui viennent de l'ouest, d'autres qui vont à leur rencontre depuis l'est, et nous sommes plantés au milieu sans un souffle d'air ! Malgré cette navrante réalité, Françoise, ce soir c'est la fête… même s'il faut se forcer un peu.

— Ah oui ?

— Nous passerons l'équateur cette nuit, lorsque tu verras l'écriteau réveille-moi…

L'enthousiasme n'est pas délirant en cette fin d'après-midi, mais l'apéro corsé a l'effet escompté.

— Je te parie qu'aux XVIe et XVIIe siècles, dans une situation identique, la réserve personnelle de rhum du commandant devait en prendre un sacré coup. Et pour ne pas faillir à cette louable tradition, je t'en sers un autre et m'en verse un double. Santé !

— Nous serons incapables de veiller cette nuit, anesthésiés au fond de nos couchettes.

— Oublie ! Ce n'est plus de la navigation mais de la dérive contrôlée, à un demi-nœud. Nous allons garnir les haubans des trois falots à pétrole, ce sera un beau sapin d'équateur, et au dodo !

Au petit matin, Françoise monte sur le pont.

— C'est irréel. Regarde ! Il n'y a plus aucun mouvement sur l'eau, c'est le miroir parfait.

Je me penche au-dessus de la "glace", aperçois une tête connue, mais au-delà de la "vitre" je vois des poissons… Peut-être pas pour le petit déjeuner, mais à midi… Nous mouillons une ligne sur laquelle sont accrochés plusieurs hameçons qui tournent au bout de petites cuillers. Les poissons, une variété de maquereaux, foncent sur les reflets argentés. Nous remontons les leurres et accrochons au passage un de ces curieux par la joue. L'expérience sera renouvelée six fois, et autant de poissons seront ainsi harponnés par le ventre, la tête et même l'œil.

Stéphanie trouve la vie formidable, il y a du soleil, des protéines fraîches et elle peut jouer avec ses petites voitures sur le plancher de la cabine, aussi stable qu'un quai. Quant au pont, c'est le paradis, il n'y a plus besoin de se tenir. Françoise profite de ces circonstances pour mettre l'accent sur l'écriture, exercice qui n'est pas toujours réalisable en traversée.

Nous sommes le 27 mars, voilà quatre jours que nous "glandouillons" dans les calmes. La progression dans les dernières vingt-quatre heures est un record de lenteur, cinq milles parcourus en surface, dix sur le fond grâce à un léger courant favorable. Mais nous avons passé "la ligne", psychologiquement ça aide, cela donne une illusion de mouvement. Le petit générateur portatif tourne une heure par jour pour maintenir la charge des batteries.

La nuit du 28, une brise nous pousse et nous avançons d'une quarantaine de milles, le moral se maintient. Le 29 est une journée de grains, nous renonçons à tirer parti des vents d'orage, amenons le booster et raidissons la balancine* de grand-voile de façon à former une poche dans la toile. Vent de travers, l'eau ruisselle, court le long de la bôme et nous la récoltons au vit-de-mulet* à l'aide de seaux. Les premières averses ne servent qu'à laver et dessaler la voile, l'eau est jaune et saumâtre, puis elle s'éclaircit et devient consommable. Nous la filtrons tout de même en la versant dans le réservoir. Après 90 litres, celui-ci est plein. Ouf ! De ce côté-ci pas de souci, et l'on peut donc calculer notre consommation journalière depuis le départ : 7 litres pour nous trois, soit moins de 2,5 litres par personne. La toilette, le rinçage des dents, le lavage des cheveux, la vaisselle se font à l'eau de mer. L'eau douce est réservée, exclusivement, à la boisson et à la cuisine, et encore, lorsque Françoise fait des pâtes ou du riz, elle utilise un quart d'eau de mer.

Nous sommes toujours entourés de grains. Nous hissons le booster et le descendons dix minutes plus tard, dégréons l'étai largable pour dérouler le girofoc* qui nous tire sous l'orage et bat lamentablement dès que celui-ci s'éloigne. Un souffle subsiste. Nous remettons l'étai en place et renvoyons le booster, qui tient un moment, puis faseye et finit par "pendouiller" en raguant contre les filières. La grand-voile, elle, a repris son sinistre labeur de métronome, en claquant au rythme du léger roulis "flac-flac-flac". C'est fini pour cette fois, il faut attendre le prochain grain. Nous effectuerons ces changements de voiles à quatre reprises durant la nuit, pour finalement engranger une trentaine de milles en vingt-quatre heures.

Le 30, une brise se lève dans l'après-midi. Pour la première fois depuis huit jours, la mer reprend un visage normal, avec houle de fond et train de vagues secondaires. Le lendemain, nous aurons parcouru 76 milles, plein sud, l'idée étant d'accrocher, le plus vite possible, les alizés du sud-est. Le 31 mars et le 1er avril, le vent, toujours de secteur nord-ouest, continue de nous pousser, mais avec de notables baisses de régime. Le 2, il passe au sud et vire au sud-est. Ça y est, le voilà ce régime régulier tant attendu, on le tient ! Oui, pour une journée car, le soir, la mer s'aplatit tandis que les cumulus ourlés de blanc ont été chassés par des plus gros, sombres et boursouflés. Désireux de profiter d'éventuels reliquats de souffles durant la nuit, nous laissons les voiles en place. Le résultat est désastreux, j'affale tout à 2 heures du matin et constate, à l'aube, les dégâts. La chute du booster est déchirée sur plusieurs mètres, elle s'est prise dans les échelons de mât. Les coulisseaux en plastique de la grand-voile de secours ont bien souffert de l'usure dans le rail, deux ont disparu. Laisser la grand-voile de route avec ses coulisseaux en métal est très risqué pour les nerfs... Lorsque la toile claque d'un bord sur l'autre, cela donne le même concert que des squelettes qui se démantibuleraient sur un toit de tôle.

Le point de la mi-journée nous situe onze milles plus au sud que la veille. Le moral est ébranlé. Voilà treize jours que nous sommes dans ce Pot... pourri ! Au moment où nous pensions en sortir, d'un coup de baguette perfide, la mer se change en lac ; plus d'écume, plus de mousse ; le bleu devient noir, dans l'eau comme dans l'air où les petits cumulus *humilis* se sont transformés en champignons atomiques. Des images souvent vues par ciel d'orage entre Jura et Voirons, mais là-bas ça ne dure que quelques heures.

Double ration de gnôle pour l'équipage, il en a grand besoin ! Dorénavant, ce sera ainsi chaque soir que nous serons plantés dans la "calmasse", j'en ai ras le Pot !

Les jours se suivent, sans changement, ponctués de grains fugitifs et de brises fuyardes entre des périodes d'interminables calmes. Deux soirs de suite, nous avons la visite de noddis bruns, tout heureux apparemment de trouver un perchoir ; pas farouches, ils passent la nuit sur le balcon arrière. Nous voyons aussi des puffins cendrés et des labbes, sortes de goélands noirs particulièrement voraces.

Parfois en fin de journée, les rayons du couchant parviennent à se frayer un passage à travers les bouffissures cumuliformes. Ils composent sur les turgescences anthracite des éclairages dantesques, mêlant toute la gamme des oranges aux plus noirs reflets et embrasent alors les sinistres bourgeonnements de tous les feux de l'enfer. Spectacle grandiose, unique, à la mesure de la lutte de titans que se livrent les masses d'air, malheureusement pour nous en se neutralisant.

Je suis dans ma couchette et vois par les hublots le faisceau de la lampe de poche que Françoise dirige dans l'eau. Elle joue à cache-cache avec deux énormes daurades coryphènes que nous avons prises pour des requins bleus, tant elles étaient grandes. Les deux poissons se tiennent sous la coque du voilier ; dérangés par la lumière, ils changent de côté. De jour, ils ne quittent l'abri de la carène* que pour chasser. Un démarrage époustouflant, une course brève, une attaque, parfois un saut suivi d'un bouillonnement, et retour sous le bateau. Nous renonçons à tenter de les attraper. Stéphanie est ravie de la compagnie de ces deux fusées bleues, et leur taille exceptionnelle, plus de deux mètres, leur manège et leur attachement pour *Alacaluf* nous les rendent sympathiques.

Un après-midi, un souffle sur tribord attire notre attention. Un cachalot ! L'animal nage parallèlement au voilier, à une centaine de mètres. Vu la distance, la détermination de l'espèce n'est pas facile. Françoise évalue sa taille entre 15 et 20 mètres. Jour de chance si l'on fait abstraction du vent, une heure plus tard, trois orques défilent sur bâbord ; deux adultes et un petit.

— C'est bon signe, dit Françoise, le Pot-au-Noir est considéré comme une mer sans vie, peut-être à tort d'ailleurs, toutes ces visites pourraient être de bon augure.

Pas dans l'immédiat, puisque vingt-quatre heures plus tard, nous n'aurons parcouru que 23 milles, "naviguant" à la prodigieuse moyenne d'un nœud. Le surlendemain celle-ci s'élèvera à deux.

Mais à l'aube du 9 avril, après dix-huit jours d'une "plantée" magistrale, *Alacaluf* refait chanter son étrave, poussé par une belle bulle blanche et rouge, par 7° de latitude sud. Cette année, le Pot-au-Noir, exceptionnellement large en ce début avril, s'étalait sur dix degrés de latitude. Concernant le choix de la longitude pour le traverser, nous avons suivi les recommandations des *Pilot Books** de l'Amirauté britannique. Les vents indiqués par les *Pilot Charts**, pour la zone et la période, n'avaient aucun rapport avec les conditions rencontrées. Nous savions que la voile était le plus coûteux, le plus lent, le plus humide et le plus inconfortable des moyens de transport ; nous avons appris que c'était aussi le plus aléatoire, quant à son déroulement et à la date et au lieu d'arrivée. Au départ de Mindelo, nous visions Bahia, et maintenant Recife... ennuis mécaniques obligent.

Le 10 au soir, nous apercevons le halo d'une grande agglomération et relevons le feu d'Olinda. Sans carte de détail et pensant que cette ville n'a pas été baptisée Recife pour rien, nous mettons à la cape, contrôlons une dérive nord-ouest et refaisons route, le jour venu, dans de petits grains intermittents entre lesquels le vent tombe complètement. Selon les instructions nautiques anglaises, l'immense port, tout en longueur, court sur des kilomètres derrière la grande digue qui le protège. Un courant de deux à cinq nœuds, selon que l'on soit en mortes* ou en vives-eaux*, en sort en permanence, généré par les deux fleuves qui s'y jettent. Manœuvrer à la voile là-dedans ne doit pas être une partie de plaisir, et s'il n'y a pas de vent la question est vite tranchée. Avec une infinie patience, nous approchons grâce aux orages. Nous parvenons ainsi, l'après-midi, à une encablure des jetées du port... avec ce qui devait être le dernier grain de la journée, si l'on en juge par le ciel qui se dégage. Je me précipite à l'avant envoyer le mouillage. *Alacaluf* s'immobilise à 150 mètres de l'entrée du port. Nous enclenchons la VHF et réfléchissons sur la conduite à tenir. Gonfler l'annexe et tenter de pousser avec le petit hors-bord ? Avant de déficeler le pneumatique, nous essayons de faire démarrer le 2 cv. Autant parler à un sourd. Le moteur n'a pas supporté les trente et un jours d'inactivité depuis son bain d'eau de mer à Mindelo. Certes, nous l'avions dessalé et fait fonctionner, mais, d'une grande susceptibilité, il se venge de ce mauvais traitement. Nous entendons alors une conversation VHF entre le *Yate Clube* et la capitainerie, et essayons de les contacter l'un et l'autre. Pas de réponse. Les heures passent.

— Ce n'est pas l'endroit idéal pour passer la nuit. Si un cargo se présente, il nous coupe en deux...

— Il faut hisser le pavillon "nous ne sommes pas maîtres de notre manœuvre", suggère Françoise.

— Tu as raison, et nous allons ajouter celui qui dit "nous demandons un pilote". Comme ça, si on nous emboutit, nous sombrerons dans la légalité !

Les heures s'écoulent, les pêcheurs qui rentrent ne réagissent pas à nos appels. Le jour décline. Un petit caboteur se présente, signes de bras, corne de brume, le voilà qui se déroute. C'est l'occasion de sortir les bribes de portugais que j'ai commencé à apprendre dans les calmes de ces dernières semaines... et de réaliser qu'il y a encore quelques progrès à faire.

Un quart d'heure plus tard, nous sommes amarrés à couple d'une vedette de la douane brésilienne le long d'un quai assez tristounet, en face des entrepôts de la société Cibrazem.

7

Brasil

L'officier en uniforme blanc immaculé, qui m'a conduit ici dans une rutilante jeep, se tient droit comme un "i" à côté de la porte. Je contemple, effaré, les copies de télex qui mentionnent bel et bien, noir sur blanc, le nom *Alacaluf.* Assis en face de moi, le haut gradé poursuit.

— Vous n'avez donc pas vu les bateaux ?

J'ai de la peine à articuler une réponse négative.

— Et les avions, vous ne les avez pas vus non plus ?

C'est trop, j'ai les mains glacées malgré la lourdeur qui règne dans la pièce. Comment cette sinistre plaisanterie va-t-elle se terminer ? La marine brésilienne a envoyé des croiseurs et des zincs à notre recherche !

— Donnez-moi s'il vous plaît le nom du bateau qui a lancé le S.O.S ?

Le militaire hoche négativement du chef.

— Ce n'est malheureusement indiqué sur aucun message, nous n'avions que le nom et la nationalité de votre voilier. Mais vous avez déclenché l'alerte vous-même, reconnaissez-le !

J'ai de la peine à déglutir.

— Mais c'est impossible, nous n'avons pas de radio !

Me regardant fixement, mon interlocuteur rétorque :

— La capitainerie a capté votre appel au yacht-club hier.

— C'est exact. Mais nous n'avons qu'un appareil VHF qui permet des communications à courtes distances, lors d'atterrissages ou en mer avec des cargos de rencontre. La portée ne dépasse pas 25 milles, il nous était impossible de contacter Olinda Radio depuis le milieu de l'Atlantique. Et dans quel but ?...

J'hésite un instant, allez, au point où on en est, tentons l'humour, de toute façon les carottes semblent archicuites, nous sommes faits comme des rats.

— Commandant, un S.O.S pour quelle raison ? Nous avions récolté de l'eau de pluie et notre réservoir était plein. Venez à bord s'il vous plaît, vous constaterez que nous avons encore trois mois de vivres. La seule chose qui nous manquait c'était la glace pour le whisky...

Les yeux du gradé s'agrandissent. J'enchaîne immédiatement.

— Comprenez bien ce qui s'est passé. Durant les quelques contacts VHF que nous avons eus avec des navires de rencontre, nous mentionnions notre problème mécanique et leur disions depuis combien de jours nous étions encalminés, en leur demandant, lorsqu'ils venaient du Brésil, quelles étaient les conditions de vent au sud de notre position. L'un d'eux, peut-être impressionné par notre situation, aura alerté Olinda Radio de sa propre initiative. C'est un malentendu, un affreux malentendu...

Awful misunderstanding, la conversation a lieu en anglais. Ces mots et le coup des glaçons ont peut-être fait mouche. Le commandant se renverse sur son siège et esquisse un sourire. J'aimerais éponger les gouttes qui perlent sur mon front, mais ce n'est pas le moment, ni d'essuyer non plus mes paumes moites sur mon pantalon. Il faut aborder un sujet qui me brûle le cerveau depuis le début de l'entretien.

— Commandant, ce qui est invraisemblable pour un cargo qui a un calendrier à tenir, dix-huit jours à la dérive, n'est pas grave pour un voilier bien approvisionné. Ces gens étaient bien intentionnés, mais... mais... qui va payer cette intervention ?

— Payer ?

— Ouîî... payer !

Le commandant lève les bras et, dans un sourire, déclare :

— Mais il n'y a rien à payer. C'est un service d'assistance qui fait partie des missions de notre marine nationale !

L'air, tout à coup, est devenu agréable à respirer, je ne pèse plus une tonne sur ma chaise et il me semble entendre une samba par la fenêtre grande ouverte. Attention à la dégustation de *cachaça* tout à l'heure ! Je sens que j'aime déjà beaucoup ce pays avant de le connaître...

— Vous voulez changer des dollars ? Combien... 100 ? Je me renseigne sur le taux du marché noir et je vous change les *cruzados* moi-même.

Cela n'aurait rien d'original, si l'homme qui parle n'était pas employé des douanes, préposé à la surveillance et à l'entretien de la grosse vedette à couple de laquelle nous sommes amarrés. Nous comprendrons plus tard. Le change parallèle est une institution, et l'achat de dollars, pour qui est payé en monnaie locale, constitue l'unique moyen de faire quelques économies qui ne soient pas réduites à néant par une inflation qui, cette année-là, atteindra 2000 %. Fin de la trentaine, de corpulence moyenne mais athlétique, bronzé, les cheveux bouclés, Nei nous a tout de suite été sympathique. Aussi est-ce avec plaisir que nous acceptons sa proposition de nous aider à résoudre notre problème de moteur qui, comme il fallait s'y attendre, dépasse largement nos compétences en la matière.

Le mécanicien, présenté par Nei, élucide le mystère les jours suivants. Le boulon qui maintient en place une roue dentée, à l'extrémité du vilebrequin, s'est desserré. L'engrenage a pris du jeu, a vu ses dents s'user petit à petit et n'a plus été en mesure d'entraîner la courroie crantée qui fait tourner la pompe d'injection et la pompe à eau. La machine, complètement décalée, a surchauffé et s'est finalement bloquée, tordant toutes les tiges de culbuteurs.

L'intérieur du bateau est transformé en atelier de mécanique et le pont en campement de romanichels. La saison des pluies a débuté et nous avons tendu des bouts de plastique, en attendant de nous confectionner un véritable taud. La réparation prendra du temps et nous avons tout le loisir de découvrir ce que certains appellent la Venise du Brésil. En logeant dans un des grands hôtels des quartiers résidentiels, en dînant dans des restaurants choisis, en visitant les musées et les monuments de l'époque coloniale, en paressant sur les plages durant la saison sèche qui est l'été austral, de décembre à mars, cette appellation se justifie peut-être. Pour nous, cela tient de la catachrèse et de la mystification. Bien différente est notre vision depuis la cabine d'un bateau, dont le pont est noyé par des pluies diluviennes, coincé le long d'un quai douteux colonisé par les rats, tandis que défilent des carcasses gonflées de porcs et de vaches charriées par les eaux du Capibaribe enflées et dopées par les crues. Le quartier de São José pleure sous la pluie. Les façades des maisons sont souvent souillées par des écoulements noirâtres et des taches de moisissure. Les rues où se tient le marché sont jonchées de détritus et de marchandises invendues en attente d'être enlevées. Certes, il nous faut faire la part des choses, les quartiers jouxtant les grands ports sont rarement les plus beaux, les hauteurs de Recife et Boa Viagem nous laisseront une impression différente. Et à défaut d'être joli, São José est pour le moins typique.

Entre deux averses, déambuler sous un rayon de soleil dans les ruelles du marché est une sensation étonnante qui stimule la vue, l'ouïe et l'odorat. Ça grouille, ça s'agite, ça piaille, ça se bouscule dans la valse des coloris des vêtements féminins. Le flot des passants défile dans l'étroit passage laissé entre les rangées d'étals derrière lesquels les commerçants ayant pignon sur rue attendent leurs clients. Les petites boucheries de plein air, avec leurs viandes couvertes de mouches, côtoient les maraîchers cachés derrière des monticules de légumes ou de fruits entassés. Nous sommes ébahis par la diversité. Il y a de tout, des pommes, des poires, des melons, des pastèques et des variétés typiquement tropicales, des bananes, des ananas, des cocos, des papayes, des mangues, des maracujas, des goyaves, des litchis, de même que des espèces que nous découvrons pour la première fois, des chérimoles, des caramboles et des mangoustans.

Ce matin, intrigués par un léger clapotis, nous sortons sur le pont. Une belle éclaircie tient les nuages à l'écart et le soleil darde ses rayons sur les eaux marron du fleuve. Debout dans une pirogue, un homme soutient un filet dans sa main gauche. De la droite il en saisit une partie et, dans un geste circulaire parfait, lance l'épervier qui, telle une toile d'araignée, se déploie dans l'air avant de retomber à plat sur l'eau et de gagner le fond, entraîné par de petits plombs. Nous restons muets d'admiration devant la pureté de l'action. L'homme attend une minute et, lentement, à grandes brassées, remonte son filet. Ce n'est pas une pêche miraculeuse, mais elle suffira pour une petite friture.

Nous avons décidé, aujourd'hui, d'abandonner "notre galère mécanique" pour une petite virée dans le beau quartier de Boa Viagem. Rien de transcendant. Mais, le soir, l'ambiance change. Après la journée de travail, les jeunes Brésiliens s'entassent dans des véhicules qui arpentent l'avenue du bord de mer, fenêtres et toits ouverts, dans un débordement de décibels qui couvre largement le bruit des moteurs. Le rythme et le football reprennent leurs droits. La nuit est tombée, il fait plus frais. A la lumière des lampadaires éclairant la grande artère, des matches de foot s'organisent sur la plage. Tandis que les admiratrices sirotent des cocos vertes en se trémoussant à côté des postes de radio portatifs, de véritables artistes dansent la samba balle au pied. Amateur de football, je reste stupéfait par ce que ces gars sont capables de faire dans du sable, tant dans le dribble que dans la construction.

Une petite soif et un petit creux nous poussent ensuite vers un restaurant. Nous commandons deux hors-d'œuvre, une salade pour Stéphanie et trois pizzas. Pendant que nous nous jetons sur nos boissons fraîches, des garçons adjoignent une seconde table à la nôtre... puis une troisième. Un couple de Brésiliens et deux enfants s'assoient non loin de nous. Les hors-d'œuvre et la salade arrivent, bien servis, copieux, ils occupent la seconde table. Nous mangeons. Une jeune femme amène ce que nos voisins ont commandé, une pizza gigantesque pour toute la famille. Nous nous regardons avec Françoise... trop tard ! Trois pizzas, de 50 centimètres de diamètre chacune, sont déposées sur la troisième table !

Dehors, des enfants jouent autour de la terrasse... en attendant de se goinfrer de pizza. Nous en apporterons aussi à un mendiant cul-de-jatte, dont le visage s'éclairera d'un large sourire à la vue de la nourriture et d'un billet.

❖

Le 12 mai, l'ancre s'enfonce dans les eaux du port de Salvador. *Alacaluf* s'immobilise à la hauteur d'un petit fort érigé sur un îlot, à quelques centaines de mètres des immeubles qui constituent la partie basse de la ville. Durant deux siècles, Salvador fut la capitale du Brésil, à la grande époque du cycle du sucre, puis perdit cet honneur au profit de Rio lors de la découverte des mines d'or du Minas Gerais, au milieu du XVIIIe siècle.

La traversée qui s'achève avait bien débuté, avec des conditions idéales les deux premiers jours. Puis, un méchant coup de sud, que nous avions pris pour des orages, nous tomba dessus. Pour la première fois, *Alacaluf* trempa l'extrémité de sa bôme dans la mer, au cours d'une prise de ris. La nuit qui suivit fut noyée dans des trombes d'eau et la visibilité réduite à la longueur du pont. Le voilier fonçait dans l'obscurité la plus totale. Calfeutrés à l'intérieur, nous priions le Bon Dieu afin qu'aucun obstacle ne surgît devant l'étrave... Le mauvais temps dura deux jours. Nous fûmes contents d'arriver.

Bahia sous la pluie, ça ne vaut pas Bahia au soleil, mais c'est mieux que Recife sous la pluie. La Palice dirait qu'il y a au moins un avantage... on ne manque pas d'eau. Ni sur le pont pour se doucher ni dans l'annexe qui est chaque matin à moitié remplie, pour la plus grande joie de Stéphanie qui a ainsi sa baignoire d'eau douce personnelle. Enfin presque, puisqu'elle la partage avec son petit monde, qui apprécie diversement ce cadeau des cieux. Les Barbies sont ravies, "Nounette" l'ourse et "Kouki" le singe préféreraient rester sur le pont...

Malgré le temps chagrin, nous prenons plaisir à nous promener dans la ville ou sur le front de mer, et nous manquons rarement le petit marché qui se tient autour du débarcadère des pêcheurs. Nous sommes sensibles au pittoresque de certaines scènes, comme ces hommes et ces femmes farfouillant la boue, à marée basse, à la recherche de crabes violacés, ou ces Bahianaises rondelettes et souriantes qui, au coin des rues, préparent leurs beignets, leurs crevettes ou leurs brochettes dans de grandes bassines fumantes. Nous aimons aussi l'ambiance bon enfant du *Mercado modelo,* ce centre d'artisanat devant le port, et les exhibitions de *capoeira*, art martial apparenté à la savate, qui se pratique à deux sous la forme d'une danse au son d'instruments traditionnels. Epoustouflante démonstration de souplesse, de vitesse et de précision lorsqu'elle est exécutée par des champions. Nous sommes conquis par la cuisine bahianaise qui, comme disait Blaise Cendrars, a ses lettres de noblesse au même titre que la gastronomie française ou chinoise. Poulets, crevettes, poissons et crabes sont ainsi savamment apprêtés. Grâce à l'utilisation d'huile de palme pour la friture et de lait de coco pour la sauce, les mets ont une saveur unique lorsque l'on y ajoute de la coriandre, du gingembre et des piments.

Nous sortons souvent. Question d'entendre autre chose que la pluie qui tambourine sur le pont et d'oublier le capharnaüm qu'est devenu l'intérieur du bateau, jonché d'outils et de pièces détachées. Les trois pilotes électriques sont à nouveau tous en panne, malgré une utilisation qui se limite à barrer dans les calmes, et l'on dirait que tout ce qui est moteur à bord s'est donné le mot pour nous emmouscailler, ce qui a donné des idées au réchaud à pétrole. Incapable de remplacer, ici, les éléments défectueux de notre hors-bord, nous achetons un modèle brésilien qui est la version "marinisée" de moteurs équipant... des tronçonneuses. Toute la visserie est en ferraille et, en dépit de généreux graissages, elle rouillera inévitablement. Pas vraiment coopératif lors de démarrages à froid, l'engin se singularise, aussi, par un tintouin de tous les diables qui fait dire à Françoise :

— Ajoute-lui une scie circulaire, mais ne l'utilise plus pour l'annexe.

Un soir, Stéphanie, trop gourmande, introduit l'index dans une boîte de lait condensé, dont le couvercle a été découpé sur les trois quarts du pourtour pour pouvoir être utilisé comme rabat. Se sentant prise au piège, elle insiste et hurle en tentant de retirer son doigt. Françoise intervient rapidement, mais le mal est fait, la troisième phalange est profondément entamée jusqu'à l'os. J'hésite à emmener la petite dans une clinique. Finalement, Françoise décide de traiter le cas avec la pharmacie de bord.

Les nuits suivantes, je dors mal, cherchant constamment une position qui soulagerait une douleur persistante au côté droit.

— Plus de *caïpirinha*, proclame Françoise.

Je suis ses conseils. Aucune amélioration. Je vais consulter un gastro-entérologue. Après examen, le praticien prend une feuille de papier, dessine le foie et la vésicule biliaire qu'il trace d'un grand coup de crayon : couper !

— Tu pourrais essayer le *candomblé,* suggère Françoise sarcastique.

— Je ne crois pas plus au *macumba* d'ici qu'aux malédictions des deux zouaves de Dakar et de leurs marabouts. Mais en matheux et en bon cartésien, je respecte la loi des séries... et nous sommes dans une mauvaise passe. Nous devons en tenir compte.

Nous laissons *Alacaluf*, mouillé sur toute sa chaîne et deux ancres, dans la baie d'Aratu située à une quinzaine de milles au nord de Salvador. Au moment où nous nous asseyons dans la vieille VW qui doit nous conduire à l'aéroport, je remarque un objet métallique posé à plat entre le chauffeur et moi... un fusil à pompe à canon scié ! J'interroge le conducteur qui répond :

— A cette heure, il y a parfois des barrages. Si j'en vois un, je tire le premier...

❖

Deux mois plus tard, la petite famille, de retour de Suisse, se retrouve à Aratu, flanquée d'un capitaine amaigri et désormais incapable de se faire de la bile. Nous récupérons *Alacaluf*, colonisé extérieurement par des milliers d'anatifes sous la flottaison et à l'intérieur par des centaines de blattes. Nous disposerons des premiers au bout de quelques heures de plongée et des secondes avec de l'acide borique mélangé à du lait condensé, redoutable.

Nous tenons un conseil de guerre pour arrêter la suite du programme, et ainsi mettre un terme aux cogitations qui nous occupèrent l'esprit durant notre séjour au pays de la fondue et de la raclette.

Sur le plan de l'expérience, nous avons derrière nous l'équivalent d'une petite année de navigation, cela fait onze mois que nous avons quitté Marseille. Ce n'est pas négligeable, mais c'est peu. Durant cette année, nous avons plongé de temps à autre, bien navigué et beaucoup bricolé. Nous aimerions, à l'avenir, pouvoir classer ces trois activités dans un ordre différent... Bien que la panne mécanique survenue dans le Pot-au-Noir soit de la pure "pestouille", nous avons des doutes sur la fiabilité du moteur. Pour l'instant, rien n'indique que la période de déveine qui nous colle à la peau, sous la forme d'ennuis techniques ou de santé, soit passée.

La conclusion s'impose, presque incontournable.

Alacaluf retrouvera la terre des siens une autre fois. Il serait dangereux d'embarquer femme et enfant dans une telle aventure, avant d'avoir longuement mûri la chose et de se sentir prêt psychologiquement. Après tous ces mois de pluie, offrons à Stéphanie du soleil et des eaux cristallines. Elle est venue au monde sous le signe des Poissons. Entre ses six mois et ses trois ans, nous avons régulièrement fréquenté une piscine pour pratiquer des exercices de bébé nageur. Il en est né une formidable complicité qui ne demande qu'à se développer. Il faut mettre cap au nord sur les Caraïbes, après avoir, bien sûr, exploré cette Bahia de todos os Santos.

Il règne une excellente ambiance entre les équipages des voiliers mouillés dans le port de Salvador. On s'entraide, on s'échange des "tuyaux"... et la carte du rio Paraguaçu, recopiée depuis des années et qui avise, en principe, des hauts-fonds et des dangers à éviter. Un soir, nous avons un de ces documents à bord et le relevons sur un calque, imaginant bien la perte de précision à chaque transcription. Peu importe, à la lueur tremblante de la lampe à pétrole, griffonnant notre parchemin, nous avons l'impression d'être de vieux flibustiers qui ont mis la main sur la clé qui leur ouvrira la porte du fleuve mystérieux.

Nous mouillons, le premier soir, devant une plage baptisée "la cascade aux bambous". Nous y faisons une bonne lessive et le plein d'eau douce. Françoise observe, en lisière de la jungle, des indigènes qui restent en arrêt devant quelque chose que nous ne distinguons pas. L'un d'eux opère un mouvement circulaire, les autres s'agitent, et celui qui s'était détaché frappe à coups redoublés sur le sol... Nous allons voir et découvrons le cadavre d'un boa de trois mètres.

Malgré sa formation de biologiste, Françoise n'a pas grande sympathie pour ce genre de bestioles, mais elle est tout à fait d'accord pour se lancer, l'espace d'une journée, à la découverte de cette forêt tropicale, en suivant le layon grossier qui démarre de la berge.

J'ouvre la marche, prudemment, en regardant en haut, devant et par terre... Après une vingtaine de minutes, nous débouchons sur une piste et prenons à gauche. Stéphanie a envie de se dégourdir les pattes, aussi la laissons-nous gambader quelques mètres en avant. Nous approchons d'une zone détrempée, couverte de flaques d'eau. Françoise hurle :

— Stop Stéphanie ! Arrête-toi !

A quelques pas de l'enfant immobile, un reptile saute pour traverser la piste par petits bonds. Une variété de vipère, d'un mètre de long, c'est tout ce que sa fugace apparition nous permit de déterminer.

Sidéré par le réflexe, je demande :

— Comment l'as-tu vue ?

— Le flair. Le terrain ne me plaisait pas, je ne quittais pas des yeux les bords du chemin.

Un quart d'heure plus tard, nous voyons disparaître, sur le bas-côté, un autre serpent, hideux celui-là, blanc comme du lait, bien annelé, sorte de ver géant particulièrement repoussant.

— Qu'était-ce ? Un albinos, un prématuré résultant des amours d'un yaourt nature et d'un fromage blanc, ou un asticot cyclopéen ?

— Change de sujet, j'ai la nausée !

La piste traverse quelques gués. Au bout d'une heure de marche, nous débouchons sur des clairières bordées de grands arbres.

— Françoise, aux reptations préfères-tu les grimaces de nos cousins perchés tout là-haut ?

— Oh ! les jolis singes, s'exclame Stéphanie.

Plus loin, les éclaircies se transforment en pâturages, ou en terrains de football, on ne sait plus très bien, à voir l'air conquérant des bœufs, vautrés, promus pour un temps à la fonction de gardiens de but.

Nous continuons, apercevons, ici et là, quelques maisonnettes à demi enfouies dans la végétation et distinguons un village. Les gens ne doivent pas avoir de nombreuses visites d'étrangers, à en juger par la façon dont on nous dévisage. Les habitations sont très pauvres, en bois pour la plupart. Nous nous asseyons. Un groupe d'enfants s'est formé autour de nous. Ils regardent Stéphanie et commencent à lui parler. Nous répondons qu'elle a quatre ans, qu'elle vient d'Europe et a fait un grand voyage en bateau. Ce qui les intrigue, à part les petites lunettes rondes, c'est la couleur de sa peau et surtout de ses cheveux. Ils sont gentils, souriants, l'un d'eux lui prend le bras, un autre s'intéresse à ses boucles, aussitôt imité par un compère qui, des doigts, écarte les mèches dans des gestes précis, appris lors des nombreuses séances d'épouillage. La petite s'étonne de la curiosité qu'elle suscite et n'apprécie pas beaucoup ces attentions capillaires. Nous faisons diversion en distribuant les provisions que nous avons dans nos sacs à dos, puis reprenons la piste en sens inverse, escortés par la ribambelle qui nous a adoptés.

— Je ne m'attendais pas à tomber sur un village en pleine jungle, me dit Françoise, sans quoi j'aurais pris quelques babioles, des habits et des vieux jouets.

Nous poursuivons la remontée du fleuve, débouchons sur une sorte de grand lac, qui est en fait un mélange d'eau de mer et d'eau douce, et mouillons devant la petite ville de Maragojipe. Sur les berges boueuses, découvertes à marée basse, des *saveiros* reposent. Ce sont de grandes barques pontées, à fond plat, flanquées d'un mât biscornu qui n'est rien d'autre qu'un tronc grossièrement équarri, permettant d'envoyer une immense grand-voile aurique. Un minuscule foc complète le gréement* et facilite les virements de bord. Même surchargées comme des mules, ces embarcations ont une aptitude à remonter le vent, en eaux protégées, tout à fait surprenante. Il circule d'ailleurs à ce sujet une savoureuse histoire à Salvador, celle d'un yachtman anglais qui a voulu défier un de ces *saveiros* en régate et qui, de dépit et de rage, a mangé sa belle casquette blanche de prétentieux...

Maragojipe, à l'instar des autres bourgades du Reconcavo, joue un rôle tampon entre les exploitations agricoles, disséminées dans la nature, et Salvador. C'est pour cela qu'elle est desservie quotidiennement par un ferry. Mais ce gros bourg a également su développer des activités propres, comme la céramique, la poterie et la manufacture de cigares. Manufacture au sens le plus étymologique du terme puisque, dans l'usine que nous visitons, tous les cigares sont confectionnés à la main. C'est un hameau très typique, dont la vocation rurale s'exprime à chaque coin de rue et par la présence de nombreux animaux en semi-liberté. Chiens, porcs et volailles qui disputent aux urubus le privilège de farfouiller dans les tas de détritus abandonnés en plein air, sous l'œil endormi des bêtes de somme.

Nous remontons le second tronçon du Paraguatu, slalomant entre les parcs à poissons et les hauts-fonds indiqués sur notre "parchemin". Nous remarquons, sur notre tribord, une église, d'une dimension surprenante compte tenu de l'endroit où nous sommes. Elle est totalement isolée, de style baroque mais sans trop de fioritures. Elle est plantée là au milieu de la jungle, défiant les ans, les pluies et les moisissures, portant sur elle les traces de son dur combat. Ses façades sont envahies par les lianes et le feuillage, mais elle est debout, solide, bien campée sur ses larges assises. Abandonnée ou fréquentée de temps en temps, nous ne le saurons jamais. Etrange symbole pétrifié, reste d'un passé déterminé à se battre vainement contre le temps, la nature, ou tout simplement l'évolution, pour le respect et la pérennité de dogmes venus d'ailleurs.

La largeur du fleuve et la profondeur diminuent, la couleur de l'eau ressemble de plus en plus à celle du café au lait. Le soir, nous mouillons à l'abri d'un coude, en face d'une cabane et d'un séchoir à tabac. Quelques volailles picorent tranquillement. Elles ne risquent pas de déguerpir, chacune a une patte reliée par une ficelle à un caillou. Le soleil va se coucher, ses derniers rayons rasent la crête des collines et le fleuve, près de la terre rougeâtre et humide, se colore du même vert que l'abondante végétation qui couvre ses berges. Il fait nuit, nous avons mangé et nous prenons le frais dans le cockpit. Soudain, une mélopée sort de la forêt, faible et douce. Nous sondons les ténèbres, dans l'espoir d'y distinguer la source du chant qui nous paraît tout proche. La nuit est d'encre. Je braque une lampe de plongée puissante sur le rivage. Un groupe d'enfants apparaît alors, certains sont assis, d'autres se tiennent debout. Ils nous font des signes de la main, en chantant. Nous allumons des lampions que Stéphanie balance doucement dans leur direction, au rythme de leur mélodie. Le chœur de la forêt et la ronde des lampions dureront une demi-heure, remplacés tout à coup par une autre sérénade, faite de cris, de piaulements, de jacassements qui constituent le grand concert nocturne des animaux de la jungle.

Le lendemain, nous attendons que le flot s'établisse pour reprendre notre route, non pas à cause du courant, tout à fait maniable, mais pour avoir une marge de manœuvre en cas de talonnage, bien que nous soyons en mortes-eaux, c'est-à-dire en marées de petite amplitude. Les sondes indiquées sur notre calque sont faibles et n'ont qu'une valeur très relative. Nous touchons une première fois la vase, faisons un demi-tour sur place au moteur et ressortons en marche avant. Nous décidons de traverser le fleuve, espérant relever des profondeurs plus importantes qui nous permettent de reprendre notre progression dans l'axe du cours d'eau. Mais chaque tentative ne sert qu'à replanter la quille d'*Alacaluf* dans le limon. Il faut se rendre à l'évidence, ça ne passera pas : il manque 30 bons centimètres pour rallier Cachoera, deux milles en amont.

Nous repartons. Je suis à la barre, Françoise est descendue et, tout en discutant avec Stéphanie, fourre des habits dans de gros sacs en plastique, ce qui n'entraîne aucune contestation, mais aussi des jouets… sujet plus délicat.

Sur une butte, nous remarquons une sobre demeure, occupée par une famille. Les adultes vont et viennent autour de l'habitation. Nous apercevons deux enfants, peut-être y en a-t-il davantage ? Nous mouillons le voilier et abordons en annexe. Les habitants de la maisonnette n'ont rien perdu du débarquement et nous regardent arpenter le sentier qui conduit vers eux. Mais lorsque nous arrivons sur le terre-plein, il n'y a plus personne. Nous déposons les sacs à l'entrée et redescendons. Vingt mètres en contrebas, nous nous retournons. Une petite fille, de deux ou trois ans, serre contre sa poitrine une grosse chenille en peluche. Tandis que nous ramons, sur les hauteurs, deux silhouettes nous font de larges signes de bras.

Nous retraversons le "lac" et jetons l'ancre devant une belle plage de sable. Le lendemain matin, une voix nous interpelle de la berge. C'est un cavalier, monté sur un petit cheval brun.

— Mon nom est João. Je vis avec ma famille à la fazenda d'à côté. Venez mouiller devant, vous êtes les bienvenus !

Nous acceptons volontiers. Stéphanie est enchantée d'avoir des copains et de grands espaces pour gambader. C'est chouette une bananeraie pour jouer à cache-cache, c'est bien ombragé et, si l'on a faim, il n'y a qu'à tendre la main… après être monté sur les épaules de Michele, car les régimes sont tout de même à une certaine hauteur. Et puis il y a le rio, avec son eau douce couleur caramel, pas profond, pas dangereux, où l'on batifole, s'asperge, rigole, sous l'œil fané des bœufs bossus aux longues cornes qui ne comprennent pas comment on peut dépenser autant d'énergie par cette chaleur. Même maman apprécie le rio, car elle a trouvé une méthode expéditive pour rincer le linge, en le laissant filer dans le courant une cinquantaine de mètres, avant qu'il ne soit récupéré, dans des rires et des cris, par les enfants qui le lui ramènent. Il y a encore du savon ? C'est reparti pour un tour. Puis il n'y a plus qu'à le sécher, à la brésilienne, sur des fils de fer barbelés qui remplacent économiquement les pinces à linge.

Malheureusement, quatre jours plus tard, *Alacaluf* appareille, avec un immense régime de bananes sur le rouf, et replonge dans son isolement cette petite famille si hospitalière, en laissant, en guise de reconnaissance et de souvenir, une photo et quelques jouets.

Nous ne voulions pas quitter cette région sans avoir vu la plus belle plage de l'Etat de Bahia, et nous avons pensé qu'il serait plus agréable de gratter la carène d'*Alacaluf* dans des eaux claires. Nous mettons donc le cap sur le Morro de São Paolo, à une trentaine de milles au sud de Salvador. Ça vaut effectivement le détour. Est-ce dû à l'éloignement ou à la mauvaise saison, il n'y a pas de touristes.

La superbe plage s'étend sur près de deux kilomètres, bordée par de magnifiques cocotiers et, chose rare, regarde le grand large sans en subir les assauts. Une ceinture de récifs casse la houle et offre des étendues d'eau calme aux baigneurs. Quelques cabanes très typiques proposent des rafraîchissements, une excellente cuisine et même des hamacs pour une petite sieste réparatrice. Les plus actifs jouent au football ou au volley, au son d'une musique rythmée. Beaucoup d'ambiance, de tempérament, la *cachaça* coule à flots. L'odeur du *dendé*, l'huile de palme, flotte autour des huttes. Les filles, bronzées, se trémoussent, la poitrine toujours couverte, le postérieur, en revanche, nettement "plus aéré". Nous apprendrons, quelques jours plus tard, la raison de cette différence de traitement, à l'heure où le *top less* est si répandu ailleurs. "Le haut est réservé à bébé, le bas à Julot" nous dira un Brésilien dans un grand éclat de rire !

Nous avons aimé ces quelques jours passés au Morro de São Paolo, il nous a semblé sentir battre le cœur du Brésil en vacances. Ces images encore bien présentes à l'esprit, nous contemplons, interdits, depuis le pont d'*Alacaluf*, les favelas qui nous entourent, les centaines de boîtes de conserve et de détritus flottants qui ont envahi la darse, et ces gens, pataugeant avec de la boue jusqu'aux genoux, à la recherche de crabes et autres crustacés. La pluie, qui a repris, n'arrange pas le décor, ni l'assourdissant boucan de l'équipe de sablage qui s'active sur un petit cargo tiré à sec.

C'est notre premier carénage, nous ne l'oublierons pas, ainsi que les favelas que nous devons traverser chaque fois que nous faisons les courses. Baraques de planches couvertes de tôles, serrées les unes contre les autres, dans lesquelles des familles entières s'entassent à l'abri du déluge. Et encore ceux-ci ont un toit, ce qui n'est pas le cas des pauvres diables qui dorment sur des cartons ou sous des bancs, plus ou moins recouverts de sacs de plastique.

Le contraste est saisissant avec la petite marina de Ribeira, un kilomètre plus loin, gardée jour et nuit par des employés armés et des bergers allemands. Les dimanches particulièrement, lorsque les *socios* débarquent avec femme, marmaille et invités, accompagnés d'un larbin qui croule sous les glacières et les victuailles et fait la navette, au pas de course, entre la voiture et le runabout.

L'antifouling terminé, nous avons décidé de passer quelques jours dans ce mini yacht-club pour préparer la future traversée et y avons rencontré deux couples très intéressants.

Charly, Français, et sa femme brésilienne Giza vivent à Bahia depuis plusieurs années et s'y trouvent bien. Il se pourrait d'ailleurs que l'ami Charly, sans qu'il le sache, se soit fait "envoûter", car il a voulu, à deux reprises, quitter la région sur son *Feijão* et chaque fois a dû y revenir, victime d'ennuis de matériel ou de navigation.

Jayme est professeur de chirurgie à l'hôpital de Salvador. Il a épousé une de ses anciennes étudiantes, Ana Paula. Passionnés de voiliers, ils vivent sur leur *Wahoo*, tout en ayant un pied-à-terre. Ils ont un mois de vacances et comptent naviguer jusqu'à Fernando de Noronha, puis redescendre via Recife et Maceio.

Noronha est notre prochaine destination. Rendez-vous donc dans l'île, d'ici à une petite semaine.

❖

Le 1er octobre, *Alacaluf* s'élance, par un régime modéré d'est. Nous devons nous éloigner de la côte car un courant nous y pousse, et nous savons que nous n'échapperons pas à un près serré dans la partie initiale du parcours. Nous naviguons donc capots et hublots fermés. Il fait lourd et chaud à l'intérieur. Nous essuyons fréquemment la sueur qui nous dégouline le long des tempes, du thorax et du dos. Lorsque l'atmosphère est par trop étouffante, un bol d'air, dans le cockpit aspergé d'embruns, a un effet radical. Tantôt sous un ris, mais plus souvent sous deux, le voilier taille sa route dans les vagues qui s'obstinent à le repousser contre le continent. Patience. Le 5 octobre, le vent adonne suffisamment pour nous autoriser un près "débridé", qui deviendra un petit largue l'après-midi. Nous sommes à la hauteur de João Pessoa et Cabo Branco, le cap le plus oriental de l'Amérique du Sud. Ça va mieux. La vitesse s'en ressent immédiatement, mais nous abandonnons, chaque jour, une vingtaine de milles au courant sud-équatorial qui descend le long des côtes du Brésil. Courant qui pousse de plus en plus à l'ouest, au fur et à mesure que nous remontons vers le nord et, à 160 milles de l'archipel, il nous faut reprendre au plus près pour compenser la dérive.

Dans l'après-midi du 7 octobre, la silhouette du Pico, gigantesque phallus lithique, sort peu à peu du bleu pâle. Les contours de l'île se précisent, mais elle ne grossit pas bien vite.

— Françoise, je doute qu'on y parvienne avant la nuit.

Le scepticisme est fondé, l'obscurité tombe et nous sommes à deux heures de route de la pointe Sapata, l'extrémité ouest de l'île. Nous n'avons pas de carte et devons nous contenter d'un calque que Françoise a relevé, indiquant quelques sondes par-ci, par-là, rien de bien précis.

Sous le vent de l'île, une bonne odeur de terre et de végétation nous chatouille les narines. La prudence voudrait que nous mettions à la cape en attendant le jour. La pleine lune et l'idée que je me fais de cette côte accore nous incitent à tenter le mouillage nocturne... malgré l'absence de carte sérieuse et l'écho-sondeur qui n'indique plus rien, troublé par des interférences causées par le moteur. Nous visons perpendiculairement au fond d'une baie qui, tout au moins en son centre, devrait être franche. Une puissante lampe de plongée à la main, Françoise, postée à l'avant, scrute l'eau noire et devrait avertir à temps si un écueil surgissait, compte tenu de notre très faible vitesse. Cela fait passablement de conditionnels. Nous estimant à distance raisonnable, nous mouillons. J'imagine l'ancre jouant au fil à plomb à quelques mètres du fond, suspendue au bout de sa chaîne qui est totalement sortie et tendue à bloc. C'est manqué ! Vire au guindeau, matelot ! Nous approchons encore, Françoise devine des formes indistinctes dans le faisceau de sa torche et il me semble que le ressac est bien proche. Nous filons la CQR et une faible longueur de chaîne, le temps de s'assurer que l'évitage est possible, puis rallongeons la touée* et arrêtons le moteur. Le silence de la nuit nous tombe soudainement dessus depuis le haut des falaises. Ce calme est irréel, après cette semaine de navigation à taper dans les vagues. Nous distinguons, grâce à la lune, les contours massifs des parois qui nous surplombent. Quelques cris d'oiseaux ajoutent une note un peu lugubre à ce décor sauvage.

Lorsque l'aube se lève, le spectacle est de toute beauté. L'aspect mystérieux de la nuit a cédé la place à un festival de couleurs et de vie.

— Eh bien ! Heureusement que nous n'avons pas insisté dix mètres de plus !

De belles roches à fleur d'eau et d'autres franchement émergentes tapissent le fond de la baie. Françoise est rivée à ses jumelles depuis bientôt une heure. Elle n'en croit pas ses yeux. Dans l'air, des noddis, des fous, des frégates et des pailles-en-queue. Et dans l'eau, un grouillement de dauphins, des dizaines et des dizaines.

— Ce n'est pas possible, ils ne sont pas là par hasard, dit Françoise, il doit y avoir une raison majeure... Ces trois bouées, là-bas, me font penser que c'est une zone protégée, pour la reproduction peut-être...

— Trois bouées, qu'est-ce que tu racontes ?

Au même instant, une silhouette apparaît sur les hauteurs.

— Je me demande si nous ne sommes pas arrivés pile là où il ne fallait pas. Déguerpissons, bien qu'il soit déjà trop tard !

Nous sortons de la baie des dauphins pour rallier São Antonio, une anse située au nord de l'île et qui est le mouillage principal. Venant en sens inverse, une embarcation nous fonce dessus.

— Les ennuis se rapprochent, Françoise !

A portée de voix, les occupants, surexcités, s'époumonent et nous font comprendre, par gestes on ne peut plus clairs, de nous en aller. Leur bateau coupe la route du voilier et ils entendent bien ne pas nous laisser approcher davantage du mouillage de São Antonio.

Ejectés avant même d'avoir touché l'île ! La tuile ! Noronha est un petit paradis, devoir faire l'impasse sur cette escale serait un comble.

Vite une parade, il faut trouver quelque chose, une ruse...

— Françoise, Stéphanie est malade, très malade, elle est même sur le point de "canner" ! Tiens la barre, je vais parler à la petite.

Stéphanie est en train de jouer dans ma couchette de quart. J'attrape ses affaires et les envoie à la volée dans sa cabine.

— Ecoute-moi Nani, et fais surtout exactement ce que je te dis...

Une minute plus tard, je ressors dans le cockpit, tenant dans mes bras notre fillette inerte, un linge sur le front. Nous approchons du bateau. J'explique aux vitupérants et bouillonnants personnages que l'état critique de notre petite fille nous a imposé de relâcher, hier soir, dans la première baie rencontrée et qu'il était vraiment exclu de passer une nuit supplémentaire dehors. Stéphanie, sage comme une image, ne bouge pas, heureusement... Les Sud-Américains ont le sang chaud, c'est bien connu, mais ils fondent devant les enfants.

— Qu'a-t-elle ? demandent-ils calmés.

— Le mal de mer, elle ne mange plus depuis plusieurs jours. Elle vomit et a de la fièvre.

J'hésite à leur demander s'il y a un médecin disponible... et me ravise. Qui trop embrasse, mal étreint... ou périt étouffé. Les mines s'allongent en contemplant la petite.

A vitesse réduite, le bateau nous escorte à bon port. Trois personnes montent à bord et se lamentent au-dessus du petit visage pâlot, à demi recouvert d'un linge blanc. Nous nous abstenons de leur offrir à boire, afin de ne pas prolonger le pensum de Stéphanie qui doit avoir des fourmis dans les jambes, mais nous convenons de prendre *um chope* ensemble ces prochains jours.

Le coup d'œil est magnifique, les couleurs éclatantes, l'air nous semble incroyablement pur à respirer. Régénéré constamment par l'alizé, il est vivifiant. L'eau est d'une transparence absolue. A douze mètres de fond, la chaîne apparaît aussi nettement que si elle était à deux mètres de profondeur.

Je ne résiste pas à une petite incursion au tuba, pour le plaisir et contrôler la tenue de la CQR. La souille est excellente, seule la verge de l'ancre est visible. Je fais quelques apnées, retrouve ces sensations uniques où le corps se métamorphose pour communiquer avec le liquide, où l'esprit s'offre un voyage dans une autre planète ; un monde bleu où on ne pèse plus rien, un univers de souplesse, de grâce et d'aisance, un environnement où l'on retrouve, inconsciemment et viscéralement, le bien-être de l'état fœtal. Je regagne le voilier en palmant lentement et, je ne sais pourquoi, tourne la tête à gauche... Et dire que je ne l'avais même pas sentie approcher, tant sa nage est coulée : une raie manta ! Une océanide exécutant un ballet de bienvenue, ses ailes ondulant dans le fluide comme le feraient les bras d'une danseuse étoile.

L'après-midi, nous décidons de voir cette île d'un peu plus près et débarquons sur une plage de sable doré, protégée par un petit môle tout neuf fait de gros blocs bruts. Une installation pour la pesée et la conservation du poisson se trouve à proximité. Nous prenons la route qui relie les deux extrémités de l'île. Après dix minutes de marche, un camion s'arrête et propose de nous emmener. Nous expliquons au chauffeur que nous aimerions nous rendre dans une *lanchonete* pour y boire quelque chose de frais. N'ayant pas de frigo à bord, c'est un plaisir que nous nous accordons à chaque atterrissage. Nous montons tous les trois dans la benne. Après quelques kilomètres, le poids lourd s'arrête et nous descendons nous asseoir à une terrasse déjà bien occupée.

— Nani, tu restes assise !

— Pourquoi ?

— Parce que tu es censée être malade !

— Mais...

Il est 18 heures, la nuit tombe. En revanche, l'ambiance monte à l'intérieur du bistrot, le patron vient d'augmenter le volume du magnétophone. Débarquent d'un car une demi-douzaine d'individus, ravis de venir se désaltérer, leur journée de labeur terminée.

— Mince ! Tu as vu qui voilà ? Les hargneux de ce matin...

Une demi-heure plus tard.

— Z'ai envie d'aller aux toilettes.

Ça tombe bien, moi aussi !

Parvenus audit lieu.

— Stéphanie, tu vas derrière cette porte. Si tu as fini la première, tu restes ici.

Je ressors, attends une minute, les dames sont généralement plus lentes dans ce genre d'exercice. J'appelle. Pas de réponse. Je vais voir... La porte est ouverte. Elle a dû revenir toute seule à notre table.

Eh non ! Pas de Stéphanie sur la terrasse. Nous cherchons à l'intérieur... pas longtemps. Qui voit-on se trémousser en compagnie de deux petites Brésiliennes, agitant, en rythme, une canette de bière à demi remplie de gravier ? Et ce à côté des hargneux du matin !

— Elle va déjà beaucoup mieux, nous lance, dans un éclat de rire, celui qui paraît être le chef.

— Vous voyez qu'il nous fallait absolument nous arrêter, vous voyez...

L'homme lève le pouce, poing fermé, un geste typique au Brésil que nous avons vu maintes fois effectuer et l'accompagne du savoureux *tudo bem*, traînant et nasillard, qui, lorsqu'il est prononcé au terme d'un différend, clôture définitivement et positivement la discussion.

Le lendemain matin, la coque bleue du *Wahoo* s'immobilise à couple de celle d'*Alacaluf*. Jayme et Ana Paula viennent à bord. Ils ont rencontré des conditions plus sévères que celles que nous avons connues et ont dû, une nuit, prendre quatre ris dans la grand-voile. Nous conversons dans le cockpit, lorsque deux nageurs, partis de la berge, s'approchent des voiliers. C'est Nelson Flor, le capitaine du port, et son assistant. Dégustant un *cafezinho* brûlant, nous élaborons des projets de plongée, de pêche et de randonnée pour les prochains jours. La participation de Nelson est une chance pour nous, car elle facilite les démarches qu'il faut entreprendre auprès des chatouilleux fonctionnaires préposés à la surveillance de la réserve. A l'exception de quelques plages publiques, l'accès aux eaux baignant Fernando de Noronha n'est permis qu'après l'obtention d'une autorisation et en étant accompagné d'un officiel.

Laissant Jayme et Ana Paula récupérer, nous partons sur la côte exposée de l'île à la découverte de ce littoral sauvage. Des fous bruns femelles nichent sur les rochers en bordure de mer, tandis que les mâles planent à 20 mètres au-dessus des rouleaux. Ils se cabrent et fondent en piqués impressionnants pour s'enfoncer, quelques secondes, dans le bleu roi qui sépare deux rangées parallèles de blanc écumant. Des pêcheurs, debout sur de grandes pierres plates, moulinent leur ligne bras tendu, avant de la lancer le plus loin possible. Ils sont constamment aspergés, douchés par les projections des plus grosses lames qui s'écrasent à leurs pieds. A une centaine de mètres en retrait, quelques chevaux poilus les regardent en mâchonnant les hautes herbes qui leur chatouillent le poitrail. De nombreux crabes rouges crapahutent sur les pierres. Une murène, ici où là, se glisse langoureusement d'un trou à l'autre. A marée basse, de petits poissons sillonnent les flaques que l'océan leur a laissées comme piscines. Stéphanie les épouvante, gesticulant des heures dans ces baignoires naturelles chauffées par le soleil, et nous avons bien de la peine à lui faire comprendre qu'il y a d'autres choses à faire que des éclaboussures. Mais le lendemain, lorsqu'elle nous verra nous immerger pour une exploration au tuba, le déclic se fera et il ne sera pas nécessaire d'insister pour qu'elle mette son masque et découvre la face cachée de la Terre, celle, fascinante, qui se dissimule sous la surface des eaux.

Devant le petit port récemment aménagé à l'abri du môle, repose, par neuf mètres de fond, l'épave d'un petit cargo. C'est une plongée facile et féerique, tant par la densité de la faune rencontrée que par l'atmosphère qui se dégage de cette épave inondée par les rayons du soleil au zénith. Vu la profondeur, elle peut se visiter en apnée, ce qui procure déjà de belles sensations, mais qui n'ont aucune commune mesure avec ce que l'on ressent en scaphandre. Fondu, intégré dans ce monde, accepté par les poissons qui n'ont jamais vu une arbalète de chasse et qui se laissent approcher dans les coursives à une distance de bras, le plongeur en vient à regretter de devoir expirer l'air qui remonte en chapelets de bulles, de peur de troubler la quiétude et l'harmonie qui se dégagent de ce site hors du commun. Entourés de chirurgiens et d'un nuage de bébés chromis, trois raies mantas et un barracuda nagent au-dessus de la carcasse concrétionnée. Des haemulons et des lutjans parcourent l'intérieur. Plus près du fond, des mérous et des perroquets déambulent tranquillement, tandis que des petits poissons papillons, plats et merveilleusement colorés, créent une note d'enjouement et de gaieté. Sur le substrat et dissimulées sous une tôle, une quinzaine de langoustes, alignées comme à la parade, doivent savoir que les gardes du parc naturel surveillent à la jumelle la sortie des plongeurs, car je n'ai jamais vu langoustes aussi sûres d'elles.

Nous effectuerons plusieurs autres plongées autour des îles Fora et Rata, ainsi que sous le vent de Noronha, mais c'est cette petite épave, foisonnante de vie, qui me laissera le meilleur souvenir.

Un matin, nous décidons de relever le défi de ce fameux Pico, un brin macho, dont nous admirons, chaque soir, la silhouette altière en contre-jour. Son sommet est pourvu d'un phare. Il doit donc y avoir un moyen de l'atteindre. Nous nous renseignons et apprenons, effectivement, que des échelles équipent ses parois verticales.

La marche d'approche est agréable, au milieu d'une végétation broussailleuse, parsemée de plus hautes espèces qui augmentent en nombre au fur et à mesure que l'on s'élève. Nous parvenons aux premiers échelons métalliques. Stéphanie reste bien sûr sagement en bas. La grimpée n'offre aucune difficulté, mais est très aérienne. Il ne faut pas manquer un barreau... Il paraît qu'il y en a 750. Au tiers de l'escalade, une plate-forme permet de souffler. Côté ouest, la perspective plonge le long d'un à-pic à la rencontre d'un bleu irréel en contrebas. Des pailles-en-queue, dérangés par notre arrivée, tournoient en protestant. Au sommet, le coup d'œil récompense largement de l'effort fourni. Nous restons un instant à comparer les deux rivages, respectivement exposé et protégé. Au vent, la mer frémissante prend l'aspect d'un tapis étincelant et ondoyant sous l'effet de l'alizé modéré. Sous le vent, c'est le grand calme, l'eau ressemble à un miroir. Puis nos yeux se fixent sur l'intense contraste des couleurs. Celui de la terre rougeâtre sur le vert bouteille de la végétation, celui de la verdure sur le bleu profond de la mer, celui du jaune doré des plages sur le bleu tendre des petits fonds, et nous restons muets d'admiration à la vue des dégradés que font les récifs et leurs alentours dans la palette des turquoises.

Revenus à nos voiliers, nous assistons au ravitaillement de l'île par un petit cargo. Un pipe-line est tout d'abord tiré depuis la rive jusqu'au navire ancré, puis le déchargement des marchandises s'effectue au moyen de chaloupes à rames, que les habitants de Noronha manœuvrent péniblement lorsqu'elles sont pleines. Leur va-et-vient durera plusieurs jours.

❖

Le 22 octobre au matin, les minuscules points noirs, que nous tentons de fixer depuis un moment, cessent de jouer les illusionnistes, un coup je te vois, un coup je ne te vois pas, tandis qu'apparaît, sur bâbord, la frange écumante marquant l'extrémité de la dangereuse ceinture de récifs. Nous approchons de l'atoll des Rocas, situé à 80 milles à l'ouest de Fernando de Noronha, le contournons par le nord et mouillons sous le vent des deux îlots, dont l'un porte les ruines d'un phare. Les informations que nous avons concernant la nature des fonds m'incitent à contrôler le mouillage en apnée. Précaution indispensable ! Il faut que l'ancre se prenne dans une des anfractuosités du relief sous-marin, accidenté et chaotique à souhait, constitué d'énormes blocs troués, séparés par des tranchées. Le *Wahoo*, qui s'est ancré à 50 mètres en retrait d'*Alacaluf*, dérape en testant la tenue au moteur. Un coup d'œil me fournit l'explication. Le fond, à cet endroit, est formé d'étendues planes recouvertes de quelques centimètres de sable de corail. Dessous, c'est rocheux et les pattes de la Britany* n'ont aucune chance d'y pénétrer. Jayme remouille et coince son ancre dans des blocs. Je regagne *Alacaluf* à la palme.

— Françoise ! Passe-moi le fusil, c'est incroyable ce qu'il y a là-dessous !

L'embarras du choix, et la cause de mon étonnement n'est pas tant le nombre que la taille et l'attitude des poissons. Ils n'ont jamais vu un chasseur. Allez ! un de ces gris dodus et bossus suffira amplement pour nous cinq. La flèche traverse le lippu, *anisotremus surinamensis*, en arrière de la tête au-dessus des ouïes. Pas un frémissement, rien. Il faut dire que ce n'était pas difficile, j'ai pu approcher à un mètre.

Comme nous n'avons pas de four à bord d'*Alacaluf*, Ana Paula propose le sien et ses talents culinaires pour apprêter la corpulente prise. Depuis que nous nous sommes retrouvés à Fernando de Noronha, nous alternons régulièrement les soirées à bord des deux voiliers. Jayme possède tous les classiques des récits de navigateurs. Il a eu l'occasion de rencontrer, il y a quelques années à Rio, Willy de Ross sur son *Williwaw*, le célèbre baroudeur des mers polaires. Comme nous, Jayme et Ana Paula sont habités par la passion du grand Sud et comptent aussi, un jour, bloquer la rose du compas sur le 180, couper les parallèles le plus perpendiculairement possible et plonger dans ces latitudes de légende, guidés par une Croix du Sud chaque nuit de plus en plus haute.

Pour l'instant, nous sommes aux Rocas et la réalité n'a rien à envier au rêve. Nous avons devant les yeux un atoll polynésien qui aurait été transplanté en plein Atlantique. En fait de rêve, celui-ci a tourné au cauchemar pour le gardien et sa famille, "oubliés" par leurs compatriotes qui ne les ont pas ravitaillés. Si la nourriture ne devait pas poser de problème, avec une faune sous-marine si abondante, la pénurie d'eau leur a été fatale et ils sont enterrés sur l'île d'à côté. Voilà pourquoi les deux îlots, formant la partie émergente de l'atoll, sont baptisés respectivement *ilha do farol et ilha do cemitério.*

Le débarquement n'est pas facile. Il y a une petite passe dans le récif, mais bien que nous soyons sous le vent, l'océan y envoie un résidu de houle qui déferle régulièrement en un rouleau qui retournerait notre annexe comme une crêpe. Longeant le bord extérieur de la barrière à la palme, je déniche, parmi les blocs tabulaires, un emplacement recouvert de 20 centimètres d'eau pouvant laisser passer un pneumatique. Bien, mission accomplie. Je pourrais revenir au bateau, mais ne résiste pas à la curiosité de mettre le pied à terre et me dirige vers l'îlot du phare. La barrière franchie, l'eau cristalline bleu saphir devient vert émeraude à l'approche de la plage. Je me redresse, ôte mes palmes et reste perplexe devant un vacarme assourdissant. Je n'ai pas le temps d'y réfléchir, des "chasseurs", venus en éclaireurs, me foncent en piqué sur le crâne en piaulant comme des déments. Je dois faire tournoyer mes palmes au-dessus de la tête pour tenir à distance les vindicatifs volatiles, outrés du sans-gêne du nouvel arrivant. Je gravis les quelques mètres qui me séparent de la végétation... et reste cloué sur place. Eparpillés entre les touffes d'herbes sèches, des milliers d'oiseaux ont envahi le sol. Dans le ciel, des centaines virevoltent en un carrousel géant, dans un indescriptible tintamarre. Une odeur âcre et forte de fientes surchauffées flotte dans l'air. Hallucinant ! Le film d'Hitchcock a été tourné ici, c'est sûr !

Une île intacte, un bijou où la nature a repris totalement ses droits depuis que l'homme a disparu. Un monde inviolé, incroyablement sauvage, sur terre comme sous la mer... A ce propos, nous ferions bien d'être un peu prudents lorsque nous plongeons à l'extérieur du récif, nous sommes en plein océan, domaine des grands pélagiques...

Au nord, les ruines du phare sont un témoignage pathétique d'un combat perdu. De rares palmiers jalonnent cette étroite bande de terre et de sable qui est bordée, au sud, par de somptueuses plages ouvertes sur le lagon transparent. A l'est, une très faible quantité d'eau recouvre le plateau qui se prolonge loin vers la ceinture extérieure du récif. A l'ouest, c'est le petit lagon et ses phénoménales couleurs, la barrière et, au-delà, deux voiliers que nous pouvons remercier de nous avoir conduits dans un tel paradis.

De retour au bateau, je ne fais pas de commentaires de façon à conserver à Françoise et à nos amis l'impact du choc du premier débarquement.

Jayme, Ana Paula et Françoise, qui serre contre elle Stéphanie, ont le souffle coupé. Les oiseaux redoublent d'agressivité en réalisant que cette fois l'envahisseur débarque en force, et ils se déchaînent carrément lorsque nous avançons entre les touffes d'herbes, craignant pour leurs nids et leurs œufs. La densité est telle que nous devons prendre garde où nous mettons les pieds. Il ne faut pas longtemps à Françoise pour déterminer les espèces représentées. Les sternes fuligineuses sont de très loin les plus nombreuses et les plus virulentes. Ce sont elles qui organisent ce monumental concert d'aigus perçants et stridents. Nous ne sommes pas les seuls objets de leur méchanceté, les quelques noddis qui arpentent le bord de la plage restent prudemment à l'écart. En revanche, elles doivent accepter la présence de fous masqués parmi elles et la cohabitation n'est pas sans histoires, à en juger par l'attitude, au nid, des femelles qui tournent constamment la tête en lançant à la ronde des coups de bec dissuasifs. Les fous à pieds rouges, eux, ont résolu le problème en allant nicher sur les quelques palmiers séchés, salés, ventés et courbés qui tiennent encore debout. La violente odeur n'est pas due qu'aux excréments, elle provient aussi des nombreux cadavres en décomposition.

Nous longeons l'île et passons, à gué, sur celle du cimetière, moins colonisée par les volatiles, donc plus calme et davantage recouverte d'herbes rases. Nous remarquons de vagues monticules formant des petits tertres. Ce sont les sépultures des infortunés gardiens. Nous poursuivons jusqu'au point culminant de cette terre, à quelque cinq mètres au-dessus des eaux. Le regard fixe l'île jumelle et se perd dans l'immensité vert jade qui la prolonge. C'est curieux, c'est désert, oublié, âpre, presque nu, mais c'est ce que j'ai vu de plus intense et de plus beau depuis notre départ, il y a un an et demi. Je sais que Françoise partage cet avis, il n'est même pas nécessaire de lui poser la question. Me reviennent alors à l'esprit les paroles d'une chanson de Pierre Bachelet :

"Nous sommes faits d'un cœur de goéland
Nous sommes faits pour passer Magellan."

L'annexe est ancrée près du récif. Nous plongeons, Jayme et moi, pour le plaisir, parce que l'approvisionnement en poisson pour le repas du soir n'a pas pris dix minutes. La barrière, à cet endroit, est faite de grandes pierres tabulaires entrecoupées de trous et de tranchées ; véritables canyons dans lesquels on se glisse, absorbés par le fluide turquoise, à la découverte de grottes et de niches dont les occupants ouvrent de grands yeux ronds en nous voyant défiler au gré du courant. Ces habitants ne risquent rien, en revanche, si nous voyons dépasser des antennes, leur propriétaire peut se faire du souci. Jayme, qui était à une quinzaine de mètres, revient à toute allure, saisit le pneumatique et se propulse à l'intérieur.

— *Atenção, atenção ! Um barracuda mais grande que eu !*

Je le rejoins.

— Comment ça, un barracuda plus grand que toi ?

— Je te jure ! Plus grand que moi et aussi gros !

Je reste perplexe. Jayme mesure 1,80 mètre et pèse près de 90 kilos... N'insistons pas, d'ailleurs c'est l'heure de la *caïpirinha* !

Le lendemain, nos amis mettent le cap sur Recife, et c'est plein de tristesse que nous regardons le point bleu diminuer et se fondre à l'horizon. Nous aurons passé ensemble quinze jours exceptionnels que nous ne sommes pas près d'oublier.

Nous franchissons la barrière avec plus de difficulté que les jours précédents, ancrons l'annexe dans le lagon et transportons à terre le matériel de prise de vues, enveloppé dans plusieurs sacs en plastique. Françoise s'assied sur un tronc abattu, prend des notes et fait des croquis, Stéphanie l'imite en griffonnant sur un calepin. Je pars de mon côté, téléobjectif et caméra en bandoulière. Je ne suis pas ornithologue et n'ai guère de sympathie pour ces sternes criardes qui me font penser à une volée de mégères piaillantes et effarouchées. Je trouve les fous beaucoup plus intéressants. Les petits conservent un duvet jusqu'à ce qu'ils aient pratiquement atteint la taille adulte, et c'est tordant d'observer la mère qui veille sur son oisillon aussi gros qu'elle. Et si, apeurée par mon approche, elle s'envole, le duveteux pépère ne panique pas et s'esquive, peinard, en se dandinant, bec ouvert, gorge tremblante, dans un louable effort de ventilation, bien compréhensible par cette chaleur.

Tiens, la leçon de sciences naturelles doit être terminée, c'est la récréation. A 600 mètres, j'aperçois deux têtes minuscules, perdues au milieu d'un miroir vert pâle. Puis, une petite silhouette saute et cabriole autour d'un point fixe, faisant naître des ondulations circulaires qui ressemblent au sillon que ferait, sur le disque de jade du lagon, l'enregistrement de la mélodie du bonheur.

Le retour est nettement plus houleux. Notre pneumatique n'est accessible qu'à la nage, à cause de la marée qui est montée. Je vais le chercher et le rapproche de la rive, mais ne peux le laisser seul, les rouleaux qui se reforment depuis la barrière sont suffisants pour le retourner. Je dois donc le maintenir à la main, de l'eau jusqu'à la taille. Françoise comprend mes gestes. Elle amène Stéphanie, repart prendre le matériel, se le met sur la tête, et cela en plusieurs voyages. Finalement, nous regagnons *Alacaluf* sans tout tremper, comblés d'avoir pu transformer en souvenirs indélébiles ces moments magiques.

Deux jours plus tard, nous levons l'ancre à notre tour... Enfin nous essayons, car il faut plonger pour dégager la chaîne et l'ancre surtout, fortement coincée dans une fente. Devant l'ampleur de la tâche, je prépare un mono-bouteille, plutôt que de faire, en apnée, une dizaine "d'ascenseurs" sur ce fond de douze mètres. Malgré tout, je dois remonter plusieurs fois pour guider Françoise qui manœuvre au moteur et j'ai de plus en plus de difficulté à équilibrer l'oreille droite lors de la descente. La chaîne est libre, elle a tellement ragué que la galvanisation a disparu sur 20 mètres, l'acier est à nu, brillant. Il n'est pas facile de délivrer la CQR. En insistant, je m'aperçois que la verge est pliée à 30 degrés.

La voilà qui remonte, je vais faire pareil. La douleur dans l'oreille augmente dès que je quitte le fond. "Mince ! Un blocage de la trompe d'Eustache." De l'air comprimé à la pression ambiante reste prisonnier de l'oreille moyenne. Je déglutis, tente par des mouvements de pharynx de dégager ce canal, remonte quelques mètres, sans résultat, recommence. Je ne peux pas moisir ici, la coque d'*Alacaluf* s'éloigne doucement... "Ben, mon p'tit vieux, serre les dents, tout ce que tu peux, mais il faut remonter !" La pression diminuant, le volume d'air enfermé se dilate et le tympan, qui fait obstruction, se déforme. La douleur est violente, mais diminue après la rupture de la membrane que confirmera un écoulement sanguin. Gouttes auriculaires, tampon et, malheureusement, plus d'immersion pendant six à huit semaines.

Cet incident n'altère pas l'émotion qui nous étreint lorsque nous nous retournons, une dernière fois, pour admirer l'atoll, cette perle sur l'océan. Stéphanie, à qui la forme oblongue de l'île suggère quelque chose, agite le bras en disant :

— Au revoir madame la baleine, au revoir, gros bisous et merci de nous avoir pris sur ton dos...

8

La revanche

Alacaluf force son chemin dans la lame en s'éloignant de Natal. Une douzaine d'heures à nous faire chahuter avant de nous laisser porter, une fois le cap São Roque dans le sillage. Nous serons alors "sur des rails", vent dans le dos, courant favorable, étrave pointée sur les Caraïbes. Des *jangadeiros* sur leur frêle esquif nous saluent. Ce sont pour nous des signes d'adieu, car nous quittons le Brésil. Nous avons la tête pleine des images de ces derniers jours durant lesquels nous nous sommes gavés de culture, de musique, de cuisine brésiliennes, en anticipation de notre départ. *Adieu feijoada, carne do sol ou a rodizio.*

Vingt-quatre heures après l'appareillage, notre position nous indique que 155 milles ont été avalés, 135 en surface et 20 grâce au courant. C'est parti sur les chapeaux de roues. L'allure est confortable, nous sommes tribord amures*, grand largue, girofoc tangonné sous le vent. Le lendemain, nous le passons sur tribord. Voilure en ciseaux, l'étrave d'*Alacaluf* fredonne à nouveau son frou-frou régulier, son refrain préféré, la chanson de l'alizé. La vitesse oscille autour de cinq nœuds, soit 120 milles dans une journée, et le courant nous gratifie d'une vingtaine de milles supplémentaires. Divin !

Le 10 novembre, nous franchissons l'équateur à 10 h 30. Ça pulse, l'ambiance est tout autre que durant la transatlantique, sept mois auparavant.

Les jours s'enchaînent. La grand-voile reste obstinément sur bâbord, bôme maintenue par un palan de retenue et un frein Walder. La voile d'avant, elle, passe un jour au vent et le suivant sur l'autre bord, au gré d'Eole qui souffle du sud/sud-est à l'est/sud-est.

Le 12, un nimbo-stratus envahit tout le ciel, il fait très chaud. Tiens, une vieille connaissance, revoilà le Pot… de chambre !

— Nous allons "lui en mettre plein les dents" !

Françoise me regarde, un peu inquiète.

— Ne t'avance pas trop, tu pourrais le regretter…

— Ça n'a plus rien à voir avec la première fois. Même si le moulin explosait ou se déglinguait, nous avons, ces jours, un courant portant de deux nœuds, ce qui signifie que sans parcourir un mètre en surface, le tapis se déroule d'une cinquantaine de milles en vingt-quatre heures. De plus, nous sommes déjà par presque 3° nord. Cette fois-ci, le Pot on le vide par-dessus bord !

Le combat n'a pas lieu, l'adversaire se dérobe. Enclenché à 14 h 45, le moteur est arrêté à 18 h 15. Une brise de nord/nord-est se lève. A minuit, elle s'est transformée en un force 6 et *Alacaluf* fonce, un couteau entre les dents, au près bon plein dans une mer non formée. Un couteau ? Oui, pour lui faire sa fête à l'autre Pot, qui ferait bien de retourner en courant vers l'équateur, sa tanière, son trou à rats.

Nous sommes dans le prolongement du delta de l'Amazone, très loin au large. Il rivalise avec le Nil pour le record de longueur, mais son débit fait de lui le fleuve le plus puissant du monde. C'est quelque chose de monstrueux, surtout à la saison des pluies. Je goutte l'eau de mer, celle-ci me paraît nettement moins salée que d'habitude. Et dire que nous sommes à 250 milles de la côte, soit plus de 450 km. Au petit matin, l'eau a viré au brun vert, une vilaine couleur kaki. Le 14 novembre, notre position, assez éloignée du continent, nous joue un tour. Deux droites de soleil, tracées dans la matinée et reportées à la méridienne, nous situent 50 milles en retrait de notre position estimée par la distance parcourue au loch*. Non seulement le courant favorable aurait disparu, mais il se serait inversé, en conservant son intensité ! Ce qui nous est confirmé, quelques heures plus tard, par le satnav. Les *Pilot Charts* indiquent bien la présence d'un contre-courant équatorial, mais dans notre nord-est. Une autre explication pourrait être un effet d'aspiration du fleuve géant dû à la marée montante.

Passé le delta et plus près de la côte, le courant reprend sa direction et sa vitesse normales pour atteindre 2,5 nœuds au large des Guyanes française et hollandaise. Le vent est maintenant clairement nord-est, nous le recevons par le travers. Françoise profite de quelques grains pour faire une petite lessive. Le linge est lavé à l'eau douce, prérincé à l'eau de mer, puis fixé sur les filières et des cordes tendues entre le pataras* et les haubans*, où le prochain orage le rincera définitivement et l'éclaircie suivante le séchera. *Alacaluf*, toutes nippes au vent, déboule de creux en creux, tout joyeux d'égrener un si rapide sillage.

Stéphanie, qui sait que nous allons revoir des eaux aussi claires qu'à Fernando de Noronha, se réjouit beaucoup et ne trouve pas le temps long, occupée qu'elle est à soigner son petit monde, à feuilleter ses livres d'images et à déchiffrer ses premiers mots. Le 18 novembre dans l'après-midi, le vent augmente dans un ciel lourd et bas. La pluie nous tient compagnie toute la nuit. Après une accalmie, ça repart de plus belle la nuit suivante sous un déluge. Ce n'est pas de l'orage mais une dépression tropicale d'arrière-saison, qui aura l'inconvénient de nous secouer un peu et, en compensation, l'appréciable avantage de prendre le relais du courant qui n'est plus que d'un demi-nœud à l'approche de Tobago. Fouette cocher !

Après quatorze jours et 2150 milles d'une navigation style cargo-express, l'ancre crève l'eau plate de Prickly Bay au sud de Grenade. Nous arrêtons le moteur, Françoise tend l'oreille, à l'écoute d'un autre vrombissement.

— Une tondeuse à gazon ! Il y a une année et demie que je n'ai pas entendu ce bruit.

Et d'ajouter, après avoir jeté un regard circulaire sur le *club house* de la marina et les bungalows grand standing sur bâbord :

— J'ai l'impression d'avoir été catapultée d'une favela dans un hôtel de luxe.

9

La planète bleue

Le 8 mai 1902, le volcan, peut-être vexé que l'on n'ait pas pris ses avertissements au sérieux, libère, dans une grande colère, le feu de ses entrailles, crache des tonnes de scories et vomit des torrents de lave, montrant ainsi au monde toute la furie et la méchanceté dont il est capable. C'est une explosion dantesque qui, en quelques secondes, obscurcit le ciel d'un nuage fait de particules et de gaz portés à très haute température. En retombant, la nuée ardente recouvrira la ville et ses alentours d'un linceul de cendres embrasantes qui provoqueront une gigantesque crémation. La cité comptait à l'époque plus de 30 000 habitants, deux seulement en réchapperont. Dans la baie, tous les navires, amarrés ou à l'ancre, s'enflammeront et sombreront, sauf un qui, son pont rasé, parviendra à s'enfuir pour raconter à quoi ressemble l'enfer.

Saint-Pierre, alors capitale de la Martinique, était une ville florissante et un port régional important. La Montagne Pelée, c'est le nom du monstre, l'a rayée de la carte. La bourgade, devant laquelle *Alacaluf* est mouillé, ne s'est jamais remise du désastre et offre, aujourd'hui, le visage d'une petite ville retirée au sourire triste. Sur une centaine de mètres en bordure de mer, des ruines et des débris de murs ont été laissés en l'état. Plus haut, quelques marches conduisent aux restes d'un théâtre à côté duquel se trouve, intacte, la petite prison qui a miraculeusement abrité un des deux survivants de la catastrophe.

Nous aimons Saint-Pierre et son air nostalgique, comme nous apprécions son mouillage un peu rouleur qui gêne certains. En ce début de juin 1990, nous nous retrouvons ancrés pour notre dernier "pèlerinage plongée". C'est en effet notre quatrième séjour dans la baie martyre, où nous aurons passé sept semaines en tout. C'est dire si nous avons succombé au magnétisme de la ville et à l'envoûtement de ses épaves. Les gens nous ont adoptés. Ils ne s'étonnent plus du matériel bizarre et encombrant que l'on dessale à la fontaine de la place où se tient le petit marché local, pas plus que le pompiste qui remplit régulièrement nos jerrycans d'essence pour le compresseur et le générateur. A la supérette, en face de la jetée :

— Vous avez oublié votre porte-monnaie ? Emportez tout ça, vous paierez demain !

Et il y a nos amis. Lionel et Françoise Laffont, notamment, qui s'occupent du Tropicasub, club de plongée en bord de plage, à côté du restaurant La Guinguette. Nous passerons en leur compagnie de merveilleuses soirées, à bord ou dans leur maison du Morne Rouge. Et il y a Michel Météry, qui dirige l'UCPA du Carbet, à quelques kilomètres de Saint-Pierre. Excellent plongeur, passionné par les épaves de la baie, il en a découvert plusieurs et est l'auteur d'un très bel ouvrage, intitulé "Tamaya", sur la catastrophe elle-même ainsi que sur la recherche et l'exploration de ses vestiges engloutis. Et il y a les rencontres de passage, une d'entre elles nous a laissé un souvenir particulièrement savoureux.

Un petit voilier mouille non loin d'*Alacaluf*. Son skipper saute dans une barcasse et souque ferme dans notre direction afin de quérir quelques informations.

— Montez à bord !

Le personnage nous est sympathique et nous partageons avec lui le repas du soir. Sec comme un cep de vigne, monté sur ressort, l'œil pétillant, le visage enfoui sous de grands favoris prussiens qui rejoignent une généreuse moustache, Jean n'est pas un retraité comme les autres. Tout comme nous, le fauteuil et les pantoufles sont des choses qu'il a en horreur. Aussi, dès qu'il eut cessé, pour raison d'âge, ses fonctions de gardien de la paix à La Rochelle, notre homme cogita dur et mûrit un projet qui lui permette de se lancer à travers l'Atlantique sur son bateau… La vie commence à 60 ans, chantait Tino Rossi. Pas superstitieux pour un rond, il trouva le moyen de se faire sponsoriser par un éleveur de lapins ! C'est pour cela que son voilier arbore fièrement, des deux côtés sur l'avant, l'emblème, honni et maudit dans la marine française, de l'animal aux grandes oreilles. Magistral clin d'œil au mauvais sort.

La personnalité de Jeannot Lapin, soutenue par un physique des plus expressifs, se retrouve bien sûr dans sa gouaille et sa philosophie. Débattant des motivations de nos sillages respectifs, nous n'oublierons pas ce trait, bien plus profond qu'il n'y paraît, lancé la tête haute, dans un frémissement de barbe à la Guillaume Ier :

"Le voyage est déjà réussi lorsque l'on revient moins c… qu'on ne l'était au départ !"

Ce n'est plus un voilier mais une plate-forme de plongée. Le compresseur et les quatre blocs envahissent la plage avant. Le matériel fragile est disséminé sur le rouf à l'abri du taud : caméra, appareil de photo, détendeurs, montre, profondimètre, boussole et masques. Les combinaisons, palmes et autres affaires encombrent les passavants.

L'annexe est amarrée à une petite bouée que nous avons posée la veille. Je me harnache et bascule. Ouf, qu'on est bien ! La bouteille ne pèse plus rien. Le fluide pénètre dans le vêtement et m'apporte une sensation douce et agréable, car la mer a 28° et elle rafraîchit juste ce qu'il faut des efforts effectués sous un soleil de plomb pour s'équiper. Je sais qu'au fond elle aura, à un degré près, la même température ; un délice. L'eau est claire. Les rayons du soleil forment des colonnes de lumière qui sondent le bleu roi et invitent à dégringoler le long de ces piliers illuminés à la rencontre d'un autre bleu, plus dense, plus foncé, celui que Luc Besson a si bien baptisé le Grand Bleu.

Le *Dahlia* repose par 32 mètres de fond. Des filets de pêche se sont pris dans la partie antérieure, légèrement surélevée. Soutenus par leurs flotteurs, ils offrent à l'épave cette dentelle marine qui donne au décor une impression de vie figée, arrêtée, suspendue, tout à fait dans l'esprit de ce qui s'est passé. Beaucoup d'ambiance dans les vestiges et les découpes de cette coque fortement concrétionnée. Enormément de vie également. Des gorettes margates et des gros lippus croisent de beaux mérous placides, sous l'œil fixe des poissons lézards couchés sur le sable. Quelques anges français nagent avec toute la majesté que leur confère leur magnifique robe. Les petits poissons rouges, épineux à souhait, soldats, écureuils, mombins, côtoient leurs grands frères aux gros yeux noirs, au milieu des poissons papillons toujours aussi vifs. Deux langoustes et quelques mues signalent la présence d'une colonie prospère dans les parages.

Au sud du *Dahlia*, gît le *Diamant*, 35 mètres sous la surface. L'épave, couchée sur tribord, regarde le large qu'elle aurait bien voulu gagner. A une vingtaine de mètres, sa remorque, mal conservée, lui fait face. Le *Diamant*, lui aussi, a une ambiance. La forme de la coque est belle, et j'aime glisser à l'intérieur entre les membrures et les barrots de pont qui font un joli tunnel ajouré. J'étais en train de me dire que cette épave était moins habitée que le *Dahlia*, lorsque soudain un énorme ange français apparaît, le maître des lieux certainement, car il semble avoir un sens aigu de son territoire et de son respect. Ses traits, son air grave et les couleurs de sa face lui donnent l'aspect d'un samouraï. Il a la tête peinte en bleu clair et les yeux noirs cerclés d'orange. Sa robe est brune mais, sur les flancs, le bord des écailles est frangé de jaune. Il n'apprécie manifestement pas ma présence et tente de m'intimider en faisant des rondes, qu'il interrompt pour me foncer dessus et se détourner au dernier moment. Je parviens à une cloison percée d'un gros trou qui permet d'accéder à la soute avant. Je m'y engouffre. Le projecteur parcourt les parois, le plafond et fixe deux grosses pinces. Il me faut un moment pour déterminer le contour du corps de leur propriétaire, tant celui-ci se confond avec les concrétions dans une homochromie parfaite. Seule la forme de ses pinces le trahit.

Au nord du *Dahlia*, dort la *Gabrielle* par 38 mètres de profondeur. Moyennement conservée, assez plate à l'exception d'une petite cabine, sa partie arrière est plus intéressante. Bien détachée de la proue, une superbe ancre veille sur l'épave.

Au programme du lendemain : repérage et balisage de la *Teresa le Vigo*, par 40 mètres de fond. Dans l'annexe, Françoise et Stéphanie suivent les bulles qui crèvent la surface et, le moment venu, saisiront la petite bouée de plastique, indéformable à la pression, pour y attacher une bouteille de coca en guise de repère discret.

Grâce aux enseignures* fournies par Michel Météry, je sonde et ne tarde pas à trouver les restes d'une autre épave, dont la mâture sur le sol indique la direction à suivre pour atteindre la *Teresa*. Je ne vois tout d'abord qu'un tapis de grosses spongiaires cylindriques. J'amarre le filin à un éperon et envoie la petite bouée. Curieux, ça n'a pas tellement l'aspect d'un bateau. Il me faut quelques minutes pour repérer les contours d'un bordé*. Je le longe. Du rouge attire mon attention. Je frotte de la main, le sédiment "s'envole" et des carreaux de couleur brique apparaissent. Tout à l'arrière, sous le tableau malmené par la catastrophe et les ans, la mèche et le safran sont bien visibles. Je repars sur l'avant, en me tenant plutôt sur le côté tribord, et tombe sur des tonneaux blanchâtres pétrifiés, collés ou incrustés dans le pont. Ils contenaient du ciment qui s'est solidifié, fossilisé. Quelle émouvante épave que cette *Teresa le Vigo*.

Plus au large et par 50 à 55 mètres de fond, le *Roraima* coule une retraite paisible dans le bleu profond, égayée de temps à autre par la visite de plongeurs. C'est une épave gigantesque, de 130 mètres de long, qu'il est bien sûr impossible d'explorer en une seule immersion. Un fort cordage, frappé sur l'avant du navire, rejoint en surface une bouée conique rouge et sert de guide. Fondre en piqué le long du filin et voir apparaître, vers moins 25 mètres, la silhouette du géant est une sensation grandiose, une descente royale que l'on arrête à 40 mètres, à l'endroit où est fixée l'aussière. La proue est magnifique et elle l'est encore davantage lorsqu'on prend un peu de recul sur le côté et que l'on purge doucement la bouée fenzy pour se laisser glisser jusqu'à la vase. La perspective de l'étrave élancée, qui se détache là-haut dans le bleu, est de toute beauté. En pressant "l'inflateur", on reprend l'ascenseur dans l'autre sens pour défiler, sans un coup de palme, le long de la muraille concrétionnée. Je passe par-dessus le pavois* et me laisse couler, côté intérieur cette fois, le long de l'étrave pour découvrir ce qui reste des ponts successifs et parvenir à un "trou", une sorte de puits. En explorant le bordé bâbord, je comprends pourquoi Jacques-Yves Cousteau a baptisé le *Roraima* "l'épave aux cheveux blancs". Entre les hublots foisonnent des touffes de longs filaments clairs qui donnent une allure de grand-père ébouriffé et fatigué au vieux géant. Je vise la partie centrale et remonte quelques mètres, afin de mieux embrasser du regard l'ensemble de la carcasse qui défile sous moi. Les ponts avant sont fortement délabrés et des débris épars jonchent le fond. J'arrive à la première superstructure, bien conservée, sur laquelle a élu domicile une grosse éponge ronde. Palmage sur le côté du bateau pour admirer les bossoirs richement colonisés, splendides en contre-jour. Je reprends ma promenade, en survol au-dessus de l'épave qui déroule son pont ; le grand trou où était implantée la cheminée, le mât cassé, la deuxième superstructure et la fosse où descendent les escaliers qui mènent à la salle des machines, visitée lors d'une précédente plongée.

Je reviens sur le côté tribord, descends sur le pont inférieur, glisse le long des coursives, sous l'arche constituée par les barrots du pont supérieur et merveilleusement décorée de faune fixée qui ressemble à des buissons, puis débouche sur la partie écroulée de l'avant. Palmage au ras de la vase pour s'offrir "un dernier ascenseur de derrière les fagots" jusqu'à l'emplacement où l'aussière démarre.

A partir de là, il s'agit de remonter doucement pour atteindre le premier palier où se trouve le bloc de secours, et commencer les trente minutes de décompression qui m'attendent.

Il est 20 h 30, il fait nuit depuis deux heures, l'obscurité tombe vite sous les tropiques. Françoise amarre l'annexe à la bouée qui balise le *Dahlia*. Une torche fixée sur le côté de la tête, à la manière des spéléologues, une autre à la main, je glisse le long du cordage en suivant le faisceau qui sonde les ténèbres. La lumière surprend des nuages noirâtres qui semblent en mouvement. L'explication arrive sous la forme d'un bombardement de petits calmars qui me heurtent l'abdomen et la poitrine. Françoise et Stéphanie, en surface, se feront également "attaquer" par les mollusques qui laisseront de leurs assauts des traces presque indélébiles sur les vêtements. L'épave apparaît, fantomatique.

Première surprise, alors que je m'attendais à voir quelques gros spécimens chassant la nuit, il n'y en a pas. Ça donne plutôt le sentiment de roupiller. Tel ce mérou, assoupi et étonné par cette source lumineuse tout à fait hors de propos, auquel il ne manque que la parole pour protester contre cet apport de watts à une heure pareille. L'ambiance est féerique, les couleurs sont surprenantes, elles jaillissent bien davantage que le jour. C'est certainement dû à l'effet de contraste avec l'obscurité environnante. Fabuleux, j'ai l'impression de voir un film de Cousteau sur écran géant, assis aux premières loges. En passant par les ouvertures de la partie avant, je remarque une silhouette serpentiforme qui approche, intriguée par la lumière. C'est une grosse murène d'un vert sombre, très curieuse... trop en fait. Je frappe ma lampe contre une tôle et cela a l'effet escompté, la câline bestiole décampe à toute vitesse. Je reste fasciné par les parois du bateau et la faune qui y est accrochée. Encore une fois, le rendu des couleurs est nettement supérieur à ce que donne un projecteur allumé durant la journée, sans parler de cette impression irréelle de paix qui enveloppe ces décombres engloutis. Je retiens mes expirations et écoute le silence. Grandiose. Je me dirige vers l'arrière près de la poupe. Une grosse langouste me regarde, hypnotisée, des reflets vert fluo dans les yeux. Nom de nom ! Et dire qu'il est l'heure de dîner ! Ce serait moche de la prendre, j'aurais le sentiment de commettre un sacrilège. Cette dernière plongée nocturne ressemble à un pèlerinage.

Ça y est, la lumière s'est allumée en surface. Françoise, comme prévu, l'a enclenchée quinze minutes précises après l'immersion. Je ne veux pas allonger, il s'agit de la seconde plongée de la journée et la première fut chargée en azote. J'éteins mes deux lampes, guidé par celle que Françoise maintient braquée depuis l'annexe, 30 mètres au-dessus. Je remonte le long du cordage, lentement, main sur main. Saisissante impression de s'extirper des ténèbres.

❖

Sandy Island, archipel des Grenadines.

En équilibre sur la jupe* du tableau arrière, une main sur le masque, Stéphanie lâche la tubulure du régulateur, qui lui servait d'appui, et se jette à l'eau, au sens propre comme au figuré. Immergé à deux mètres du voilier, j'observe la scène sous la surface et vois, dans un bouillonnement, gigoter des jambes et des bras, le temps que le corps se mette à l'horizontale et que l'enfant se transforme en torpille, propulsée par un palmage extraordinairement souple et efficace. C'est la première fois que Stéphanie se lance du bateau sur un fond important pour elle, quatre mètres, et part à la découverte de la planète bleue. Certes auparavant, nous avions pratiqué des exercices en bordure de plage, afin qu'elle se familiarise avec la respiration buccale, apprenne à ne pas boire la tasse, à vider son tuba et s'initie au palmage ventral et dorsal. Mais aujourd'hui, c'est le grand jour, une vraie exploration en pleine eau, la naissance d'une véritable passion pour le monde sous-marin ; aboutissement logique d'ébats aquatiques précoces qui débutèrent à l'âge de sept mois par des séances de bébé nageur. Ainsi donc, à quelques semaines de son cinquième anniversaire, la petite sirène saute, plonge avec masque et tuba, fait des apnées de six à huit secondes, avant même de maîtriser correctement la brasse, nage qui pose davantage de problèmes de flottabilité et de coordination motrice.

Stéphanie est en surface et me regarde de ses petits yeux tout ronds. Je suis accroché à la CQR, lui fais signe que celle-ci est bien plantée et que tout va bien. A partir de cet instant, elle m'accompagnera chaque fois que j'irai contrôler la tenue de l'ancre dans des eaux chaudes, cela deviendra un rite.

Sandy Island est un îlot magnifique, émergeant de l'océan à l'ouest de Carriacou dans l'archipel des Grenadines. C'est une carte postale grandeur nature. Nous tenant par la main, nous palmons en direction de la pointe orientale. Nous "survolons" de grosses éponges qui ressemblent à des tonneaux ouverts sur le dessus, puis parvenons dans une zone colonisée par de fines gorgones échevelées et par d'autres, de structure plus rigide, qui ressemblent à des buissons ployés. Plus loin, des représentants du même groupe étendent leurs éventails ultraramifiés dans le courant. Nous arrivons au-dessus d'un bouquet de *callyspongia* qui fait penser à des tuyaux d'orgue. A côté, d'étranges hydraires se sont fixés sur un support de calcaire et s'étalent comme des feuilles de fougères, auxquelles il ne resterait que les nervures. Nous approchons des madrépores. Je plonge et montre à la petite, restée en surface, une cervelle de Neptune, formation corallienne méandroïde rappelant les circonvolutions d'un cerveau. Stéphanie porte des gants de caoutchouc. Elle sait qu'elle ne doit rien toucher à mains nues, mais il est souvent pratique de saisir une prise pour admirer attentivement quelque chose, comme ce spirographe qui va faire disparaître sa gerbe de branchies roses en se rétractant lorsque j'aurai trop avancé l'index. Quelques rougets farfouillent le sable de leurs barbillons. Contre un rocher, un facétieux reste immobile dans une position insolite, tête en bas, c'est un poisson trompette, tout en longueur. Un banc de chirurgiens passe, l'air pincé et pressé. Des girelles, timides, s'éloignent effarouchées. Soudain, Stéphanie me serre la main et pointe le doigt dans la direction d'un individu en nage stationnaire, qui agite frénétiquement ses petites nageoires transparentes. C'est un poisson coffre, qui nous regarde en ouvrant et en arrondissant la bouche, l'air offusqué. Plus loin, une silhouette étrange tente de se dissimuler entre les rochers, mais sa longue dorsale la trahit. Cet appendice est aussi long que le poisson. Nous tentons de ruser et de le contourner. Ça marche. Quel drôle de spécimen ! De larges bandes noires sur fond argenté lui donnent une allure très classe, très chevalier, qu'augmente encore cette flamme ondulante. Nous apprendrons ultérieurement qu'il s'agit d'un poisson bannière, *equetus lanceolatus.* Nous nageons sur un petit fond, à quelques dizaines de centimètres d'une jungle de coraux entrelacés, biscornus et hérissés, que l'on appelle pour cette raison des cornes de cerf. Ramifications magnifiques et fragiles où fourmillent quantité d'espèces, ravies de trouver refuge sous ces labyrinthes inaccessibles aux prédateurs. D'ailleurs, à notre approche, des chromis et des demoiselles s'évanouissent, en une fraction de seconde, sous ce tapis épineux. Nous contournons l'îlot. Surprise, les cornes de cerf cèdent la place aux cornes d'élan, beaucoup moins fines. Leurs robustes élancements se superposent et créent également des dédales bien habités. On y trouve des poissons plus gros, notamment des perroquets.

Stéphanie est surexcitée. Chaque fois qu'elle déniche un beau spécimen, elle pousse de petits cris et file sur lui à toutes palmes. J'ai beau lui expliquer que ce n'est pas la meilleure méthode, l'enthousiasme est trop fort. Au retour, nous croisons deux balistes, reconnaissables à leur éperon crânien. De profil, ils apparaissent ventrus et bien portants, mais de face c'est tout le contraire.

De retour au bateau, nous avons le plaisir de voir tournoyer, circonspecte, autour de la chaîne, une drôle de créature qui observe les maillons d'un air dubitatif. C'est un poisson vache, tordant avec sa bouche en cul-de-poule et ses deux petites cornes fichées horizontalement entre les yeux.

— Ça t'a plu Nani ?

— Oh oui ! Pourquoi arrête-t-on déjà ?

— Parce que tu grelottes ma fille, il y a plus d'une heure que nous sommes dans l'eau.

❖

Deux heures du matin, je me réveille en sueur, touchant la boiserie pour me convaincre que je suis bien dans ma couchette et que ce cauchemar est fini. Après des heures à se retourner, pour tenter de trouver le sommeil malgré le Valium, une fois endormi, c'est toujours la même vision qui revient, obsédante. Je me vois buvant la tasse, en essayant de progresser face aux lames qui me recouvrent le visage à chaque passage, fixant la plate-forme illuminée qui ne se rapproche pas. Je pense à Stéphanie, qui n'aura plus de papa si je ne tiens pas le coup, si j'attrape une crampe, si les requins attaquent, si le courant est trop fort, si...

... Nous avons quitté les Saintes, au sud de la Guadeloupe, pour cingler vers un merveilleux tas de sable, l'îlot Aves, perdu en pleine mer des Caraïbes, 120 milles à l'ouest. Possession vénézuélienne, cette île minuscule nous attirait car c'est un lieu de reproduction privilégié de la tortue verte, malheureusement menacée d'extinction. C'est également un refuge très apprécié par les oiseaux de mer qui y nichent par milliers. Son isolement et sa frange de récifs garantissent des plongées superbes.

La première difficulté consiste à repérer l'îlot. Sa taille, 500 mètres sur 80, et particulièrement sa hauteur, 3 mètres, le rendent extrêmement difficile à découvrir sans GPS* lorsque la mer est formée. Par chance pour l'atterrissage, la marine vénézuélienne y a construit une plate-forme sur pilotis de béton armé pouvant résister aux cyclones. De loin, elle a l'apparence des superstructures d'un cargo.

Une fois mouillés derrière la demi-lune de l'îlot, étincelant au soleil dans son écrin de turquoises, nous nous rendons à la base pour y rencontrer le commandant, ses sous-officiers, la petite garnison d'une quinzaine d'hommes et le biologiste. Les formalités réglées en une minute, le lieutenant Fernando et le scientifique Genaro nous font le plaisir d'une visite des installations et l'honneur de partager leur repas du soir.

Le lendemain, nous organisons ensemble une belle séance de chasse sous-marine, à dessein de varier les monotones menus de la compagnie. Le poisson abonde, il n'est pas pêché, et quelques prélèvements occasionnels n'appauvrissent en rien la faune environnante.

Les jours s'enchaînent, paradisiaques, à explorer l'îlot, ses abords nord et sud, car les récifs de la côte au vent sont inaccessibles vu l'état de la mer. Françoise est frappée par le peu d'oiseaux, comparé à ce que nous avions vu aux Rocas. Chaque matin, la colonie s'envole pour aller passer la journée en haute mer et revient avant le coucher du soleil. Quelques individus seulement restent alors à terre, ce n'est pas l'époque de la nidification. Stéphanie rayonne. A sa disposition, 400 mètres de plage dorée pour gambader et des flaques pour taquiner les mollusques. Mais ce qu'elle apprécie le plus c'est observer, de la surface, les opérations de chasse et se familiariser avec les différentes espèces... tout en se permettant quelques commentaires.

— Tu l'as loupé, le gros gris !

— J'ai vu merci... Tu sais ce que c'était ?

— Non !

— Une carangue.

Nous avons bien tenté de rendre à nos hôtes leur gentille invitation, mais seul Fernando apprécie de se faire ballotter en dégustant son poisson. Ses deux sous-officiers ont décliné l'offre et Genaro a tenu une petite demi-heure, le temps de l'apéro, avant de demander, blême, qu'on veuille bien le débarquer le plus rapidement possible.

"Qu'à cela ne tienne, demain soir, c'est à vous de venir à la base", a déclaré Fernando dans un sourire.

A l'heure dite, nous nous présentons au bas des échelles de corde qui permettent d'accéder à la plate-forme, trois mètres plus haut. Genaro et quelques hommes nous aident à effectuer cet acrobatique débarquement. Le marinero auquel nous avions lancé l'amarre du pneumatique l'attache à une barrière d'une façon peu orthodoxe. J'hésite à lui prendre la corde des mains et me ravise pour ne pas le vexer, mais me promets de revenir faire un bon nœud de chaise.

19 heures, le repas est terminé, la discussion animée. Une course dans le couloir, des cris... *"¡ El bote de goma se fue !"*

Je me précipite. Je sais que nous ne pouvons pas compter sur le canot de la base, qui est en réparation sur le continent. Genaro est à l'extrémité de la plate-forme, en costume de bain. L'annexe se balance assez loin déjà.

— On y va ? propose-t-il.

— Allons-y !

Il plonge. Tandis que je me déshabille en toute hâte, mon regard fixe *Alacaluf*... Je m'élance à mon tour.

Genaro a une vingtaine de mètres d'avance, le pneumatique une centaine. Adolescent, j'étais un brasseur de compétition d'un niveau tout à fait moyen. Mais aujourd'hui, c'est en crawl qu'il faut nager si je veux rattraper cette annexe. Je dépasse Genaro, cela m'encourage. L'embarcation se rapproche. Lorsque je l'aurai rejointe, je pourrai repêcher le copain. Cela ne sera pas nécessaire, en me retournant je vois qu'il a fait demi-tour.

Les minutes passent, l'écart diminue plus faiblement. La nuit qui tombe ne va rien arranger. Pour l'instant, quand je relève la tête, j'aperçois distinctement le pneumatique porté par la houle. Cela signifie qu'il s'est suffisamment écarté de l'abri de l'îlot en forme de croissant et que, désormais, les vagues s'ajoutent au vent et augmentent sa dérive. Une quarantaine de mètres nous séparent, le plus dur reste à faire.

J'insiste.

Je m'obstine, mais sens que les mouvements de bras perdent de leur efficacité. Il faut alterner le crawl avec la brasse coulée, qui permet d'axer la propulsion sur les jambes et de soulager les épaules.

Les minutes passent, 60 mouvements de brasse, 60 de crawl, et ainsi de suite. L'annexe est à moins de 30 mètres. Le souffle devient court, la poitrine commence à me brûler.

"Allez bon sang !"

Il fait sombre, l'embarcation n'apparaît plus que par intermittence, sous la forme d'une masse foncée qui se rapproche très lentement.

"Allez, à peine une longueur de petit bassin !"

C'est de plus en plus dur.

Je m'entête, 40 mouvements de brasse succèdent maintenant à 40 de crawl... puis 30.

"Allez, moins de 20 mètres !" Je distingue bien le tableau arrière et le moteur.

Quelques minutes s'écoulent.

Aïe ! La distance ne varie plus d'un iota. J'ai les poumons en feu à chaque inspiration... et la tête commence à tourner.

"On sprinte une dernière fois et..." Soudain, un éclair de lucidité me traverse l'esprit : "Oui, ce sera la dernière fois si tu ne t'arrêtes pas immédiatement, car tu n'auras alors même plus la force de flotter et tu ne reverras jamais Françoise et Stéphanie." Je me relève, adieu belle annexe, la Nova 310 et son hors-bord prennent définitivement la route du Honduras.

Sur le dos, je m'efforce de reprendre le contrôle de ma respiration et d'arrêter le tournis. Combien de temps ai-je nagé ? Vingt minutes, probablement trente ? Maintenant que je n'avance plus dans le même sens qu'elles, je réalise la hauteur des vagues. Quelle horreur, et il va falloir rentrer face à elles, dans l'état où je suis ! Ne pas s'affoler, réfléchir... C'est le moment ! Si je m'étais octroyé trente secondes de réflexion avant de sauter, je me serais dirigé vers *Alacaluf* pour partir avec lui récupérer le pneumatique, du moins essayer car il fait nuit noire, et cela m'éviterait de "goger" en pleine mer sous les étoiles, "cuit" de fatigue. Nager la brasse contre ces crêtes qui m'éclatent dans la figure est impossible. Il faut trouver autre chose. Rester sur le dos, oui c'est ça, en faisant des ciseaux avec les jambes tandis que les bras effectuent des mouvements amples de rames de chaque côté, les deux membres simultanément. Nager lentement, il faudra tenir longtemps. Progresser à l'économie, doser l'effort, le temps n'a pas d'importance. Nager et encore nager, doucement, en veillant aux crampes, synonymes d'arrêt de mort.

Les vagues me passent par-dessus le visage, mais ne gênent pas la respiration. La plate-forme brille de tous ses feux, je me recale régulièrement dessus en me retournant. Lorsque je n'ai pas la tête sous l'eau, je regarde les étoiles, c'est apaisant.

"Ce serait quand même c... si je ne parvenais pas à... Ne gamberge pas ! Garde l'esprit léger, clair. Ne le laisse pas dévier sur ce qu'il adviendra si tu n'arrives pas à remonter ces vagues et ce courant. Calme-toi, tout va bien, nage ! De plus, inutile de te retourner toutes les trois minutes, prends des repères dans le ciel.

Tiens, Jupiter et cette étoile-là, voilà, nage !"

Le temps passe. Les jambes me préoccupent. Je sens que des crampes peuvent survenir à tout moment à l'intérieur des cuisses. J'alterne en dos crawlé pour les détendre et reprends cette nage hybride lorsque les épaules fatiguent.

"Et les requins ? C'est la nuit qu'ils chassent. Un bizut barbotant aux premières heures d'obscurité, c'est inespéré, l'amuse-gueule idéal. Ne gamberge pas ! Nage, amplement, doucement !" Le temps passe, les brûlures dans la poitrine sont supportables, mais les muscles de la nuque et du cou me font mal à force de maintenir la tête inclinée sur le thorax pour respirer malgré les vagues. "Dieu qu'elle est lourde, y aurait-il quelque chose dedans ?"

Je souris.

"Tiens, voilà une bonne diversion, je vais me raconter des "witz"; c'est le moment ou jamais !"

Je pense à ce qui doit se passer sur la plate-forme.

"Je suis sûr que ces frileux de garde-côtes doivent se dire que je suis foutu ! Mais c'est un revenant pétant de santé qui va leur faire coucou d'ici à une heure ou deux… ou davantage. Bah ! ça n'a pas d'importance, ce qui compte c'est d'arriver… avant le petit-déjeuner, parce qu'après huit heures le café sera froid."

Je me marre, le coup des "witz" est excellent pour le moral.

"Elle est loin cette île ? Tais-toi, nage ! Il va me pousser des branchies, cela permettra au moins d'évacuer toute cette flotte qui me recouvre le visage. Oh ! la tête, j'ai le cou tétanisé. Depuis combien de temps mariné-je dans cette baignoire à requins ? Lorsque j'aurai bien macéré, ils vont passer à table les monstres, je le sens, ou plutôt je le sang ! Ça tourne à l'humour noir, il faut trouver autre chose. Ah ! si j'avais une montre ! A quelle vitesse puis-je bien progresser, en surface et sur le fond ? La dérive vagues-courant, à combien l'estimer ?"

Les yeux dans les étoiles, je me lance dans de fumeux calculs.

"A l'aller, j'ai dû parcourir 1 km en une demi-heure, soit environ 2 km/h. Au retour face à ces dunes liquides, la vitesse en surface est, au mieux, la moitié, soit 1 km/h, duquel il faut déduire la dérive. Si je mets une heure et demie pour rentrer, cela donne une vitesse fond de 660 mètres à l'heure, 340 mètres étant anéantis par le courant, qu'on pourrait donc évaluer à environ un quart de nœud. Mais si je me trompe dans cette estimation vasouillarde et que celui-ci frise un demi-nœud, cela conduit au principe de La Palice : un courant contraire égal à la vitesse d'un nageur imprudent rend la progression réelle de ce dernier nulle. Et de là au théorème d'Archimède-Carron, il n'y a qu'une tasse… à boire : tout corps humain immergé, mais non encore englouti, ne tardera pas à l'être, si le principe de La Palice s'applique."

Les "witz" dévient sur le macabre, les maths aussi, que faire ?

"Nage et ne pense à rien, la tête dans les étoiles doucement, le temps n'a pas d'importance."

Je me retourne… Oui, la plate-forme a grossi.

Après avoir bien nagé…

… Les vagues s'aplatissent, je suis de nouveau à l'abri de l'îlot. "Allez, sur le ventre, en brasse coulée !" L'eau se calme, les projecteurs de la base éclairent la mer qui, de noire, vire au vert, au vert clair puis au jaune. J'ai l'impression de fendre un miroir. Irréelle sensation de volupté et de bien-être, que c'est bon de nager pour son plaisir et non pour ramener sa peau.

J'agrippe les échelles de corde, grimpe et médite un instant, le regard fixé sur le noir confondu de la nuit et de la mer… Vingt dieux… Ce n'était pas pour cette fois ! On dirait que la plate-forme est déserte, pas une âme en vue. Et pour cause, toute la compagnie est rassemblée dans le local de transmissions. Assise près de l'entrée, Stéphanie sur ses genoux, Françoise est perdue dans ses pensées, tenant à la main une copie du câble envoyé à Caracas pour avertir qu'un accident s'était produit il y a deux heures…

Une demi-douzaine de cafés et une bonne ponction dans la réserve de rhum du commandant Fernando ne m'empêchent pas de grelotter toute la nuit. Notre stock d'anti-inflammatoires en prendra aussi un méchant coup. Les courbatures débutent immédiatement, culmineront le surlendemain, et les douleurs au cou, genre torticolis, mettront dix jours pour disparaître, m'obligeant, au lit, à me prendre la tête dans les mains à chaque changement de position sur l'oreiller. Nos amis vénézuéliens, tout heureux de la conclusion de l'histoire malgré une perte matérielle substantielle, ne nous lâchent plus. Ils arrangent une chambrette à notre intention et insistent pour que nous prenions dorénavant tous nos repas à la base. Nous déplaçons *Alacaluf* pour le mouiller le plus près possible de l'aire de débarquement. Le transport de différentes affaires, habits, matériel de prise de vues, est résolu en coinçant un seau recouvert d'un sac en plastique dans la bouée fer à cheval. A la palme, on pousse gentiment cette "bouée-bagages" devant soi jusqu'aux échelles de corde où elle est hissée sur la plate-forme.

Une nuit, un homme de garde vient nous réveiller. Genaro est en tournée sur l'îlot et lui a fait, avec sa torche, les signes convenus : *¡ Tortuga !*

L'impressionnante créature est au milieu d'un cratère de deux à trois mètres de diamètre qu'elle vient de creuser. Ses pattes postérieures continuent de gratter le sable afin d'approfondir le trou au fond duquel elle déposera ses œufs. Genaro la mesure : longueur 120 cm, largeur 80 cm, hauteur 60 cm. Il estime le poids aux alentours de 140 kilos. Stéphanie n'en revient pas, quelle grosse bête ! Elle a l'air si gentille et si fatiguée. Le biologiste lui place une bague sous l'aisselle de la patte avant droite, ce que l'animal n'apprécie guère, pas plus que le flash qui nous permettra de revoir ce reptile insolite, qui nous vient du fond de la nuit et du fond des âges. Stéphanie s'apitoie sur ses yeux larmoyants qui semblent être le reflet de tant d'efforts et de souffrances. Genaro nous explique que ce n'est pas forcément cela, que ces écoulements ont pour but, outre de nettoyer du sel et du sable, de recréer une vision avec un indice de réfraction semblable à celui que l'animal a sous l'eau. La tortue, réalisant bien que les conditions idéales pour une ponte tranquille ne sont pas réunies, repart lourdement vers la mer.

Le lendemain, nous accompagnons Genaro dans sa ronde pour voir si celle que l'on a dérangée la veille est revenue. C'est bien le cas, des traces fraîches, ressemblant à celles d'une chenillette, mènent à une large dépression à l'intérieur de laquelle on devine plusieurs monticules. Genaro nous raconte qu'il s'agit de leurres, un seul de ces tas recouvre des œufs. Les tortues deviennent facilement centenaires et pondent, tous les deux à trois ans, environ 800 œufs, et cela en quatre ou sept fois. Les femelles ont la faculté de conserver la semence du mâle plusieurs mois avant que la fécondation ne s'opère. Ce phénomène n'est pas expliqué, comme ne l'est pas non plus le sens de l'orientation qui permet aux tortues de revenir pondre toujours au même endroit qui, de surcroît, est aussi le lieu de leur naissance. La période d'incubation est de six semaines, au terme desquelles les œufs éclatent en même temps et les bébés se dirigent d'instinct vers la mer. Les hommes de la base se mobilisent alors pour écarter les frégates et les sternes qui se précipitent pour la curée. Mais dans l'océan, la prédation est telle que les chances d'atteindre l'âge adulte ne sont que de trois à douze pour mille.

Fernando nous a rendu le livre d'or d'*Alacaluf*, qui contient des messages de nouveaux amis que nous n'oublierons pas. Joseph a donné à Stéphanie la maquette d'un croiseur qu'il vient de fabriquer avec les matériaux dont il disposait. En souvenir de notre passage, Françoise a offert un pastel de sa composition. Après avoir encore une fois admiré le somptueux panorama sur l'îlot et ses abords depuis l'aire d'atterrissage aménagée sur le toit de la base Simon Bolivar, nous avons pris notre dernier repas en commun. Le soleil se couche et Fernando a rassemblé toute la garnison sur la passerelle, à côté d'un énorme amas de victuailles qu'il nous destine. Le retour au voilier nous impose de nous dévêtir et de fourrer les habits dans le "seau-bouée". C'est en costume de bain que nous défilons devant les militaires alignés en rang d'honneur, saluant selon l'usage. Une scène comique, mais pleine d'émotion à la pensée des moments vécus au sein de cette communauté qui nous a totalement adoptés sur ce bout de terre minuscule perdu en mer des Caraïbes, lequel tristement s'enfonce, chaque année un peu plus, dans le grand océan.

10

Le choix

L'incident des Aves n'est pas la seule cause de mes insomnies. J'entrevois souvent des scènes violentes où des murs liquides verdâtres s'abattent sur le pont du voilier. Je m'imagine au cœur de coups de chien monstrueux, désemparé devant le déchaînement des éléments qui dépasse largement la manœuvrabilité du bateau sous sa voilure la plus réduite, en fuite comme à la cape. Que ferai-je alors face aux coups d'assommoir de ce poids lourd en furie, que Bernard Moitessier a si justement nommé le Géant de l'Ouest ? Une interrogation revient, lancinante, obsédante : "Ai-je le droit de les emmener là-bas, dans ce ring de Titans où l'on ne pourra rester indéfiniment garde serrée dans les cordes, et où la confrontation avec le Géant aura bien lieu un jour ou l'autre ?" Et d'ailleurs pourquoi ? Nous sommes aux Antilles, y faisons de superbes plongées, pouvons visiter les autres îles des Caraïbes situées plus au nord et mettre ensuite le cap sur la Polynésie, éden des paradis tropicaux.

Pourquoi ? Parce qu'il y a bien longtemps déjà, chaque fois que j'ouvrais un atlas, mes yeux se fixaient sur cette corne magique de l'Amérique australe, sur ces dédales infinis de canaux entrecoupant une nature colossale ; des paysages grandioses, vierges, restés intacts depuis le retrait des glaciers ; une nature qui dépasse, en sauvagerie, tout ce qu'on peut imaginer et au sein de laquelle, pourtant, des indigènes ont su vivre jusqu'au début de ce siècle avec des connaissances et des techniques qui ne dépassaient pas celles de l'âge de la pierre taillée.

Parce que nous sommes fascinés, éblouis, ensorcelés peut-être par cette région ; et parce que la navigation qui y mène prend l'aspect d'une quête, d'une étoile, perchée tout là-haut, qu'il faut décrocher.

Parce qu'*Alacaluf*, aussi, désire ardemment connaître les derniers représentants de la race dont il porte le nom.

Parce que je sens qu'il faut sortir la petite flamme qui brûle à l'intérieur et l'utiliser comme fanal pour qu'elle éclaire la voie qui mène à l'aimant ; cette chose qui prend chez chacun une forme différente et qui attire irrésistiblement lorsqu'on a la chance de la découvrir. Cette flamme qui, sinon, consume et détruit celui qu'elle habite.

Parce que sur la porte de l'épanouissement il y a écrit : POUSSEZ !

Parce que comme disait Kant "pouvoir c'est très souvent vouloir".

Parce que les risques ça s'estime et ça se gère.

Parce que poser la question pourquoi ? c'est aussi poser la question pourquoi pas ?

Parce que personne ne sait ce qu'il peut faire avant qu'il ait sérieusement essayé.

Parce que, si après avoir essayé, nous faisions demi-tour, ce ne serait pas forcément un échec. Mais cela en serait un, indiscutablement, que de renoncer avant d'avoir essayé.

11

Provision de soleil

Les palmes des cocotiers ondulent sous la brise, les barques traditionnelles aux vives couleurs et aux noms enjoués, *La belle insouciante*, *Au plaisir des dames*, reposent à l'ombre en haut de la plage. Dissimulées dans le feuillage, les maisonnettes sont autant de petits paradis où l'on cultive cet art de vivre, empreint de nonchalance et de bonhomie, qui fait le charme de ces îles. Nous sommes à Grande Anse d'Arlet, notre mouillage préféré en Martinique avec celui de Saint-Pierre, mais pour d'autres raisons. Nous serions déjà partis, si un voisin n'avait eu la bonne idée de nous prévenir que le premier cyclone de la saison, baptisé Arthur, était en route et menaçait l'île de Grenade.

Cinq semaines d'intenses préparatifs viennent de se terminer... dans une joyeuse confusion. Tout a commencé par une grève du fret aérien qui bloqua quantité de marchandises et de produits énergétiques dans des entrepôts. Puis vint celle de l'EDF, suivie par celle des commerçants qui, ne pouvant plus travailler, ont organisé la leur pour protester contre celle des autres. Résultat : île morte pendant plusieurs jours. Nous avons quitté Fort-de-France sans avoir pu faire le plein de combustible et appareillerons de Grande Anse avec le réservoir d'eau à moitié vide, les pompes alimentant le village ne fonctionnant plus. Pas grave, dans trois jours nous serons au Venezuela et pourrons récupérer de la course-poursuite de ces dernières semaines.

En vue de cette campagne australe, nous avons changé les haubans en augmentant leur diamètre, fait tailler un tourmentin* et des toiles de réserve pour le régulateur d'allure. Nous avons revu l'étanchéité des coffres du cockpit, obstrué les aérateurs, posé des fermoirs pour le capot-bulle de façon à pouvoir le verrouiller hermétiquement de l'intérieur, tout ceci afin de diminuer les entrées d'eau possibles en cas de chavirage. Les blocs de plongée ont été sablés et repeints, la carène grattée et recouverte de quatre couches d'antifouling. Nous avons un zodiac et un petit hors-bord neufs. Cette annexe est jolie et hydrodynamique, mais elle ne soutient pas la comparaison avec l'ancienne sur le plan de la qualité. Le moteur qui, il y a un mois et demi, a recommencé à jouer les locomotives à vapeur en expulsant beaucoup de fumée blanche, a été ouvert, sa culasse rectifiée et sa pompe à eau de mer changée. Le mécanicien, un brave Martiniquais surnommé Dr Diesel, à qui je confiai mes doutes sur la fiabilité de cette mécanique, les a balayés en proposant une garantie d'une année, pas facile à faire jouer lorsque l'on se trouve à l'autre extrémité du continent, mais rassurante quant au principe. Tout de même, nous conservons à l'esprit l'image des trois carcasses de Renault 4130, identiques au nôtre, qui traînent dans l'atelier du représentant de la marque, lequel nous disait : "Regardez ! Aucun de ces moulins n'a dépassé 1500 heures ! Cette ligne de moteurs a été un fiasco complet qui fut l'une des raisons du retrait de Renault de ce marché." Nous avons pensé que cet agent essayait habilement de nous inciter à acheter une machine neuve d'un autre constructeur et avons fait confiance au jugement du Dr Diesel.

C'est la quatrième fois que nous parcourons l'arc antillais et c'est de loin la plus agréable. Après trois jours d'une traversée idyllique, comme le vantent les prospectus des compagnies de charters mais qui l'est rarement, l'alizé étant soutenu durant la saison sèche de décembre à avril, nous jetons l'ancre à Pampatar dans l'île de Margarita. Ce premier contact avec le Venezuela est fort agréable. Nous retrouvons deux voiliers rencontrés au Brésil et c'est l'occasion d'échanger des nouvelles.

Un matin, un canot en alu s'approche et son occupant, à la vue de notre pavillon, lance un *gruezi wohl mitenand.* Cheveux blonds et courts, le visage osseux, l'homme poursuit.

— Je suis de Fribourg et vous souhaite le bonjour !

— Montez donc !

Nous parlons des îles que nous nous proposons de visiter. L'homme est sympathique, avenant, et il ponctue souvent ses phrases d'un sourire qui découvre de grandes dents. La discussion prend un tournant décisif au moment où nous lui demandons ce qu'il fait : chasseur d'épaves !

Tony Kopp a quitté le pays, il y a bien longtemps, pour pratiquer sa profession de plongeur *off shore.* Il nous raconte ses interventions les plus délicates, à moins 200 mètres au mélange héliox, à l'occasion d'opérations d'entretien d'installations pétrolières. Survient ensuite un accident d'hélicoptère qui le décide à faire autre chose, mais toujours dans le domaine de la mer et de la plongée. Il inventorie et photographie les poissons tropicaux pour un institut océanographique, puis effectue des prélèvements pour un laboratoire du groupe Hoffroche. Un jour, il décide de se lancer dans la recherche et l'exploitation systématique des épaves. A Rio, il entreprend la construction d'un grand voilier en bois qui lui servira de maison et de base de travail. Il s'équipe en matériel ; compresseurs, suceuses, détecteurs de métaux, etc. Au Brésil toujours, il remonte d'une épave une quantité importante de vaisselle et de porcelaine du XVIIe. Réalisant qu'il ne peut en tirer grand-chose en Amérique du Sud, il patiente quelques années et écoule le tout aux Etats-Unis pour 200 000 dollars.

Tony nous apprend que l'ère des explorations "discrètes" est désormais révolue, qu'il faut travailler officiellement, souvent en collaboration avec des pontes de l'archéologie, et se contenter d'une participation d'environ 10 %, qui peut d'ailleurs se révéler intéressante suivant l'ampleur de la découverte et si la vente est réalisée dans des cercles de connaisseurs. En onze ans, Tony a remonté à la surface des valeurs estimées à une dizaine de millions de dollars. Il s'est fait un nom dans la profession et connaît personnellement Robert Stenuit ainsi que les plus célèbres chercheurs d'épaves américains.

Tony explique que toute tentative sur le terrain est habituellement précédée d'un énorme travail de recherche d'archives, qu'il situe à ce stade la raison de sa réussite et qu'à cet égard, le fait de parler couramment le français, l'allemand, l'anglais, le portugais et l'espagnol constitue un atout important. "Il y a parfois des exceptions, précise-t-il, comme cette épave que nous tentons de dénicher ici à Margarita, sans que je me sois préalablement transformé en rat de bibliothèque. Mais si d'ici à quelques semaines nous n'avons rien trouvé, je devrai passer plusieurs mois en Espagne… Maintenant je sais où chercher", conclut-il en découvrant ses grandes dents.

Très ouvert, Tony nous renseigne sur l'organisation qu'il a mise au point cette fois-ci. Une société de financement, rétribuée selon un pourcentage, couvre les dépenses qui peuvent s'échelonner sur une période bien évidemment indéterminée. Le gouvernement vénézuélien percevra 50 % des valeurs remontées, l'amirauté 10 %, de même qu'un groupe d'avocats. Les 30 % restants seront répartis entre la société de financement, le groupe de travail et lui-même.

La conversation s'oriente sur le côté pratique. La profondeur est d'une quinzaine de mètres, des équipes de deux plongeurs tournent huit à dix heures sur le site, si les conditions le permettent. Chaque plongeur travaille deux fois deux heures, exceptionnellement deux fois trois heures.

Décidé, systématique et têtu comme un Suisse allemand, calme d'apparence car ça bouillonne certainement à l'intérieur, Tony Kopp s'étire sur son siège et lance dans un sourire qui dévoile ses dents de loup :

— C'est un sujet qui fascine beaucoup de gens.

— Il y en a d'autres…

— ?…

— Nous aussi sommes sur la piste d'un trésor… qui se trouve très loin d'ici.

❖

Nous passons à une encablure de Isla Chiquita du groupe Hermanos, rochers qui surgissent de la mer à 15 milles dans le sud-est de l'île Blanquilla, et renonçons à tenter d'y mouiller pour y plonger, car Stéphanie est encore sous le coup d'un violent accès de fièvre qui s'est déclaré il y a trois jours. Nous continuons donc et jetons l'ancre à Playa Falucho, une merveilleuse échancrure dans la côte sud de Blanquilla qui nous assurera un mouillage beaucoup plus tranquille. C'est une baie miniature magnifique où le turquoise de la mer est mis en valeur par le contraste des coraux à fleur d'eau. Sur la petite plage de sable blond, deux cahutes recouvertes de palmes servent d'abri aux pêcheurs de passage. Des falaises de six à huit mètres bordent la crique, donnant à la côte à cet endroit un aspect tabulaire.

Stéphanie se refait une santé en jouant sur le sable et dans l'eau tiède avec de grosses coquilles de strombes, appelés "lambis" dans les Antilles françaises. Françoise part en expédition sur l'île observer le manège des colibris, qui "pollinisent" les cactus, et les iguanes, eux aussi curieusement attirés par ces épineux végétaux. Elle en surprendra un en train de se balancer au sommet d'une cactacée et rentrera de chacune de ces excursions avec les semelles de ses baskets transpercées d'épines. Quant à moi, mes explorations sont surtout subaquatiques.

Sous l'eau, l'île est prolongée d'un étroit plateau qui dégringole vertigineusement comme en témoignent les lignes de sonde. Le tombant est tellement riche en gorgonaires de toutes sortes qu'il donne l'impression d'une forêt, parsemée de blocs et de pierres, qu'un magicien réussirait à disposer dans le plan vertical. Il faut vraiment faire un effort pour se convaincre que tous ces buissons, cette broussaille, cette exubérance de touffes et de formations empanachées appartiennent au monde animal. Entre 23 et 30 mètres, cette faune fixée se raréfie, mais elle est alors recouverte d'une pellicule de sable blanc qui transforme cet étage en un paysage de Noël. Au-delà de 35 mètres, le règne minéral domine sans partage et se fond peu à peu dans le bleu nuit des abysses.

Nous nous rendons en annexe vers la grotte que nous avions remarquée depuis le voilier. Mouillant le zodiac devant l'entrée, nous y pénétrons en nageant. C'est une belle cavité qui communique avec l'air libre par un trou qui fait penser à une cheminée. Nous trouvons, dans un coin, des restes de carapaces de tortues, jetées très certainement depuis l'ouverture dans le plafond de la grotte. Tiens, tiens !

Nous ne tarderons pas à avoir l'explication. Quelques jours plus tard, un bateau s'ancre en retrait d'*Alacaluf*. C'est un bâtiment qui sert de ravitailleur aux embarcations plus petites et qui congèle le produit de leur pêche. Une barque s'approche de la plage, cinq hommes y débarquent des sacs, des filets, des ustensiles et des couvertures. Un individu se porte sur les hauteurs, tandis que les quatre autres s'affairent. Françoise prend les jumelles et confirme nos doutes, des trafiquants de tortues. Une heure s'écoule, la sentinelle siffle, les compères s'agitent. Deux courent avec un sac dans les taillis, un ramène quelque chose dans la barque et le quatrième nettoie la place. Apparaît un militaire, nonchalant, qui inspecte la végétation environnante sans approfondir, discute quelques minutes avec les intéressés, puis repart. Françoise est outrée.

— Il faut aller au cantonnement en parler au commandant !

— Ça nous mettrait dans de sales draps, il ne nous resterait plus qu'à filer le plus vite et le plus loin possible. De plus, l'attitude du militaire m'incite à croire que ce fricotage est toléré. Même s'ils étaient pris sur le fait, l'affaire se terminerait par "un petit cadeau" et serait vite oubliée. Si le trafic était sévèrement réprimandé, les gars ne prendraient pas le risque de venir dépecer ces pauvres bêtes à un kilomètre de la caserne.

— C'est dég...

— Eh oui !

Nous avons passé sur le côté ouest de l'île et mouillons pendant quelques jours en face d'une plage de rêve, puis mettons le cap sur Puerto Carenero qui se trouve à côté de la ville d'Higuerote. Un grand complexe nautique y a été récemment aménagé. Mais bien plus que le charme de cette marina, c'est la lagune voisine qui nous laissera un très joli souvenir. On y accède en annexe en passant sous un petit pont. Très étendu et peu profond, cet étang d'eau salée est merveilleusement calme. Tout y paraît figé, comme ce pêcheur en arrêt, à 20 mètres de sa barque, de l'eau jusqu'à mi-cuisse, qui ressemble aux hérons et aux aigrettes que l'on voit perchés sur les palétuviers. Nous approchons doucement à la rame. Soudain, un jaillissement dans le bleu clair au-dessus du vert intense de la végétation, le vol rouge, rapide et délicat d'un oiseau très fin, presque fragile, avec un long bec recourbé vers le bas : l'ibis rouge. D'autres congénères arrivent en escadrilles de six à huit.

— Ils s'installent pour la nuit, commente Françoise.

Le rideau vert se décore d'une multitude de taches rouges du plus bel effet.

— Oh ! regarde, c'est au tour des bombardiers d'atterrir.

Ce n'est plus le vol furtif et agile des ibis, de lourds pélicans, en escadre eux aussi, approchent en planant et s'immobilisent sur les branches. Ils sont rigolos, le bec replié sur leur long cou, dodelinant de la tête, ils nous observent.

— A quoi te font-ils penser Stéphanie ?

— A un grand-papa chauve qui surveille ses petits-enfants...

Le décor est planté. Egayé de points rouges et blancs, le rideau vert s'assombrit peu à peu, dans le silence qui entoure le clapotis de l'annexe qui s'éloigne.

Après avoir passé quelques jours sur le continent en compagnie de Fernando, le commandant de la base des Aves, et de sa femme qui nous ont chaleureusement reçus, nous nous retrouvons dans l'archipel des Roques situé à 70 milles de La Guaira, le port de Caracas. Nous avions entendu parler de ce groupe d'îles, et la réalité est effectivement à la hauteur de leur réputation. C'est un paradis, tant sur terre que sous l'eau. Nous faisons une visite au centre d'élevage de tortues des Dos Mosquises, séjournons à Tres Palmeras puis dans l'île Carenero et, aujourd'hui, mettons le cap sur deux îles au nord-ouest de l'archipel, Los Canquises, dans un but précis.

Françoise et Stéphanie progressent, accroupies, près de la lisière du petit bois. Je fais de même plus près du rivage, caméra et appareil de photo en main. Bientôt cela ne suffit plus, il faut ramper. Suit alors une longue séance de reptation sous un soleil de plomb qui nous vaudra à tous un début d'insolation. Vautrés dans la salicorne, nous avançons. Mais voilà que la terre et l'herbe rase disparaissent pour faire place à un tapis de débris de coraux éparpillés. Particulièrement abrasifs, ils cassent comme du bois mort dans un bruit sec. Catastrophe ! Il faut redoubler de lenteur et de patience pour approcher encore. Cette gymnastique de Sioux durera bien une heure. Finalement, nous parviendrons à cet amas de pierres convoité pour nous dissimuler à une distance qui permettra au téléobjectif de fixer l'image des flamants roses, dont la finesse de forme et de ton est relevée par les rouleaux qui explosent sur la barrière, alors qu'au fond se détache, sur le bleu roi de la mer, la silhouette élancée de Gran Roque. Lorsque nous nous relevons, les oiseaux, surpris, sprintent à grandes enjambées, ailes déployées, et décollent, le cou tendu, les uns après les autres dans une gerbe de roses.

Immergés, seules nos têtes dépassant de l'eau, nous nous approchons très près d'un autre groupe installé sur le récif. La vue de Françoise et de Stéphanie, tout sourire, se faisant face sur fond de flamants roses est une image qui restera gravée dans ma mémoire.

Au retour, nous nous intéressons aux fous bruns qui nichent sur le sol ; pas peureux… si on approche en rampant. Nous parvenons ainsi à un mètre des femelles qui couvent ou protègent le petit duvet de plumes qui se dissimule sous elles. Dans le bois, un spectacle différent nous attend, c'est le royaume des pélicans. Est-ce parce que nous prenons moins de précautions ? Les parents nous semblent plus craintifs et abandonnent facilement leur progéniture, chauve, glabre et déplumée.

— Ils sont pas beaux ! s'exclame Stéphanie.

Les nids sont nombreux. Des carcasses de volatiles pendent ici et là, attirant les varans que l'on voit grimper sur les arbres. Une forte odeur ajoute une note âpre à ce sous-bois sauvage.

Nous quittons les Roques pour nous rendre à Ave de Barlovento et mouillons vers l'île sud. Françoise et Stéphanie embarquent dans l'annexe avec chacune un chapeau, des lunettes de soleil, une gourde, un bloc et des crayons. Au programme, leçon d'ornithologie et de sciences naturelles. Je suis autorisé à les accompagner, mais devrai me taire, arrêter le moteur à la première injonction, ramer en silence... et pourrai prendre quelques photos, pour autant que cela ne gêne ni la classe ni les volatiles.

Arrivés à la hauteur des premiers arbres, le professeur découvre, avec délectation, que la mangrove est sillonnée de bras et de recoins que l'on peut parcourir en "ramant en silence". Tandis que le galérien s'active sans bruit, le cours débute, à voix basse. Le pneumatique glisse entre les troncs morts et parvient dans une sorte de petit étang cerné d'arbres.

— Regarde Stéphanie, il y a des oiseaux de la même famille à différents stades d'évolution. Ce sont des fous à pieds rouges. Ils nichent sur les arbres, contrairement à leurs cousins les fous bruns qui restent sur le sol. Adultes, ils sont soit blancs avec le bord des ailes noir, comme celui que tu vois là-bas, soit marron avec le ventre clair, comme cette maman qui couve.

Nous nous approchons d'un nid.

— Tu vois, le bébé est recouvert d'un duvet blanc. Quand il sera en âge de voler, vers trois mois, car c'est un gros paresseux qui reste longtemps au nid, il aura un plumage intermédiaire brun.
Nous amarrons le zodiac à une branche pour la séance de dessin.

— Dis donc, heureusement que la petite a pris tous ses crayons ! Ces bestioles de la même famille qui peuvent être de toutes les couleurs, ce n'est pas du nougat.

Un œil noir me rappelle que je suis toléré dans la classe au titre de rameur muet et de photographe discret.

— Le gros cancre au fond de l'annexe sait-il à quoi on reconnaît un fou à pieds rouges ?

— Je crois deviner...

— La livrée peut donc bien être variable… c.q.f.d.

Nous nous trouvons dans l'île voisine Ave de Sotavento, où nous venons d'effectuer les formalités de sortie du pays auprès des garde-côtes. *Alacaluf* tire sur sa chaîne, le nez dans le vent. Il hume l'alizé qui, demain, nous emmènera jusqu'à la porte du Pacifique. Il piaffe d'impatience dans ses *starting-blocks.* Nous sommes nostalgiques à la pensée de quitter notre dernière île tropicale, ne sachant pas du tout quand nous reverrons la prochaine. Nous venons de passer sept semaines exceptionnelles, sous l'eau comme sur terre, dans ces îles du Venezuela, mangeant du poisson tous les jours, merci Patrick Mouton… Ce sont les meilleurs souvenirs que nous emportons des Caraïbes, avec nos séjours à Saint-Pierre et sur l'îlot Aves.

Alacaluf, un Flot 32, a été dessiné par Sylvestre Langevin et modifié par Guy Thomas.
Alacaluf dans l'Alizé.
Atoll des Rocas.

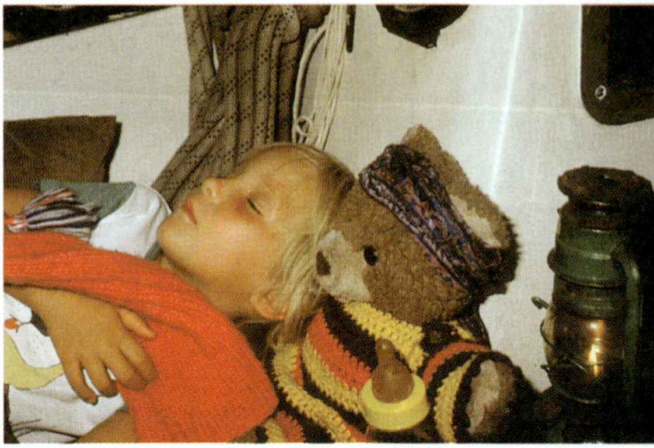

Un fou à pieds rouges.
« Nounette » l'ourse, et sa maman.
Coquilles de Strombes, île Blanquilla.
Flamants roses sur le récif.

12

Chez "Face d'Ananas"

C'est parti sur les chapeaux de roues. Un alizé soutenu et un courant favorable nous propulsent comme un boulet de canon au large des îles Aruba, Bonaire et Curaçao. Le deuxième jour, *Alacaluf* améliore son record journalier, établi lors de la traversée Natal-Grenade, avec 175 milles parcourus dont 45 grâce à un courant de deux nœuds. Malheureusement ça ne dure pas et, après quatre jours, un grain contraire nous stoppe complètement. Nous nous retrouvons ballottés sur une mer qui s'aplatit de plus en plus. Stéphanie est la seule vaillante. Françoise a eu un refroidissement au départ et, aujourd'hui, c'est à mon tour de me traîner dans ma couchette, avec une pharyngite et un rhume carabiné. La nuit, nous affalons tout et prenons notre mal en patience dans l'attente d'une amélioration. La petite, que la chaleur étouffante n'accable pas trop, profite de l'occasion et sort tout un attirail de sa mallette rouge de "docteur" pour me faire des piqûres, des pansements, me mesurer la tension, m'examiner les oreilles... Exercice des plus agréables quand on est réellement malade. Dans un sens aigu de l'anticipation, sa maman ayant eu la bonne idée de sortir les vêtements chauds qui seront nécessaires dans quelques semaines, Stéphanie les essaie tous, ainsi que ceux d'été. Elle en affuble également les peluches qui sont assez grandes pour participer à ce défilé de mode. A la vue de cette pagaille, je reste pensif et comprends mieux l'engouement de la gent féminine pour la haute couture lorsque je vois dans quel état d'excitation quelques bouts de chiffon peuvent plonger une fillette de cinq ans qui n'a jamais eu l'occasion de lorgner des magazines "spécialisés". Pas de doute, c'est dans le sang.

Cette navigation chaotique se poursuivra quatre jours durant, jusqu'à Colon.

Au soir du 18 septembre, nous passons entre les deux brise-lames et encaissons un déluge monstrueux en guise de bienvenue, puis mouillons au hasard dans l'opacité la plus totale. Quelques heures plus tard, la visibilité étant revenue, un pilote nous accoste et nous guide aimablement vers la zone réservée aux voiliers.

On nous l'avait dit et Mick le répète :

— L'endroit n'est pas sûr, limitez vos déplacements à pied, prenez toujours le taxi !

Employé par la Panama Canal Commission, Mick est venu à bord jauger *Alacaluf* afin d'établir les droits de passage. Il connaît bien le pays, y séjourne depuis quatorze ans et a épousé une Panaméenne. Nous avons une très intéressante conversation au cours de laquelle Mick confirme les impressions assez désastreuses que nous avons eues la veille en allant faire les formalités d'entrée. Pour décrire la capitainerie, on hésite entre les mots "ruines" et "chantier". Jamais nous n'avons vu un immeuble officiel aussi délabré, où l'on croise des ombres casquées dans les couloirs et où des avachis passent le temps au fond de "bureaux" aux murs écorchés et aux planchers disloqués. En ville, le spectacle n'est pas très différent. De nombreuses maisons, souvent en bois, sont dans un triste état d'abandon et de saleté. Certaines sont en partie écroulées et leur sol, jonché de gravats, sert aussi de dépôt d'ordures. Mick désigne du doigt un long quai désaffecté.

— Regardez ! c'est le môle Cristobal. Aucun navire n'y ravitaille plus depuis que les Panaméens ont relevé les tarifs. Par ailleurs, le fuel contient beaucoup trop d'eau. Les cargos ne s'arrêtent pas davantage à Balboa de l'autre côté du canal et préfèrent se détourner sur Los Angeles pour s'approvisionner avant de traverser vers le Japon ou le Sud-Est asiatique. Le chemin de fer qui relie Colon à Panama City est un autre exemple. Je vous le cite car j'y ai travaillé il y a quelques années. La ligne était très fréquentée ; de nombreux passagers aimaient prendre ce train qui longe le lac Gatun et traverse la jungle. Sans réaliser de gros profits, nous atteignions le seuil de rentabilité, ce qui n'est pas si mal dans ce mode de transport. Aujourd'hui, un seul convoi de marchandises par jour s'engage sur les rails envahis par les herbes.

Les accords entre les Etats-Unis et Panama prévoient qu'en l'an 2000 la gestion du canal, qui s'effectue actuellement sur une base prétendument paritaire, passe entièrement en mains panaméennes. Il n'y a pas besoin d'être devin ou futurologue pour affirmer que si cela devait être le cas, on s'achemine vers un désastre.

Le lendemain samedi à 11 heures, je quitte le yacht-club, traverse la voie ferrée, puis la route et chemine le long d'immeubles genre HLM, certainement récents mais déjà bien tristounets, pour me rendre dans une épicerie située 300 mètres plus loin. Une voiture me dépasse à faible allure. Par la portière, une femme m'adresse des signes que je ne saisis pas tout de suite. Ah si ! elle me fait comprendre que je dois activer, que marcher ainsi n'est pas recommandé. Bien, mieux vaut retraverser la route et me tenir entre elle et les rails. J'attends au bord de la chaussée que la voie soit libre. Un individu vient dans ma direction, je l'observe du coin de l'œil. Arrivé à ma hauteur, il fait semblant de passer et, soudain, me saisit d'une main par le tee-shirt et, de l'autre, pointe un couteau à cran d'arrêt sur mon cou. Je suis fou de rage contre moi-même. La veille, Mick me met en garde. Il y a une minute, on me dit de déguerpir. Et voilà que je me laisse piéger comme un gamin. Tout se passe très vite. En une fraction de seconde, j'entrevois ce qu'il faudrait faire. J'ai les deux mains libres. Un *maite* au milieu de cette face de singe, doublé d'un *gyaku-tsuki* dans les côtes flottantes devraient me débarrasser de ce babouin chevelu. La lame qui brille me fait hésiter. Si je me loupe, la belle aventure pourrait bien s'arrêter là, que deviendraient Françoise et Stéphanie ? Je repousse l'agresseur qui s'accroche. Je suis au bord du trottoir, trébuche, m'étale... et réalise tout l'avantage que je peux tirer de cette apparemment inconfortable situation. Je shoote mon antagoniste dont le couteau ne peut désormais m'atteindre que les mollets. La poche kangourou avec quelques dollars et, surtout, mon petit sac à dos contenant les papiers du voilier et nos passeports sont hors de portée. Il insiste, reçoit des coups de pied. Dans ma chute, le fermoir de ma montre-bracelet s'est ouvert. La Casio est par terre, la fripouille la ramasse et détale à toutes jambes. "Ouais, on a sauvé l'essentiel !"

A bord, nous tenons un conseil de guerre, au sens propre.

Jamais auparavant nous n'avions ressenti un tel climat d'insécurité. D'ailleurs il est significatif de relever qu'ici, les magasins ne sont plus gardés par des employés revolver à la ceinture comme au Brésil, les gars ont une mitraillette.

Passe encore de se faire délester, mais nous craignons pour Stéphanie. Devant absolument ravitailler, nous rendre à Panama City pour y prendre notre courrier et faire une visite aux consulats du Pérou et du Chili, je ne sortirai plus qu'en "tenue de combat" : ciré jaune canari, très discret... enfilé par-dessus le sac à dos, pistolet dans la poche droite.

Débarquant du car au cœur de la grande ville, nous nous adressons à un policier en faction à un carrefour. L'agent ouvre de grands yeux, nous fait signe de le suivre, s'avance au milieu du rond-point, stoppe la circulation, hèle un taxi et s'exclame dans un anglais approximatif :

— *Here only in taxi !* (Ici seulement en taxi !)

La journée se passe sans encombre, mais le retour est tardif. A la tombée de la nuit, le car pénètre dans les faubourgs de Colon et se vide peu à peu. Assis à l'arrière, nous avons droit à un tour de piste dans la cour des miracles. Nous sommes les derniers occupants. Des regards noirs fusent dans notre direction depuis les trottoirs et les renfoncements où stagne une faune sinistre.

— Eh bien ! une panne mécanique, réelle ou simulée, dans ces bas-fonds et nous sommes "frais" !

Nous approchons du terminus, dépassons trois hommes qui, bien sûr, nous remarquent et descendons 50 mètres plus loin, sous l'œil inquiet du chauffeur et du contrôleur. Françoise, chargée de paquets, demande à Stéphanie de la tenir par la ceinture. Je me retourne, les trois types pressent le pas... Françoise également. Nous tournons à gauche, eux aussi, continuons tout droit puis bifurquons à droite, eux aussi. Il n'y a pas d'illusion à se faire sur leurs intentions. Je ralentis l'allure et me laisse distancer par Françoise et Stéphanie qui traversent une grande artère. Je m'engage à mon tour et, au bout d'une dizaine de mètres, fais volte-face. Les gaillards, au pas de course, descendent du trottoir. Je les fixe. Ma main gauche se porte lentement en bas de la poche droite du ciré pour tendre le vêtement et faciliter la sortie de l'arme que j'ai déjà en main. Au même instant, j'entends Françoise crier "taxi !" et un crissement de pneus de l'autre côté du carrefour. Les malfrats reculent. L'un d'eux, surpris par le bord du trottoir, vacille. Soutenu par ses acolytes, il reste debout. Le trio repart.

Je rejoins le taxi, dans lequel Françoise et Stéphanie m'attendent sur la banquette arrière. Je monte à côté du chauffeur qui déclare, philosophe, dans un petit sourire :

— *It's not a very safe place, and it's getting worse every week !*

(Le coin n'est pas sûr, et cela empire chaque semaine !)

— Vous savez, poursuit-il, c'est la faute de "Face d'Ananas" !

— Face d'Ananas ?

— Oui, Noriega ! Lorsque les Américains ont débarqué, il y a neuf mois, l'intervention était bien préparée et ils ont rapidement neutralisé les casernes, les postes de police et les gardes civils. L'affaire fut classée en quelques jours. Mais Noriega, dans un effort désespéré de résistance, a distribué des fusils et des revolvers à qui en voulait "pour défendre la patrie et tuer du gringo". Il a même fait ouvrir quelques prisons... C'est ainsi que des armes automatiques, ou de gros calibre, ont été soigneusement cachées et

ressortent régulièrement pour des coups de main, des hold-up...
— On nage en plein western !

❖

Le passage du canal s'est déroulé sans problème. Bien calés par nos quatre aussières au milieu des écluses, *mid chamber position* dans le jargon des spécialistes, nous n'avons eu aucun ennui avec les remous créés par le remplissage ou le vidage rapide des bassins. Comme les cargos qui nous précédaient étaient tractés par de petites locomotives, cela évitait les tourbillons de leurs hélices, et nous les laissions prendre du champ avant de partir à notre tour.

Nous avons bien aimé la traversée du lac artificiel de Gatun et le *Banana Channel* que le pilote nous a fait emprunter, raccourci par lequel transitaient les embarcations locales, lourdement chargées de fruits tropicaux, au début du siècle. Slalomer au crépuscule entre les arbres, dont seules les branches supérieures dépassent, et naviguer autour de ces îles, qui ne sont en fait que le haut de collines submergées, fut un spectacle magnifique, qui l'eût été encore davantage sans un continuel crachin qui enveloppa ce mystérieux décor d'une brume fantomatique d'un saisissant effet.

Après avoir débarqué à Balboa notre pilote et les deux Panaméens qui nous ont aidés dans la manœuvre des aussières, nous faisons les pleins d'eau et de fuel, puis gagnons immédiatement la petite île de Taboga, distante de sept milles.

13

Une quête de Sud

Le 10 octobre, dans un vent déjà contraire mais modéré, *Alacaluf* s'élance dans sa quête de sud en entamant le premier d'une très longue série de bords de près serré. C'est le prix à payer pour qu'un jour il connaisse la terre des siens.

Nous avons choisi le côté pacifique plutôt que l'Atlantique, parce que nous en venons et désirons découvrir autre chose. Par ailleurs, l'étude des *Pilot Charts* et de l'ouvrage *Ocean Passages for the World* nous a incités à penser que le coup était jouable, avec un peu de persévérance.

Le décor est planté, ciel gris, bouché, la mer est hachée et prend aussi des tons de circonstance. Stéphanie est incommodée par le mal de mer ; elle vomit, s'en trouve soulagée... et, un quart d'heure plus tard, réclame un lait-fraise et des biscuits. L'incident est oublié.

Le troisième jour, nous tentons de lui faire l'école et remarquons une quantité inhabituelle de fautes. C'est encore une manifestation secondaire et bénigne du mal de mer. Lorsque ces troubles de l'idéation et de la concentration touchent un équipier, c'est sans importance ; lorsqu'il s'agit du skipper, c'est plus ennuyeux, particulièrement pour les travaux à la table à cartes et les calculs astronomiques.

Le rythme s'organise, ponctué par les virements de bord. Nos quarts de nuit s'effectuent de la façon suivante. Françoise prolonge la soirée et surveille jusqu'à minuit, je lui succède jusqu'à 6 heures, et elle termine la nuit. Pour rester éveillé, chacun a sa préférence, du moins pour l'instant. Musique pour Françoise, lecture pour moi. La journée, les activités sont inversées ; Françoise lit des ouvrages sur ce que nous devrions voir dans le sud et j'enclenche le baladeur pour des leçons d'espagnol. La petite veut nous imiter, prend l'appareil et écoute religieusement ces nouvelles sonorités, sans comprendre un traître mot, simplement pour le plaisir de l'oreille. Elle se plonge dans les livres de sa maman, surtout ceux qui contiennent beaucoup d'images d'animaux, et réclame qu'on lui fasse la lecture. Elle s'est maintenant totalement amarinée et peut rester, des heures durant, assise à son petit pupitre dans le carré. Elle dessine beaucoup, en dehors du temps consacré à l'école, et lorsque la mer remue trop, les cours sont remplacés par des séances de travaux manuels.

A Fort-de-France, nous nous sommes procuré des cahiers, extrêmement bien faits, pour l'apprentissage de la lecture, de l'écriture, de la numération et du raisonnement logique, qui complètent bien le matériel que des amies institutrices nous ont envoyé de Genève. L'intérêt et le succès dépassent nos meilleures espérances. Les fascicules d'initiation aux mathématiques, par exemple, proposent une méthode faisant intervenir des personnages, MAT, LU, PIC et BOSSE, qui sont à ce point motivants et vivants que la petite les a complètement adoptés et se réjouit, à chaque fois, de jouer avec "ses petits amis". Ce n'est ni de l'école ni des maths, c'est un jeu. Brillante approche et bravo aux concepteurs.

Le cinquième jour, quelques rayons de soleil tentent de filtrer à travers les couches superposées grises qui nous tiennent lieu de plafond. C'est bien le moment, aucune observation astro n'a pu être effectuée depuis le départ. A ce propos, nous nous félicitons d'avoir à bord un navigateur par satellite, le sextant a un charme indéniable, mais parfois limité.

Le vent de sud-ouest et notre position nous imposent un bord de large plein ouest. Mince ! Une journée pour rien. Davantage que l'inconfort, ce qui nous irrite dans l'allure de près, c'est de ne pouvoir faire un cap direct, condamnés au louvoyage ou, comme aujourd'hui, obligés de nous écarter à angle droit de la route idéale.

Nous traînons une ligne depuis quelques jours, il faut dire que la pêche n'a rien de miraculeux. La cloche de vache, offerte par le cousin, et qui, reliée à un sandow, est censée carillonner pour annoncer la bonne nouvelle s'est toujours singularisée par une discrétion quasi absolue. Mais ce matin, elle tinte à deux reprises. A chaque fois, nous imaginons les filets frétillant dans la poêle, et devons ravaler notre salive à la vue de l'hameçon que le poisson a recourbé en se libérant. Bah ! Remouillons le rapala*, cela a au moins le mérite d'être décoratif et distraira la "pescaille". Nous avons la visite d'une nouvelle variété de fous qui vivent sur la façade pacifique du Mexique, de l'Equateur et du Pérou septentrional. Ils ont les pattes bleues et le bec vert, le corps blanc, les ailes noires et la tête mouchetée de brun. L'un d'eux, particulièrement curieux, vole derrière le mât à quelques mètres du pont et nous lorgne par le capot de la descente.

Le vent, qui était modéré, monte d'un cran, force 5. Nous prenons un ris et enroulons du girofoc, mais restons légèrement surtoilés afin de maintenir une puissance suffisante pour passer dans la lame. Le soir, nous renonçons à faire cuire des pâtes, l'eau ne resterait pas longtemps dans la casserole. Au menu donc, lentilles en conserve, améliorées de vin blanc et d'oignons. C'est dans nos couchettes que nous réalisons pleinement les efforts que cette allure impose au bateau. Le voilier fonce, soulage, nous l'accompagnons dans son mouvement en nous sentant soulevés, puis il se comprime et nous nous compressons avec lui. Les contraintes au niveau de la structure et des cadènes* sont énormes. Ce carrousel va durer longtemps, en s'intensifiant, en diminuant.

Nous sommes heureux d'avoir une coque en métal et un haubanage neuf.

Huitième jour de mer. Oh, divin ! Une bonne odeur de café et de toasts grillés flotte dans le carré et... ce n'est pas possible, je rêve ! A travers le capot du pied de mât, j'aperçois un bleu alizéen que nous n'avons plus revu depuis les Caraïbes. Stéphanie gazouille en crayonnant à son pupitre.

— Et de deux, s'exclame Françoise, c'est la seconde tortue que je vois ce matin.

Je me lève ne sachant plus trop quoi penser. Le temps est magnifique, si l'on excepte une zone nuageuse menaçante sur notre arrière. Au-dessus et devant surtout, des petits nuages ballonnés et ouatés... et cette couleur de l'eau, subitement redevenue bleue. Coup d'œil au compas, nous ne faisons plus de l'ouest mais du 205... Le vent vient du sud-est. Incroyable, dans une zone où les *Pilot Charts* n'annoncent que du sud-ouest, nous voilà dans un régime "alizéen", par 1°30 nord et 82°30 ouest, en route pour les Galapagos ! Combien de navigateurs, encalminés dans cette zone redoutée, quelques mois plus tard en général, ont rêvé d'accrocher un tel vent ? Malheureusement, après un petit déjeuner pris dans le cockpit inondé de soleil, nous virons de bord et, au plus près, mettons le cap sur cette grisaille que nous venions de quitter, tout heureuse de voir sa proie lui revenir. Adieu cumulus *humilis*, ciel d'azur et mer bleue, adieu soleil... et merci pour cette éclaircie.

Et Françoise de conclure :

— Faut-il qu'on soit "secoués" pour dénigrer pareille invitation !

La bataille reprend sous un ciel bas et une mer noire. Nous franchissons "la ligne", le lendemain matin, et relevons à cette occasion une baisse notable de la température. Le courant, orienté nord-sud, qui descend du golfe de Panama cède la place à celui de Humboldt qui remonte le long du continent. Les eaux sont nettement plus froides et cela crée un effet de brouillard près des côtes. Nous sommes désormais dans la grisaille et la brumaille.

J'avais remarqué, peu après le départ de Taboga, que le galhauban* bâbord faisait un angle avec le sertissage en forme de T qui le fixe en haut du mât. Lors de rangements, Françoise a découvert que la cloison fermant la soute à chaîne était trempée, que de l'eau s'était infiltrée dans les compartiments sous le lit breton et que les habits et les livres étaient en train de moisir dans les équipets. L'avant du voilier étant fréquemment sous l'eau, celle-ci a pu couler dans le puits de chaîne malgré la présence du bouchon d'écubier*. Nous décidons donc de relâcher rapidement à Puerto Salinas, au nord du golfe de Guayaquil, pour faire sécher nos affaires, les protéger dans des sacs de plastique et redresser le galhauban. De plus, une petite halte, après dix jours et 1000 milles de près serré, ne nous fera pas de mal.

Quarante heures après notre arrivée, *Alacaluf* repart, laissant perplexe dans son annexe un voisin italien venu gentiment nous souhaiter la bienvenue...

La traversée nocturne du golfe de Guayaquil nécessite une veille constante à cause de la présence de nombreuses barques de pêche, pas toujours éclairées, qui étalent de longs filets. Le lendemain, dans la partie sud du golfe, le ciel se couvre de cirro-stratus échevelés et de cirro-cumulus pommelés qui n'annoncent rien de bon. Les instructions nautiques anglaises décrivent la région comme climatiquement agitée ; il s'agit en effet de la zone subéquatoriale de convergence où se rencontrent des eaux chaudes et froides. Ça ne rate pas. Un ris, puis vingt minutes plus tard le deuxième tandis que le girofoc sur l'avant est enroulé aux trois quarts. La nuit est remuante, *Alacaluf* fonce, mi-submersible, mi-voilier. Durant la nuit, je me fais complètement doucher à deux reprises en repoussant le capot-bulle pour voir si la route est libre. L'eau ruisselle dans la descente et finit par goutter dans le compartiment moteur. J'essuie du mieux que je peux et recouvre la mécanique d'une bâche en plastique. Le lendemain vers midi, le vent est à nouveau maniable et nous sommes désormais au large du Pérou, à la hauteur de la pointe la plus occidentale du continent sud-américain, Punta Parinas. Mais Eole continue à nous jouer des tours. Au moment de virer pour le bord de terre après une belle traite au large, le vent adonne au sud-est, notre route précisément, car à partir de maintenant la côte s'incurve dans cette direction. Si nous poursuivons au sud/sud-ouest, nous nous éloignerons rapidement, aidés par le courant qui pousse fortement à l'ouest en s'écartant du continent. Il faut donc nous rapprocher de la terre et accepter à nouveau un bord pour la gloire. Mais pour une fois, nous ne le regretterons pas car, le lendemain, nous rencontrons nos premiers albatros, par 5°20 de latitude sud. Il s'agit de la seule variété tropicale, dite des Galapagos, qui hiverne dans cette région. Par chance, nous voyons aussi des fous à pieds bleus et pouvons comparer les techniques de vol respectives des deux espèces. Les fous battent plus fréquemment des ailes et leurs évolutions sont moins coulées que celles des champions du vol à voile. Il y a aussi quelques fulmars antarctiques et un damier du cap, ainsi baptisé à cause de l'alternance des taches noires et blanches de son plumage.

Chaque jour nous réserve un joli spectacle. C'est une fois un vol groupé de pélicans thages qui passent à 15 mètres du tableau arrière. Plus grands que ceux des Caraïbes, ils sont beaucoup plus jolis. Leur corps est sombre, leurs ailes cendrées, leur cou blanc et noir. Ils ont surtout une belle houppette dorée sur l'arrière du crâne ainsi qu'un magnifique bec multicolore, brun, jaune et rouge. Une autre fois, c'est un groupe de cachalots duquel se détache un gros spécimen. Il nage parallèlement à notre route, à 30 mètres du voilier, avant de relever la tête pour nous guigner de son petit œil rond et de plonger en souplesse. Ce matin, Françoise nous avise que quelque chose de gros et de sombre émerge par moments derrière l'hélice du loch. Nous observons, effectivement… Qu'est-ce donc ? Tout d'un coup, "la chose" se dresse à moitié hors de l'eau, pattes antérieures jointes sur la poitrine, et se laisse retomber sur le dos, malicieuse, les moustaches au vent. Notre première otarie !

Pour célébrer ces heureuses rencontres, Françoise prépare un gâteau "maison", plutôt "bateau" en fait, sans cuisson. De la crème au chocolat, du sucre, de la vanille, du rhum… et des biscuits. Pour le goûter c'est parfait, reste le dîner. Françoise nous annonce que ça saute tout autour du voilier. Je mouille le rapala. Trois minutes plus tard, miracle, la cloche du cousin retentit ! Mirage en fait, car l'hameçon est à nouveau tordu et la prise s'est dérobée. Pas grave, je sens que je vais "futer comme un bison". Je bricole une nouvelle ligne, dont le leurre est constitué de deux poissons achetés au départ à Marseille et inutilisés car jugés ridicules par les "spécialistes" rencontrés dans les Antilles. Deux poissons, le luxe ! Un mini-banc... Disons un banc d'essai. Cinq minutes plus tard, grelot ! Ah que j'aime ! Un échantillon du ranz des vaches fredonné à l'altitude zéro et qui annonce le frétillement imminent des filets dans la poêle... Je remonte le nylon, il n'y a pas la moindre résistance. Le bas de ligne en inox a été sectionné, on ne peut plus net... Je remouille illico le rapala muni d'un nouvel hameçon. Dix minutes s'écoulent, la cloche tinte, mais moins fortement que les deux premières fois. "Ah c'est un petit ! Très bien, on le cuira tout entier dans la cocotte-minute." Je sors dans le cockpit et regarde, attristé, la ligne de traîne qui s'est enroulée autour de celle du loch, dans un entortillement inouï... Et dire qu'il y en a qui pêchent pour se détendre les nerfs, tandis que d'autres prétendent se nourrir.

Cela fait deux nuits que le vent baisse et que nous aidons au moteur. Callao, le port de Lima, est encore loin et, si cela devait se répéter, nous pourrions être à cours de fuel. Nous hésitons. Ne pas utiliser la machine et attendre le retour du vent c'est perdre d'inespérées occasions de faire route directe, plein sud, et augmenter le retard que nous avons déjà sur notre programme, l'été austral n'attend pas.

Les instructions nautiques anglaises indiquant que l'on peut obtenir du carburant et des vivres en petites quantités dans le port de Chicama, nous y mouillons à la tombée de la nuit.

A 8 heures le lendemain, boum ! Je sors, mécontent. C'est un pilote qui vient de nous aborder comme il l'aurait fait avec un cargo. Je ne peux m'empêcher de faire clairement et fortement comprendre ma désapprobation. Débarque un individu aux traits mi-andins, mi-asiatiques, l'air d'une fouine. On devine une chemise et un pantalon kaki sous un anorak bleu.

— *¡ Capitanía !*

L'homme contrôle nos papiers dans le cockpit puis désire descendre à l'intérieur. Je lui signifie que Françoise et Stéphanie sont en train de dormir… Il insiste :

— *¡ Inspección !*

Il ouvre tous les placards et les tiroirs du côté tribord. Depuis sa couchette, Françoise l'observe et pense, comme moi, qu'en plus du faciès, il a aussi les manières d'une fouine et agit plus par curiosité et intérêt personnels que par nécessité de fonction. Il repart avec la *clearance**, établie par les autorités équatoriennes à Salinas, et connaît la raison de notre escale ici. C'est donc l'esprit léger que je débarque, avec mes deux jerrycans, à la longue et rustique jetée de bois grâce à une passerelle mobile que l'on manœuvre depuis le haut en fonction de la marée.

Le paysage est d'une grande aridité. Tantôt plates, tantôt coniques, les montagnes et les collines, très parcimonieusement garnies de végétation, donnent déjà une impression de sierra andine et ne laissent aucun doute au nouvel arrivant sur l'endroit où il se trouve. Le petit village, noyé de poussière et de sable, s'étale le long de deux ou trois rues parallèles qui n'en finissent plus, entrecoupées de nombreuses ruelles. Les maisons sont des cubes de béton alignés et collés les uns aux autres, d'une triste uniformité. Arpentant la première de ces rues interminables, je me fais interpeller par un homme qui m'avise que je viens de dépasser la capitainerie… que je n'avais même pas remarquée. Il se présente, juge de paix et agent maritime, et m'annonce qu'il va s'occuper de "tout le nécessaire". Ravi, je lui montre mes bidons, en lui disant que pour nous l'essentiel se résume à remplir ces deux récipients et à repartir sur Callao, comme il est stipulé dans notre *clearance*. Malheur, c'est plus vite dit que fait ! D'un signe de tête, l'homme désigne la pile de documents qu'il a sous le bras et déclare :

— Il faut remplir beaucoup de papiers pour naviguer en eaux péruviennes et, d'abord, effectuer une inspection de votre voilier !

— Mais le capitaine du port vient d'en faire une…

— Non, non, un contrôle en bonne et due forme !

Je réalise, un peu tardivement, que nous nous sommes jetés dans la gueule du loup. Pour participer à la curée, on va chercher le policier, en congé ce jour-là puisqu'il fête ses 32 ans. Le trio se retrouve dans le carré d'*Alacaluf.* Il me vient une idée qui pourrait bien limiter les dégâts...

— Voulez-vous boire quelque chose ?

Les yeux de "la fouine" étincellent. Je sors une bouteille de rhum du Venezuela, et hop ! trois rasades bien tassées, et une petite pour le skipper qui se découvre une soudaine attirance pour l'abstinence. Le "juge-agent" suggère au jeune policier de procéder à l'inspection. Celui-ci se lève et demande :

— Avez-vous des armes ?

Aïe ! Délicat sujet. Nier, c'est risquer un sérieux embarras dans quelques minutes, car elles sont à portée de main à l'avant. Reste le bluff...

— Oui, et nous avons le permis d'achat. Elles font partie de l'inventaire de l'équipement du bateau, dont nous envoyons une copie, à l'avance, aux ambassades suisses des pays que nous visitons... afin d'éviter des problèmes.

— Des problèmes ?

— Oui, nous n'avons pas toujours la chance d'avoir affaire à des officiels honnêtes comme vous. Dans certains pays, on pourrait essayer de nous les confisquer... Mais ce n'est pas possible, l'ambassade est prévenue. Que pensez-vous de ce rhum ? Allez, encore une tournée !

Le policier demande tout de même à les voir, contrôle les numéros avec les documents, et l'histoire est classée.

— Voilà ! Encore un bon coup de rhum... Ne vous gênez pas !

"La fouine" nous demande si nous avons des cigarettes. Françoise prend une des cartouches que nous avons en réserve pour des cas semblables et pose sur la table trois stylos de pacotille. Les yeux s'illuminent. Est-ce leur dorure ou l'alcool qui fait effet ? Les hublots sont fermés, le voilier se dandine dans une très légère houle.

— Oh, qu'il fait chaud ici !

Le policier est tout pâle. Le "juge-agent" ne semble pas beaucoup plus à l'aise et poursuit :

— Nous remplirons les formulaires à terre !

Ils hèlent le pilote et débarquent. Reste la "fouine" qui réclame une mine de rechange et un autre stylo pour son boss. Il en est à son sixième verre, transpire.

— Capitaine, je vous offre volontiers une bouteille de ce rhum que vous paraissez apprécier, mais il faut nous aider à trouver du fuel.

Il sort, appelle le pilote, lui remet les deux jerrycans et lui demande d'aller les remplir auprès des petits chalutiers au mouillage. "La fouine" vide encore un dernier verre, puis nous descendons à terre nous occuper de l'épineuse question de la paperasserie. Délicate, car j'ai l'impression que le trio est dépassé par notre visite. J'interroge le policier qui nous a rejoints :

— Avez-vous déjà vu un voilier relâcher dans ce port ?

— Non jamais.

Bien, son jeune âge pourrait être une explication. Même question au "juge-agent", la soixantaine bien sonnée, en place dans ce trou depuis des lustres, et qui cumule les fonctions d'homme de loi et de transitaire. Réponse identique. Comment va-t-on résoudre ce difficile casse-tête administratif ? Eh bien, en téléphonant à Pascamayo où demeure le boss de la "fouine" et en remplissant tous les documents qui concernent les cargos ; fournissant des informations sur l'armateur, l'assurance, le navire, l'équipage, la provenance, le destinataire, l'itinéraire, etc. et ce en X exemplaires. Mission dont s'acquitte Don Juan, c'est le nom du sexagénaire, en disparaissant derrière sa pile pendant que je parcours, pour la énième fois, les classeurs contenant des pièces de monnaie et des timbres de différentes provenances, que ce numismate-philatéliste-juge-agent et fripouille m'a remis pour me faire patienter. A intervalles réguliers, la même question interrompt la monotonie du "tac-tac" de la machine à écrire.

— Combien payez-vous en général pour ce genre de documents ?

A la vue des quelques quittances concernant des *clearances*, souvent gratuites d'ailleurs, Don Juan pousse des gémissements et se met à redoubler d'ardeur, probablement pour justifier une addition bien salée. Trois heures plus tard, il émerge entre les carbones et les formulaires et s'exclame :

— Nous pouvons passer à la capitainerie !

Retour donc dans ce local nu, meublé de deux chaises et d'une table, sur laquelle "la fouine" étale les précieuses reliques dactylographiées. Hardi petit, boum ! et pan ! le tampon voltige et s'écache sur les pauvres feuilles tandis que la poitrine se gonfle de fierté. Maintenant il faut viser tout ça. Une main hautaine griffonne les documents, le stylo de pacotille tourbillonne et... s'assèche dans un grattement à la dernière signature.

Bien, et le paiement ? A cette question, les complices se regardent et "la fouine" suggère de téléphoner à son boss. Cela semble correct. Ce qui l'est moins ce sont les deux récépissés que l'on me demande de signer en blanc. Chacun y inscrira le montant qu'il voudra bien "rétrocéder" à l'Etat et conservera le reste. La discussion s'anime, le ton monte, on reparle d'ambassade... Ce sera finalement 57 dollars qui s'envoleront, ajoutés au prix du fuel et des téléphones, pour nous faire comprendre ce que corruption veut dire dans ce pays.

De retour au voilier.

— Je pensais qu'ils t'avaient bouclé !

— !...

— Tu es parti à 11 heures et il est 19 heures. Il fait presque nuit...

C'est avec un immense soulagement que nous nous retrouvons en mer. La coque glisse en douceur vers cette liberté qui est nôtre de pouvoir abréger et oublier une escale décevante et pointer l'étrave où bon nous semble. Dans l'après-midi, nous avons la chance de croiser un magnifique vol migratoire de pélicans thages, en route pour le Chili. Les oiseaux sont groupés en quatre grosses escadrilles de plusieurs centaines de volatiles chacune. Extraordinaire spectacle de voir ces bombardiers lourds jouer aux sprinters, car chaque formation, en forme de V, est emmenée par quelques individus qui se relaient en tête, à la manière de coureurs cyclistes. Nous leur crions : "Attendez-nous, attendez-nous, nous migrons avec vous !"

Chacun reprend ses marques. *Alacaluf* se cale à la gîte*. Tiré par son grand génois recouvrant, il file à merveille, au plus près, sur une mer agréable. Nous avons repris notre rythme, enveloppés, absorbés par la brumaille qui nous fait le plaisir de se dissiper quelques heures en milieu de journée. Curieusement, cette ambiance ouatée et feutrée nous plaît. Elle est typique de cette région et est la conséquence du courant froid de Humboldt qui favorise la vie animale et nous vaut de belles rencontres...

— Qu'est-ce que c'est ? demande Françoise.

— J'ai entendu "ploff" et "plok", je vais voir... Oh, oh ! Nous avons un passager clandestin qui, évidemment, ne figure pas sur la liste d'équipage du "juge-fripouille". Nous allons avoir des ennuis !

Un beau cormoran en tenue de soirée, noir et blanc, a heurté l'intérieur du génois et a atterri sur le pont. Il se dandine le long du passavant, puis se perche sur l'hiloire du cockpit.

— Laissons-le tranquille un moment et nous pourrons l'approcher, dit Françoise.

Trouvant que le banc arrière est plus stable, il s'y installe pour aérer et se lisser les plumes.

Françoise poursuit :

— Ces oiseaux aiment les perchoirs. Ils ont besoin de se poser souvent et de sécher leur plumage, parce que la production de la glande qui l'imperméabilise n'est pas suffisante.

Stéphanie, qui s'est glissée dans le cockpit, tente une manœuvre d'approche et se retrouve assise à côté du cormoran, pas dérangé le moins du monde. Au bout d'une demi-heure, reposé, séché, en pleine forme, il repartira en direction de la terre.

Le lendemain, nous entendons des battements d'ailes dans le carré et avons la surprise de voir un pinson accroché à l'épontille* de mât, qu'il prend manifestement pour un arbre. Nous sommes à 30 milles de la côte, 55 kilomètres, le pauvre s'est égaré. Françoise lui aménage un abri et lui propose des miettes de pain, des grains de riz et du *Birchermüsli*. Epuisé, il n'y touchera pas. Nous le retrouverons mort le lendemain matin. Stéphanie est toute triste, mais se console avec une surprise trouvée au réveil sous l'oreiller. La veille, elle a perdu une dent...

— Papa, comment la petite souris a-t-elle fait pour venir m'apporter ça ?

Françoise, qui est sur le pont à son poste d'observation, nous appelle.

— Venez voir, de gros dauphins nous rattrapent... Non, ce sont des globicéphales, cousins des cachalots. Oh, les morceaux ! Et ils sont nombreux, Stéphanie essaie de les compter...

Les cétacés approchent du tableau arrière en marsouinant, c'est vraiment impressionnant ! Les plus avancés nagent parallèlement à *Alacaluf*, ce qui nous permet d'estimer leur longueur : huit à neuf mètres.

— Il y en a dix-sept, s'écrie Stéphanie.

— Plus ceux que tu n'as pas vus, moins ceux que tu as comptés deux fois, oui ça doit faire une bonne vingtaine. Tu as compris, maintenant, comment la petite souris est arrivée jusqu'au voilier ?

— Sur leur dos ?

— Bien sûr...

La progression se poursuit, bonne en surface mais laborieuse sur le fond, à cause d'un courant de 0,5 à 0,7 nœud et d'un vent continuellement debout. Cent milles au loch, cinquante, au mieux, à marquer sur la carte en ligne directe... C'est le tarif.

Il y a plusieurs jours, Françoise m'a demandé de venir manœuvrer durant son quart matinal car un cargo approchait. Tout en débrayant le régulateur et en libérant la barre, nous nous sommes aperçus que le navire avait stoppé. Lorsqu'il a vu que nous abattions pour passer sous sa poupe, il a remis en route. Cet après-midi, "Orson" gouverne seul tandis que nous faisons une petite sieste. Celle-ci terminée, je sors la tête et regarde, assez surpris, la silhouette d'un bâtiment immobile sur notre arrière et réalise ce qui a pu traverser l'esprit des hommes de quart. Les voiliers ne sont pas légion par ici, mais un yacht sans personne en vue, qui ne répond pas à la radio et qui taille sa route, apparemment tout seul, ça tient du vaisseau fantôme. Nous enclenchons la VHF pour le remercier et le rassurer.

Ces deux exemples s'ajoutent à d'autres et nous pouvons affirmer avoir observé, le long de cette côte pacifique, une nette différence dans le comportement des cargos vis-à-vis des voiliers comparé à ce qui se passe en Atlantique et dans les Caraïbes. Ils sont plus respectueux de l'officieuse priorité d'Eole sur les chevaux-vapeur.

Le 5 novembre, juste après le coucher du soleil, les lumières de l'agglomération de Callao scintillent dans le lointain. Un coup d'œil sur les documents nautiques nous dissuade de tenter l'approche de nuit. Les principaux feux ne figurent pas sur notre carte, vieille mais détaillée, et lorsque nous reportons leurs positions, telles qu'elles sont données dans le livre des feux (SHOM 87), ils sont en train de patauger au large, à plusieurs milles de la côte. Apparemment, le grand phare d'atterrissage de l'île San Lorenzo ne serait pas sur l'île… Au petit matin, dans un brouillard complet, nous slalomons entre les épaves de cargos rouillés, abandonnées au mouillage, et prenons une bouée devant le yacht-club de la Punta.

❖

Le séjour qui s'achève, nous sommes début décembre 1990, nous laisse une impression mitigée. Il y eut des rencontres extrêmement sympathiques et enrichissantes, mais le Pérou vit une période sombre de son histoire, qui voit s'opposer les terroristes du Sentier Lumineux et le nouveau gouvernement du président Fujimori soutenu par les militaires. Il ne se passait pas deux jours sans qu'un attentat soit perpétré contre des soldats, des policiers, l'administration, ou plus rarement des étrangers puisque ceux-ci évitent le pays. L'armée était omniprésente, de même que la psychose des fusillades-éclair et des attaques à la bombe. Sur les grandes places de Lima, les véhicules avaient l'interdiction de s'arrêter. L'ambassade de Suisse nous a remis un papier expliquant les risques encourus et nous a totalement dissuadés de nous rendre sur les sites précolombiens de *l'altiplano*. Déçus, nous nous sommes concentrés sur la liste des travaux à exécuter à bord, nous contentant de quelques déplacements dans la capitale.

Nous étions le premier voilier de passage depuis deux ans. Contente d'avoir de la visite, la direction du yacht-club nous offrit gracieusement le séjour. Rapidement, nous fîmes la connaissance de Marcelo, électricien travaillant sur le voilier de son patron, Luis Freire, avec lequel nous nous liâmes d'amitié. Nous ne remercierons jamais assez ces deux personnes pour leur gentillesse et les services qu'elles nous rendirent. Luis Freire est directeur de la compagnie de transport Naviera Humboldt, et nous lui devons d'avoir récupéré deux colis, très attendus, contenant des pièces de rechange. Ne voyant rien arriver, nous avons débarqué, accompagnés de Marcelo, au centre de tri des paquets dans la banlieue de Lima. En vain. Averti, Luis s'est alors proposé de mettre un de ses employés sur la piste ; collaborateur dont la fonction à plein temps dans l'entreprise est de rechercher les envois manquants ! Une semaine s'écoula et un de nos colis refit miraculeusement surface. Quelques jours plus tard, le second émergea à son tour. D'où ? comment ? pourquoi ? sont des questions qui resteront pour nous à jamais sans réponse.

Un point intriguait beaucoup nos amis. Comment se fait-il que l'on consacre autant de temps aux bricolages à bord d'un voilier ? A plusieurs reprises, nous avons décliné des invitations. Chaque fois que Marcelo venait travailler sur le bateau de Luis, il voyait le pont encombré d'*Alacaluf* et entendait des vociférations et des bruits d'outillage sortir de la cabine. Par respect du lecteur, nous avons omis de nous attarder sur ce repoussant aspect de la navigation. Dans chaque chapitre, nous pourrions nous étendre sur les journées entières passées à entretenir le matériel et, surtout, tenter de pallier à "telle trahison de la technologie". Que ce soit dit une fois pour toutes. On n'imagine pas le temps et l'énergie que l'on doit vouer à cette rébarbative activité. Il y en a qui aiment, paraît-il. Personnellement, j'ai toujours ressenti les pannes comme un cauchemar vécu debout, les yeux grands ouverts. Une plaie qui entame sérieusement un capital-temps que l'on pourrait utiliser pour découvrir le pays, étudier sa langue, ou faire du sport. Combien de fois n'ai-je pas dit à Françoise : "J'avais plus de temps libre à Genève que sur le bateau !" D'ailleurs, même Luis a été ébranlé. En visionnant la cassette des préparatifs effectués à Fort-de-France pour cette campagne australe, il s'est écrié : "C'est ça la navigation ! Je ne partirai jamais..." La veille pourtant, devant les images des îles vénézuéliennes, il rêvait de prendre une "année sabbatique" et de cingler vers la Polynésie... Reste la possibilité de faire exécuter ces travaux par d'autres. C'est une mauvaise habitude, pour la santé de la caisse de bord et pour le jour où il ne faudra compter que sur soi-même.

A une liste déjà longue, s'est ajouté un dernier point, le rafistolage à la résine époxy de notre réservoir d'eau, transformé en passoire par l'adjonction régulière d'un désinfectant. Après réparation, nous nous abstiendrons d'en introduire lors du remplissage avant l'appareillage... et le regretterons quelque temps plus tard, cloués dans nos couchettes par des nausées, des vertiges et des diarrhées de tous les diables, et apprenant qu'une épidémie de choléra, à grande échelle, venait d'éclater au Pérou... Une occasion d'apprécier la large dotation de la pharmacie de bord.

Stéphanie, pour sa part, connut quelques soucis avec une infection logée sous une prémolaire. Ce fut là aussi l'occasion d'apprécier quelque chose, en l'occurrence la compétence d'un aimable dentiste, à défaut de pouvoir s'extasier sur la qualité et la modernité de son matériel. Le "cabinet" était aménagé dans un réduit attenant à un garage, au sous-sol d'une petite maison. Il fallut faire sortir le canari, éloigner le chien, qui distrayait fort à propos la petite, et mettre en marche le compresseur pour alimenter la fraise... Stéphanie conservera un très bon souvenir de cette première expérience de soins dentaires, malgré une seconde visite et une extraction. Tout le mérite en revient au bienveillant praticien, qui débarqua à bord, quelques jours plus tard, apportant des pâtisseries et nous invitant à déjeuner le dimanche suivant !

C'est également très émus que nous prîmes congé des responsables du yacht-club, qui nous remirent un pavillon en souvenir et nous demandèrent de laisser un message dans leur livre d'or. En le parcourant, nous eûmes le plaisir de lire les signatures d'Erik de Bishop, de Patrick Van God, de Willy de Ross, et écrivîmes quelques lignes de remerciement sous celles de Marcel Bardiaux.

❖

Le 2 décembre, *Alacaluf* largue la bouée du yacht-club et s'apprête à partir loin au large, afin d'effectuer une longue boucle qui doit l'amener dans les Quarantièmes et lui permettre de revenir, avec les vents d'ouest, sur le continent pour atterrir en Patagonie septentrionale. Quelque chose comme vingt-sept à trente jours, si l'on ose risquer une prévision. Pour cette navigation particulière, certaines précautions ont été prises. La plage avant est nette ; l'ancre et le guindeau ont été rangés à l'intérieur sous la table du carré, centrage des poids oblige. Le pneumatique est enfoui sous une toile d'araignée de cordages frappés sur les deux mains courantes du rouf. Nous sommes contents de quitter Callao et ses officiels, si peu amènes et coopératifs. Décidément, il semble qu'à cet égard, les choses aient bien peu évolué en vingt-neuf ans ; depuis l'époque où notre compatriote Michel Mermod a profité du brouillard, omniprésent, pour s'esquiver discrètement et glisser entre les doigts des vétilleux fonctionnaires qui voulaient le retenir, une fois qu'il eut achevé la transformation d'une baleinière locale en voilier. Embarcation qui, selon eux, allait sombrer à coup sûr sous le premier grain et qui réalisa finalement un remarquable tour du monde, relaté dans un excellent livre : "*Des Océans pour voir des Hommes*" (Editions R. Laffont). Nous aussi sommes ravis de fuir cette grisaille et de retrouver le bleu du grand large. Certes, la brume se dissipe en milieu de journée, mais en été seulement, pas le reste de l'année. Quelle différence entre les deux côtes de ce continent. Callao est à la même latitude que Salvador. Là-bas, il fait humide, chaud, lourd, pluvieux six mois sur douze, on sue en tee-shirt et en short. Ici, c'est sec, brouillardeux, l'air est frais et la température de l'eau a 10° de moins ; on apprécie le pull et les pantalons.

En nous dégageant de la côte ouest de l'île San Lorenzo, nous croisons plusieurs otaries à fourrure. Très curieuses, elles laissent approcher le voilier puis plongent, passent dessous et réapparaissent une quinzaine de mètres derrière. Nous en verrons quelques-unes qui dorment en surface sur le côté, avec une patte antérieure en l'air que l'on prend facilement de loin pour un aileron. Force 3, le voilier glisse à son allure préférée, le près serré dans une mer non formée. C'est agréable, les affaires, bien calées, ne valdinguent pas d'un bord sur l'autre comme au portant. Nous traînons notre loch et constatons qu'il devient de plus en plus pessimiste. Contrôlant l'hélice, nous remarquons des traces de dents sur le bord des ailettes. Nous changeons la petite turbine, une fois, puis une seconde, et relevons finalement le tout, complètement écrabouillé.

— Françoise, non seulement nous n'attrapons rien avec la ligne de pêche, mais nous allons bientôt pêcher une otarie avec celle du loch !

— Que comptes-tu faire ?

— Utiliser un modèle de loch qui ne tombera plus jamais en panne... le pif ! Que penses-tu de cette remarquable évolution technique ? En Méditerranée, nous avions un loch électrique, qui a rendu l'âme à Gibraltar. Dans l'Atlantique, nous avons traîné ce modèle mécanique à hélice. Maintenant dans le Pacifique, nous adoptons le "loch pifomètre". C'est bien le diable, si après deux ans et demi de navigation, nous ne sommes pas fichus d'estimer correctement notre vitesse.

Ce nouveau loch nous donnera des résultats que le sextant et le satnav déclareront tout à fait acceptables.

Les jours passent. Nous tirons de longs bords en évitant de nous faire trop déporter à l'ouest, afin d'avoir une marge de manœuvre lorsque les conditions se gâteront et qu'il faudra abattre.

C'est la nuit, la lampe à pétrole diffuse cette chaleur et cette extraordinaire ambiance que les amateurs de néon ne comprendront jamais. Il est 3 h 30 et je suis allongé dans ma couchette, les yeux fixés sur l'avant de la cabine. Le lit breton, entouré de boiseries et recouvert de fourrures de guanaco, ressemble à une niche douillette. Ce n'est pas "Nounette", l'ourse, qui me contredira. Sa "maman" l'a préparée pour la nuit en l'emmitouflant dans une pièce d'alpaga et en lui mettant un bonnet de laine. "On va en Patagonie", a-t-elle précisé. Au-dessus de moi, le calendrier de Noël a déjà quelques portes ouvertes. C'est bien sûr la première préoccupation de Stéphanie, au lever, que de découvrir à quoi ressemble l'image du jour.

Une semaine que nous sommes partis. Ce matin, en faisant démarrer le moteur pour charger les batteries, je remarque que la machine hoquette et saute sur ses silentblocs. Je coupe le contact, ouvre le cache-culbuteurs... et reste pétrifié. De la mayonnaise partout... L'eau de refroidissement s'est mélangée à l'huile. Le joint de culasse a de nouveau sauté. J'ai l'impression d'avoir reçu un immense coup de massue et reste sans réaction plusieurs heures dans ma couchette, les yeux dans le vague, revoyant l'atelier du représentant des moteurs Renault avec ses trois carcasses ouvertes... "Aucun de ces moulins n'a dépassé 1500 heures"... Et nous n'en étions qu'à 900. Troisième panne, monumentale et définitive, car la culasse ne peut plus être rectifiée. Je revois aussi les préparatifs de Fort-de-France, l'argent englouti, les milles gagnés depuis Panama, vent dans le nez, pour en arriver là...

On peut naviguer autour du monde à la voile pure. Mais sans moteur, il est fortement déconseillé de faire du "rase-coraux" dans les atolls de Polynésie ou de musarder près du ruban extérieur de la Grande Barrière. Et sans moteur, on ne peut pas remonter un fleuve sur une grande distance, Amazone ou autre, comme on ne peut pas explorer les canaux secondaires de Patagonie et les fjords glaciaires, ou zigzaguer entre les glaces en Antarctique, ou se lancer dans le passage du nord-ouest.

Que faire ? Revenir sur Callao ? Surtout pas, ce serait se jeter une seconde fois dans la gueule du loup. Poursuivre au sud et viser Valparaiso, il n'y a en fait pas d'autre solution.

Le 11 décembre, trois jours après cette "agréable découverte", Françoise fête son quarantième anniversaire, clouée au lit par une migraine qui la terrasse depuis soixante-dix heures. Chaude ambiance à bord... Décidément ! A Recife, les réjouissances de notre dixième anniversaire de mariage se limitèrent à des flageolets et des saucisses en boîte, bloqués que nous étions dans le bateau par une pluie diluvienne, en tentant d'oublier les rats qui couraient le long du quai. Et la célébration de ses 40 ans est encore plus "gratinée".

Le lendemain, nous quittons le tropique du Capricorne, face à un vent montant qui n'a plus rien de tropical. Cela durera vingt-quatre heures, diminuera et, le 14, le calme s'installe... Seule Stéphanie apprécie, car cela se prolonge, deux jours, puis cinq...

Nous avons gréé l'étai largable et endraillé le booster ; cette voile légère des mauvais coups... de "calmasse". *Alacaluf* est posé sur un miroir bleu d'une intensité qui fait penser à du velours, tant la couleur est dense. Pour être si lourd, si profond, ce bleu recèle un soupçon de violet. Jamais auparavant, le disque magique n'avait pris cette teinte. Le ciel est complètement dégagé, d'une limpidité inhabituelle, insolite. Les petits cumulus ouatés se concentrent au-dessus de l'horizon... mais également au-delà... à une distance où, d'ordinaire, l'œil humain ne distingue plus les détails perdus dans l'éther. Mais aujourd'hui, tout est extraordinairement net et l'on voit distinctement, derrière les minuscules flocons qui surplombent l'horizon, d'autres, plus loin encore, émerger partiellement du rebord indigo du disque magique. Il fait anormalement sec, l'hygromètre est à 50 %. Les cordages, durcis et raidis par le soleil, deviennent désagréables à manier. Nos peaux se dessèchent, le vieux bronzage part en poussière, tout à bord est touché par la dessiccation, à commencer par le pont qui n'a jamais été aussi blanc et paraît javellisé. Dorénavant, nous comprenons mieux l'expression "des os qui blanchissent au soleil". Cette sécheresse, ces couleurs époustouflantes, ces contrastes, cette transparence et cette visibilité exceptionnelles proviennent de notre position proche d'un anticyclone, situé dans l'ouest de l'archipel de Juan Fernandez durant l'été austral. Un sentiment de beau et de bleu éternels. Malgré nos ennuis mécaniques et l'esprit qui souvent ressasse le problème et tente d'imaginer l'avenir, nous sommes conquis par la féerie de ce festival de lumière.

Stéphanie, apparemment, ne s'en fait pas trop. Ses habits et ceux de ses protégés sont éparpillés sur le pont et se gorgent de soleil. L'école terminée, elle disparaît avec ses peluches dans sa cabane, faite de linges et de couvertures. Allongé à l'avant sur le dos, j'admire la voile légère qui joue avec la brise. Une telle pureté de forme et de couleur se dégage de cette image que je suis descendu écrire ces quelques mots dans le journal de bord, en date du 18 décembre 1990 :

Dans l'immensité d'un ciel éternellement bleu
Un mât s'élève formant une croix.

Il soutient une voile qui tente au passage
D'accrocher le vent qui mène
Vers l'accomplissement d'un rêve.

Nous avons quitté Callao depuis dix-huit jours maintenant. Notre réserve d'eau douce est à moitié épuisée et, contrairement à ce qui s'est passé l'an dernier dans le Pot-au-Noir, aucun espoir de récolter une goutte de pluie ici.

La cocotte-minute est remplie d'eau de mer. Un épais tuyau de caoutchouc est fixé, à l'aide d'un collier, sur la sortie du bouchon de surpression et, en vue de le refroidir, passe dans un seau, plein d'eau de mer lui aussi, pour ressortir par le fond. Sur son tronçon aérien, le conduit est tiédi par des chiffons mouillés. En une vingtaine de minutes, nous obtenons deux décilitres d'eau douce. Rendement horaire : environ 7 dl. Si l'eau est chimiquement pure, elle a un goût infect. Il faudrait un tuyau en métal.

— Françoise, si d'ici deux à trois jours le vent n'est pas revenu, nous mettons "l'engin" en fonction quelques heures par jour. Nous avons du pétrole en suffisance.

Au terme de ce délai, le vent se lève du sud-est. Nous replaçons l'étai largable au pied du mât et filons bâbord amures*, au plus près, sous voilure de route.

Il y a bien des années, lorsque mon esprit s'égarait dans la page de l'atlas où figure l'Amérique du Sud, mon regard fixait longuement la corne du continent, puis remontait le long de la côte pacifique. Les pupilles s'écarquillaient, fascinées par les distances et la myriade de points le long du chemin, au fur et à mesure que les yeux glissaient vers la gauche à travers l'immensité du grand océan. Les premières de ces têtes d'épingle portaient ces deux appellations : Alexander Selkirk et Juan Fernandez, l'île de Robinson Crusoé. Nous allons essayer d'y relâcher, sans moteur et sans carte. Sur notre routier, l'île ne fait que 5 millimètres de long... Nous savons, d'après les instructions nautiques anglaises, que l'unique village se trouve sur la côte nord, à Cumberland Bay. Les *British* connaissent le coin, leurs plus prestigieux navigateurs, à l'exception de James Cook, y ont fait escale depuis le XVIIe, Dampier, Anson, Drake.

Au point de la mi-journée le 21 décembre, 150 milles nous séparent de Juan Fernandez qui est dans notre sud-est. Le vent soufflant exactement de cette direction, 300 milles seront nécessaires pour l'atteindre... Pour l'instant, notre cap est sud/sud-ouest. "Ce serait fantastique pour Stéphanie si nous pouvions y arriver le... Oublie, il faudrait un miracle !"

Le 22 décembre, nous sommes à la latitude de l'île. Le vent refuse à l'est/sud-est au moment où nous virons, nous renvoyant dans le nord-est pour ce bord de terre... Le journal de bord conserve le souvenir de protestations véhémentes, en termes appropriés. La journée du 23, nous louvoyons et conservons toute la toile malgré le vent qui monte. Repas en rapport avec les conditions le soir, biscuits et lentilles au lard. Françoise et Stéphanie filent dans leur couchette. "Essayons tout de même, peut-être que..." Le voilier fonce. Les vagues explosent contre l'étrave et ruissellent sur la plage avant jusqu'au mât. Correspondant à la taille d'un génois lourd lorsqu'il est complètement déroulé, le girofoc nous tire comme un diable. Il est costaud, laissons-le. Quant au haubanage, il est neuf, et que ça pulse ! Allongé dans ma couchette, je contrôle fréquemment le cap avec le compas de relèvement. A 23 heures, étant plus souvent dans l'air que sur le matelas et voyant la bordure du girofoc encaisser des paquets de mer, je sors prendre quelques tours pour le réduire à la dimension d'un inter. Le vent est aux alentours de 18 nœuds. Ce n'est pas excessif, mais ce qui l'était c'était la voilure et même maintenant un ris ne serait pas superflu. Je suis surexcité. "Allez, fonce *Alacaluf*, si nous pouvions offrir ça à notre petite fille..." Les heures passent, je ne peux pas fermer l'œil. La vitesse est excellente si le cap, lui, n'est pas bon... A ce propos... Il est 1 heure, est-ce que je lis bien ? La graduation phosphorescente me saute devant la pupille... 110, ce qui fait 120° compte tenu de la déclinaison magnétique. Le vent adonne. A 2 heures, nous faisons du sud-est. Le vent est plein sud, enfin une route directe et à vive allure.

Devant l'étrave qui volatilise les embruns et dans les premiers rayons rasants du soleil qui ourlent d'orange et d'ocre les nuages, apparaissent en contre-jour les falaises abruptes et sombres de l'île de Robinson Crusoé. Les yeux me piquent un peu. Je ne sais si c'est dû à cette nuit blanche, aux vingt-trois jours de navigation ou à autre chose, et je dois me forcer à déglutir avant de crier :

— Debout Stéphanie ! Viens voir une des plus belles îles du monde, nous y serons pour la veillée de Noël.

En fin de matinée, nous attendons d'être abrités par la pointe nord-ouest pour replacer ancre et guindeau, déficeler le Zodiac et le gonfler. Les atterrissages à la voile pure c'est joli... quand il y a du vent. Et il va falloir se débrouiller avec les moyens du bord lorsque nous serons totalement déventés derrière l'île.

Ça y est, les voiles battent. Nous enroulons le girofoc. Françoise tient la barre, je saute dans l'annexe, l'amarre sur l'arrière du voilier en la décalant légèrement, et hardi petit ! à David de pousser Goliath avec l'aide du 2 cv. La houle qui contourne l'île ne facilite pas la progression. Inférieure à un demi-nœud au début, elle s'améliore par la suite, mais reste très laborieuse. Quand une brise dégringole des hauteurs, je retourne dans le cockpit et nous déroulons la voile d'avant pour grignoter quelques encablures. Mais je passe beaucoup plus de temps dans le pneumatique à pousser que sur le bateau à tenter de profiter de souffles rarissimes, et cette gymnastique annexe-voilier-retour se poursuit plusieurs heures sous un soleil généreux. Un moment, nous remarquons quelques maisonnettes dans une crique que nous prenons pour la baie de l'Ouest. Pensant que Cumberland se trouve plus loin, nous continuons.

Il est 15 heures, nous avons mille peines à doubler un promontoire derrière lequel la mer se creuse. Le moteur de l'annexe est remonté en catastrophe pendant que le pneumatique se remplit en partie. Horreur ! nous sommes en train de doubler l'extrémité nord-est de l'île et partons sur Valparaiso... Les maisonnettes de tout à l'heure, c'était donc ça le village ! Nous faisons demi-tour, écopons le Zodiac, remettons le 2 cv et reprenons notre chemin de croix. Trois heures plus tard, aux abords de Cumberland Bay, un petit ravitailleur sort du port, s'approche de nous et s'étonne de notre manège. Nous lui expliquons, par VHF, que nous ne le faisons pas exprès pour bronzer et que notre moteur principal est en panne. Descend du Yunque, le plus haut sommet de l'île, un vent en rafales modérées, suffisamment rapprochées pour nous permettre de louvoyer. Nous visons une zone occupée par une vingtaine de barques de pêche, lorsque se détache d'une digue de bois une petite embarcation blanche à cabine bleu clair. A son bord, le capitaine du port nous propose de mouiller un peu à l'écart sur la gauche, ce que nous faisons.

La *lancha* amarrée à couple, l'officiel passe à bord, nous souhaite la bienvenue et, voyant le désordre qui règne à l'intérieur du voilier, nous suggère d'effectuer un peu plus tard, à terre, les formalités d'entrée. Courtois et chaleureux accueil, à l'opposé de l'attitude de rapaces de certains fonctionnaires péruviens.

Nous débarquons à proximité de la jetée de bois, vers un emplacement prévu pour hisser au sec les lourdes barques de pêche. Aussitôt, un homme se propose pour porter le pneumatique hors d'atteinte de la marée haute, puis s'éclipse. Le temps d'attacher l'annexe, de faire quelques pas et de découvrir les lieux, le voilà qui revient en portant un thon qu'il nous offre en guise de bienvenue. Ignorant la mentalité de l'endroit, nous hésitons et déclinons gentiment le présent. Nous ne savons pas encore à quel point l'état d'esprit de ce pays diffère de ce que nous avons pu rencontrer plus au nord.

Nous nous rendons à la capitainerie et avons de la peine à reconnaître l'officier en uniforme immaculé de tout à l'heure, métamorphosé en jardinier, occupé à bêcher un bout de terrain, en jeans, bottes et pull-over. La paperasserie terminée, le capitaine nous désigne deux jeunes filles qui étaient entrées dans le bureau au cours de l'entretien, et nous dit :

— Ces demoiselles sont envoyées par leur famille qui vous invite à passer la veillée de Noël en leur compagnie. Ils vous ont vus pousser votre bateau toute la journée et pensent que vous êtes fatigués et apprécierez de vous joindre à eux en ce soir de fête.

Nous restons deux secondes sans réaction. Nous nous concertons rapidement et acceptons bien sûr, pas encore vraiment certains d'avoir bien entendu.

Il fait noir. Le cortège chemine le long d'un sentier de terre battue bordé d'arbres et débouche sous une arche de bois, sur laquelle est gravée l'inscription Aldea Daniel Defoe. Derrière la barrière, on distingue plusieurs petits pavillons ; un seul est éclairé. Nous nous approchons. Il est en rondins. Quelque chose de mystérieux et de chaud filtre de la douce lumière qui s'échappe des fenêtres. Alors que nous grimpons les marches qui mènent à une petite terrasse, notre regard essaie de deviner la nature de ces objets dont les ombres dansent et vivent sur les murs. Parvenus sur la plate-forme, nous admirons et écoutons la mer qui roule sur la grève, refrain régulier qui meuble le grand silence de la nuit. Nous entrons. Le choc ! C'est bien plus qu'un bungalow, c'est une cabane de pêcheurs-trappeurs, tout droit sortie d'un conte de Noël. De petites lampes diffusent une lumière et une chaleur que le bois amplifie. Les parois sont garnies de peintures de l'île et d'objets ayant appartenu à de vieux voiliers et à d'anciens bateaux de pêche. Des filets, décorés de mues de langoustes et de poissons naturalisés, finissent de planter le décor. Dans un coin, les bougies du sapin dispensent leurs lueurs feutrées qui font toute la magie de Noël. A côté, autour d'une table ronde où l'on a déjà ajouté trois couverts, des amis, inconnus jusqu'à cette ultime minute, nous attendent.

Nous n'oublierons jamais ce premier contact avec le Chili, ce Noël surgi de l'océan, offert en cadeau ; un songe vécu éveillé ; l'impression de planer à un mètre au-dessus du sol et de monter jusque vers les étoiles qui nous ont accompagnés pendant ces vingt-trois jours de navigation. A se pincer pour se convaincre que c'est vrai. Disparue la fatigue de la nuit blanche et de la séance de pousse-pousse. Nous sommes subjugués, transcendés par cette ambiance que seul Noël peut créer et qui permet à des insulaires et à trois Suisses errants de s'apporter mutuellement une note d'aventure et d'hospitalité, en faisant de cette veillée une véritable communion.

Cette invitation ne restera pas sans lendemain puisque, après une bonne grasse matinée, nous nous retrouvons au même endroit pour partager le repas du 25 en plein air, assis sur des sièges recouverts de peaux de bêtes à l'ombre des pins et des araucarias. Au menu, des langoustes. Maria Eugenia nous explique que le ravitaillement en viande attendu du continent n'étant pas arrivé, il faut se contenter de langoustes grillées au feu de bois ! Pour nous, c'est un repas royal, mais nos amis y sont habitués car la langouste est une des richesses de l'île avec le poisson. L'après-midi, nous parcourons ce village de 600 âmes aux maisonnettes de bois éparpillées dans la verdure et, poursuivant en bordure de mer, nous observons un troupeau d'otaries à fourrure qui marsouinent comme des dauphins.

— Si je pouvais plonger avec une caméra parmi ces animaux, ce serait formidable !

— Eh bien ! demain nous t'emmenons avec notre barque, proposent Bruno et Rino.

A l'heure dite, les deux compères nous accostent, montent à bord et, pendant que je m'habille, comparent avec enthousiasme les vertus du rhum brun et de l'alcool national, le pisco, pour conclure :

— *¡ Es diferente pero es muy bueno !* (C'est différent mais c'est très bon !)

Nous traversons la baie, attendons quelques instants que surgissent une ou deux têtes rieuses et moustachues, puis mouillons sur un fond d'une dizaine de mètres. Je m'immerge et me stabilise. A bonne distance, un corps fuselé gris-blanc parcourt le champ de vision rétréci du masque. Quelle vitesse, une vraie torpille ! Les minutes passent. "Tiens, je croyais que ma présence susciterait plus d'intérêt... Est-ce de la crainte ou de l'indifférence ?" Je palme doucement et ne tarde pas à être renseigné. Me retournant, je vois, à quelques mètres, une tête malicieuse qui m'observe, mais l'animal vire sur place et s'éloigne. Méfiant donc, mais très curieux. Mieux vaut ne pas bouger et attendre. Effectivement, une demi-douzaine de spécimens entament une ronde en se rapprochant. Quelle aisance et quelle agilité ! Soudain, une otarie change de trajectoire et se précipite sur moi. A moins de deux mètres, l'animal bifurque à angle droit et s'esquive sur le côté. "Qu'est-ce qui lui a pris ?" Je n'en suis pas encore revenu qu'une autre me fonce dessus, frôle la caméra que je tiens à bout de bras et m'évite au tout dernier moment. Cette fois, j'ai bien vu son regard, ses yeux ronds et ses moustaches frémissantes ; une mimique de clown. Le manège est lancé. Les otaries se transforment en torpilles, fondent sur moi, glissent sur le côté à me toucher, d'autres s'approchent dans mon dos, furtivement, mais se dérobent lorsque je leur fais face. Ce sont des femelles, elles ne nagent pas, elles glissent, se coulent dans le fluide avec une incroyable légèreté et, lorsqu'elles le désirent, démarrent avec une promptitude folle qui ne leur enlève ni souplesse ni élégance. "Elles se paient ma tête c'est sûr, se rient du lourdeau que je suis, empêtré dans ma combinaison et mon scaphandre... Et si c'était une opération de charme ?" La ronde fantastique se poursuit jusqu'à l'entrée en scène d'un autre gros pataud, *el macho*, plus aquatique que moi tout de même, qui déambule au ralenti en grognant et tente de mettre de l'ordre dans un harem qu'il juge déplorablement excité par l'arrivée de cette bête bizarre qui ne bouge pas et fait des bulles. Ce mâle est monstrueux, par sa taille, son aspect, son attitude. Quelle dissemblance morphologique et de caractère entre les femelles gracieuses et joueuses et ce balourd épais, apathique et jaloux. Les otaries s'éloignent et reviennent virevolter, une minute plus tard. Le gros pépère réapparaît en sens inverse, ronchonne à nouveau et passe plus près de moi en retroussant les babines. "Oh, vindicatif avec ça !... N'insistons pas, il a l'avantage du terrain et du poids."

D'autres incursions subaquatiques seront l'occasion de réaliser à quel point les fonds sont intéressants, variés et poissonneux. Quelques séances de chasse sous-marine autour du voilier nous permettront d'apprécier une sole géante, des mérous et même un thazard, tous plus délicieux les uns que les autres, poêlés, agrémentés d'un filet de citron.

Un matin, pleins de courage, nous nous lançons à l'assaut des 650 mètres de dénivellation qui mènent à l'observatoire Alexander Selkirk, d'où le célèbre et unique habitant de l'île à l'époque guettait le passage d'un hypothétique navire. En deux petites heures, on parvient à un col sur une crête constituée de pics, de pains de sucre et du Yunque, point culminant de l'île, à 950 mètres au-dessus des eaux. Deux plaques commémorent la mémoire du marin écossais qui survécut ici, après avoir été débarqué en 1705 à la suite d'une divergence de vues, c'est un euphémisme, avec un dénommé Stradling qui commandait le *Cinque Ports*. Quatre ans plus tard, l'ermite fut récupéré par un autre vaisseau corsaire anglais, le *Duke*, capitaine Woodes Rogers, qui le ramena en Grande-Bretagne. Ce fait historique inspira l'écrivain Daniel Defoe qui l'immortalisa dans son roman "Robinson Crusoé". Du col, la vue est magnifique. L'impression n'est pas la même que depuis le large, où l'on est frappé par la silhouette élancée et tourmentée des sommets. De loin, ce qui domine ce sont les pitons, les découpures, les falaises. Certes, en s'approchant, l'aspect change un peu et l'on découvre des vallées fertiles, à en juger par le contraste de l'herbe vert bouteille et de la terre rougeâtre. D'ici, c'est plutôt une sensation de douceur qui l'emporte. Le versant sud-ouest descend régulièrement jusqu'à l'océan. Nous n'avons malheureusement pas le temps, en une journée, de nous lancer et de revenir sur le petit chemin très sauvage qui contourne les contreforts, serpente et débouche dans la bahía del Padre, où se trouve une piste d'atterrissage et un ponton auquel s'amarre la *lancha* qui relie cette baie à celle de Cumberland. Cette navigation sous les hautes falaises de la pointe nord-ouest ne doit pas être agréable ni réalisable tous les jours. Nous redescendons le flanc nord, quittons les arbustes secs et impénétrables des hauteurs, traversons un étage plus aéré, puis arrivons dans la partie la plus plaisante pour les yeux et les narines, celle colonisée par les pins, les araucarias et les cèdres.

En face du voilier, une belle forêt d'eucalyptus, robustes et odorants, s'étend jusqu'à la mer. Les arbres sont bien espacés, car cette essence a la particularité de se faire place nette en émettant une toxine qui empêche d'autres espèces de s'installer. Situé à 700 mètres du village, c'est un lieu apprécié le dimanche, des tables et une fontaine y ont été construites. Les familles s'y rendent donc pour le pique-nique, en poussant souvent une brouette qui contient, à l'aller, les provisions et, au retour… parfois un mari ou un oncle qui a trop appuyé sur le *pisco* ou le *vino tinto*. Un jour, nous y descendons faire une petite lessive, puis nous nous dirigeons vers une maison isolée que nous avions repérée du mouillage. Menue et ravissante, elle s'intègre parfaitement dans le paysage. Stéphanie l'a baptisée "la maison des lutins". Nos amis chiliens nous ont dit qu'elle était habitée par des compatriotes. Entendant des voix sur la terrasse, nous y montons.

— On était justement en train de se taper une bonne fondue !

L'habit ne fait pas le moine, le physique non plus, paraît-il. Pas sûr, il y a des physionomies qui ne trompent pas. Lorsque Daniel s'est levé, nous avons immédiatement été séduits par la bonhomie qui se dégage du personnage. Et nous pouvons ajouter, avec du recul, par la gentillesse et la générosité. Après avoir passé de nombreuses années, pour des raisons professionnelles, dans différents pays d'Amérique du Sud, Daniel et Mado Bosson ont décidé de vivre leur retraite au Chili et viennent d'acquérir cette "maison des lutins" pour y séjourner durant l'été austral. Aidé par un brave insulaire, surnommé "Coké" à cause de son penchant pour la célèbre boisson gazeuse, Daniel a déjà défriché une bonne parcelle et n'entend pas en rester là. Avec un savoureux accent, il explique :

— Nous avons planté des fruits, des légumes, des arbres fruitiers et nous allons mettre de la vigne. Je cherche une embarcation à moteur, style catamaran, pour aller à la pêche… On fera des pâtés, des terrines, des saucisses. Le matériel que vous voyez dans le coin, c'est pour distiller. La gnôle, j'la vendrai pas, j'la donnerai, y pourront v'nir s'rincer la dalle tant qu'y voudront…

Daniel et Mado, un cœur d'or… Ils ont offert une assurance maladie à la famille de "Coké", et l'épouse a ainsi pu partir illico sur le continent se faire opérer d'une hernie qui n'avait que trop attendu.

— *¡ Año Nuevo acá !* (Nouvel An ici !)

Chaque fois que nous croisons nos amis chiliens, nous entendons cette phrase devenue rituelle. Ils ne veulent plus nous laisser partir, et en aucun cas avant la nouvelle année. Stéphanie est enchantée de la compagnie de ses nouvelles amies et passe avec elles des après-midi entiers, à l'Aldea, sur la plage, ou en excursion. Après un repas copieux, la soirée du 31 se poursuivra dans un grand pavillon de bois près du rivage jusqu'à une heure avancée, à danser au son d'un orchestre tout à fait à la hauteur, composé de pêcheurs qui se transforment en musiciens chaque samedi soir. L'accueil de cette communauté restera pour nous un des souvenirs les plus lumineux de notre voyage. Mais il nous faut songer à résoudre notre problème mécanique et, pour cela, nous diriger vers Valparaiso.

En cette fin de journée, le capitaine du port a l'air grave, et nous réalisons la chance que nous avons d'avoir affaire à un homme comme lui.

— C'est entendu, votre panne de moteur a eu lieu entre l'île et le continent et vous n'avez jamais plongé à Robinson Crusoé. Je n'ai pas le droit de vous laisser partir. Le règlement de la Gobernación Marítima veut que je vous retienne ici, dans l'attente de mettre votre voilier sur le prochain navire de guerre.

Entre nous deux, sur le bureau, un volumineux bouquin est ouvert à la page concernant les dispositions régissant les plongeurs étrangers, licenciés ou moniteurs. Le chapitre est tout simplement biffé !

Le 4 janvier, une boule dans l'estomac, nous prenons congé de tous nos amis, allons chercher Stéphanie sur la plage de galets devant la cabane disco et devons tristement insister pour qu'elle accepte de quitter ses petites copines.

Lorsque la barque prend la direction du large, tirant *Alacaluf*, des bras s'agitent sur le débarcadère, sur la terrasse de Maria Eugenia et devant la "maison des lutins". A 800 mètres du rivage, une brise se lève, nous hissons les voiles. Dans l'embarcation, Bruno et Rino débouchent la bouteille que nous leur avons offerte et sautent de joie à la vue du voilier qui s'élance. Rino a ôté sa chemise, l'a placée au bout d'une gaffe qu'il balance en chantant des vœux de bonne navigation. La barque nous accompagne une centaine de mètres encore, puis bifurque vers la côte, dans des exclamations on ne peut plus enthousiastes. Dégagés de l'abri du relief, nous touchons un vent de suroît*. Deux heures plus tard, le soleil bascule derrière les hauts sommets et ses rayons, frappant les stratus, embraseront l'île une dernière fois dans un feu d'artifice de pourpres et d'oranges. Nous ne parlons pas, nous ne pouvons pas parler et ressassons les mêmes pensées. Etait-ce un rêve ? Pourquoi sommes-nous partis ? Reviendrons-nous jamais ? La nuit fut douce et tranquille, mais au matin, la perle dans le sillage s'était évanouie.

Alacaluf continue sur son erre et accoste le quai utilisé par les chaloupes qui font la navette avec les bâtiments de guerre. Une heure plus tard, nous sommes amarrés à couple du *Santiaguillo,* réplique de la *Santa Maria* de Christophe Colomb, cadeau offert par l'Espagne au Chili... "Nous irons à Valparaiso, *good bye farewell, good by farewell,* sur notre petit bateau, hissez ho..."

Nous aimons bien Valparaiso. Cette ville, comme Salvador, a une partie basse où se concentrent les bureaux et immeubles commerciaux, et l'on trouve encore, près du port, ces gargotes qui rappellent les tavernes à matelots et les pince-fesse de la grande époque. Les habitations colorées s'étalent sur les coteaux et les petites collines auxquelles on accède parfois par des ascenseurs très typiques. En se promenant dans certains quartiers et dans quelques squares, l'on ressent cette ambiance caractéristique des villes italiennes. Le linge danse aux fenêtres et aux balcons et les gens, en fin de journée, se réunissent sur les terrasses des petites places tranquilles.

— Tu sembles content d'être ici, me dit Françoise.

— Oui, je suis heureux d'avoir pu inscrire dans le journal de bord le nom de ce port de légende qui a vu tant de grands voiliers relâcher ici, chargés de cuivre, d'étain, d'or ou de guano, avant de repartir pour l'Europe par le Horn ou Magellan... Mais maintenant, venons-en à notre problème. Le nouveau moteur arrivera courant février. Il faudra l'installer, puis faire une troisième boucle au large pour atterrir sur Chiloé. Nous n'attaquerons la Patagonie, et la partie septentrionale seulement, qu'à fin mars... comme le soleil après les vendanges. L'été austral sera passé. Si nous insistons, nous allons nous retrouver en Terre de Feu en plein hiver. Ne semble-t-il pas plus sage d'y renoncer et de mettre cap au nord-ouest sur la Polynésie ?

Françoise me regarde, prend une grande inspiration et lâche ces quatre mots :

— Non, cap au sud !

Puis ajoute :

— Si nous n'essayons pas, nous le regretterons jusqu'à la fin de nos jours.

L'officier me demande :

— Comment comptez-vous rallier Algarrobo ?

— C'est seulement à 20 milles dans le sud. L'entreprise qui vend et installe le moteur insiste pour que cela se fasse là-bas. Nous avons un bon hors-bord, il n'y a aucune difficulté... Et le *zarpe** est tamponné, visé et béni.

Devant le club de sauvetage, dont les douches ont gentiment été mises à notre disposition durant notre séjour, Roberto et deux autres employés nous regardent, sceptiques, d'autant que la manœuvre cafouille. *Alacaluf* part de côté, Françoise libère l'annexe et je contourne le voilier pour pousser perpendiculairement l'étrave, comme le ferait un remorqueur, afin de le remettre dans l'axe. Ceci à trois reprises, avant de trouver enfin la bonne position sur l'arrière bâbord pour propulser, le terme est osé à moins d'un nœud, le bateau en ligne droite. Les occupants des chaloupes que nous avons frôlées sont eux aussi dubitatifs. Mais l'effarement atteint son comble lorsque nous passons à 150 mètres d'un cuirassé. L'officier de faction sur la passerelle se précipite à la poupe, jumelles en position, puis court vers une grande armoire afin de se saisir d'un téléphone...

Le lendemain matin, le convoi voilier-annexe se reforme, dans un brouillard absolu, à l'approche de la presqu'île Pájaros Niños.

— C'est bizarre toutes ces cornes de brume...

— Oui, et cela semble venir toujours du même secteur... Ah là, on dirait un promontoire, la marina devrait être de l'autre côté !

Deux heures plus tard, *Alacaluf* est amarré à l'un des pontons du magnifique yacht-club de la Cofradía Náutica del Pacífico. L'opacité s'est évaporée, dissoute par le rayonnement d'un soleil bienfaisant, Françoise me dit :

— Tu as vu nos cornes de brume sur les rochers !...

— Comment ces petites bêtes peuvent-elles beugler si fort ?

Nous regardons, ébahis, la colonie de manchots de Humboldt particulièrement en voix ce matin-là.

Quelques jours plus tard, attablés au restaurant du yacht-club.

— Je te jure que nous les avons pris pour des cornes de brume.

— Ça ne m'étonne pas, j'ai cru que c'était des vaches...

L'homme part d'un grand éclat de rire. Le matin même, nous l'avons vu faire son entrée dans le petit port à la barre d'un voilier gigantesque aux lignes parfaites, une bête de course. Le soir, nous sympathisons et aurons l'occasion de faire plus ample connaissance au cours de soirées à bord d'*Alacaluf*, à sec perché sur un ber. La cuisine de *Rancagua*, le bateau de Guy Bernardin, se limitant à un petit camping gaz portatif, nous avons pensé que c'était un peu juste pour quatre personnes...

Guy est un marin professionnel, coureur d'océans. A son actif, à l'époque, trois tours du monde par les mers australes, soit un Globe et deux BOC Challenges, et cinq passages du Horn en solitaire. Cette personnalité hors du commun est servie par un physique qui n'est pas courant non plus, duquel se dégage une forte impression de puissance.

Guy a donc doublé trois fois le Horn lors de ses circumnavigations d'ouest en est et a effectué deux autres passages en sens inverse... particulièrement épiques, en essayant d'établir, toujours en solitaire, un record sur le trajet New York/San Francisco. Dans la première tentative, Guy passe le Grand Cap et fait route au nord-ouest, face à un fort vent contraire. Le près, dans ces conditions et dans ces parages, est une allure terrible pour le matériel. La mer est forte, le voilier escalade une lame et derrière ne trouve que le vide... Ça fait un grand boum ! et un grand crac ! Le mât passe par-dessus bord, puis heurte violemment la coque et l'éventre. Guy lance un S.O.S en catastrophe avant d'embarquer dans son canot de sauvetage. La côte est en vue et il espère que les éléments vont l'y pousser. L'appel, capté par la station du Horn, est relayé sur Punta Arenas et un navire de l'Armada, basé certainement à Puerto Williams, réussit à localiser et à repêcher le radeau. Hébergé par la marine chilienne, Guy débarque à Paris quelque temps plus tard, en ciré.

Têtu, notre homme décide de remettre ça. Nouveau départ de New York... Au même endroit, le Horn, depuis peu dans le sillage, se venge ; cette fois c'est la quille qui se débine ! "Allô Punta Arenas ! c'est re-moi... Non je ne le fais pas exprès...! L'Armada réussira à remorquer le voilier à travers les canaux fuégiens jusqu'à la grande ville magellanique, où il sera réparé et consolidé.

De retour en France, Guy donne à son bateau le nom de l'unité qui est venue le récupérer, *Rancagua*, qui est une ville du Chili. Puis il décide de revenir, via Panama, participer à la régate des *Mille Millas*, en remerciement pour ces deux interventions. Il en profitera pour effectuer un sixième passage du cap Horn, en reliant sans escale, et dans les meilleurs délais toujours, Valparaiso à Nantes... sacré gaillard !

Au terme de la projection, Fernando déclare :

— C'est magnifique, ces eaux transparentes, ce soleil, ces oiseaux... Mais je crois que là où vous allez c'est encore... plus grand.

Ce commentaire nous fait plaisir, le plus beau reste à venir. Emise par Fernando, cette opinion nous laisse un peu songeurs, tant est forte l'admiration qu'il porte à son pays, au point peut-être d'y perdre un brin d'objectivité. Fernando et sa femme Paolina étaient sur le ponton vers lequel nous nous sommes dirigés, poussant *Alacaluf*. Stéphanie s'est rapidement liée d'amitié avec leurs enfants Daniela, Andrea et Fernandito ; nous avons fait de même avec les parents. Fernando est manager d'un des plus grands clubs de sport du Chili, el Club Deportivo de la Universitad Católica, rival de Colocolo qui vient de remporter la coupe des champions d'Amérique du Sud aux dépens des Argentins de Boca Junior. On n'imagine pas en Europe ce que représentent ces grands clubs. Ce sont de véritables entreprises, engagées simultanément dans plusieurs activités sportives, football, basket, tennis, athlétisme, natation, boxe, et qui comptent plusieurs milliers d'adhérents. Fernando et Paolina nous ont proposé de passer trois jours chez eux à Santiago et de visionner des images de la première partie de notre périple, après un splendide buffet dans les salons du club.

Fernando a relevé l'esquisse du sourire et ajoute :

— Vous verrez, et on en reparlera à cette même place à votre retour…

Le 16 février au matin, nous longeons la petite presqu'île Pájaros Niños, jolie réserve naturelle où cohabitent pélicans et manchots, et nous nous éloignons dans le sud-ouest par mer chaotique. Enfin fini la mécanique, la couture, l'antifouling, les courses et le stockage des vivres. Nous sommes "cuits". La raison conseillait de rester un ou deux jours supplémentaires pour nous reposer, mais le désir de profiter de ce qui reste de l'été austral l'a emporté. Trois heures plus tard, le vent refusant au sud-ouest, nous vironsde bord et j'imite Françoise et Stéphanie qui sont déjà à plat de couchette. Notre cap est sud/sud-est, c'est bien ; nous virerons à nouveau en fin d'après-midi pour le bord de large de cette nuit. Désamariné par six semaines sans navigation, incommodé par une mer qui brasse sans que le vent soit en rapport, "claqué", chacun sombre rapidement, sans réaliser que les heures passent. Françoise, dérangée par un petit besoin, se lève, hésite à se rendre tout de suite aux W.-C., mais se décide à mettre la tête dehors croyant entendre un grondement.

— Alain, viens vite !...

Jamais je ne l'ai entendue crier de la sorte. Je saute de ma toile antiroulis, me prends une patte dedans, m'étale sur le plancher, arrive dans la descente : horreur ! Des rouleaux énormes droit devant, à quelque chose comme 200 mètres. A toute vitesse, nous bloquons "Orson", libérons la barre qui est attachée et l'envoyons sous le vent. Françoise aide le génois à passer devant l'étai de trinquette*, et nous reprenons l'écoute au winch. Vingt dieux ! Je descends enclencher le sondeur, huit mètres, ressors, regarde dans le sillage et lève la tête... Nous étions attendus... Un véhicule militaire tout terrain stationne sur la plage et un hélicoptère tournoie dans le ciel ! Un coup d'œil sur la carte : nous sommes à l'extrémité de playa Santo Domingo, près de Punta Toro dans le sud du port de San Antonio où la Gobernación Marítima a une base. Le vent a passé sud et nous a renvoyés sur la côte. "Cap au large ! jusqu'à ce que nous soyons à 350 milles du continent... Ho là là, après tous ces efforts, finir dans les rouleaux..."

Trois jours plus tard, nous nous retrouvons sur le méridien de la pointe orientale de Robinson Crusoé, 70 milles dans le sud de l'île, après avoir traversé, comme ce fut le cas six semaines auparavant, un couloir de vent fort qui se situe entre 60 et 250 milles de la côte. Nous sommes hors du courant de Humboldt et de ses eaux gris-vert quand il fait beau et qui virent au noir lorsque c'est couvert, et reprenons nos louvoyages sur une mer bleue dans un vent variant entre 12 et 22 nœuds. Nous avons retrouvé notre rythme de croisière. Les séances d'apprentissage de la lecture et de l'écriture ont lieu le matin. L'après-midi, Stéphanie découvre de drôles de machines qui transforment "ses petits amis", les "Lu" en

"Bosse", les rouges en verts, les grands en petits, exercices d'initiation aux mathématiques qui passent en douceur.

Cette aube du 23 février a quelque chose d'irréel. Manifestement, le flanc méridional de l'anticyclone du Pacifique-Sud nous protège, mais pour combien de temps encore ? L'air est d'une limpidité de cristal, la visibilité semble infinie, les petits cumulus orangés paraissent comme suspendus dans l'éther au bord du disque, guettant la sortie de l'astre. Je réveille tout l'équipage, on ne peut manquer un pareil spectacle. Le petit déjeuner se prend "en terrasse", aux premières loges. La journée est splendide et le soir, au moment où le soleil bascule, nous surveillons l'apparition de rayons verts dans les dégradés de bleu d'une incroyable pureté.

Il est 2 h 30. Ayant décelé une accentuation du roulis, je sors sur le pont. *Alacaluf*, grand-voile bordée plat, s'incline doucement au passage des ondulations. Je regarde le compas, plein sud, puis le pavillon qui nous sert d'anémomètre, il frétille transversalement... Nous sommes par 39° sud, ça y est les voilà, les vents d'ouest !

J'observe le drapeau qui tressaille. Voir naître ces terribles Quarantièmes, en pleine nuit sous la lune qui va bientôt se coucher dans les mêmes reflets chauds qui ont accompagné le soleil tout à l'heure, a quelque chose de féerique. Jamais je ne l'avais vue de cette couleur, à ce point orangée qu'on pourrait la prendre pour l'astre du jour, si elle n'était à son troisième quartier. Combien de fois ai-je imaginé cet instant où *Alacaluf* entrerait dans "le domaine du Géant de l'Ouest" ? Je comprends maintenant le calme d'hier, une transition, une pause entre deux mondes. Le temps passe, cela fait bien une heure que je suis en conversation avec le pavillon, tout en fixant derrière lui d'autres images... Je me revois, vingt et un ans auparavant, rentrer d'un examen, enclencher la télévision et m'effondrer dans un fauteuil, un verre à la main, prêt à avaler n'importe quelle ânerie pour décompresser... Qu'est-ce que c'est que cet hirsute sur sa coquille de noix ? Le barbu s'appelait Bernard Moitessier et le film était celui de "La Longue Route"... Une petite flamme s'est alors allumée en ce soir de juin 1971, une petite flamme qui a, par la suite, conquis les cœurs de Françoise et de Stéphanie.

Il fait frisquet tout de même, je regagne ma couchette, mais n'arrive pas à dormir... La petite flamme donne trop de lumière à cette nuit magnifique.

Au matin, ce qui n'était encore qu'ondulations s'est fortement amplifié, la mer est montée comme un gâteau dans un four. Le vent, lui, s'est levé du noroît et nous filons au grand largue, pour la première fois depuis Panama. Nous sommes les trois sur le pont, subjugués par l'extraordinaire impression de puissance qui se dégage de cette houle. Jamais nous n'avions vu la mer prendre de telles proportions. Ce n'est pas le force 5 de nord-ouest qui en est la cause, cette houle de sud-ouest est le résultat d'un coup de torchon bien loin dans les hautes latitudes. On dirait un poumon géant, qui inspire, se dilate, enfle au passage de la colline liquide, puis expire, et l'on se retrouve dans une vallée regardant la prochaine colline qui s'avance.

Le 25, le vent passe ouest et le baro, qui était hier à 1019 millibars, commence à décrocher, 1011 dans l'après-midi. Stéphanie, à quatre pattes au fond du cockpit, joue à cache-cache avec les vagues. Elle baisse la tête lorsque le "talus" arrive, parfois se relève à contretemps et se trouve en face d'une crête écumante qui, après avoir soulevé l'arrière, vient lécher la fixation du régulateur. La petite s'aplatit à nouveau et s'écrie alors : "Ouh la grosse, ouh la grosse, elle va venir me mouiller les cheveux !" Le lendemain, le baro est à 1002 et le vent saute au sud en forcissant, sous un ciel bas, ce qui fait dire à Stéphanie :

— Il ne faut pas que ces vilains nuages descendent davantage, sinon le mât va les chatouiller.

Je mets la grand-voile au bas ris et ne laisse qu'un mouchoir de poche sur l'avant. Baptême du feu dans les Quarantièmes, car nous sommes au près et le vent est d'une telle intensité que le guindant* de la grand-voile, pourtant étarqué à bloc, vibre comme un fou. Ses coulisseaux en métal transmettent au mât leurs trépidations frénétiques qui font trembler comme des feuilles l'étai de trinquette et les deux fausses bastaques*. Nous nous mettons à trois pour cuisiner, question d'apprivoiser des flageolets qui montrent une attirance particulière pour les boiseries et le plafond.

La houle de sud-ouest n'a pas accompagné cette dernière rotation du vent et l'allure, tout en étant acrobatique, reste efficace. D'ailleurs, le point de 22 heures nous laisse songeurs. Nous visons la Boca del Guafo, passage au sud de la grande île de Chiloé. A ce régime, nous y serons demain soir et ça va faire un joli cocktail, vent dans le nez, purée de pois, cailloux... Mais si nous abattons et atterrissons au nord de Chiloé, nous avons du portant, une vitesse éclair et une arrivée de jour.

Cap au nord-est, vent de sud, vagues de sud-ouest. Sous grand-voile seule au bas ris, le voilier est comme sur des rails. Lorsque les lames arrivent plein arrière, *Alacaluf* est projeté en avant dans un bouillonnement et "Orson" se tire parfaitement d'affaire. Debout dans la descente, panneau en place bien sûr, capot-bulle glissé sur l'avant, bien accoudé, on a l'impression d'être dans la tourelle d'un char d'assaut. Sublime ! Ça croule sur bâbord, ça déferle sur tribord. Entourés d'écume et dans un concert de grondements, nous admirons le bateau faire connaissance avec ce nouvel univers.

La nuit, cette sensation ahurissante se renforce, mais au matin les choses se calment rapidement, le centre dépressionnaire a passé du Pacifique dans l'Atlantique et le baro remonte en flèche. Dans l'après-midi, nous apercevons les hauteurs de Chiloé et nous nous approchons d'un cap dont le nom fait rigoler Stéphanie, Punta Huechucuicui. Lorsque le jour décline, l'ancre crève le miroir de la petite anse formée par Punta Corona. Nous avons la tête pleine du chahut de ces deux derniers jours et lorsque le Yanmar se tait, un immense et écrasant silence enveloppe le bateau. Un sentiment de bien-être total nous envahit. Nous sommes à pied d'œuvre, après une navigation d'approche, au près serré, de 5500 milles (10 000 kilomètres).

PATAGONIE SEPTENTRIONALE

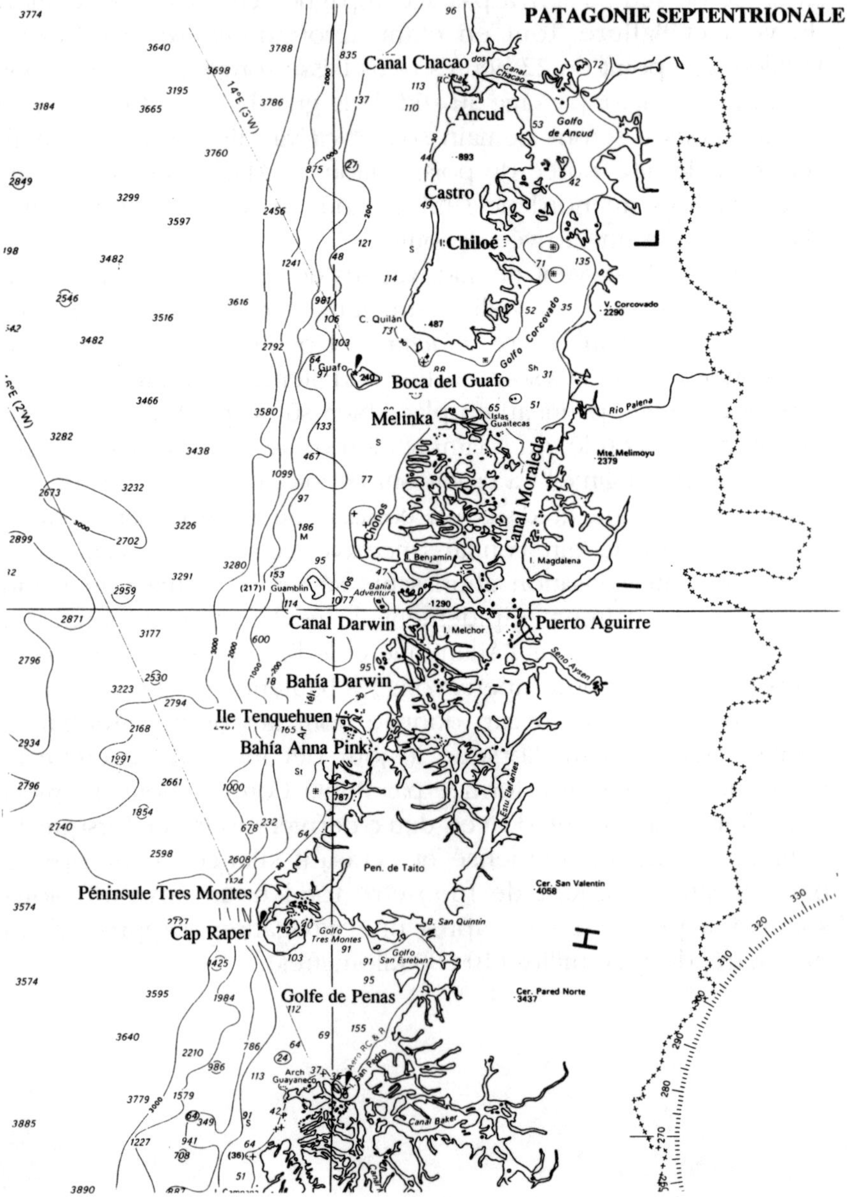

14

Le monde de Chiloé

La lecture des documents nautiques concernant le canal Chacao laisse songeur quiconque n'est pas marin breton : courant atteignant neuf nœuds en vives-eaux. Et demain, la lune sera pleine. Ce canal relie l'océan Pacifique au golfe d'Ancud, véritable petite mer intérieure entre Chiloé et le continent. C'est un passage scabreux et mal pavé.

Le lendemain matin, à l'étale de basse mer, nous nous lançons afin de rallier la côte nord et d'y coller aux premières heures du flot. Le tapis roulant démarre, le vent est faible, nous conservons une bonne vitesse propre au moteur en vue de nous maintenir sur un axe correct. A mi-marée, la rive défile comme si nous étions sur un vélomoteur, la vitesse sur le fond atteint une quinzaine de nœuds. Une fois parés les dangers Remolinos et Seluan à l'embouchure orientale du canal, nous prenons plein sud et mouillons, le soir, à Puerto Huite, abri naturel derrière une langue de sable, en face de l'île Caucahue. Françoise est sur le pont et observe à la jumelle les manchots qui se dandinent et les cormorans de Magellan aux joues rouges, "très classe" dans leur costume blanc et noir. Curieusement, les magnifiques cygnes blancs, à tête et cou noirs, paraissent eux aussi avoir une attirance pour les tenues de soirée.

— Il me semble voir des perroquets verts, dit Françoise.

— C'est la fatigue, un bon dodo et les perroquets verts vont s'envoler...

Alacaluf est mouillé dans le canal Dalcahue, face à la ville du même nom. Nous sommes à terre et admirons les lainages et les ponchos du petit marché artisanal. Françoise, qui s'était dirigée vers une maison en bordure de la place, revient, toute fière.

— Il y a là-dedans une faune naturalisée et devine ce que j'ai vu...

— ?

— Mes "perroquets verts" sont en fait des perruches de Magellan, étonnamment grandes d'ailleurs.

De retour à bord, nous discutons dans le cockpit.

— Tiens, voilà le voisin qui avance avec son mouillage, c'est bizarre !

Un coup d'œil sur la rive.

— Mince, c'est nous qui reculons !

La renverse du courant et son intensité ont fait déraper l'ancre. Nous remouillons et testons, "comme des bœufs", la tenue au moteur.

Le lendemain, nous faisons halte dans l'île de Mechuque, un véritable bijou qui abrite un minuscule village sur pilotis, et pénétrons dans de petits bras de mer qui forment des lagunes d'une tranquillité irréelle. Impression renforcée encore par la présence, au-delà d'un goulet, d'une église aux murs pastel, perdue, recroquevillée sous son toit, émouvante dans son isolement. La pleine mer dépassée, les rives se découvrent, au grand bonheur des huîtriers qui farfouillent le sol de leur long bec. A une vingtaine de mètres, des vaches ruminent, sous le regard condescendant des cormorans. Une barque glisse sur l'eau et s'immobilise en douceur sur la grève près d'un sentier qui mène à une demeure d'où s'échappe un peu de fumée par la cheminée. Rabattue par un souffle, l'odeur âcre et chaude du feu de bois enveloppe tout l'étang. Un échantillon du paradis.

Après avoir remonté l'estero Castro, nous approchons du port.

— Là, là, là ! insiste Françoise, en tendant le bras vers une tourelle.

Je ne distingue d'abord qu'un gros amas de fourrure.

— Sensationnel ! Nous allons approcher le plus près possible.

Sur la plate-forme de la balise, un énorme lion de mer mâle et deux femelles nous observent. Ces dames plongent rapidement, mais le "pacha" ne bouge pas. Lorsque nous sommes à sept mètres, il daigne lever la tête, puis redresse tout le haut du corps et, ouvrant la gueule, émet un grognement outré, visiblement pour nous asphyxier car nous sommes sous son vent et son haleine est épouvantable.

— Nous reviendrons en annexe, en ramant comme des Sioux, et pourrons lui faire coucou !

Cette proposition n'a pas l'air d'enchanter Stéphanie, assez impressionnée, qui réplique :

— Il est gros, il est vilain, il sent mauvais...

Comprise entre 41°30 et 43°30 de latitude sud, Chiloé borde et commence la Patagonie maritime, constituée, au sud de la grande île, par l'archipel des Chonos, puis par la Patagonie centrale entre le golfe de Penas et le détroit de Magellan, et par l'archipel fuégien au sud du détroit. Monde fabuleux, qui s'étend donc sur près de 1000 milles jusqu'à la latitude du cap Horn, et qui se compose de milliers d'îles et d'îlots, de canaux et de chenaux appartenant au Chili, l'Argentine se contentant des immenses pampas continentales et de la moitié orientale de la Terre de Feu.

Chiloé tire son nom de "Chilhue", qui signifiait "région des mouettes" dans la langue huilliche des habitants de la grande île, avant l'arrivée des Espagnols dans la seconde moitié du XVIe siècle. Et il ne s'agit pas de n'importe quelle mouette, mais d'une espèce typiquement australe qui, plus tard, reçut le nom de mouette de Patagonie (*larus maculipennis*). Fin et de petite taille, l'oiseau a un plumage rose pâle sur la face inférieure.

Chiloé est une île magnifique, tournée autant vers la terre que vers la mer. Jamais auparavant, nous n'avions vu une aussi forte imbrication de ces deux mondes. La végétation est abondante. Les nombreuses aires de pâture rappellent le bocage. La terre brun foncé, meuble et humide, respire la fertilité. En dehors de Castro et d'Ancud, qui comptent plus de 20 000 habitants, ainsi que de quelques petites villes, la population est encore passablement dispersée, au nord, sur la côte est et sur les îles qui la prolongent. Dissémination qui fut, aux siècles passés, une caractéristique historique.

Dans les campagnes verdoyantes, humides et grasses, quelques maisons isolées, parfois recouvertes d'un toit de chaume, se fondent admirablement dans le paysage. A tel point que si elles n'y étaient pas, il manquerait quelque chose. Que deux ou trois habitations se groupent et une église s'élève. Parfois peintes de couleurs claires, ces églises de Chiloé sont le plus souvent en bois brut. Sombres, elles prennent des attitudes résignées et patientes sous le grain. Leur construction est particulière. Des planches, espacées d'une trentaine de centimètres, sont clouées horizontalement sur la charpente de l'édifice et forment des voliges, sur lesquelles sont fixés verticalement des bardeaux qui recouvrent le haut des planchettes de l'étage inférieur à la manière de tuiles. La base de chaque tavillon est taillée en V. Les façades, ainsi recouvertes, rappellent les côtés des fermes jurassiennes exposés aux intempéries et au vent dominant.

Chiloé vit de l'agriculture, de l'élevage, du bois, de la récolte de fruits de mer, de la pêche, de la pisciculture par suite de l'introduction de parcs à saumons, d'un petit peu d'artisanat et de tourisme. Cette île nous fait penser à la Bretagne, telle que nous nous l'imaginons soixante-dix ans en arrière, un pied dans le bocage, un autre dans la mer. La consonance de nombreux noms de villages ou d'îles inspire également cette comparaison : Queilén, Quenac, Quehui, Chaulinec, Laitec... Ressemblance purement phonétique qui n'est étayée par aucune considération historique ou étymologique.

Beaucoup d'animation sur le front de mer et des scènes hautes en couleur quand accostent les bateaux de pêche et les petits caboteurs venant des îles voisines. Un marché s'organise alors spontanément et nous le manquons rarement. Aujourd'hui, les deux embarcations mouillées non loin d'*Alacaluf* sont à quai et leur équipage s'active à décharger. Avec leur coque jaune, basse sur l'eau, leurs deux petits roufs séparés, leur cheminée qui fumait, leur compresseur et les longs narguilés enroulés sur chaque bord, elles nous avaient intrigués. Le ramassage de coquillages en plongée est une activité développée, à en juger par l'importance de la flottille qui s'y adonne, et peut susciter quelques craintes sur les conséquences de tels prélèvements sur les réserves existantes. Les cageots contiennent des moules d'une taille surprenante, une quinzaine de centimètres, des palourdes appelées *almejas*, d'autres bivalves plus grands et plus épais, nommés *locos*, et des oursins aux aiguilles vertes et courtes, plus gros que la variété à longs piquants noirs.

Avant-hier, nous avons vu le débarquement des volailles et des brebis. La veille, c'était les porcs et, aujourd'hui, c'est au tour des bovins d'aborder. Manœuvres folkloriques ponctuées de beuglements. Rares sont les bestiaux qui se montrent coopératifs, la plupart sont tétanisés et refusent obstinément de bouger. Les veaux sont portés, leurs pattes préalablement sanglées. On passe une corde autour de la tête des vaches et on s'arc-boute pour haler, à cinq ou six, sur le filin. Certaines bêtes tombent à l'eau, nagent jusqu'à ce qu'elles aient pied, puis restent rivées sur place. Un fermier, qui a abandonné son pantalon, descend dans l'eau jusqu'au bas-ventre et pique d'un coup de fourche l'arrière-train des récalcitrantes, tandis que les copains tirent ferme sur le cordage.

— Notre régime alimentaire a bien changé depuis que nous sommes arrivés. Je prépare deux repas chauds copieux par jour maintenant, et je crois que nous devrions compléter certaines choses, suggère Françoise.

C'est ainsi que nous chargeons dans l'annexe 50 kilos de pommes de terre, une grosse pièce de fromage, du lard, et repartons à l'épicerie chercher 30 paquets de spaghettis. De retour sur le front de mer, nous nous promenons dans le marché d'artisanat couvert. C'est le royaume des tissages et des tricots de laine brute, blanche ou brune, décorés avec des pelotes imprégnées de teintures naturelles à base d'oignons, de feuilles ou de racines. Plusieurs boutiques proposent des petites statues de bois et des maisonnettes sur pilotis. Ce sont des répliques des fameux *palafitos* de Castro qui ont été érigés dans les années cinquante, après qu'une vague d'émigration eut vidé les campagnes à la suite d'une épidémie de mildiou qui a condamné les récoltes de pommes de terre. Les paysans se sont alors attribué ces terres "qui n'appartiennent à personne" et ont construit leurs habitations perchées sur d'impressionnants pilotis, car le marnage maximum atteint près de sept mètres. Des liasses d'algues séchées et ficelées sont empilées à même le sol, à côté de paquets noirâtres de feuilles agglomérées. Nous pensions qu'il s'agissait de combustible, quelle ne fut pas notre surprise en apprenant que ce sont des algues destinées à la consommation ! Les premières, qui sont en fait de grandes laminaires, s'appellent *cochayuyo* et ressemblent à de longs tuyaux. Les secondes se nomment *luche*, ce sont des algues lamellées qui font penser à un millefeuille.

Chiloé ce n'est pas seulement cette collusion, ce mariage réussi des mondes rural et marin, c'est aussi un univers mystérieux et vivant de contes et de légendes.

Chiloé c'est le "Trauco", qui rôde la nuit venue en bordure des *palafitos*, à la recherche de jeunes femmes sur lesquelles il opère une séduction irrésistible malgré sa repoussante apparence ; c'est sa femme, l'hideuse "Fiura", qui fait pareil de son côté en pourchassant les jeunes gens ; c'est la "Voladora" qui se transforme en albatros pour servir de messager aux sorciers ; c'est "Cuchivilu" le monstre marin, mi-porc mi-couleuvre, qui détruit les parcs à poissons et les filets ; c'est le "Basilisco", mi-coq mi-couleuvre, qui s'introduit, la nuit, dans le lit des dormeurs pour leur sucer la salive et les dessécher. C'est bien autre chose encore, et c'est en particulier, pour nous qui naviguons, le "Caleuche", ce vaisseau fantôme tout illuminé qui évolue aussi bien sur l'eau que sous l'eau, qui échappe toujours à ses poursuivants en se transformant en tronc d'arbre ou en rocher, et attire, par les fêtes et les réjouissances que l'on aperçoit sur ses entreponts, tous les marins qui l'approchent. Ils se retrouvent prisonniers ou esclaves, avant d'être abandonnés dans une quelconque crique, infirmes ou morts.

Chiloé c'est enfin "Ten Ten Vilu", le serpent bienfaisant, qui, après avoir triomphé de "Cai Cai Vilu", lequel voulait noyer l'île en la submergeant, a fait de Chiloé ce qu'elle est, une île magique, une île à part, une sensationnelle introduction à ce qui la prolonge au sud, la Patagonie, une invitation à en connaître davantage.

Nous avons pu approcher les lions de mer sur leur tourelle, comme nous l'espérions. Exercice auquel décidément Stéphanie ne se fait pas, puisqu'elle est restée à plat ventre au fond de l'annexe, s'attendant à voir à tout instant le gros mâle sauter dans le pneumatique.

Le lendemain, nous descendons l'estero Castro et pénétrons, quelques heures plus tard, dans le mouillage de Quehui. Passé une entrée basse et resserrée, nous nous retrouvons sur un plan d'eau calme, plus ou moins circulaire, qui monte et descend doucement au rythme des marées. Dans les Caraïbes, cela s'appellerait "un trou à cyclone". Nous ancrons en face des quelques habitations et débarquons. Près d'un chemin de terre battue, des petits chevaux poilus sont attachés à des barrières et attendent. Sur la grève découverte par le jusant, une charrette grossière approche, tirée par deux bœufs attelés à un énorme joug. Sur le pas de la porte d'une baraque, quelques personnes discutent. Aujourd'hui est jour de boucherie, un propriétaire s'est séparé d'une vache et la viande est en vente. Des maisonnettes proches ou des fermes isolées dans le *campo,* les gens sont venus et conversent, en tenant sous le bras un morceau de viande enroulé dans du papier journal. Deux hommes se dirigent vers leurs montures. Celles-ci sont simplement sellées de couvertures et d'une peau de mouton, le tout tenu par une sangle. Aucune n'a d'étriers. Les deux cavaliers s'éloignent en sautillant, les pans de leurs ponchos soulevés régulièrement par le trot de leurs chevaux.

Alacaluf longe l'île Tranqui dans les premières lueurs du jour. Nous quittons Queilén que nous n'avons même pas vue. Arrivés tard la veille à cause de la renverse du courant, nous avons appareillé alors qu'il faisait encore nuit ce matin pour profiter de la marée favorable. Nous venons de doubler la pointe Centmela et filons plein sud. Françoise et Stéphanie sont dans leur couchette, je les réveille au son d'une musique typique de l'*altiplano*. Il y a des moments privilégiés en voilier, celui-ci en est un. Sur bâbord, les neiges éternelles de la cordillère, toute dégagée, se teintent d'orange. Bientôt, le cône de glace du volcan Corcovado, à la forme parfaite, brille comme un diamant par notre travers. Poussé par un vent de noroît, *Alacaluf* danse au pied des Andes. Assis, appuyé contre le mât, j'admire cet époustouflant paysage.

Nous approchons d'une petite anse bordée par une plage de sable gris, derrière laquelle se devinent des restes de troncs fraîchement abattus et calcinés ainsi qu'une habitation dans le haut de la clairière. Quelqu'un nous fait des signes. La CQR plonge, la chaîne se déroule, 55 mètres, le voilier recule... recule. Dommage, c'eût été magnifique de mouiller là ; le baro a chuté de 24 millibars en trente-six heures et l'endroit offre un bon abri contre un coup de vent d'ouest. A la quatrième tentative, l'ancre accroche, mais nous sommes à deux encablures du lieu idéal. La nuit est agitée. L'oreille et le cerveau captent et analysent les bruits afin de déceler les premiers signes d'un dérapage, et je jette de fréquents coups d'œil sur le compas de relèvement que j'ai autour du cou, craignant des ennuis lorsque le vent sautera au sud-ouest ou au sud. Ces sensations de coups de torchon encaissés au mouillage sont nouvelles, il faut s'y habituer.

L'ancrage a bien tenu. Le lendemain après-midi, le vent n'envoie plus que quelques rafales rageuses et espacées qui ne nous empêchent pas de débarquer sur la petite plage de sable gris. Un adolescent vient à notre rencontre et nous désigne du doigt l'habitation en disant : "*Adelante*". De près, l'impression change. En fait de demeure, c'est une simple cabane de trois mètres sur quatre, très rudimentaire, faite de planches clouées. Sur le pas de la porte, une femme rondelette, paraissant la quarantaine mais certainement plus jeune, nous fait signe d'entrer, dans un sourire qui découvre une bouche dépourvue d'incisives. A l'intérieur, le dénuement est saisissant. Une seule pièce bien sûr ; à gauche de l'entrée, une commode sommaire ; à côté dans l'angle, une table avec un peu de vaisselle ; au-dessus, quatre planchettes nouées entre elles font office d'étagères ; en face de la porte, un lit à deux places et, à sa droite, un banc, près d'un poêle à bois. En guise de fenêtres, des feuilles de plastique, tantôt blanchâtres tantôt jaunâtres. Les planches irrégulières et mal ajustées du sol ménagent quelques espaces libres, ce qui facilite le balayage des détritus qui finissent un mètre plus bas dans le terrain pentu.

Guillermina et son fils de quatorze ans vivent seuls dans cette clairière du canal San Pedro au sud de Chiloé, sans autre contact possible avec le monde extérieur que le bateau. Leur physionomie ne laisse aucun doute sur leur lointaine ascendance indigène, huilliche ou chono. Ils ont les traits indiens, la face large et légèrement aplatie, les yeux en amande et les cheveux noirs et drus.

L'eau chauffe dans la bouilloire tandis que Guillermina nous raconte son histoire. Elle a grandi à Quellon, après que ses parents eurent quitté la maisonnette familiale qui se trouvait non loin d'ici. Mariée, elle a eu huit enfants. Un est décédé l'année dernière durant son transport tardif sur le continent, le médecin ayant décrété que les douleurs abdominales dont il se plaignait étaient bénignes. Séparée de son mari et sachant ses enfants en âge de scolarité nourris par l'école, elle a décidé de revenir sur les bords du canal San Pedro avec son fils aîné. Ils ont, à eux deux, défriché et brûlé les souches pour aménager cette clairière et construire leur cabane, dans l'idée de récolter des algues, de les sécher et de les remettre aux bateaux de passage qui les acheminent sur Quellon. Cela fait bientôt une année qu'ils sont ici. C'était malheureusement compter sans les conditions climatiques difficiles qui sévissent les trois quarts de l'année, les algues n'arrivent pas à sécher et pourrissent. Malgré tous ses efforts, Guillermina sait qu'elle ne pourra tenir, il lui faudra retourner à Quellon et tenter de trouver du travail dans une conserverie de fruits de mer.

La bouilloire chante, Guillermina verse un peu d'eau dans un gobelet émaillé qui contient du maté. Au contact du liquide, l'herbe pulvérisée forme un épais magma. Guillermina y introduit une tige de métal, laisse infuser, puis passe la tasse à Françoise qui me regarde d'un air interrogateur. Guillermina rit de bon cœur, reprend le récipient, met la pipe en bouche et aspire le breuvage. La conversation se poursuit, le gobelet passant de main en main comme on le ferait avec un calumet de la paix. De temps en temps, Guillermina rajoute de l'eau, une pincée de sucre, et c'est reparti pour un tour.

J'observe le plafond en quête d'une lampe à pétrole ou de quelque chose de semblable. Rien ! Interrogée, Guillermina explique simplement : "Lorsque l'obscurité vient, on se couche."

Nous lui demandons si elle manque de quelque chose, nourriture, médicaments. Elle répond par un sourire et un haussement d'épaules qui nous renvoie l'absurdité de notre question, tout lui fait défaut.

Bon sang de bonsoir, quelle existence !

Nous remettons l'annexe à l'eau, la gorge serrée, et revenons au voilier préparer des biscuits, du chocolat, du lait condensé, une douzaine d'œufs, trois kilos de riz et des pâtes. Françoise y ajoute des aspirines, le garçon souffrant fréquemment de maux de tête.

Le lendemain, nous n'appareillons pas. Le vent est modéré, mais une pluie tenace a pris le relais. Quelque chose nous attire vers la petite cabane, nous avons envie d'en apprendre davantage sur cette personnalité surprenante qui ne doit pas être une exception, tant il est vrai, et l'avenir nous le confirmera, qu'il y a chez ces gens un maintien, une dignité, une attitude dans la misère que nous n'avons vus nulle part ailleurs.

Se doutant que nous ne partirions pas aujourd'hui, Guillermina a préparé du poisson qu'un pêcheur lui a remis. L'assiette suit le même circuit que le gobelet de maté, chacun se sert au passage et mange avec les doigts.

De retour d'une petite promenade entre deux averses, je sors une feuille de papier, un stylo, et demande à Guillermina où nous pouvons lui envoyer les photos que nous venons de prendre de "son domaine". Seconde question incongrue en vingt-quatre heures, même sourire édenté que la veille. Guillermina ne sait ni lire ni écrire, pas même son nom, et ne peut nous donner aucun point de chute à Quellon.

Au moment de partir, Guillermina insiste pour nous remettre un des poissons qu'on lui a offerts. Gênés, nous acceptons, un refus la blesserait. Il y en a trois, elle choisit le plus gros et l'enveloppe dans du papier journal. Ils n'ont presque rien, et le peu qu'ils possèdent ils le donnent encore !

Lorsque les fonds sont suffisants pour mettre au moteur, bouleversés, nous nous retournons une dernière fois pour voir deux silhouettes remonter lentement le petit sentier qui mène à la cabane.

❖

Avant l'arrivée des Européens — Magellan s'est présenté devant l'embouchure orientale du détroit en octobre 1520 — l'univers fuégo-patagonique était peuplé par diverses ethnies que l'on peut séparer en deux catégories. La première tournée vers la terre, la seconde vers la mer. Dans ce premier groupe, on peut inclure les Ona ou Selknam et les Haush, deux peuplades de la Terre de Feu, les Tehuelche ou Aonikenk des pampas continentales et les Huilliche de Chiloé, issus de la branche mapuche d'Araucarie. Dans le second groupe, se trouvent les Yahgan ou Yamana de Terre de Feu, les Alacaluf ou Kaweshkar du détroit de Magellan et de Patagonie centrale et les Chono de l'archipel du même nom, aussi appelé Patagonie septentrionale. Ces trois dernières ethnies avaient un mode de vie comparable, nomade et dispersé, se déplaçant fréquemment en canoë, vivant de la récolte de fruits de mer, de la chasse, d'un peu de pêche et de la cueillette de baies comestibles. Les Chono ont disparu à la fin du siècle passé, les Alacaluf ne sont plus qu'une poignée, quant aux Yahgan, ils doivent se compter sur les doigts d'une main.

La carte générale de l'archipel des Chonos donne le vertige lorsqu'on la consulte pour la première fois. Il faut un moment pour que l'œil se retrouve dans cet enchevêtrement de canaux qui sillonnent ce semis d'îles. Nous avons à bord l'atlas hydrographique de la marine chilienne qui contient plus de 1500 cartes, réduites au format A3 et qui exigent l'utilisation d'une loupe. Nous avons renoncé à suivre le grand et large canal Moraleda, véritable bras de mer qui sépare cette mosaïque d'îles du continent, et préférons les "canaux buissonniers", moins directs mais plus intéressants.

Après une brève halte au très joli village de Melinka dans le groupe d'îles Guaitecas, nous prenons le canal Perez Norte et naviguons au milieu d'îles plutôt basses et rondes, incroyablement vertes et touffues, et mouillons, le soir, dans une anse sur la côte nord de l'île Valverde, qui mérite bien son nom. Conquis par l'endroit, nous y restons le lendemain. Françoise observe la végétation, sceptique.

— Vu du bateau c'est un véritable rideau ! Il faut se tailler des tranchées à la machette si l'on veut se balader là-dedans... ou se contenter des rivages, des plages et des embouchures des torrents.

La densité est surprenante. Les espèces largement dominantes sont des variétés de hêtres typiques de cette région, les *nothofagus* du sud, qui font bon ménage avec des cyprès élancés et vert foncé. Nous descendons à terre l'après-midi pour y faire une lessive dans un petit cours d'eau, et profitons de nous laver également... rafraîchissant exercice que n'apprécie pas du tout Stéphanie, particulièrement quand on lui rince les cheveux.

Françoise, qui s'était éloignée, nous appelle. Qu'a-t-elle encore découvert ?

— Oh ! fait-elle en arrivant la première. C'est une des plus belles fleurs que j'ai jamais vues. Mais... c'est la *copihue*, la fleur nationale du Chili ! Regarde-moi cette merveille et ce contraste avec le feuillage.

Jaillissant du vert, des petites clochettes couleur fuchsia, fines et délicates, d'aspect fragile, profitent de l'embellie et s'épanouissent au soleil. L'on se demande comment elles parviennent à vivre malgré les mètres de pluie qui tombent annuellement et la violence du vent. Exemple parfait du mariage réussi de l'esthétique et de la résistance. Je retourne au voilier chercher l'appareil de photo.

— Tu as manqué un spectacle extraordinaire ! Je m'étais éloignée avec Stéphanie, lorsque nous avons vu une sorte de gros insecte virevolter en vol saccadé près des fleurs. Nous nous sommes rapprochées et, à la jumelle, avons observé un colibri en vol stationnaire en train de "polliniser" une *copihue !*

Le lendemain, nous suivons le canal Baeza au sud de l'île Jechica, puis rejoignons le canal Perez Sur et nous nous engageons dans un profond goulet, à l'est de l'île Benjamin. A l'entrée sur tribord, deux tentes retiennent notre attention. Notre carte n'indiquant aucune sonde, nous avançons prudemment, Françoise à l'écho-sondeur et moi à la barre. Nous mouillons sur un fond d'une dizaine de mètres, mettons l'annexe à l'eau et allons voir de plus près le campement, désert en ce moment. Des bâches recouvrent une structure de bois simple qui donne aux tentes une forme de V renversé. La toile s'arrête à dix centimètres du sol, les ouvertures sur les petits côtés sont obstruées grossièrement par deux arbustes. Une odeur âcre flotte dans l'air et semble augmenter près des abris, on dirait même que ceux-ci en sont l'origine. Nous jetons un coup d'œil à l'intérieur. Au fond, près de la seconde ouverture, un brasier et, à côté, suspendus par des cordelettes, des chapelets de moules fumées. Je suis saisi de stupéfaction. Il reste donc en 1991 des hommes, descendants fortement métissés des Indiens chono, qui mènent encore une existence semi-nomade, récoltant des fruits de mer et les fumant comme aux siècles passés ! Cela pourrait être champêtre et charmant dans d'autres conditions. Mais lorsque le ciel décharge des trombes d'eau des jours durant et que les hommes, trempés et transis, se chauffent et s'enfument comme leurs moules autour des tisons mouillés, la réalité a une tout autre allure.

Nous descendons le canal Perez Sur, slalomons entre un groupe d'îlots au sud de l'île Transito, et nous nous engageons dans Puerto Lampazo, dans l'idée de passer la nuit dans la lagune qui se trouve au fond. Je surveille l'écho-sondeur, vingt mètres depuis un moment, puis quatre ! Françoise, alertée, engage la marche arrière. Du pont nous voyons clairement le seuil qui interdit de poursuivre. Eh bien ! à cinq nœuds là-dedans, on aurait fait des dégâts !

Le lendemain, nous poursuivons au sud afin de rallier le village de Puerto Aguirre caché dans l'île Huichas, elle-même entourée d'un nombre impressionnant d'îlots et de pâtés à fleur d'eau. Nous sommes dans le canal Moraleda et visons l'islote Morro, située au milieu du grand chenal, lorsqu'un grain arrive du sud et bouche tout l'horizon. Ça se complique.

Dans les canaux, un voilier navigue à vue, parfois à l'estime, et de jour. Pour s'engager de nuit, il faut avoir un moteur très puissant, pour être certain de suivre l'axe du bras de mer sans devoir louvoyer à cause du vent ou être déporté par un courant, et disposer de moyens de localisation instantanés, GPS, radar et de cartes très détaillées. Mais même de jour, lorsqu'on n'y voit plus rien, ça devient vite scabreux, et l'île Morro disparaît justement dans la ouate. Il faut absolument maintenir le cap, réduire la vitesse quand on pense s'en approcher, stopper, le cas échéant, et attendre qu'elle veuille bien émerger du coton de même que la suivante, l'islote Rojas, afin de déterminer la prochaine direction, et ainsi de suite. C'est la seule façon de ne pas s'éventrer. Par chance, le temps se dégage par intermittence et nous progressons par sauts de puce, de caillou en caillou, pour arriver à l'île Huichas, l'arrondir par le sud et mouiller dans une belle échancrure de la côte sud-est.

— J'aimerais bien me promener autour de la petite bâtisse au toit de chaume que nous avons vue sur le dernier îlot, dit Françoise.

Entendu, mais ce n'est pas pour tout de suite. Le temps se gâte sérieusement et va nous bloquer deux jours dans le voilier.

Puis un matin.

— Incroyable, alors qu'hier c'était le déluge, aujourd'hui, il n'y a pas un nuage !

Les neiges de la cordillère éclatent de blancheur. Nous mettons l'annexe à l'eau, emportons un sac pour le pique-nique et nous nous dirigeons vers l'îlot en question. Françoise lance alors :

— Il n'y a plus de maison !

— Tu plaisantes, nous sommes trop bas au fond du pneumatique pour l'apercevoir.

Ayant abordé, il faut se rendre à l'évidence, la baraque, psst, envolée ! Pas tristes les grains ici, et ça ne devrait pas s'améliorer en gagnant dans le sud. Stéphanie est contente. Elle peut improviser une vraie dînette en récupérant des tabourets au milieu des décombres disséminés çà et là, ainsi qu'une table, retrouvée retournée à une vingtaine de mètres.

L'après-midi, alors que nous parcourons le village, une petite fille de l'âge de Stéphanie nous emboîte spontanément le pas et ne nous lâche plus. Après quelques courses, nous entrons dans un petit bistrot et les deux fillettes ont droit à un Coca-Cola. Voyant cela, des hommes viennent sympathiser à notre table. L'un deux offre une tablette de chocolat à Stéphanie. La discussion s'anime lorsqu'ils apprennent que Françoise est biologiste, que je suis plongeur comme eux et que nous sommes ici pour le plaisir de découvrir cette nature si sauvage. Nous apprenons que la pêche n'est pas fructueuse dans les canaux, à l'exception de celle qui se pratique au-delà de 100 mètres de fond à bord d'unités déjà relativement importantes, et nous comprenons mieux désormais l'essor de la récolte de fruits de mer, au narguilé, ou à pied à marée basse. Par le passé, les mollusques constituaient un élément primordial de l'alimentation de ces populations et il en est encore ainsi aujourd'hui.

Quelques heures plus tard, nous nous retrouvons dans le bureau du capitaine du port. La pièce est en bois, le poêle qui ronronne diffuse une douce chaleur, apaisante, qui contraste avec le ton sec de l'officier qui s'adresse à nous d'un air sombre.

— Je vous rends votre *zarpe*. C'est en ordre vous avez le droit de continuer votre expédition, mais je me fais du souci pour vous…

— Bien aimable de votre part, à quel sujet ?

Dans les propos du capitaine du port, des mots reviennent souvent : *"temporales, tempestades, mal tiempo, bajas presiones permanentes, ciclones, malísimo…"* Rien de nouveau, on sait que la Patagonie ce n'est pas la Côte d'Azur en été, heureusement, et c'est ce qui nous attire. De plus, le côté théâtral du laïus tendrait à diminuer le bien-fondé de son argumentation, mais la fin du discours nous trouble tout de même... " Lors du coup de vent d'il y a une semaine (nous étions dans le canal San Pedro), une *lancha* s'est écrasée sur les rochers du canal Chacao, un bateau de pêche a fait pareil dans Magellan, leurs équipages ont pu être récupérés. Mais ici au large des Chonos, un autre bateau de pêche a disparu avec douze hommes à bord ; l'Armada a stoppé les recherches avant-hier. Il y a quelques semaines, dans le canal Beagle en Terre de Feu, un yacht argentin s'est perdu corps et biens..."

Après avoir passé la nuit à Puerto Lagunas, nous embouquons le canal Darwin orienté est-ouest. Avec le canal Pulluche-Chacabuco, ce sont les deux passages qui permettent de rallier le large au sud de l'archipel des Chonos. La partie centrale, resserrée puis égrenée d'îlots, est magnifique. Nous y croisons plusieurs variétés de canards, dont l'une en particulier retient notre attention : *el pato vapor*. Ce canard à vapeur doit son nom à la façon dont il utilise ses ailes, en frappant l'eau alternativement de chaque côté à une vitesse folle, ce qui provoque le même effet qu'une roue à aubes. Les oiseaux s'enfuient ainsi sur de longues distances, dans des gerbes d'éclaboussures et un concert de castagnettes, pour la plus grande joie de Stéphanie qui nous a crus lorsqu'on lui a dit qu'on les remontait comme des jouets mécaniques avec une clé dans le dos. Si le danger est réel, les canards plongent ; ils s'éviteraient bien de la peine s'ils pensaient à le faire immédiatement.

Il y a également des oies sauvages, dénommées *kaiquén*, d'un plumage gris cendré, recherchées pour leur chair paraît-il, et une espèce différente qui est toujours en couple, l'une d'un blanc immaculé l'autre noire. Cette seconde variété se nourrit d'algues, et sa chair ne se consomme pas car elle a un fort goût de vase, on l'appelle aussi oie du kelp*.

En fin de journée, alors que nous nous engageons dans le canal Williams, véritable canyon entre les îles Garrido et Rivero près de l'embouchure occidentale du Darwin, Stéphanie s'écrie : "Des dauphins, des dauphins !"

Françoise les observe, un bouquin à la main :
— *Lagenorhynchus australis !*
— Ben voyons ! je l'aurais parié... et pour les non-initiés ?
— Dauphins à menton noir ou *Peale's dolphin*.
Imposants, près de trois mètres, ils sont reconnaissables à une tache blanche allongée située au-dessus des nageoires pectorales. Le dessous de la mâchoire est noir, alors que le reste du ventre est blanc, et ils n'ont pas la tête qui se termine par un bec comme les dauphins tropicaux. Leur robe très contrastée leur confère une belle élégance.

Le soir, le ciel se voile de cirrus et de cirro-stratus. Le baromètre descend de dix millibars dans la nuit et un vent de noroît se lève. Sachant que la sortie sur le large est problématique par régime d'ouest, et compte tenu que notre cap pour la journée est sud-ouest, il nous semble que ce noroît n'est somme toute pas une mauvaise affaire. Le débouché du canal Darwin sur la baie du même nom est assez chaotique. Françoise et Stéphanie, à peine levées, sont prises à froid... Les estomacs souffrent.

Le vent forcit. Sous deux ris et avec l'appui du moteur, nous nous dégageons, puis arrêtons le Yanmar et abattons. Aïe ! C'était compter sans la ouate qui d'un coup recouvre toute la côte d'un linceul opaque. Nous voilà frais ! L'île Tenquehuen, que nous visons, est à 18 milles. Si nous dérivons de dix degrés sur tribord, nous nous plantons sur les rochers qui débordent les îles Payo ; si nous nous écartons de la même valeur sur bâbord, nous nous empalons sur ceux de l'île Clemente. C'est l'heure de vérité pour le "loch pifomètre" qui, avec la montre, est notre seul moyen d'estime. Le satnav n'est d'aucune utilité dans ce genre d'étapes courtes, les positions fournies étant trop espacées dans le temps. La mer se creuse, une déferlante envahit le cockpit et oblige Françoise et Stéphanie à se changer. A l'intérieur, tout ce qui n'a pas été solidement fixé se casse la figure. Une heure, deux heures s'écoulent. La vue se trouble, la fatigue oculaire et l'imagination stimulée par l'appréhension me font voir émerger des pâtés partout. Quel merdier !

Après trois heures d'une navigation voltigeante et fantomatique, il nous semble deviner, dans un flou artistique, deux formes coniques sur bâbord... Oui c'est bien ça, les rochers de l'île Clemente, un courant nous a donc déportés ; cap à l'ouest/nord-ouest maintenant. Une demi-heure plus tard, nous arrivons sur un îlot et distinguons derrière lui une masse sombre, probablement l'île principale. Tiens, un autre pâté plus grand... Coup d'œil à la table à cartes, oui c'est correct, mais ce qui l'est moins c'est le passage entre les deux. D'après la carte il est clair, mais manifestement une crête rocheuse relie les îlots... Passons au sud. Quelle journée !

Toute la chaîne dégringole et *Alacaluf* s'immobilise au fond d'un fjord superbe, profonde échancrure dans l'île Tenquehuen qui sépare les baies, ouvertes sur le large, de Darwin au nord et d'Anna Pink au sud.

Le lendemain, le vent violent et la pluie ne nous incitent pas à mettre le nez dehors, mais la journée passe rapidement. Ecole et dessin pour Stéphanie, lecture pour Françoise, leçon d'espagnol et écriture pour moi.

Le ciel est toujours menaçant, mais la pluie a cessé. Nous transportons le matériel de plongée sur une jolie dalle herbeuse et, tandis que je me prépare, Françoise et Stéphanie partent étudier la végétation. Celle-ci est encore plus dense que dans les Chonos. C'est dû à la présence, parmi les *nothofagus*, de nombreuses plantes arborescentes, dont certaines atteignent des tailles impressionnantes et développent parfois des formes qui rappellent les palmiers tropicaux. Les deux filles reviennent avec une collection de feuilles, de mousses et de lichens.

Une culbute, et on retrouve le bruit familier de refoulement du détendeur. Un "canard", et voilà le tombant qui défile. Tiens, c'est plus clair que dans les premiers mètres où l'eau de ruissellement se mélange à la mer. C'est ma deuxième plongée en Patagonie. Tout comme la première fois, je suis surpris par la quantité d'*almejas* et d'oursins à piquants verts et par la présence de petites anémones roses. Le tombant s'arrête à moins 30 mètres, des gros blocs le prolongent sur le fond et servent de cachettes à quelques poissons qui ressemblent à des mérous. Je regarde à droite, aperçois une ombre allongée qui approche, une otarie femelle ; elle disparaît et revient en fin de plongée alors que je remonte.

Même attitude qu'à Robinson Crusoé. Après m'avoir foncé sur le masque, elle s'écarte, enchaîne une danse du ventre avec vrilles et loopings, accompagnée de frétillements de moustaches et d'œillades, une vraie sirène australe. Je regagne le voilier à la palme et en profite pour examiner la tenue du mouillage, exercice toujours très instructif. Nous avions bien relevé que les mouvements du bateau étaient extrêmement doux malgré les pointes de vent à 45 nœuds, maintenant je comprends. La profondeur étant assez importante pour un petit voilier, 19 mètres, nous avons mouillé toute la chaîne, longueur 55 mètres, diamètre 10 millimètres, en ajoutant une douzaine de mètres de gros nylon de 25. Cela ne fait qu'un faible rapport touée-profondeur de 3,5. En revanche, les trois quarts de la chaîne reposent à plat sur le fond et un quart, fortement cambré, rejoint le nylon. Lorsque le voilier tire, cela n'a pour effet que de soulever quelques mètres de chaîne supplémentaires ; il subsiste, de par son poids et par le fait qu'elle est presque totalement allongée sur le sol, une réserve d'élasticité énorme. Cela ne serait pas le cas sur un fond de 4 mètres où l'on parviendrait beaucoup plus facilement à la tendre.

Le lendemain, sous un ciel chargé de cumulus résiduels couleur charbon, incendiés de temps à autre par les rayons du soleil qui parviennent à passer, nous traversons la caillouteuse baie d'Anna Pink et mouillons à l'est de l'île Inchemo, la plus au large, dans l'idée de nous lancer dans la périlleuse boucle qui doit nous permettre de rallier la Patagonie centrale, après la traversée du golfe de Penas, de triste réputation.

Françoise pose ses jumelles et annonce :

— Lions de mer à tribord, sur les rochers là-bas !

Il faut avoir un œil de lynx pour repérer ces taches brunes à un mille de distance. Nous approchons en annexe. Un mâle massif trône au milieu de son harem et du produit de leur gymnastique. Affolement dans la colonie, les femelles sautent d'une hauteur de cinq mètres depuis les gros blocs en forme de terrasses ; d'autres se laissent glisser à plat ventre, tête la première, sur les dalles lisses et plongent dans la mer. Stéphanie est surexcitée.

— Tu as vu, elles font du toboggan !

Les petits sont trop jeunes pour les imiter et restent, à contrecœur, sur leur perchoir. Mais le papa ne les abandonne pas et entame une parade d'intimidation, redressé, les yeux dans les nuages, son abondante fourrure toute gonflée, en poussant des grognements. Nous positionnons le Zodiac à leur vent et nous nous laissons dériver, moteur arrêté, le plus près possible. Les femelles, dévorées de curiosité, ont refait surface et nous regardent. Leurs têtes sont bien plus grosses que celles des otaries à fourrure. Avec leurs grands yeux, leurs larges narines aplaties et espacées, elles ont l'air de vieux boxeurs.

Dans la seconde partie de la nuit, le vent fait vibrer le haubanage, le léger roulis a cédé sa place à un tangage qui s'accentue. Pas besoin de se lever pour savoir que le vent a passé nord et que l'îlot ne nous protège plus. Dès que la clarté est suffisante, nous relevons le mouillage, il ne faut plus traîner. Les creux impriment à l'étrave des mouvements qui ne facilitent pas la manœuvre, et la chaîne saute sur le barbotin*. Voyant que le baro décroche, nous renonçons à nous lancer au large, préférant nous replier, sous un ciel bas, sur caleta Canaveral située sur la côte sud de la baie d'Anna Pink, excellent abri à côté d'un autre qui aurait pu faire l'affaire également, Puerto Refugio, le bien nommé.

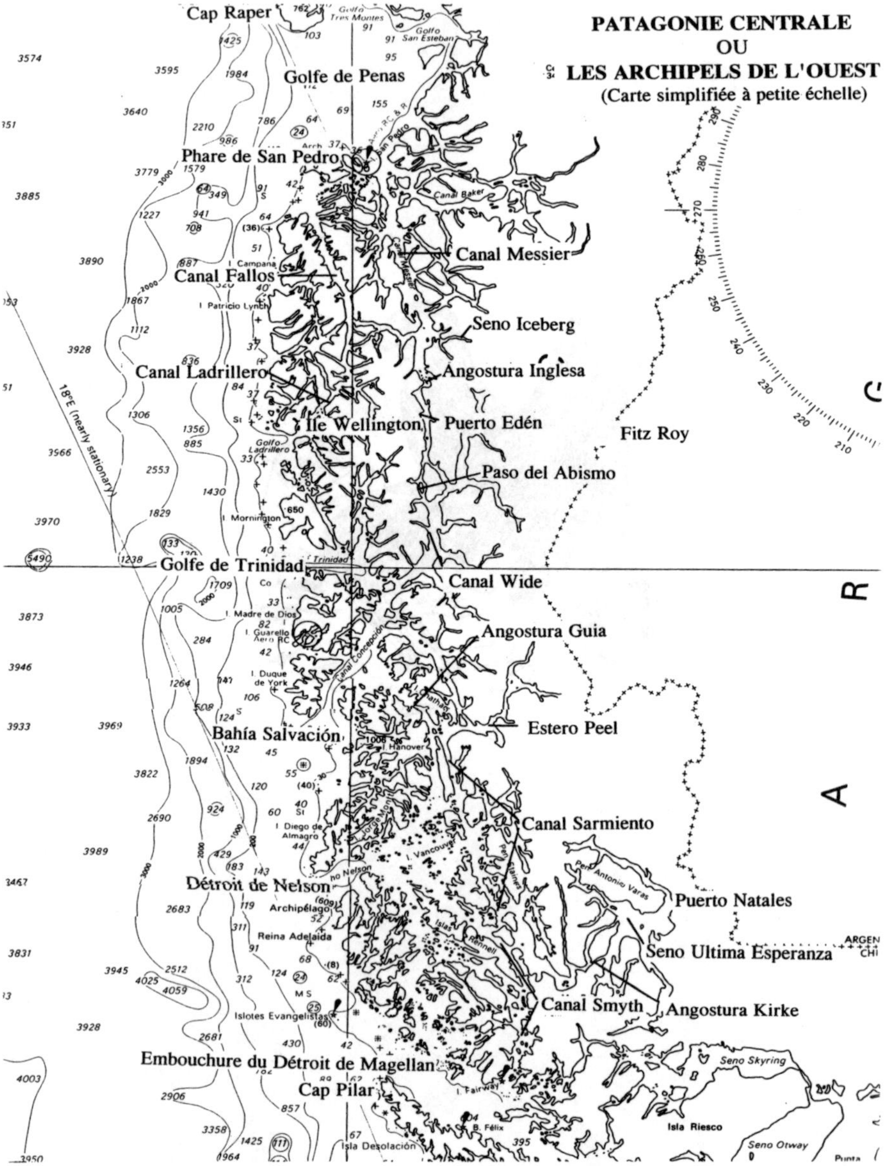
PATAGONIE CENTRALE
OU
LES ARCHIPELS DE L'OUEST
(Carte simplifiée à petite échelle)
Cap Raper
Golfe de Penas
Phare de San Pedro
Canal Messier
Canal Fallos
Seno Iceberg
Canal Ladrillero
Angostura Inglesa
Ile Wellington
Puerto Edén
Fitz Roy
Paso del Abismo
Golfe de Trinidad
Canal Wide
Angostura Guia
Estero Peel
Bahía Salvación
Canal Sarmiento
Détroit de Nelson
Puerto Natales
Seno Ultima Esperanza
Canal Smyth
Angostura Kirke
Embouchure du Détroit de Magellan
Cap Pilar
Isla Riesco
18°E (nearly stationary)

15

Les archipels de l'ouest

Rallier la Patagonie centrale depuis la baie d'Anna Pink implique de gagner le large, de longer la péninsule de Taitao, prolongée au sud par celle de Tres Montes, et de traverser ce que les Chiliens ont appelé "le golfe des Peines" pour rejoindre l'embouchure d'un des deux canaux Fallos ou Messier. Une navigation d'une trentaine d'heures. Nous connaissons la réputation de l'endroit, mais les coins les plus mal famés ne sont pas continuellement balayés par des vents tempétueux, et c'est bien le diable si nous n'arrivons pas, avec de la patience, à profiter d'une période favorable. Depuis notre arrivée à Chiloé, nous relevons les indications du baromètre plusieurs fois par jour et tentons, avec nos propres observations du temps, d'en tirer quelques enseignements prévisionnels.

Hier, la pression se maintenait entre 1012 et 1013 millibars. Ce matin à l'aube, elle est à 1014 ; il s'agit probablement d'une petite crête anticyclonique, nous nous lançons.

La matinée se termine sous un ciel parcouru de petits cumulus sympathiques, tandis que nous dégustons des toasts au pâté de saumon et des pickles dans le cockpit. En fin de journée, le vent est portant, modéré, le baro est à 1012 mb, et nous doublons le cap Raper où se trouvent un phare et un gardien, lequel, par VHF, nous annonce une dégradation... qui n'était pas prévue au programme. Il est trop tard pour faire marche arrière et rejoindre la bahía San Andrés. Nous n'avons pas le temps, non plus, d'arrondir la péninsule Tres Montes par le sud et l'est pour nous abriter à Puerto Barroso. Le début d'une dépression, à confirmer car pour l'instant rien ne l'atteste, commence avec des vents de noroît à nord. On ne va pas s'en plaindre, ils nous pousseront. Profitons-en, comme ces magnifiques albatros qui tournoient inlassablement depuis deux heures autour du voilier. Dans le nord du Pérou, nous avions rencontré la seule espèce tropicale, l'albatros des Galapagos. Sur la côte orientale de Chiloé et surtout dans les Chonos, nous avons vu très souvent des albatros à sourcils noirs, mais ceux qui nous escortent ici, au large du golfe de Penas, appartiennent à la plus grande espèce de volatiles marins du monde, l'albatros hurleur, dont l'envergure dépasse trois mètres. Nous sommes en admiration devant les évolutions de ces champions toutes catégories du vol plané. Cela fait vingt minutes que j'ai enclenché le chronomètre de ma montre afin de déterminer l'intervalle qui sépare deux battements d'ailes. "N'insiste pas, me dit Françoise, cela peut durer plusieurs heures."

— Maman, demande Stéphanie, pourquoi les appelle-t-on hurleurs, ils ne crient pas !

— Ils peuvent piailler très fort, mais c'est surtout le son modulé qu'ils émettent durant la parade nuptiale qui leur vaut ce nom.

Formidable, aux premières loges, nous avons droit à une leçon de sciences naturelles. Nous apprenons que ces oiseaux pèsent une dizaine de kilos ; qu'ils vivent allégrement jusqu'à 50 ans et au-delà ; qu'en dehors des "mégafilets" des flottes de pêcheurs, ils ne connaissent pas de prédateurs ; que les immatures attendent une dizaine d'années avant de se reproduire ; que les adultes sont extrêmement fidèles et ne donnent naissance à un petit que tous les deux ans, contrairement aux espèces de taille inférieure qui se reproduisent chaque année ; qu'ils passent 90 % de leur existence en mer ; qu'ils se déplacent, le jour, sur des distances considérables, plusieurs milliers de kilomètres par mois ; que leur vitesse de pointe est de l'ordre de 80 km/h ; qu'ils se nourrissent, la nuit, de calmars, de seiches et de poissons, vivants ou morts ; et que leur bec, long et crochu, est une arme redoutablement acérée faite de plaques de corne.

Stéphanie, qui va attraper le tournis à tenter de suivre les arabesques des grands oiseaux, demande :

— Ils ne se reposent jamais ?

— Si, lorsqu'il n'y a plus de vent.

Intervenant à mon tour.

— Oui, mais enfin ils ne sont pas increvables tout de même !

— Tu ne dis pas des squales qui nagent jour et nuit, "ils vont se tuer à la tâche". Les uns et les autres sont aussi à l'aise dans leur élément respectif. L'adaptation de l'albatros tient à deux facteurs. D'abord il est prévu pour, avec un important rapport longueur-largeur des ailes, puis il possède un dispositif musculaire et tendineux qui bloque l'aile en position horizontale sur commande, ce qui autorise d'interminables séances de vol plané avec une consommation d'énergie minimum. De plus, il est capable de tirer parti de la différence de vitesse du vent au ras des flots et à quelques dizaines de mètres de hauteur... Tiens, regarde celui-là !... Il s'élève rapidement contre la brise, reste un instant à cette altitude en prenant son élan et entame sa descente en se laissant glisser sur le côté, virant sur une aile puis sur l'autre en longues et majestueuses courbes. Pour se relancer, il reprend un peu de hauteur, et c'est reparti. Parfois, dans le gros temps, il utilise des coussins d'air favorables entre les trains de vagues.

— ... A propos de vent, je vais prendre un ris.

Ça pousse de plus en plus fort.

A 21 h 30, le baro est à 1009, nous prenons un deuxième ris, la mer est déjà bien creuse. Le girofoc sur l'avant est totalement enroulé, dans l'intention de limiter notre vitesse à 5/5.5 nœuds et d'arriver au petit matin. Les satellites avec lesquels notre satnav dialogue ne sont pas d'une hauteur exploitable, et il faut attendre 2 h 30 pour réaliser que nous courons à la catastrophe. La position fournie nous situe alors à moins de cinq milles des premiers cailloux de l'archipel Guyaneco. "Comment est-ce possible ?... On réfléchira à ça plus tard, vite sur le pont !" Pendant que je libère la bôme de sa double retenue, j'aperçois les éclats du phare de San Pedro toutes les quinze secondes. Il n'y a plus de doute à avoir, la position satnav n'était pas fantaisiste, nous sommes bel et bien à huit milles du phare, en avance de trois bonnes heures sur notre "timing" d'atterrissage. La grand-voile étant déjà sur la bonne amure, nous n'avons pas besoin d'empanner, ce qui est précieux car il n'y a pas une seconde à perdre. Bloquer le régulateur, lofer, dérouler de la toile sur l'avant, se mettre au près, tiens une vieille connaissance ! Border* les écoutes et régler "Orson" pour cette nouvelle allure. Tandis que je m'active, je me surprends à parler à voix haute à *Alacaluf.* "Allez mon vieux, tu ne vas pas te laisser faire comme ça ! Bats-toi, montre-nous ce que tu as dans le ventre... Tu sais ce que c'est que du vent dans le nez, vas-y, toi seul peux nous tirer de là !"

En quelques heures, la mer est montée comme une crème à battre. J'observe encore les éclats du phare sur notre arrière tribord maintenant, puis descends à la table à cartes réfléchir sur cette incroyable avance. Notre vitesse prévue de 5 à 5.5 nœuds s'est transformée en une progression réelle, sur le fond, de plus de 7 nœuds. Je ne comprends pas. Nous nous étions pourtant méfiés de l'effet "entonnoir-aspirateur" de ce golfe et des canaux qui y débouchent, et nous étions contents de naviguer, de 23 heures à 5 heures, avec la marée descendante. Malgré cela, nous avons été propulsés comme une ogive par un courant de deux nœuds dans la gueule du loup. Et nous voilà, étrave dans la plume, luttant, dos au mur, contre le temps, celui vilain qu'il fait dehors et celui de la montre, car le compte à rebours a commencé ; il durera jusqu'à l'aube, à moins qu'on ne "s'empaffe" avant.

Nous maintenons le voilier surtoilé afin de conserver la marge de sécurité la plus grande possible par rapport aux dangers sous notre vent.

Une heure plus tard, ce n'est plus tenable. Il faut mettre au bas ris, en nous réjouissant que rien n'ait cassé. Je sors, emmitouflé dans ma grosse combinaison rouge avec harnais incorporé, et ne me demande pas si je vais crocher le mousqueton, quel rodéo ! Je n'ai jamais autant béni la présence des balcons de mât que cette nuit-là. Des gerbes d'eau dépassent régulièrement ma hauteur et explosent dans la grand-voile, secouée comme une démente par le vent furieux. Les coulisseaux renâclent à descendre dans le rail, il faut tirer comme un sourd pour amener la toile. J'ai l'impression qu'il pleut, les projections sont continuelles, l'eau ruisselle comme sous un grain tropical. Ayant étarqué, accroupi, la bosse* de ris au winch, je me relève pour faire de même avec la drisse* et sors à moitié de l'abri constitué par le mât et la toile. Une lame m'arrive en pleine poitrine et dans la figure. Secoué par le choc et le froid, je reprends ma respiration, bouche grande ouverte, quand une seconde frappe comme la précédente. N'ayant rien vu venir malgré la lampe frontale, j'avale une bonne tasse et me colle contre le mât en toussant comme un poitrinaire. Le vent est établi à 40 nœuds, avec de rageuses accélérations au-delà. L'allure, la plus serrée possible, a transformé l'intérieur du bateau en un affreux capharnaüm. Les affaires, coincées à l'avant sur le lit breton, se sont répandues dans nos couchettes et sur le plancher ; les livres sont sortis de leur rangement ; la table à cartes s'est vidée ; la montre de bord s'est envolée en suivant une trajectoire qu'elle est la seule à connaître ; le poivrier m'arrive sur le coin de la figure ; des bruits suspects indiquent que la vaisselle, dans son équipet, n'a pas résisté, tout comme le thermos écrasé par terre ; un gargouillement dans les toilettes nous apprend que nous nous remplissons par le tuyau d'évacuation de l'évier ; l'eau a inondé la pharmacie, les provisions de ménage et la penderie censée contenir les cirés secs.

Dehors, la bagarre se poursuit. Barré par "Orson", écoutes bordées à bloc, aérateurs et cheminées condamnés, fermetures des coffres assurées par des cordes, *Alacaluf* se bat. Notre position et la direction du vent nous imposent un cap bâbord amures pour nous éloigner du groupe Ratones, avant-garde d'écueils des plus antipathiques qui balisent les îles Wager et Byron. Mais dans son sud-est, le fond du golfe n'est guère plus accueillant, avec les îlots Ayautau, Reyes et Carreño. Il nous faut absolument perdre en latitude et ce dans un coup de chien de nord-noroît... qui n'en est qu'à son début.

A 4 h 30, le satnav nous autorise quelque espoir, nous avons progressé dans le nord. Mais le point suivant me glace le sang. Nous avons fait pratiquement de l'est malgré la rose du compas qui indiquait 45°. Le flot a débuté depuis une heure et son action, désormais, s'ajoute à l'effet déjà désastreux du courant induit par le coup de vent. Lorsque je relie les deux points par une droite, celle-ci passe à moins d'un mille des roches qui débordent l'îlot Ayautau au nord, lequel se trouve actuellement à deux milles sur notre arrière. Devant l'étrave, il y a le groupe Reyes, à trois milles dans le nord-est, et le continent, à cinq milles dans l'est. La souricière se referme. *Alacaluf* s'est admirablement battu contre le vent mais, face à ces courants fous, il n'y a plus qu'une chose à faire... à part une prière. Je renonce à alarmer Françoise qui somnole dans sa couchette. Le faisceau de la lampe frontale parcourt la cabine de Stéphanie et encadre deux têtes serrées l'une contre l'autre sur l'oreiller rond de guanaco. La petite tient dans ses bras son ourse "Nounette".

Le démarreur tourne, le moteur s'ébroue, je sors dans le cockpit, m'attache, stoppe le brave "Orson", maintenant, c'est à mon tour. Moteur à plein régime, montre de plongée fixée sur le gant de néoprène, c'est parti : un quart d'heure sur un bord, puis sur l'autre, et on vire, et on revire, en attendant le jour qui devrait pointer vers 8 heures. Deux heures à escalader les lames, dans les embardées dues aux violents coups de gîte accentués par la propulsion mécanique. Cramponné à la barre, tourné vers l'arrière pour éviter les embruns dans les yeux, un bras enroulé autour d'un winch pour rester assis malgré le harnais, il faut tenir. Que le moteur lâche par défaut de lubrification vu l'angle de gîte, qu'une voile se déchire, qu'un hauban casse, et il n'y aura plus aucun espoir de se maintenir à l'orée de la trappe. Tenir ce cap à 30° du vent, pisser dans la combinaison s'il le faut, tenir cette barre, virer de bord, tenir, revirer, tenir encore.

A partir de 7 h 30, une lumière plombée et terreuse s'impose peu à peu à l'encre des ténèbres. A 8 heures, la silhouette noire de l'île Ayautau nous domine, à quatre milles dans le sud. Sa couleur charbon, sa forme conique hautaine et ses berges fumantes, propulsant dans les airs des jaillissements d'écume à une hauteur folle, lui donnent l'aspect d'un monstre cauchemardesque, glacial, qui contemple sa proie, bave aux lèvres.

Le baro est à 992, il a chuté de 20 millibars en une nuit. Nous abattons, arrêtons le moteur, arrondissons ce caillou infâme qui a bien failli avoir notre peau et tentons, cartes et compas de relèvement en main, de déterminer la direction de l'embouchure du canal Messier, pourtant large à cet endroit. C'est du tâtonnement complet jusqu'à ce qu'une éclaircie nous permette de deviner les contours de la baie de Tarn, d'où part le canal, dans une juxtaposition de gris clairs sur gris foncés où on ne sait plus ce qui est brume, nuage, et ce qui est terre, dans cette fumigation géante et maléfique enfantée par les nimbo-stratus. Nous visons le côté ouest où se trouvent l'île et le phare de San Pedro. Il nous semble souhaitable d'informer le gardien que, pour l'heure, nous flottons encore, car son collègue du cap Raper l'a certainement avisé qu'un voilier s'était engagé dans le golfe hier soir. Compte tenu des conditions, s'il ne nous voit pas ressortir, l'Armada sera à coup sûr alertée. Le vent, qui s'était calmé un quart d'heure, saute à l'ouest en se déchaînant. Nous le recevons par le travers, la mer, elle, vient de l'arrière. La voile d'avant est enroulée jusqu'au tourmentin, mais la surface de la grand-voile est encore trop importante, il faudrait une quatrième bande de ris. A défaut, il faut fréquemment choquer* l'écoute pour contrôler les aulofées*, comme on le ferait en dériveur... Un peu plus tard, s'engage à la VHF un dialogue surréaliste.

—*¡ Hola !* phare de San Pedro, ici voilier *Alacaluf*, nous recevez-vous ?

— Fort et clair, ici le phare de San Pedro qui demande votre identification.

Suit tout un rituel qui est le lot de chaque communication radio avec un poste de contrôle de trafic maritime chilien, durant laquelle on décline force informations sur la nationalité, l'équipage, le dernier et le prochain port, et pour leur faire plaisir, le jour, l'heure et la minute d'atterrissage. Résonne alors la traditionnelle réponse !

— *¡ Recííibido conforrrme !*

Mais le gardien poursuit.

— Où êtes-vous ?

— Mais devant vous !

— ? ! Je ne vous vois pas !

— A deux ou trois milles dans votre nord-est.

— ... Impossible, aucun bateau en vue !

Vingt minutes s'écoulent.

— Voilà, nous sommes par votre travers, vous nous apercevez ? Faites un effort, il y a justement une éclaircie.

— Non, toujours pas... Ah si ! par moments seulement, lorsque le bateau est en haut des vagues.

— Combien y a-t-il de vent à l'anémomètre ?

— *Momentito por favor*... Entre 50 et 55 nœuds.

L'arrivée s'annonce "magnifique"... car il s'agit d'aller chercher le guindeau et l'ancre, attachés sous la table du carré près de l'épontille, et de remettre tout ça en place à l'avant.

Lorsque le voilier est mouillé dans caleta Ballenas, au sud-est de l'île Schröder, sur une eau désormais plate et que le vent entame un concert de hurlements en passant dans le haubanage, j'ai l'impression de me réveiller, d'émerger lentement d'un cauchemar.

Cela s'est passé dans la nuit du 12 au 13 avril 1991. Les superstitieux y verront une justification, nous ne relevons qu'une coïncidence fâcheuse qui réunit, en un lieu des plus défavorables, une dépression creuse et un voilier. Plus que l'intensité, c'est la soudaineté, la brutalité de la détérioration qui nous sidéra. Voilà donc le secret de ce tristement célèbre golfe de Penas, gigantesque pompe alimentée par le puissant souffle du Géant de l'Ouest qui, par les canaux adjacents, aspire goulûment le liquide pour que ses côtes lugubres se repaissent des bateaux pris au piège, après les avoir broyés et déchiquetés.

Ces écueils sinistres, qui débordent et défendent le sud du golfe de Penas mieux que ne le feraient les canons d'une forteresse, sont entrés dans l'histoire un jour de mai 1741. Afin de contrecarrer le florissant commerce espagnol dans le Pacifique, Lord Anson, à la tête d'une orgueilleuse flotte et de 2000 hommes, tente de doubler le cap Horn dans d'épouvantables conditions. Dégoûtés, plusieurs vaisseaux rebroussent chemin. Après des mois d'efforts, l'escadre martyrisée, réduite à quelques dizaines d'hommes valides, remonte, comme elle le peut, éparpillée, les côtes de la Patagonie occidentale. Le 7 mai, face à un coup de noroît, le *Wager* fait naufrage sur les fameuses roches. Commence alors une des plus incroyables odyssées de l'histoire de la navigation. L'équipage se mutine ; 80 marins refusent de poursuivre au nord et préfèrent tenter de rallier en canot le Brésil ! par le dédale des Archipels de l'Ouest et par Magellan. Une partie réussira. Les autres, une douzaine, restant fidèles au capitaine Cheap, essaient de rejoindre Chiloé, quatre seulement y parviendront. Parmi eux, le jeune officier Byron, qui relatera dans un récit les treize mois de lutte et de survie qui seront nécessaires pour gagner la grande île, et cela avec l'aide des Indiens alacaluf et chono sans le concours desquels aucun n'aurait survécu.

Nous passons les deux jours qui suivent à mettre de l'ordre dans le voilier, à sécher ce qui doit l'être en tendant un réseau de cordes au-dessus du petit poêle à mazout, et méditons...

... Je revois, comme une accusation, le visage de Stéphanie tenant contre elle sa "Nounette". Avons-nous le droit d'insister ? Dans une aventure comme celle-ci, il est vital que les moyens soient en rapport avec les difficultés. Y a-t-il adéquation ? En ce qui concerne le bateau, oui. Sans ses qualités pour remonter au vent, nous ne serions plus en train de réfléchir. Quant au reste... La soudaineté du mauvais temps laisse peu de champ aux prévisions fondées sur les fluctuations barométriques. Le vent a forci au moment où le baro entamait sa descente. Le "sorcier", comme certains l'appellent, n'a que matérialisé ce qui se passait alors, sans aucune anticipation. C'est curieux, les choses ne s'étaient pas déroulées ainsi durant les derniers coups de vent encaissés au mouillage. Seul un décodeur de cartes météo aurait laissé entrevoir la fragilité de la crête anticyclonique et la violence de la dépression qui allait suivre. Nous avons réalisé, très tardivement, que nous nous enfoncions dans le gouffre, et il est certain qu'un système de localisation instantané nous aurait fait prendre la cape suffisamment tôt. Mais voilà, les premiers GPS disponibles sur le marché lors de notre départ, en été 1988, étaient d'un prix inaccessible. Résultat de cette expérience et des cogitations qui suivent, diurnes et nocturnes, durant quarante-huit heures : nous sommes secoués, nous doutons, notre confiance est fragilisée…

Mais nous avons atteint ces légendaires Archipels de l'Ouest, Puerto Edén n'est plus très loin. *Alacaluf* est sur la terre de ses frères, continuons jusqu'à "Port Paradis", après nous aviserons…

❖

Le 15 avril, ne subsistent du coup de vent que quelques rafales sporadiques, dans une alternance de grains et d'accalmies et un festival d'arcs-en-ciel. Prudents, nous entamons les premiers milles du canal Messier sous voilure minimum. En vingt minutes, nous larguons le bas ris, puis le deuxième, que nous reprenons aussitôt. Venant du quadrant ouest, le vent est sans cesse modifié, en force et en direction, par le haut relief. Le soir, nous nous engageons dans une crique magnifique, frangée d'îlots miniatures, arrondis, colonisés par une inextricable végétation. Le luxe, nous n'avons même pas besoin de mouiller la CQR, une grosse tonne orange, destinée aux bâtiments de l'Armada, fera parfaitement notre affaire. Parachevant le décor, devant nous, une cascade d'eau fumante dégringole des hauteurs enneigées. Le moral remonte. Tiens, on dirait un bruit de moteur… Dix minutes plus tard, un petit bateau s'amarre à couple d'*Alacaluf*. Ce sont des pêcheurs de *centollas* qui écument le coin durant plusieurs mois, en étant ravitaillés toutes les trois à quatre semaines par une autre unité qui embarque leurs prises. Ces hommes sont tout heureux de se procurer des cigarettes et du *pisco* en échange de quatre de ces splendides araignées de mer, qui diffèrent passablement de celles que nous connaissons en Europe, étant beaucoup plus grosses et surtout dotées de très longues pattes. Devant notre mine empruntée, un pêcheur, portant des gants, dépose un de ces animaux sur le pont, pose le pied sur le corps et, saisissant des deux mains les pattes de l'araignée, tire violemment et arrache le tout qu'il dépose dans un seau. Nous examinons ce qu'il reste de l'infortunée bestiole. Rien, une carcasse vide et gélatineuse qui passe rapidement par-dessus bord ! Les épaules charnues sont restées fixées aux pattes, il n'y a aucun déchet. Après un quart d'heure dans l'eau bouillante, accompagnées de citron et de mayonnaise, les *centollas* se révéleront supérieures à la chair des langoustes. Le moral est au plus haut.

Nous poursuivons la descente du canal Messier qui nous enfonce chaque jour davantage au cœur de la Patagonie centrale. Le soleil généreux nous permet de sécher les matelas de la cabine de Stéphanie, atteints de moisissure. Nous relâchons à caleta Connor et, le lendemain, nous nous engageons dans un fjord secondaire, le seno Iceberg, menant au pied d'une des innombrables chutes de l'immense glacier continental qui étend sa carapace sur plusieurs centaines de kilomètres de long et qui forme une des plus importantes concentrations glaciaires du globe. Le temps est à nouveau bouché et enrobe d'une chape de plomb les sommets des hautes falaises qui se resserrent. Peu nombreux et de petite taille au début, les glaçons grossissent et se multiplient au fur et à mesure que nous avançons dans le défilé. L'eau foncée du grand canal se décolore peu à peu, vire au vert-jaune et devient laiteuse. Nous sommes tous les trois surexcités. C'est notre premier contact avec la glace et Stéphanie insiste toutes les cinq minutes pour que l'on s'arrête faire des provisions pour l'apéritif. Elle jubile, pousse des cris en pointant son doigt, "ouh le gros !" Le moral est au beau fixe. Il semble que Penas s'éloigne dans le sillage, au propre comme au figuré. Des chocs résonnent dans la coque métallique, des raclements, de plus en plus insistants, nous font avoir une pensée émue pour l'antifouling. A la moitié de sa longueur, le *seno* fait un coude. "Oula !" Dans un premier temps, la densité augmente, dans un second, on ne passe plus une aiguille entre les blocs agglomérés en pack. Nous insistons encore un peu, pour le malheur de l'antifouling, jusqu'à la hauteur de deux indentations sur tribord et d'une petite île sur bâbord. En jouant à pousse-glaçons, nous pourrions atteindre l'arrière de l'îlot et tenter d'y trouver refuge en plaçant des aussières entre lui et la falaise. Nous arrêtons le moteur. Le temps, les bruits, la glace, tout paraît suspendu. Un silence lourd, irréel.et anormal ajoute au décor une impression de tranquillité immuable, au point de ne pouvoir l'imaginer autrement qu'éternellement figé. C'est un piège, un coup de vent là-dedans et les blocs opalins, les colosses endormis se réveilleraient pour entamer une ronde infernale, qui pourrait bien être pour le voilier imprudent la danse du scalp. Cerné de murailles noires et coiffé de brume grise, cet agrégat de formes disparates, unies par la blancheur, la pureté et la force contenue, nous a séduits par sa beauté sauvage ; et c'est à regret que nous rebroussons chemin.

Alacaluf est mouillé à quelques mètres du roc, à côté d'un petit phare flanqué sur la côte sud de l'île Williams dans la bahía Tribune. Saisissant les jumelles, Françoise déclare :

— Le bateau de tout à l'heure est toujours à la même place... et il n'avancera jamais plus... C'est une épave transformée en balise, son feu vient de s'allumer à l'instant.

Nous sommes arrivés juste à temps. Le plafond nuageux, sans doute alourdi par toutes les nuances plombées et charbonneuses qui le composent, a commencé à descendre, créant dans l'après-midi une ambiance de crépuscule au pied des à-pic nus et sévères couleur de deuil. Un voile sombre s'est déployé sur les chenaux, l'eau est devenue encre ; en quelques heures, nous avons troqué l'éclat des icebergs contre une tenue de funérailles. La Patagonie a revêtu sa tunique des grands jours, lugubre, funeste et austère.

Le surlendemain, la visibilité étant correcte, nous nous lançons pour une brève étape, malgré le vent de nord violent qui entraîne au galop les moutons du canal. Au portant et au bas ris, nous avalons la douzaine de milles qui nous séparent de bahía Flindt, à l'ouest de laquelle s'ouvre un petit bassin au fond vaseux, entouré d'arbres. Endroit idéal pour encaisser du mauvais temps sans crainte d'être secoués par ces rafales, qu'on nomme *williwaws*, qui dévalent des hauts reliefs comme des rouleaux compresseurs. Tandis que la pluie martèle le pont, Françoise s'installe sous le capot-bulle pour croquer les berges luxuriantes de l'étang, mouchetées du rose des *copihues*.

L'angostura Inglesa est un passage sinueux et resserré qui termine le canal Messier au sud. A l'étale et dans de bonnes conditions, il n'y a aucune difficulté. Dans du temps fort, de la purée de pois et à mi-marée, il en va tout autrement. Ne pouvant se croiser, les cargos répètent régulièrement l'heure de leur passage sur le canal 16. Mais tout se déroule pour le mieux et nous nous retrouvons dans un chenal au nom éloquent et révélateur, paso del Indio.

A l'instant où nous arrondissons le dernier îlot pour prendre la passe sud, un arc-en-ciel parfait se forme au-dessus de la baie d'Edén. Nous nous regardons. Est-ce que nous voyons bien la même chose ? Le voilier file sur une eau plate et se rapproche de cette arche irisée descendue des cieux comme un symbole, le plus beau des cadeaux de bienvenue.

— Voilier *Alacaluf*, voilier *Alacaluf*...

La VHF confirme que nous ne rêvons pas et qu'en plus nous sommes attendus.

— *¡ Velero Alacaluf, bienvenida en su tierra natal !*

❖

Nous sommes mouillés en retrait d'un vieux croiseur rouillé et désaffecté qui fait office de brise-lames, en face de la capitainerie de Puerto Edén dans l'ouest de la baie. Le village, lui, se trouve à un demi-mille, blotti dans l'échancrure d'une petite péninsule.

L'accueil que nous font José, le capitaine du port, et son adjoint et médecin, Fernando, est le plus fantastique que nous ayons jamais eu de la part d'officiels. Les papiers du bateau resteront sur le coin du bureau plusieurs jours. On nous propose une douche chaude, au cœur de la Patagonie ! et ces nouveaux amis mettent à notre disposition la cuisine et la machine à laver le linge de la capitainerie. Combien de fois répéteront-ils dans un large sourire : "*¡ Esta casa es suya, pero no la vendan Uds por favor !*" (Cette maison est la vôtre, mais ne la vendez pas s.v.p. !) "Vous avez besoin de fuel ? Pas de problème !" Quatorze jerrycans grimpent depuis le Zodiac le long de la muraille du vieux coucou. Une trappe s'ouvre, un seau, relié à une corde, dégringole dans les soutes et remonte autant de fois que nécessaire. Le remplissage des bidons s'effectue sous une pluie battante, sur un pont transformé en patinoire par le diesel qui déborde. Mais l'objectif est atteint, le plein est fait, et cela malgré l'interdiction de vendre du carburant aux yachts de passage, à cause des agissements douteux qui se sont déroulés quelques années auparavant. José prend donc sur lui de dépanner les voiliers en recommandant sur le continent la quantité cédée, sans un peso de bénéfice, nonobstant l'affligeante conduite d'un Espagnol qui, l'an passé, s'est évanoui dans la nature sans bourse délier. José, qui transgressait les instructions, n'a pas avisé ses collègues et en a donc été pour ses frais. A la gentillesse, à la générosité s'ajoutent chez cet homme deux autres qualités, rares chez les amateurs d'uniformes, l'esprit d'ouverture et l'initiative.

Françoise est ravie, elle peut laver tout le linge sale accumulé depuis Chiloé et aussi le sécher ailleurs que sur le pont, où il moisirait sous la pluie et serait emporté par le vent. Où ça donc ? Dans le local des générateurs, en tendant au-dessus des énormes Lister un réseau de cordes où sont suspendues toutes sortes de nippes qui n'ont pas l'air très réglementaires...

— Vous n'allez pas rester dans votre voilier !

— !! Comment ça ?

— Installez-vous dans la capitainerie, vous serez plus à l'aise...

Magie de la Patagonie, qui fait qu'en ces lieux perdus, déshérités, les choses, les convenances et les hommes sont transformés. Il n'est pas question d'abandonner *Alacaluf* durant la nuit, nous ne savons pas encore qu'il ne risque absolument rien, mais une manœuvre d'approche s'opère tout de même, spontanément, pour le plaisir de la compagnie de ces deux hommes et de la famille de

José. Très indépendant d'esprit, celui-ci a préféré bâtir sa maison à une centaine de mètres de la capitainerie, et a entrepris, sur la berge, la construction d'un bateau destiné au transport du bois. Fernando vit donc seul dans la grande demeure officielle. "D'accord ce soir à bord, mais demain à terre." Les soirées se succèdent, animées, chaleureuses, et sont l'occasion pour les chefs, qui officient en alternance, de régaler les palais ou d'étonner. Fernando ouvre de grands yeux quand Françoise explique :

— Comment, tu ne vas pas me dire qu'au pays de la patate, tu sais que la pomme de terre vient de Chiloé, on ne connaît pas cette recette. Regarde, tu les coupes comme ça...

Le gratin dauphinois fera l'unanimité, ainsi que le hachis Parmentier le lendemain. Mais ce qui surprend le plus nos hôtes, ce sont toutes les choses que l'on peut mélanger aux pâtes pour ne pas s'en lasser lorsqu'il faut s'en accommoder pendant plusieurs mois. Pâtes au thon, aux champignons, aux olives, aux artichauts, aux asperges et, particulièrement de circonstance, les "pâtes agonies", aux moules ou aux palourdes. "Demain, je vous fournirai des crabes", lance José. Parole tenue, dix crabes pour cinq personnes, comme entrée, car il y a du *filete* qui nous vaut le qualificatif de cannibales lorsque nos amis nous voient le manger bien saignant, *a la francesa.* Et un coup de *vino tinto* et un coup de *pisco. ¡ Por el clima !* dit Françoise, *¡ por el frio y el placer !* (pour le froid et le plaisir !) ajoute José, *¡ por la salud !* (pour la santé !) conclut le docteur.

Moteur au ralenti, le Zodiac s'engage dans la petite anse. Au-dessus des berges, des maisonnettes de couleurs pâles et aux toits de tôle regardent le plan d'eau. Deux constructions plus importantes se détachent, la demeure des carabineros et l'école. Nous débarquons. De près, l'impression change. La plupart des habitations n'ont plus cet aspect menu et mignon qu'elles avaient du large, et se révèlent être de sommaires baraques devant lesquelles, souvent, de lourdes barques gisent sur le côté. "Pour la récolte des fruits de mer, un peu de pêche et pour se déplacer dans le village", précise Fernando. Se déplacer dans le village... Il nous semble voir des chemins... Fernando nous invite à emprunter une longue passerelle de bois qui suit le rivage. Le viaduc s'élève en pente douce puis redescend. Stéphanie, qui gambadait quelques mètres en avant, glisse et chute. "Attention tu vois bien que c'est glis... " je ne termine pas ma phrase et m'étale à mon tour sur les planches ruisselantes. "Ah ! voilà la terre ferme." S'il y a une épithète hors de propos, c'est bien celle-là. Nos bottes s'enfoncent dans un sol spongieux, boueux à souhait. Le chemin se transforme en sentier pour atteindre une petite butte, des traverses courtes facilitent la grimpée. Au sommet, nous pataugeons dans un marécage, chacun s'engage là où il pense que l'eau est le moins profonde. Puis les acrobaties reprennent sur des troncs disposés dans le sens de la longueur, inégaux et de diamètres différents. A peine la séance d'acrobatie terminée, nous recommençons à nous enliser dans un bourbier où l'on reste collé ; Stéphanie, qui s'était écartée, s'enfonce jusqu'à mi-cuisse. Après avoir acheté quelques provisions dans une petite épicerie où l'on ne trouve que des denrées non périssables, nous regagnons notre annexe et lavons nos cirés boueux jusqu'aux hanches.

De retour à la capitainerie, Françoise, que cette escapade n'a pas rebutée, part faire une excursion, tandis que nous nous plongeons, Stéphanie et moi, dans les délices des mathématiques. Elle revient au bout de deux heures, les joues rougies par le froid et l'effort.

— Incroyable, j'avais l'impression de marcher sur un tapis de mousses flottantes !

Voici donc à quoi ressemble le paradis au cœur des Archipels de l'Ouest.

Dans les Chonos, surtout dans la partie nord, nous naviguions dans un semis, une mosaïque, un émiettement d'îles, avenantes, intensément coiffées de végétation comprenant encore quelques hautes essences. Depuis que nous sommes en Patagonie centrale, à cet éparpillement a succédé quelque chose de plus grand, de plus puissant, de plus imposant parce que plus haut, plus sombre, qui donne l'apparence d'un morcellement par écartèlement, un démembrement par fracture, une dislocation aboutissant à la création d'innombrables crevasses qui forment le gigantesque labyrinthe des canaux. Ce monde tourmenté est apparu il y a environ 12 000 ans, après le retrait de l'immense glacier patagonique qui s'étendait de Chiloé au cap Horn, et de la cordillère jusqu'à la limite actuelle des dernières îles à l'ouest. En maints endroits, rien n'a changé depuis lors. Le recul des glaces a, pour très longtemps, sculpté le faciès de la Patagonie ; visage aux pommettes de granit noir, arrondies, râpées, pelées, et aux proéminences saillantes, élancées, conquérantes près de la Cordillère ; visage buriné et tailladé par les fjords ; visage constamment exposé aux fureurs des vents d'ouest, délavé par la constance et l'abondance des précipitations ; visage qui tolère une barbe de végétation opiniâtre jusqu'à 500 mètres d'altitude. Le granit est omniprésent, sous l'eau puisqu'il prolonge les vertigineuses falaises, au ras des flots où il est constamment léché par les marées, et tout là-haut où sa noirceur se confond avec celle des nuages. Que la paroi lisse manque, et c'est une muraille verte qui prend sa place, presque aussi pentue, tout aussi infranchissable. La forêt, d'une densité extrême, court sur plusieurs centaines de mètres de dénivellation, se raréfie puis cède sa place aux mousses et aux lichens, qui plus haut passent le témoin au granit brut et à la neige. Cette forêt patagonique, ou magellanique, est constituée de peu d'espèces qui remplacent la diversité par la quantité, et qui ont tendance à diminuer en taille du nord au sud, atteignant rarement le plein développement, à l'exception des endroits abrités. Les essences de base sont des variétés de hêtres qui se sont adaptées à ces régions australes et qui présentent un aspect tourmenté, tordu, noueux, convulsionné, recroquevillé, rabougri. Ce sont les *coïgues* ou *coïhues (nothofagus betuloides)* à feuilles persistantes, les *nirres (nothofagus antarctica)* à feuilles caduques, ainsi que les *lengas (nothofagus pumilio)*, mais à partir d'une certaine altitude seulement et près du continent. Tranchant avec la raideur des hêtres, les *canelos (drimys winteri)*, aux troncs et aux branches souples, ont fait leur la devise "plie mais ne romps pas !" ; leur feuillage rappelle le laurier. Ponctuant le rideau vert de taches plus foncées, des cyprès dressent ici et là leurs silhouettes coniques et élancées.

Ces arbres ne pourraient tisser à eux seuls cet inextricable réseau que constitue la forêt patagonique. Ils sont aidés par des cohortes d'arbustes, de broussailles, de plantes arborescentes, de lianes et de mousses qui s'imbriquent, s'intercalent, s'incrustent pour produire cet incroyable enchevêtrement compact, tassé, touffu et exubérant.

Comment ces arbres parviennent-ils à croître et à survivre avec le peu de soleil, le maigre et mince substrat, l'emprise du vent, sans moisir debout sous les déluges est un point qui paraît aussi nébuleux que le temps. La lumière est cependant suffisante pour la photosynthèse, et la constance des températures, froides mais pas continentales, de l'humidité et de la pluviosité rend le développement rude mais possible.

Une existence où la vie et la mort sont étroitement mêlées, où la décomposition des uns permet le développement des autres, un commensalisme géant qui unit les disparitions et les naissances, en donnant l'avantage aux secondes dans un équilibre fragile car le déchet est incroyable. Phénomène heureux dans un sens, puisque la putréfaction de ces végétaux produit un humus colossal qui compense la pauvreté du substrat originel ; un matelas fait de branches et de troncs vermoulus et rongés, de feuillages visqueux et liquéfiés, qui prend peu à peu l'allure d'un amas gélatineux.

Pour le randonneur, à l'impénétrabilité due à la densité s'ajoute donc cette autre difficulté propre à la nature du sol. Françoise vient d'en faire l'expérience. Voulant éviter le plus fort de l'imbroglio, elle s'est aventurée sur des terrains moins fortement colonisés mais peut-être plus dangereux, où l'épaisse couche d'humus porte un temps, puis se dérobe comme une chausse-trappe aspirant la jambe, au point de ne plus pouvoir faire confiance à ce tapis d'éponges, craignant qu'il ne coiffe quelque tourbière ou marécage mouvant.

Nulle autre expression ne peut mieux décrire la forêt patagonique que celle utilisée par notre ami Jean Delaborde dans son merveilleux livre "Patagonia" (Editions R. Laffont) : la forêt de pièges.

En hommage, nous reproduisons ici quelques lignes :

"... Le grimpeur découragé perd son enthousiasme, puis ses illusions, et enfin ses forces ; les troncs abattus sur lesquels il s'appuie, vermoulus, s'effondrent, les branches qu'il saisit se brisent, et d'autres, où de grandes lianes torses s'emmêlent, dressent les mailles d'un rets où il se débat et tombe. De solidité, nulle part, d'horizontalité non plus ; ce qui paraît être un relief où il pourra reprendre son souffle n'est que le saute-mouton ancien d'un cyprès ou de quelque *coïgues* qui ne forment plus qu'une masse sombre et céderont lorsque le pied s'y posera... Tout a germé et vit en désordre sur ces ruines végétales, dans cette serre froide et gorgée d'eau. Sur les troncs à l'aisselle des branches, poussent en gerbes des plantes parasitaires ou des épiphytes de toutes tailles qui font d'un hêtre antarctique un personnage de conte surréaliste, empanaché et mangé jusqu'aux yeux par ces hôtes qui vivent de son trépas..."

Archipels de l'Ouest, Archipels du Vent, Archipels de la Pluie. Patagonie, domaine des grands vents du large qui déchargent bourrasques et précipitations sur les premières îles rencontrées et sur la cordillère au terme d'une course ininterrompue autour du globe.

Patagonie dont le visage, après le travail des glaciers, est modelé par le vent et la pluie qui contribuent, tout autant que le granit et les *nothofagus*, à planter le décor et à le conserver en dissuadant l'être humain de s'y établir. Le vent dont on s'accommode lorsqu'on est à terre, mais qui règne en maître sur les chenaux, canalisé, augmenté par le parallélisme des côtes, les effets d'entonnoir, et démultiplié sous la forme de *williwaws* derrière les hautes falaises. Le vent, et sa consœur la pluie qui fouette ou inonde le plus patiemment du monde pour dépasser les trois mètres de précipitations annuelles.

C'est dans ce "royaume" battu et délavé que vécurent durant plusieurs millénaires ceux qui se nommaient eux-mêmes *Kaweshkar* et que les Blancs ont appelés *Alacaluf*. Repoussés par des ethnies plus fortes et mieux organisées, ils se sont repliés puis adaptés à ces archipels de misère en se contentant de moyens de survie dérisoires qui frappèrent déjà les premiers Européens et qui n'évoluèrent un peu qu'au contact des chasseurs chilotes, à la fin du siècle passé et au premier quart de celui-ci, lorsqu'ils abandonnèrent définitivement leurs traditionnels canots d'écorces ou de planches cousues et leurs capes de peaux.

Disséminés dans les archipels, de Penas jusqu'aux canaux fuégiens au sud de Magellan et sur les deux rives du grand Détroit, ils menaient une existence nomade par petits groupes réunissant quelques familles. Ce nomadisme leur fut imposé par l'impénétrabilité des îles et leur absence de ressources.

Ils vivaient nus, le corps enduit de graisse d'otarie ou portant parfois de courtes capes de fourrure, et s'abritaient dans des huttes, appelées *tchelo*, faites d'arceaux recouverts de peaux ou d'objets de récupération. Bien positionnées, bien construites, elles offraient un abri plus efficace qu'on ne le suppose. Leur forme de coupole, qui rappelle l'igloo esquimau, avait l'avantage de réfléchir et de répandre judicieusement la chaleur. En choquant des pyrites et des quartz, ils obtenaient du feu qui brûlait constamment dans la hutte ou le canot. Leur nourriture était essentiellement carnée. Tandis que les hommes chassaient les otaries à fourrure, les lions de mer, parfois les loutres ou les ragondins, un petit cerf appelé *huemul* et certains oiseaux, les femmes plongeaient pour récolter des fruits de mer et des *centollas* à la saison favorable. Ils ne pêchaient ni à l'hameçon ni au filet, quelquefois au harpon ou à la main, mais le plus souvent construisaient des murets qui retenaient le poisson prisonnier à marée basse. Quelques baies, des champignons, des racines et le céleri sauvage complétaient leur alimentation. L'échouage d'un cétacé, surpris par le jusant, était l'occasion de grands rassemblements, de festins et de réjouissances.

Livrés à eux-mêmes face à une nature hostile, ils en ont tiré, sans outillage au sens développé du terme, ce qui était nécessaire à leur survie, utilisant pour cela des pierres taillées, genre bifaces, et des coquilles de grosses moules en guise de couteaux et de racloirs. Ce n'est que peu à peu que les Indiens se sont procuré le métal, par des échanges avec les navires de passage, par larcins ou par récupération lors de naufrages, et après le fiasco de la première tentative de colonisation du Détroit par Sarmiento de Gamboa entre 1584 et 1587. Les bouts de fer tordus étaient emmanchés et faisaient office d'herminettes rudimentaires. Les différentes essences de bois avaient des utilisations bien spécifiques. Les grands *coïgues* fournissaient l'écorce pour la fabrication des canots et des récipients. Le *canelo* était employé pour exécuter les hampes des harpons, les arcs, les supports du *tchelo,* et son écorce pour préparer des macérations médicinales. Le cœur des cyprès morts donnait une sorte d'amadou pour allumer le feu. Les cyprès vigoureux étaient débités, par éclatement longitudinal, pour la construction du canot de planches cousues, plus solide mais plus lourd que celui d'écorce, et pour façonner les rames et le gouvernail. Les racines de la *copihue* servaient à réaliser le câblot d'amarrage de l'embarcation. Les joncs, abondants dans les marécages, étaient destinés à la confection de différents paniers. Les peaux de bêtes permettaient de se vêtir, de couvrir le *tchelo*, de tresser de longues lanières de cuir pour les lignes des harpons, les frondes et les filets qui servaient à attraper les petites otaries. Dans les os de ces animaux et ceux des baleines échouées, on taillait toutes sortes de foënes.

La fréquentation des vaisseaux, qui de plus en plus nombreux s'engageaient dans le Détroit et que les Indiens guettaient dans un dessein de troc, de mendicité ou de rapine, n'eut pas que des effets bénéfiques. Les navires espagnols, anglais, hollandais, français ne leur apportèrent pas que des outils, de la pacotille et des vêtements qui s'avérèrent d'ailleurs un cadeau empoisonné, car les Alacaluf étaient mieux protégés par leur graisse d'otarie et leurs capes que par les habits mouillés qui ne parvenaient pas à sécher.

Les Européens laissèrent aussi dans leur sillage, outre le goût de l'alcool, des maladies infectieuses ou vénériennes contre lesquelles les Kaweshkar étaient totalement démunis. Les contacts réguliers avec les *loberos* et *nutrieros* chilotes, débarqués par les goélettes pour de longues campagnes de chasse aux otaries et aux loutres, eurent des effets identiques, voire pires, puisqu'il faut y ajouter les rapts de femmes, pour des raisons qu'on imagine, et de garçons qui faisaient d'efficaces *marineros.* Ces misères s'additionnèrent à une mortalité "naturelle" déjà élevée, compte tenu des risques inhérents à la vie dans ces archipels.

Croyant bien faire, le gouvernement chilien entreprit dans la décennie 1930, au poste de Puerto Edén, de distribuer des vivres afin de soulager l'existence des Indiens. Tandis que certains continuaient de mener une vie de nomades, que d'autres gravitaient autour du phare de San Pedro, la plupart se concentrèrent à "Port Paradis". La vie s'écoulait oisive dans les *tchelo*, entre deux tâches communautaires au service du poste militaire, en attendant la distribution de nourriture et le passage de bateaux qui constituaient toujours un événement.

L'ethnologue français José Emperaire, après plusieurs longs séjours en Patagonie, dont un de 1946 à 1948 en compagnie des Alacaluf de Puerto Edén, publia le meilleur et le plus sérieux livre qui ait jamais été écrit sur ce peuple : "Les Nomades de la Mer" (Editions Gallimard). Il ne restait alors qu'une soixantaine d'Indiens, chiffre à mettre en rapport avec l'estimation de 1000 à 2000 à la fin du siècle passé. Selon José Emperaire, après enquête démographique sur quatre générations, les principales causes de cette chute, qui conduira inéluctablement à l'extinction de la race, sont les départs, les morts violentes et la syphilis.

Qu'ils soient involontaires, lorsqu'il s'agit de rapts, ou désirés, dans la perspective d'une existence meilleure en compagnie d'êtres considérés comme supérieurs, les départs constituent bien des disparitions définitives, dans l'optique de la survie d'un groupe, par l'éparpillement des métissages à Chiloé, Puerto Natales ou Punta Arenas.

Au tribut payé au titre des risques naturels, accidents de chasse, noyades, se sont ajoutés les meurtres commis par les Chilotes, parfois gratuitement ou en représailles d'un vol, et les querelles entre Indiens qui se terminaient dans le sang. Le troisième facteur, la syphilis, a frappé tout aussi efficacement mais sournoisement, en ne condamnant pas seulement les adultes, mais bien souvent les nouveau-nés et les enfants, victimes d'une terrible hérédité.

Pour les Alacaluf des archipels, les affections pulmonaires, le tabac et l'alcool, qu'ils ne pouvaient se procurer qu'irrégulièrement par troc, n'ont de loin pas joué un rôle aussi important que les trois raisons mentionnées ci-dessus. La disparition des Ona de Terre de Feu et des Yahgan des canaux fuégiens relève de causes plus radicales encore. Les premiers ont été chassés, abattus, décimés par les éleveurs de moutons, sous prétexte qu'ils ne savaient pas faire la différence entre un guanaco et une brebis, et les seconds ont été réduits de moitié par une épidémie de rougeole à la mission d'Ushuaia en 1885.

A côté de ces facteurs, il convient d'en mentionner un autre, d'ordre psychologique. Un sentiment qui tient tout à la fois au complexe d'infériorité, profondément ressenti depuis les premiers contacts avec les Blancs et qui s'est intensifié, au renoncement qui a accompagné la sédentarisation à Edén, au doute et au malaise qui se sont installés ruinant leur identité culturelle dans leur nouvelle existence, et finalement à la résignation devant l'inéluctable, devant le poids de l'Histoire, depuis que débuta ce mouvement de refoulement, en des temps immémoriaux, qui a fait d'eux les Seigneurs des Archipels de l'Ouest. Résignation devant la Fatalité, le Destin, tant il était prévisible et souhaitable, au dire des fervents du darwinisme, que la sélection naturelle accomplisse son œuvre, car, comme l'a écrit l'illustre et dédaigneux savant, "ce ne sont que des sauvages".

Lors de visites au village, nous aurons l'occasion de bavarder avec quelques-uns des derniers représentants de la race, une douzaine, qui mènent une existence semblable à la poignée de Chiliens qui ont choisi de vivre dans l'isolement de l'île Wellington. Seuls les plus anciens se souviennent des *tchelo* réunis autour du poste militaire et des derniers grands raids en canots, des dernières expéditions de chasse et de ramassage d'œufs d'oiseaux. Nous comptions nous entretenir avec celui que l'état civil a baptisé Carlos Renchi, et que les siens appellent Tcakwol, et qui représente régulièrement le groupe au Congrès national des communautés indigènes. Le sachant souffrant, nous avons renoncé, mais espérons bien le rencontrer lors de notre deuxième passage.

Un soir en reprenant notre annexe, nous avons la surprise de trouver à l'intérieur un sac d'une vingtaine de kilos, bourré de moules.

— C'est Cepillo, précise Fernando qui nous aide à porter le Zodiac à l'eau.

Cepillo habite, avec sa femme et sa petite fille, une baraque à quelques dizaines de mètres sur le rivage. Il y a plusieurs jours, nous leur avons apporté des vêtements devenus trop petits pour Stéphanie ; la maman, gênée, avait esquissé un sourire sans pratiquement prononcer une parole.

La condensation devenant un problème sérieux à bord, nous avons accepté la proposition de José d'entreposer dans les combles de la capitainerie des habits légers, du matériel et des voiles de réserve afin de les soustraire aux moisissures. Rendez-vous est donc pris pour dans quelques mois, malgré les réserves qu'impose la glorieuse incertitude de l'Aventure... Et le 3 mai, nous relevons l'ancre, jusqu'à ce que la chaîne soit tendue à la verticale comme une corde de violon. Ce sera l'occasion de voir à quoi ressemble le fond de la baie à 20 mètres de profondeur. Vaseux et glauque. Notre CQR est engagée sous les gros maillons d'une des lignes de mouillage du vieux croiseur, un ouragan aurait pu souffler, nous n'aurions jamais bougé.

Retardés par cette plongée imprévue, nous arrivons de nuit à Puerto Grappler, guidés par le puissant faisceau de la torche sous-marine. Cette vaste échancrure, très bien protégée, constituait avec quelques autres, Puerto Bueno, bahía Isthmus, les rares sites occupés en permanence par des familles d'Alacaluf qui s'y succédaient.

Le lendemain, l'aube se lève sur un paysage tronqué. Le haut des parois est enveloppé par la masse grise et compacte des nuages, un peu de brume traîne dans les vallées et les défilés, quelques lambeaux rampent à l'assaut de petits cols. Au débouché du canal Grappler dans le canal Icy, nous croisons de gros blocs de glace qui dérivent et justifient le nom de ce chenal. Un vent de nord se lève et nous ôte tout espoir de remonter le seno Eyre jusqu'au pied d'une des branches du grand glacier continental qui descend du Fitz Roy, le plus beau sommet des Andes de Patagonie. Nous nous consolons en sachant qu'un peu plus au sud un canal, orienté ouest-est, nous permettra, même par temps fort, de rejoindre une autre langue du géant avec, en prime, un mouillage idyllique en face du fleuve de glace. En fin d'après-midi, nous pénétrons dans une gorge magnifique, l'estero Gage, impressionnant canyon bordé d'à-pic qui nous font penser à ces tableaux des siècles passés, montrant des montagnes exagérément menaçantes et sinistres sous des ciels de fin du monde. Le lendemain, poursuivant notre descente des canaux Wide et Concepción, nous entrons dans Puerto Molyneux pour mouiller près de l'épave d'un cargo dont émergent la partie avant et les deux mâts. La position du navire donne à penser que le commandant a volontairement échoué le bâtiment, après avoir heurté un des deux hauts-fonds balisés depuis lors, et que le bateau, malmené par la suite, a peu à peu glissé jusqu'à son emplacement actuel.

Au moment de bifurquer dans le canal Inocentes, nos regards se tournent vers le sud-ouest et se perdent dans l'océan Austral. Il n'y a plus d'îles, la bahía Salvación, séparant les archipels Madre de Dios et Hanover, s'ouvre sur le large. Le baro grimpe depuis deux jours et le vent de noroît, cette fois, n'est pas synonyme de vilain temps. Il nous pousserait en moins de trente heures jusqu'à l'embouchure du détroit de Magellan. Le coup est jouable malgré le risque de naviguer le long de cette côte meurtrière par tempête d'ouest, car si une dégradation intervenait, la première phase nous apporterait de forts vents de nord qui nous amèneraient devant le cap Pillar, borne du Détroit. Et alors ? L'objectif n'est pas de courir comme des lapins, mais de profiter au maximum de cette Patagonie qu'on ne découvre pas du large. Cap à l'est ! Dans le nord de bahía Wide s'ouvre un petit bassin accueillant. La CQR n'ayant pas croché, il faudrait frapper quatre longues aussières pour maintenir le voilier au centre de cette toile d'araignée, fastidieuse manœuvre que le temps n'impose nullement. Nous nous contentons donc de mouiller à côté de ladite cuvette, au nord de bahía Wide.

Après une traversée sans problème de l'angostura Guia, la caleta Latitud nous jouera le même tour que le bassin la veille. L'ancre ne s'enterrera qu'après une marche arrière de 500 mètres, qui nous fait traverser toute la crique pour nous immobiliser de l'autre côté, le tableau arrière à une dizaine de mètres du kelp signalant la présence d'une remontée caillouteuse. C'est malheureusement souvent le cas, le fond de ces cuvettes glaciaires est aussi poli que le crâne d'un chauve, et il faut, dans la mesure du possible, mouiller près de l'embouchure d'un ruisseau, ce qui augmente les chances de trouver une couche alluvionnaire.

Après quelques milles dans le canal Sarmiento, nous prenons plein est et suivons l'estero Peel sur toute sa longueur. L'entrée de caleta Amalia est signalée par un îlot que nous arrondissons par le sud, en prenant garde à une roche qui ne découvre qu'à basse mer. La CQR s'enlise dans un fond argileux d'excellente tenue. Le moral est au plus haut, le temps s'améliore, il semble qu'une petite crête anticyclonique s'installe.

Au matin, une épaisse brume enveloppe le paysage. On distingue à peine la rive droite toute proche, et l'*islote*, distante d'une centaine de mètres, s'est dissoute dans la ouate. L'atmosphère est étrange, pas un son, pas un souffle, comme si toute vie s'était arrêtée, asphyxiée sous cette gaze blanchâtre aux allures de lendemain d'explosion atomique. Très lentement, le voile de coton s'amincit à certains endroits, laissant deviner des ombres qui, peu à peu, se transmuent en silhouettes fantomatiques, difformes et convulsives, puis en arbres. Insensiblement, les contours de l'îlot se précisent, alors qu'au-dessus un nimbe se forme. Vision magique de l'astre qui tente d'imposer la vie à l'opacité de cette aube de fin du monde. La brumaille, sous l'effet de la chaleur bienfaisante, se dissipe, recule, abandonne les hauteurs pour se contenter des vallons et des eaux du fjord, créant une toile digne d'un maître de la peinture japonaise. Tandis que les derniers lambeaux de brume languissants s'étiolent et se désagrègent, la grisaille du ciel s'estompe et se métamorphose en un bleu timide, très pâle, qui s'intensifie au fur et à mesure que passent les heures. Nous avons le sentiment d'assister à quelque chose d'irréel, une éclosion par mutation, un miracle, la naissance de la cordillère et de son immense carapace de glace, qui émergent des limbes pour nous offrir une vision de paradis.

Les glaces flottantes qui, hier, interdisaient l'approche du glacier sont en train de se disperser aujourd'hui en descendant l'*estero* sous l'action d'un petit vent d'est qui doit souffler ici au plus quatre fois dans l'année. C'est décidément une journée exceptionnelle. Sur la gauche, une succession de pics et de dents justifie, on ne peut mieux, l'appellation de *sierra* que les hispanophones donnent aux chaînes de montagnes. Devant nous, telle une gigantesque pieuvre, les bras du glacier continental s'étendent, s'étirent dans différentes directions, cernant des massifs dont seule la partie sommitale émerge, se coulent comme des serpents en suivant les courbes des vallées et envoient en éclaireur un tentacule dans notre direction pour sonder le fjord. Sur la droite au-dessus des *coïgues* tourmentés, figés dans leurs contorsions, s'élève d'un jet une énorme masse blanche, repue de toute la crème dont elle s'est gavée et qui déborde de partout en d'épaisses boursouflures sous des dièdres obliques qui, eux, ont préféré se couvrir de plâtre. Une impression de naviguer au pied de la Mer de Glace chamoniarde, et devoir se pincer pour admettre que ces séracs bleutés, ces langues de glace et ces cimes démarrent à la cote zéro, à quelques encablures.

Françoise, à la barre, repère le bon chenal et y engage le voilier qui écarte le *brash**. Je suis dans l'annexe avec les appareils de prise de vues, tarde à rejoindre le bateau en profitant du couloir d'eau libre que son passage a créé, et je n'ai plus d'autre solution que d'attendre qu'*Alacaluf* fasse une courbe, toujours en avançant, pour venir me repêcher. La marche arrière est interdite, l'hélice n'y résisterait pas.

Nous nous approchons de la chute de séracs aussi près qu'il nous paraît raisonnable, arrêtons le moteur et restons un long moment les yeux écarquillés devant la grandeur, l'éclat de ce cirque, devant ce fleuve bleuté, crevassé, fissuré, craquelé, immobile mais éveillé, grondant, tonnant et déchargeant d'un coup des tonnes de glace vive.

Quelques heures plus tard, dans le grand silence de caleta Amalia, nous admirons, subjugués, les flancs de la cordillère qui se couvrent d'orange puis de mauve dans les derniers rayons du crépuscule, avant de virer au bleu pâle, un bleu de plus en plus métallique, froid comme la nuit qui s'annonce, avec au fond du cœur une paix, une totale sérénité et la certitude d'avoir vécu la plus belle journée de notre périple.

Logé à côté d'une échancrure de la côte sud de la péninsule Wilcock dans l'estero Peel, un étranglement, magnifiquement tapissé de belles moules, permet à un voilier de petite taille de pénétrer dans une lagune circulaire qui constitue un excellent refuge. Ne le sachant pas avant de l'avoir parcouru en annexe, nous avons mouillé à l'extérieur, rempli un filet de bivalves et, le lendemain, nous reprenons notre progression cap au sud dans le canal Sarmiento et entrons dans Puerto Bueno, large étendue d'eau abritée mais assez profonde.

Un lac, tout proche mais que l'abondante végétation dissimule, se déverse dans la partie nord par un petit ruisseau où nous nous approvisionnons. Bien que le temps soit propice à la navigation, nous ressentons le besoin de nous arrêter et de revenir en pensée sur les moments inouïs vécus face à la cordillère blanche et ses glaciers. Il y a dans cette expédition australe une grandeur, une force, jamais autant ressenties jusqu'alors.

Est-ce dû à la majesté, à la sauvagerie du décor, à la puissance et à la violence des éléments, à l'éloignement et à l'isolement qui provoquent un effet de sublimation, là où la plupart ne voient dans ces contrées déshéritées que beauté austère, bourrasques et déluges ? Si transcendance il y a, celle-ci comporte un aspect intime, intérieur, qui m'a fait dire à Françoise à plusieurs reprises : "Je ne me suis jamais senti aussi bien, aussi détendu, aussi satisfait." Ce n'est pas le moindre des paradoxes de ces solitudes que d'apporter à l'homme sérénité et harmonie, malgré la rudesse des conditions.

Françoise part jouer à la marelle sur les mousses flottantes et tente de répondre à la question "tiendra-s'enfoncera ?", en prenant appui sur les colorations vert foncé et en évitant les sphaignes jaune ocre qui signalent de possibles tourbières. Puis, afin d'observer de faux palmiers lycopodes, elle se risque dans les rets de cette jungle gorgée d'eau, gardée par les troncs écimés et dénudés d'arbres qui se dressent comme des sentinelles, probablement pour empêcher certains congénères de s'élancer vers les cieux, dans des gestes tourmentés, en vue d'échapper à la décomposition et à la gangue de mousses.

— Formidable ! La végétation était à ce point couverte de lichens qu'on aurait dit du givre. J'ai vu un pic de Magellan et un martin-pêcheur, gros pépère huppé au long bec, qui m'a fait une brillante démonstration de plongeons.

❖

Descendant le canal Sarmiento par une journée superbe, nous évoquons les premiers navigateurs, Juan Ladrillero et Pedro Sarmiento de Gamboa, qui, au XVIe siècle déjà, sillonnèrent ces archipels, et essayons d'imaginer ce que furent leurs expéditions. Exercice difficile car l'exploration de ces dédales avec les moyens de l'époque dépasse l'entendement. Certes, les caravelles ne s'engageaient qu'après que les chaloupes eurent reconnu et sondé les lieux, mais la mauvaise visibilité, le vent, obstinément debout dans les canaux étroits, clouaient les voiliers au mouillage les trois quarts du temps. Quelle volonté, quelle patience, quelles privations des mois durant !

Le périple de Ladrillero de 1557 à 1559 est sidérant. Prenant plein sud depuis le golfe de Penas, il explore successivement le canal Fallos et celui qui porte son nom, part à l'extérieur, confond la bahía Salvación avec l'embouchure du détroit de Magellan, remonte les canaux Concepción et Eyre, puis le Paso del Indio et Messier, revenant ainsi à son point de départ. Il s'éloigne alors au large, descend plus au sud, mais pas assez, et prend l'ouverture de l'estero Nelson pour celle du grand Détroit, rejoint la fin du canal Sarmiento, l'estrecho Collingwood et, là, s'obstine dans un rétrécissement qui en aurait dissuadé plus d'un, l'angostura Kirke, pour déboucher dans un méandre de fjords qui rappelle un poulpe géant et auquel il attribue des noms qui en disent long sur le moral de l'équipage : Obstrucción, Desengaño (désillusion) et Ultima Esperanza ! Ladrillero fait marche arrière, ne désarme pas, poursuit au sud et enfin, le premier dans l'histoire, retrouve l'embouchure occidentale du Détroit, s'y engage, le parcourt jusqu'au goulet proche de l'Atlantique, puis entame le voyage du retour. Ladrillero a écrit la plus belle page de l'histoire de la découverte des Archipels de l'Ouest, après que Magellan eut révélé au monde en 1520 l'existence du détroit. L'illustre navigateur a minutieusement consigné dans un journal de bord la route suivie et une foule de détails topographiques et hydrographiques ainsi que des observations sur la faune et les *Alacaluf*. Mais le fait de ne pas poursuivre jusqu'en Espagne et de revenir au Chili ne lui permit pas de récolter les fruits de sa fantastique exploration et de laisser à la postérité le bénéfice de ces nouvelles connaissances. Son journal tomba dans l'oubli. Il faudra attendre trois siècles, la première expédition de l'*Adventure* et de la *Beagle* commandées par Parker King et Fitz Roy, pour que se lève le voile qui recouvrait les secrets des labyrinthiques Archipels de l'Ouest.

Une quarantaine d'années plus tard, Pedro Sarmiento de Gamboa appareille de Callao avec un objectif double, hydrographique et stratégique. Un an auparavant, en 1578, Francis Drake a réussi une traversée éclair du détroit en dix-sept jours. Il est vrai en payant un lourd tribut, puisque seul son navire atteignit le Pacifique sur les cinq qui quittèrent Plymouth. Ce fait troubla fortement les autorités coloniales espagnoles installées au Pérou et au Chili central, car la réputation du célèbre corsaire anglais n'était plus à faire. Sarmiento est donc chargé d'étudier les possibilités de fortifier le détroit, afin d'en contrôler le passage, et d'en découdre avec Drake s'il vient à le rencontrer.

Sarmiento explore minutieusement l'archipel Madre de Dios, au sud de la grande île Wellington, et le réseau de canaux situés à l'est entre les parallèles 50 et 53. Il s'engage ensuite dans le détroit et lui trouve un charme indéfinissable, notamment en deux endroits, San Juan de la Posesión, environ au milieu du détroit à 30 milles au sud de l'emplacement actuel de Punta Arenas, et bahía Posesión, un golfe qui se trouve à côté du premier goulet, propice à l'édification d'une forteresse. Cette vision, faussement idyllique, aura sur la seconde expédition des conséquences désastreuses. De retour en Espagne, Sarmiento relate à Sa Majesté Philippe II son voyage dans le détail et lui remet les copies officielles du journal de bord tenu par les greffiers. Les esprits s'échauffent, rapidement naît l'audacieux projet de fortifier et de coloniser le détroit... Les Alacaluf auront des voisins...

Plus de 3000 hommes s'embarquent sur 23 navires. Parmi eux, 600 soldats envoyés en renfort pour lutter contre les redoutables Araucans, 350 colons, le reste étant constitué de marins et de la garnison des futures forteresses. Le 25 septembre 1581, l'imposante armada quitte beaucoup trop tardivement l'Espagne, compte tenu de la route qui l'attend, et se fait cueillir d'entrée par une tempête d'équinoxe qui envoie quatre bateaux et 800 personnes par le fond. La responsabilité n'incombe en rien à Sarmiento de Gamboa, réduit au rôle de conseiller en attendant d'exercer de réels pouvoirs ultérieurement avec le titre de capitaine général du détroit de Magellan et gouverneur de ceux qui le peupleront. Le commandement est exercé par Diego de Flores Valdés, capitaine général de l'expédition, qui n'a ni l'expérience des mers australes ni le caractère de Sarmiento. Reconstituée, la flotte appareille de Cadix le 9 décembre et doit se résoudre, après la traversée de l'Atlantique, à attendre le prochain été austral au Brésil. Repoussée une première fois près de l'embouchure du détroit, l'armada se replie sur le rio de la Plata où le futur gouverneur du Chili, Sotomayor, débarque avec ses 600 soldats, préférant tenter sa chance à pied à travers les pampas et la cordillère. Une seconde tentative d'approche se termine comme la précédente, les vaisseaux, malmenés, sont refoulés par les vents d'ouest. Dégoûté, Diego de Flores Valdés abandonne, met cap au nord, entraînant dans son sillage les autres bâtiments, dont beaucoup sont tout heureux d'imiter le navire amiral. Au Brésil, la flotte se divise, cinq bateaux restent fidèles à Sarmiento qui, après un nouvel hiver, repart et réussit, enfin, à passer le cap des Vierges pour débarquer dans la grande baie qui précède le premier goulet, bahía Posesión, le 1er février 1584, deux ans et deux mois après le départ de Cadix. Alors que l'on s'active à construire, vaille que vaille, les baraques et la future église de la nouvelle "ville" que l'on vient de baptiser Nom de Jésus, trois navires prennent discrètement la route de l'Espagne, laissant sur les berges du grand Détroit un seul voilier en état de naviguer, Sarmiento et ses désillusions et, surtout, 338 personnes aux ressources affaiblies par les défections successives. Devinant bien les conséquences que l'hiver austral aura bientôt sur la communauté de Nom de Jésus, Sarmiento part à la recherche du site qui l'avait séduit quatre ans auparavant, San Juan de la Posesión, et effectue avec une centaine d'hommes un chemin de croix d'une quinzaine de jours le long des rivages magellaniques, avant de retrouver la caravelle qui les avait précédés. Sarmiento érige alors une deuxième "ville" qu'il nomme la Cité du Roi Philippe, cabanes de bois ceintes d'une palissade et défendues par quelques canons. Deux mois plus tard, fin mai 1584, Sarmiento fait voile sur Nom de Jésus où la révolte gronde. Une tempête se lève, la caravelle casse ses amarres, perd ses ancres et se retrouve dans l'Atlantique... puis, une vingtaine de jours plus tard, au Brésil, laissant les colons livrés à eux-mêmes et démunis face aux rigueurs de l'hiver qui débute, à l'hostilité des Alacaluf, pas vraiment enchantés de leur compagnie. Les mois passent, aucun bateau n'apparaît à l'entrée du détroit, les morts augmentent.

Deux ans et demi plus tard, Cavendish, corsaire anglais, mouille ses trois vaisseaux dans la bahía Posesión et aperçoit dix-huit êtres faméliques qui ont attiré son attention en allumant des feux. Un seul acceptera d'embarquer sur des navires ennemis et hérétiques. Poursuivant dans le détroit, Cavendish fait escale à la Cité du Roi Philippe et débarque dans une ville morte, où les seuls habitants reposent à l'horizontale dans leurs cabanes, à l'exception d'un qui moisit verticalement à une potence. Saisi par l'atmosphère de cette ville en ruine qui n'abrite que des cadavres, Cavendish la baptise Port Famine, nom que conservera la postérité : Puerto del Hambre. En 1590, trois ans plus tard, un autre corsaire, Andrew Merick, rencontrera le dernier survivant de ce premier essai de colonisation, qui embarquera mais ne reverra jamais l'Europe.

La descente du canal Sarmiento se poursuit dans d'excellentes conditions. Nous nous arrêtons à Puerto Mayne, belle et très pittoresque entaille dans l'île Evans, offrant plusieurs excellentes possibilités d'ancrage, une fois passée l'entrée formée d'îlots touffus qui font penser à ces arrangements d'arbustes nains que sont les bonsaïs japonais. Vingt-cinq milles plus au sud, caleta Ocasión, au nord d'une grande baie appelée Abra Lecky's Retreat, fournit un abri moins bon sur fond de kelp, très résistant au demeurant, obligeant, le lendemain, à dégager à la machette chaîne et ancre d'un monceau d'algues. Pour les faibles tirants d'eau ou les courageux, à l'ouest de caleta Ocasión, une mare au fond de vase donne les meilleures garanties d'accrochage... à condition de franchir l'entrée. C'est vraiment un magnifique étang avec des canards dodus au point d'en être provocants, qui ont trouvé en Stéphanie une avocate empressée à l'instant où nous voulions charger le fusil.

Lorsque nous passons à la hauteur de caleta Columbine dans l'estero Collingwood, un double arc-en-ciel se forme sous un plafond nuageux qui s'alourdit et noircit de minute en minute. Nous préférons la protection de caleta William, un peu plus au sud, moins exposée aux *williwaws,* mais dont l'accès est fortement déconseillé par mauvaise visibilité.

— Stéphanie, Alain, venez voir !

Nous sortons dans le cockpit comme des Sioux, Françoise, d'un geste, nous désigne l'arrière du voilier. A une quinzaine de mètres, une grosse loutre nous regarde, ventre en l'air, en croquant à belles dents un poisson qu'elle immobilise de ses deux pattes antérieures contre la poitrine. Son repas terminé, elle se retourne, s'éloigne en marsouinant et plonge en souplesse. A la jumelle, nous l'observons encore au crépuscule, empêtrée dans des algues près de la berge, s'apprêtant à passer la nuit ainsi "amarrée".

Nous ne regrettons pas d'avoir empennelé deux ancres de 16 kilos et sérieusement testé la tenue en marche arrière, car le baro qui, il y a une semaine, flirtait avec les 1020 millibars, est à 983, 20 mb en dessous de la moyenne mensuelle pour la zone.

Eh ! ça devait arriver une fois ! Le lendemain, le paysage a totalement changé d'aspect. Première attaque de l'hiver qui a badigeonné de blanc l'anthracite des granits et le vert des *nothofagus* jusqu'au niveau de la mer, sans oublier le pont du voilier. Nous ne bougeons pas, d'autant plus que Françoise a des pertes de sang inquiétantes qui lui font prendre un hémostatique. Nous soutenons le siège, appréciant la chaleur du petit poêle à mazout, les soupes fumantes et les plats riches en hydrates de carbone, tant pis pour la ligne !

Le quatrième jour, nous tentons une sortie, grand-voile au bas ris. Ça devient sportif dès que nous quittons l'abri de l'île Hunter et que nous nous retrouvons dans le canal Smyth. Sachant la côte accore, nous la serrons de près puis virons sur tribord après avoir passé l'île Cutler. Contrairement à saint Thomas, nous croyons notre carte lorsque celle-ci nous indique, à un mille devant l'étrave, l'île Baverstock, totalement invisible derrière les flocons fouettés par les rafales malgré ses 500 mètres de hauteur et ses quatre milles de longueur.

Un peu plus tard, dans la caleta Fortuna.

— Tu as perdu !

Je saisis les jumelles que me tend Françoise ; effectivement, le bateau de pêche que je croyais mouillé poupe contre terre dans un recoin de la baie est devenu une épave.

Le lendemain, nous nous lançons dans un slalom, charmant par beau temps mais qui tourne au cauchemar dans la brume et la "piaule", le Paso Shoal. Ce n'est pas le *Santa Leonor* qui nous contredira, magistralement planté sur une roche du groupe Adelaïde suite à une mésentente entre le pilote et le timonier. Nous réussissons à ancrer dans la très jolie, mais profonde, caleta Bourgoyne sur une remontée rocheuse d'une douzaine de mètres, en prenant le risque de devoir plonger pour dégager les ancres au moment du départ. Revenant au bateau après une corvée d'eau à la magnifique cascade située dans le sud de la crique, nous remarquons qu'*Alacaluf* s'est tourné et tire avec insistance sur son mouillage, étrave au sud-ouest. Tiens ! c'est nouveau. En Patagonie septentrionale et centrale, les vents les plus dangereux venaient du noroît puis de l'ouest, ce qui correspondait à l'approche et au passage des dépressions. Lorsque le centre de celles-ci passait notre méridien et s'éloignait à l'est, dans le Drake Passage entre le Horn et la presqu'île antarctique, la dernière phase de vent de sud-ouest était nettement moins forte. A partir de maintenant, et a fortiori plus au sud, il faudra aussi se méfier de cette dernière rotation.

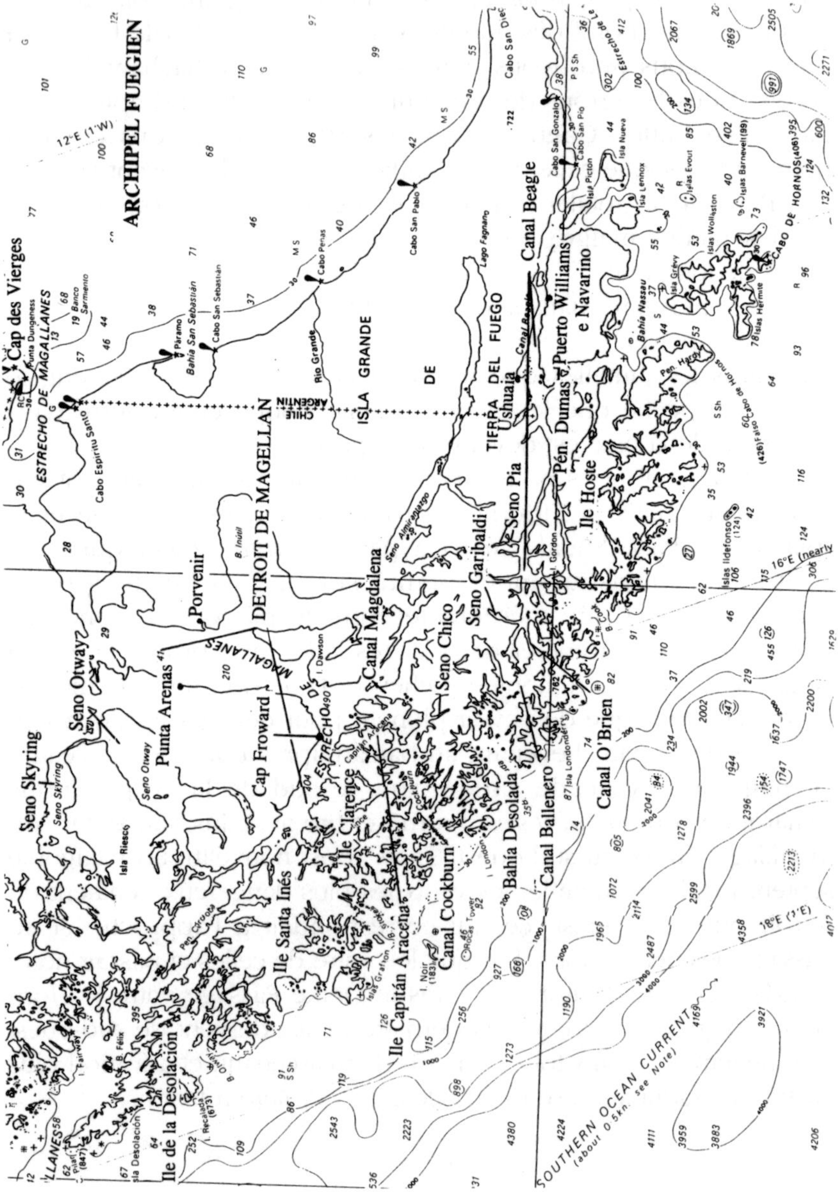
ARCHIPEL FUEGIEN
Cap des Vierges
ESTRECHO DE MAGALLANES
Cabo Espíritu Santo
Bahía San Sebastián
Cabo San Sebastián
Cabo Peñas
Río Grande
Cabo San Pablo
Lago Fagnano
CHILE
ARGENTINA
ISLA GRANDE
DE
TIERRA DEL FUEGO
Ushuaia
Canal Beagle
Puerto Williams
Pén. Dumas
e Navarino
Isla Picton
Isla Nueva
Isla Lennox
Islas Wollaston
Islas Hermite
CABO DE HORNOS
Bahía Nassau
Ile Hoste
Seno Pia
Seno Garibaldi
Seno Almirantazgo
Canal Magdalena
DETROIT DE MAGELLAN
Porvenir
B. Inútil
I. Dawson
Punta Arenas
Seno Otway
Seno Skyring
Isla Riesco
Cap Froward
ESTRECHO DE MAGALLANES
Seno Chico
Canal Cockburn
Ile Clarence
Ile Santa Inés
Ile Capitán Aracena
Bahía Desolada
Canal Ballenero
Canal O'Brien
Isla Londonderry
Ile de la Desolación
Isla Desolación
Islas Ildefonso
Falso Cabo de Hornos
Pen. Hardy
SOUTHERN OCEAN CURRENT
(about 0.5kn. see Note)
12°E (1°W)
16°E (nearly
18°E (3°E)

16

Tierra del Fuego

Après une nuit passée en embuscade à l'orée du grand Détroit dans bahía Scholl, qui n'est pas le mouillage idéal, *Alacaluf* pointe le nez sur le relief glacé et cruel d'une terre qui mérite bien son nom, l'île de la Desolación ; longue bête bosselée et résignée qui n'a eu d'autre solution durant des millénaires que de faire le gros dos face aux colères de l'océan Austral, tout comme le chapelet d'îles qui la prolongent à l'extérieur jusqu'à l'archipel du Horn. Une zone où le granit poli est roi et où il ne tolère les végétaux que sur une étroite ceinture de quelques mètres de hauteur. Le Détroit, très large à son débouché sur le Pacifique, se rétrécit peu à peu à mesure que l'on progresse dans Paso del Mar et Paso Largo. Nous ancrons successivement à caleta Luis puis dans un mouillage magnifique, caleta Playa Parda, qui réunit une jolie entrée, un fond d'excellente tenue, un cirque grandiose et une imposante cascade. Le lendemain, nous débouchons comme un obus dans Paso Tortuoso, et sommes tout heureux de nous arrêter à caleta Borja, les grains neigeux étant de plus en plus fréquents, les heures de barre de plus en plus vivifiantes et les gerçures de plus en plus douloureuses malgré les gants de plongée en néoprène épais. La première tentative pour enfouir les ancres s'étant terminée par la récolte d'un mètre cube de kelp, nous mouillons une seconde fois très près de la lisière d'arbres. Il faut absolument crocher correctement, car le baro abandonne régulièrement un millibar par heure, et ce depuis hier matin. Le rideau qui s'abat bientôt sur le détroit tamise et étouffe le bruit du vent, nous privant, pour une fois, de ces envolées dans les aigus qui mobilisent, aiguillonnent une partie du cerveau qui se demande, surtout la nuit, jusqu'où cela va monter.

En deux jours, le pont est recouvert de 50 centimètres de neige, ce n'est plus un voilier mais un chalet flottant. Tout y est, la cheminée qui fume, le poêle qui ronronne, les douces veillées à la lueur des lampes à pétrole dont les flammes dansent sur les boiseries, les "pâtes agonies", les orgies de moules, le *pisco* et le *tinto "por el frio"* et, pour Stéphanie, les bonshommes de neige dans le cockpit, l'igloo des Barbies, les petites glissades sur l'annexe retournée sur la plage avant.

Ces nombreuses journées passées bloqués dans le bateau ne nous pèsent pas, ici particulièrement avec cette extraordinaire ambiance de Noël ; mais même sous les déluges, nous profitons de ces occasions pour assurer une scolarité régulière à la petite qui, à cet égard, préférerait qu'il fasse beau plus souvent, question d'alléger un peu le programme…

Le baro est remonté comme une flèche. A 8 heures, alors qu'il fait encore noir, nous déblayons le pont à l'aide de balais et de seaux d'eau de mer, puis dégageons écoutes, drisses et bosses de ris à l'eau bouillante. Une époustouflante journée commence. Notre labeur terminé, nos regards survolent les hêtres, toujours aussi tordus mais par le poids de la neige cette fois, puis courent le long des falaises qui nous dominent et se fixent sur les arêtes qui s'embrasent tout là-haut aux premiers rayons rasants du soleil. C'est encore plus sauvage, plus rude, plus majestueux sous la neige. De toute cette lactescence se dégage une pureté, un éclat que seul l'hiver peut créer, une magie blanche, qui nous fait remercier le ciel d'avoir accumulé du retard dans cette expédition et de découvrir la face cachée de la Patagonie, la plus belle, celle qu'elle nous offre aujourd'hui. L'air et le ciel sont d'une incroyable transparence. Dans le paso Inglés, les abondantes chutes de neige donnent au décor une allure de conte de fées et font ressortir, d'une façon tout à fait inhabituelle, les irrégularités du relief, transformant les monts en boursouflures et les vallées en crevasses. En longeant la côte nord-est de l'île Carlos, *Alacaluf* entame une série de zigzags et avance en crabe entre de gros tourbillons. Trois courants se rencontrent à cet endroit, celui qui vient du Pacifique, alimenté par les vents d'ouest, celui de l'Atlantique, généré par les fortes marées, et celui qui descend du canal Jeronimo et du seno Otway, véritable mer intérieure.

Alacaluf est mouillé dans caleta Gallant, excellent refuge. C'est là, au retour d'une chaloupe qu'il avait envoyée en reconnaissance à l'ouest, que Fernão de Magalhães apprit qu'il touchait au but, quatorze mois après son départ de Séville, une hasardeuse navigation en eaux inconnues depuis le sud du Brésil, un hivernage dans le golfe de San Julian, une mutinerie matée de justesse et un passage acrobatique, voire miraculeux, du premier goulet. Parvenu le 21 octobre 1520 à bahía Posesión, Magellan déboucha sur le Pacifique trente-huit jours plus tard. Sensationnelle performance pour un premier passage, si l'on pense au temps nécessaire à l'exploration des chenaux et des baies qui n'étaient pas les bons et à la recherche d'une caravelle qui avait discrètement mis le cap sur l'Espagne. Trois navires s'engagent dans le Pacifique, un seul terminera la boucle par l'ouest, sans le capitaine général qui périra lors d'une rixe avec des indigènes aux Philippines. Les trois autres circumnavigations réalisées au XVIe siècle seront l'œuvre des corsaires Francis Drake, Cavendish et du Hollandais Olivier Van Noort.

Probablement "endormis" par les jours passés à caleta Borja à regarder la neige s'accumuler sur le pont et par la fantastique journée d'hier à déambuler au moteur, les yeux écarquillés devant cette blancheur étincelant sous un ciel d'azur, nous reprenons notre navigation dans le détroit, au portant sous grand-voile à un ris. Le vent monte. La barre est vivante, sans être dure, et implique des corrections assez amples sur chaque bord. Le temps s'obscurcit et j'aimerais jeter un coup d'œil à la table à cartes. Plutôt que de demander à Françoise de venir gouverner, je branche le pilote électrique, prérègle le compas de commande qui se trouve dans la descente, fixe le vérin sur la barre franche et m'aperçois qu'un ajustement de cap est nécessaire. Pour ce faire, je m'agenouille près de l'appareil aux abords de la descente. Arrive un *williwaw*, le bateau lofe, le pilote corrige, le voilier revient sur son cap, mais le vérin tarde à suivre le mouvement et ne contrebarre pas, contrairement à ce qu'un équipier aurait fait instinctivement à cette allure pour éviter ce que je vois se préciser... Bon sang de bonsoir ! Manipulant la commande pour faire venir immédiatement la barre sous le vent, je maintiens de la main gauche le palan d'écoute... Trop tard, la grand-voile est arrachée par une rafale et la bôme, avec une violence inouïe, passe comme une faux sur l'autre bord. Le bras a suivi le palan qui l'a projeté à 180 degrés dans le dos et m'a catapulté sur le côté droit de la descente. Vive douleur au coude, bras inutilisable, et je suis de surcroît coincé... pas pour longtemps. Le vérin ayant enfin poussé la barre sur bâbord, le voilier se fait à nouveau prendre à contre cinq secondes plus tard et la bôme revole sur l'autre bord, me permettant d'arrêter ce pilote qui est devenu une machine infernale à empanner.

Défaut de vigilance, par 54° sud ça ne pardonne pas, surtout que le détroit se fâche, formant en dix minutes des creux de deux mètres et des crêtes qui déferlent.

Quelques heures plus tard, nous embouquons le canal San Pedro et "patinons un bon moment dans le coton" avant d'identifier le petit fjord au fond duquel se trouve le mouillage recherché. Outre la neige qui rivalise d'opacité avec un épais brouillard, nous sommes troublés par la présence à l'entrée dudit fjord de deux îlots, dont le plus important semble être tombé du ciel avec les flocons car il ne figure pas sur notre carte.

Au menu le soir, pommade, bandage et anti-inflammatoires.

Le surlendemain matin.

— Alors capitaine, on va essayer de naviguer sans se disloquer et se faire décapiter aujourd'hui ?

La grand-voile est au bas ris et elle y restera, d'autant que cela se révèle encore trop dans la dernière partie du trajet sous les terribles coups de boutoir qui dévalent des hauteurs de l'île Capitaine Aracena. Stéphanie, qui commence à être habituée, est un peu inquiète tout de même en voyant depuis la couchette du carré la mer défiler en bouillonnant le long des hublots sous le vent. L'assiette se rétablit entre deux rafales et ça repart, trente secondes plus tard, pour une nouvelle salve et de l'eau jusqu'aux hiloires. Nous sommes harnachés dans le cockpit, Françoise tient la barre à deux mains et je choque l'écoute, à la demande, avec mon bras valide.

— Alain, ces rafales à scalper un *Beatle* c'est normal ?

— Je pense bien que non... Ce n'était pas dans le prospectus. A l'arrivée, nous nous plaindrons au syndicat d'initiative !

Nous passerons une nuit et un jour à nous faire secouer comme un prunier dans caleta Beaubassin, appellation très "grand siècle" que le décor justifie tout à fait. Mais deux jours plus tard, nous tournons le dos au cap Froward et à son immense croix, point le plus méridional du continent, sombre promontoire qui se gausse des tourments des petits voiliers, comme jadis de ceux des Indiens dans leurs canots, et nous embouquons notre premier canal fuégien, le Magdalena, sous le feu d'artifice des teintes vives qui décorent le relief escarpé qui nous a valu les réjouissances musclées de l'avant-veille. Nous longeons l'île Dawson, où fut menée en 1890 une tentative maladroite de regroupement d'Alacaluf et d'Ona, dans un but d'instruction et d'intégration. Par suite d'un manque d'assistance et de médicaments, découlant d'un désintérêt relatif des autorités, la petite communauté, frappée par une mortalité implacable, se réduisit comme une peau de chagrin. A l'échéance de la concession en 1911, les derniers survivants se dispersèrent, ne restèrent de cette expérience que 800 tombes.

Dans le sud, les derniers bancs de brume se dissipent et sous le voile qui se lève apparaissent, dans un jaillissement irréel et dantesque, les pics élancés, effilés et blêmes de la cordillère Darwin, puis la forme pyramidale du plus haut sommet de la Terre de Feu, le monte Sarmiento.

Nous ne savions pas qu'à Puerto Improvisto, jolie niche entre de hautes falaises, nous trouverions une place à quai... Pas satisfaits de l'accrochage des ancres, nous nous sommes amarrés au flanc de la paroi de granit en nous attachant aux branches, hors de portée du vent qui touchait l'eau, 30 mètres plus loin.

Le lendemain, après quelques milles dans le Cockburn, nous prenons sur bâbord et pénétrons dans un défilé sombre et fantomatique, le seno Chico. Le voilier progresse entre des giboulées et des éclaircies, salué par une armée disséminée de *nothofagus* égrotants d'un côté, et de l'autre par quelques sentinelles torses et rabougries, abandonnées dans la paroi sur une vire ou un providentiel replat. Ce n'est plus un fjord, c'est un boyau, entrailles d'un monde opaque et blafard qui nous aspire, dans le crépitement de l'étrave qui fend la pellicule de glace et les "bongs" des blocs contre la coque. Par moments, la chape de plomb qui ceint les à-pic vomit des cascades de neige qui s'éparpillent dans l'eau laiteuse. Soudain, la barre me saute des mains alors qu'un bruit affreux résonne sous mes pieds ; un glaçon s'est bloqué durant quelques secondes entre l'hélice et le safran ; par chance pas de dégâts. Voilà bien une heure et demie que nous nous enfonçons dans le canyon, et toujours pas de glacier en vue, mis à part un petit bras secondaire sur tribord, totalement obstrué. S'agirait-il d'une langue suspendue, dissimulée là-haut dans la brumaille ? Et puis soudain, derrière un épaulement surgit un extraordinaire amoncellement de glace vive, une aigue-marine géante dans un écrin de ouate. Nous sommes fascinés par l'éclat, l'intensité de ces reflets bleus malgré l'absence de soleil, et par la formidable impression de puissance et de chaos qui émane de ces formes amassées et superposées, de ces blocs, de ces cubes d'où jaillissent des becs, des éperons, des rostres. Un entassement vertical et vertigineux de séracs et de saillies que l'on a envie de frôler de l'étrave. Une déflagration, et un pan entier se fissure, hésite, bascule et entraîne à sa suite d'autres blocs, dans un grondement qui nous donne la chair de poule et nous ramène à une réalité moins poétique.

Le magnétisme, l'attraction de cette muraille bleutée sont tels qu'ils nous feraient oublier des consignes élémentaires de sécurité.

Que faire ? Ce n'est pas tous les jours que l'on peut côtoyer un pareil monument. Après avoir repéré les endroits qui nous paraissent les moins exposés, nous approchons, un œil sur le sondeur, l'autre au-dessus du mât, plus près, toujours plus, éblouis, envoûtés par les nuances et les mille détails de cette anarchie de formes conçue par une architecture de cataclysme qui, dans sa confusion, dégage une esthétique d'une pureté inégalable. Vision magique que celle de l'étrave du voilier, silencieux et recueilli, à quelques mètres de cet autel de glace vive, de cet immense gisement de béryl brut, dans lequel un cyclope a taillé à la hache pour faire ressortir du cœur du glacier les veines du bleu le plus beau, du bleu le plus pur.

Les sondes nous autorisent le luxe de mouiller à une centaine de mètres de la chute de glace. Après une veillée au coin du feu, en étroite symbiose avec cet environnement titanesque, la nuit s'écoule, douce, bercée par les vagues de fond qui suivent les détonations du Colosse qui travaille, et troublée de temps à autre par les grognements rauques d'un léopard de mer.

Alacaluf se réveille sous 30 centimètres de neige, il fait très froid, la température à l'intérieur est pour la première fois en dessous de 0°, dehors il fait moins 15°. La cabine de Stéphanie est condamnée, nous dormons tous les trois dans le carré. Le chauffage est arrêté la nuit pour économiser le fuel et, au lever, nous allumons les deux feux du réchaud à pétrole en même temps que le poêle. Hier, c'était hivernal. Aujourd'hui, c'est polaire. Nous déneigeons le pont mais avons beaucoup de difficulté avec les cordages, notamment les bosses de ris qui nous obligent à déverser de l'eau bouillante dans la bôme. Heureusement qu'il n'est pas nécessaire d'en faire autant avec les drisses depuis le haut du mât... Deux heures plus tard, dans le canal Cockburn, il faut recommencer. Les voiles se sont changées en carton et les manœuvres en baguettes.

Dans l'après-midi, alors que nous nous engageons dans le chenal qui sépare les îles Elisa et Baynes, un voile hideux nous enveloppe. Nous prenons la cape un instant, puis remettons en route dans l'intention de rallier une baie à deux milles dans l'ouest.

Nous sommes tendus, car la visibilité est catastrophique et nous n'avons pas de carte suffisamment détaillée de cette zone, devant nous contenter des instructions nautiques anglaises. Après quelques centaines de mètres : "Demi-tour, ça tourne à la roulette russe !" Nous mouillons, tant bien que mal, dans une minuscule échancrure et passons une nuit blanche à surveiller notre évitage à tour de rôle, les vents tourbillonnants nous repoussant au fond de la crique.

Au matin, devant les 40 nœuds qui balaient le canal Cockburn, nous reprenons le chemin suivi la veille sur quelques encablures et réalisons que le voile d'hier serait devenu linceul si nous avions persisté ; une frange de roches à fleur d'eau barre le passage à l'extrémité nord de l'île Elisa. Nous la contournons, slalomons entre les bancs de kelp, ça change des glaçons, et ancrons dans une baie assez bien protégée. A défaut de carte très détaillée, nous avons appris les instructions nautiques par cœur, et quelle n'est pas notre surprise en voyant dépasser, au milieu de la passe sud, une herse de rocs. Nous sommes à basse mer et ces saletés émergent de 50 centimètres ; c'est dire si elles sont visibles à marée haute, sous un mètre d'eau ! Nous imaginons la tête du capitaine d'une petite embarcation qui, confiant dans ce que décrivent les *Pilot Books,* s'engage par là... Un jour, deux jours puis trois s'écoulent, le gros mauvais temps s'installe. La quatrième nuit, le vent atteint une violence encore jamais vue, le bateau se couche sous les rafales, tout ce qui était sur la table du carré et de la cuisine voltige, nous naviguons au mouillage. Il est impossible de fermer l'œil car, pour ce faire, il faudrait commencer par se boucher les oreilles. Ne plus entendre cette symphonie infernale faite d'un mugissement de fond, thème central sur lequel se superposent les solos des *williwaws* qui ne connaissent qu'un seul registre, les suraigus ; hurlements stridents qui montent encore d'une tonalité en s'engouffrant, en se déchirant entre les haubans qu'ils transforment en cordes de violon pour produire ces sifflements perçants qui pénètrent et torturent le cerveau qui ne peut pas ne pas écouter, craignant, s'il arrivait à tourner l'interrupteur, de manquer un autre bruit, grave et caverneux celui-là, le raclement de la chaîne sur le fond, synonyme de dérapage. Dehors, le gréement vibre et tremble. Dedans, les boiseries craquent et gémissent. L'esprit, angoissé, joue les anémomètres, remplaçant la petite roulette par le tympan qui enregistre et estime la force des rafales selon la durée et la montée des modulations : " C'est plus fort qu'à caleta Untel... C'est plus fort qu'il y a une heure... C'est encore plus fort que tout à l'heure... Ça ne peut plus augmenter... Erreur !"

Et Stéphanie dans tout ça ? Elle, et elle seule, tourne l'interrupteur quelles que soient les conditions jusqu'au petit déjeuner. "Il y a eu une tempête cette nuit ? Ah bon ! Et toi "Nounette" ça t'a dérangée ? "Nounette" non plus elle a rien entendu !"

Le gros du coup de vent est passé, un régime d'ouest soutenu lui succède. Ouest ? C'est précisément notre cap. Ce canal Cockburn, qui doit nous conduire à la pointe occidentale de la péninsule Brecknock, n'est pas une sinécure. Largement ouvert à son débouché sur l'océan Austral, il offre un magnifique terrain de jeu au Géant de l'Ouest qui y envoie ses hardes de moutons au galop. C'est un passage obligé, condamné le plus clair du temps pour un petit voilier à moteur auxiliaire. Circonspects devant les jours qui s'enchaînent et notre réserve de fuel qui diminue, nous nous lançons, vent debout, et mettons six heures pour rejoindre Puerto Niemann, distant de douze milles. Brutal exercice pour la mécanique que soutient un peu de toile, pour le voilier qui tape, et vivifiant pour le barreur dans le cockpit ouvert. Mais nous aurons, à l'arrivée, l'occasion de nous réchauffer. A trois reprises, les 55 mètres de chaîne seront relevés sans que les ancres aient pu crocher. Un quatrième essai, près du bord avec deux aussières à terre, nous obligera à tout remonter une nouvelle fois, le risque étant trop grand de se retrouver à la côte. Une cinquième tentative sera nécessaire qui nous verra balancer, à la verticale, ancres et chaîne en tas, étrave regardant la baie, et placer deux amarres en V sur l'arrière. "Cuits" physiquement et nerveusement, nous nous effondrons dans nos couchettes. Il fait nuit depuis un certain temps déjà, il est 17 heures.

Le vent a repris son refrain préféré, et les *williwaws* leurs solos de stridulations qui font frémir le dessous de nos bannettes. Le temps passe. Cela fait neuf jours que nous sommes dans ce canal Cockburn, dont nous ne voyons plus la fin. Nous avons quitté Chiloé depuis bientôt trois mois, il ne reste que 35 litres de mazout pour le chauffage, en raclant les fonds des jerrycans, soit deux semaines en aidant avec le réchaud à pétrole. Une fois la péninsule Brecknock passée, nous pourrons poursuivre même par vent fort, mais il faut d'abord "tourner le coin". L'atmosphère a perdu en sérénité, nous sommes plus tendus, plus irritables, probablement usés psychiquement. Nous savons bien que les armes du petit voilier, devant les colères du Géant de l'Ouest, sont la patience et la qualité des mouillages et qu'il est stupide, face à un tel puncheur, de rechercher le corps à corps. Mais à ce stade, nous ne pouvons temporiser très longtemps.

Un matin, m'entendant me lever, Françoise demande :

— Qu'est-ce que tu fais ?

— Je me prépare.

— Tu plaisantes !

— Non, on va essayer "en rasant les murs". L'idée est de frôler le groupe Enderby-Vidal Gormaz en profitant de son abri plus que relatif, puis de viser l'île Adelaïde. Si nous y arrivons, nous serons mieux positionnés pour la suite.

Le vent nous épargne durant les préparatifs, mais lorsque nous approchons de la passe, un grain de grêle nous oblige à stopper et à faire des ronds dans l'eau derrière un îlot. Ensuite, grand-voile au bas ris, moteur à plein régime et hardi petit ! Les grains, chargés de plombs glacés, se succèdent régulièrement, laissant entre eux un quart d'heure de visibilité correcte que nous mettons à profit pour repérer le cap et progresser, car lorsque la nuée sombre arrive et libère sa bordée de grêlons, c'est fini ; les crêtes des moutons sont arrachées et volent à l'horizontale, le voilier tangue, bute, se cabre, n'avance plus d'un mètre, fait le gros dos, comme le barreur sous la décharge de glace, agrippé au timon pris de trépidations et qui menace de partir en tous sens. Temporiser, ne pas reculer, ne pas abandonner ces quelques milles, voire ces encablures, durement gagnés. Attendre, comme le boxeur dans les cordes, le "gong" libérateur et répondre à ces sournoises interrogations : est-ce raisonnable d'insister de la sorte ? Si une pièce de la machine ou de la transmission cassait ? Puis quand ça s'éclaircit, repartir à 25° du vent, le corps toujours tourné vers l'arrière pour éviter aux yeux la brûlure des embruns et au cou les infiltrations sur les bords de la cagoule.

Nous barrons chacun une demi-heure, puis plongeons dans la cabine afin de quitter la lourde combinaison de moins en moins imperméable, changer les deux ou trois paires de chaussettes froides et humides contre des nouvelles et passer de longues minutes les mains tendues au-dessus du réchaud, seul chauffage d'appoint car le poêle refoule dans de telles conditions. Enfouie dans un sac de couchage jusqu'au nez et couverte d'un gros duvet, Stéphanie patiente, bien calée dans une couchette antiroulis.

Les heures s'écoulent, très lentement, trop lentement. L'étrave taille laborieusement son chemin dans ce troupeau infiniment renouvelé, et devant, entre les grains, la silhouette noire de l'île Adelaïde se précise, doucement, grossit tout doucement.

La dernière encablure, sur une eau enfin plate sous le vent de l'île, me rappelle les derniers mètres d'une longue séance de natation à l'autre bout du continent...

L'apaisement qui nous envahit est proportionnel à la violence du combat mené, à défaut d'être en rapport avec les milles gagnés, huit en cinq heures ! La satisfaction va au-delà de ce gain dérisoire et relève du soulagement. Notre position devrait nous permettre, un de ces prochains jours, de passer l'épaule pour "arrondir le coin", et nous avons débloqué une situation psychologiquement pénible. Ambiance particulièrement intime et chaude ce soir dans le carré, autour du poêle qui a repris du service. Nous entourons beaucoup Stéphanie qui s'est montrée admirable de compréhension et de patience durant ce rodéo. Le moral remonte et le niveau de la bouteille de pisco s'écroule... " *¡ Por el frio, naturalmente !*"

La nuit fut plus calme. Le baro a poursuivi l'ascension entamée hier matin, mais nous restons prudents car les deux précédentes hausses nous ont amené un fort régime de sud-ouest. Nous levons l'ancre dans une aube embrumée, saupoudrée de giboulées. Mais on ne rêve pas ! il n'y a presque plus de moutons dans le canal Cockburn, on dirait que le Géant ne s'est pas encore réveillé. Nous longeons les îlots et pâtés sous le vent des îles Skyring et Henry. Toujours pas de rugissements, rien que le brouillard givrant d'une matinée blafarde. La visibilité est médiocre, au-delà de 200 mètres on ne devine que des ombres et des formes nébuleuses. Nous avançons en quittant un repère reconnu et nous nous dirigeons vers le suivant, sans confusion possible vu les courtes distances. Parvenus à la pointe sud-est de l'île Henry, au bord de cette véritable trachée-artère d'où les jours précédents sortait le puissant souffle du Géant, nous n'osons y croire, la péninsule Brecknock nous est totalement cachée, mais devant nous, rien qu'une houle de suroît, résidu des époumonements antérieurs.

Compte tenu du peu de visibilité et désireux d'engranger des milles, nous renonçons au sinueux canal Ocasión de même qu'au très beau mouillage de caleta Brecknock, et prenons au sud un passage plus large et plus direct. Vision lunaire que celle de ces solitudes battues et délavées ; dômes de granit âpres et nus d'où s'élèvent, comme à l'île London, les flèches d'une cathédrale lithique qui couronne le royaume du néant.

Le temps clément nous permet d'ancrer à Puerto Townshend dans le sud de l'île London, sans crainte des *williwaws* qui ne manqueraient pas de débouler du Pico Horacio par régime d'ouest. C'est une belle récompense que nous nous offrons là, après le calvaire du canal Cockburn, parce que l'endroit, ouvert sur l'océan Austral, est d'une rare sauvagerie. Le relief déchiqueté de l'île témoigne de la fureur des assauts du vent et des lames. Dans cette forteresse perdue, quelques hêtres soutiennent le siège, colonisant les recoins les moins soufflés. Combat pathétique que celui de ces nains martyrisés qui n'excèdent pas deux mètres, tordus, estropiés à force de courber l'échine, qui nous sont apparus comme des complices, d'émouvants symboles de ténacité.

Belle navigation, via le rétrécissement de Paso Aguirre, qui nous mène aux abords de bahía Desolada. Terme on ne peut plus approprié, donné par James Cook à cette longue brèche ouverte sur le large, grandiose dans sa partie nord, bordée par les pics de la Terre de Feu, et bien gardée dans le sud par une multitude de cailloux qui sont autant de mines pour les coques des bateaux. Nous poursuivons à l'est dans le canal Ballenero, ainsi baptisé par Fitz Roy en 1830, après qu'une chaloupe de reconnaissance eut disparu et que ses infortunés occupants eurent regagné le bord à l'aide d'une nacelle de fortune en forme de panier. Pensant qu'il s'agissait d'un vol, Fitz Roy embarqua, en guise de représailles, trois jeunes gens et une fillette yahgan qu'il affubla de noms incongrus : Boat Memory, en souvenir de la chaloupe, York Minster, un cap dans les environs, Jemmy Button, qui aurait été cédé par ses parents contre un bouton de nacre, et Fuegia Basquet, censée immortaliser l'esquif de secours. Ces quatre indigènes furent ramenés en Angleterre. Le premier décéda rapidement. Les trois autres furent bien traités et éduqués comme il seyait au pays de Sa Gracieuse Majesté et de l'anglicanisme, dans l'esprit, de retour sur leur sol natal, de servir d'interprètes, d'exemples, et de faire découvrir aux primitifs l'attrait des services religieux et des ustensiles de table. Ce fut un désastre. Le missionnaire qui accompagnait le trio dans sa réinsertion sauva sa peau de justesse… mais pas sa barbe qu'on tenta de lui arracher poil par poil ! Les Indiens, presque imberbes et qui s'épilaient consciencieusement, ne comprenant pas que l'on pût manquer pareillement aux règles du savoir-vivre, version fuégienne.

Après avoir mouillé à Puerto Engaño dans le canal O'Brien, nous débouchons dans le canal Beagle et ancrons à caleta Huemul, petit cratère cerné de hautes falaises dans l'île Darwin, déconseillé par vent fort, mais ce soir rien à craindre.

Au matin, le froid est piquant et le voilier est recouvert d'une belle pellicule de givre. Il n'y a pas un souffle d'air. L'aube translucide, la température très basse, le ciel complètement dégagé et le baro haut perché annoncent une situation anticyclonique exceptionnelle. *Alacaluf* glisse sur un miroir tandis que les neiges des plus hauts sommets de la Terre de Feu virent à l'orange, avant d'éclater de blancheur sur un fond bleu de plus en plus intense. Après une telle dépense d'énergie, le Géant se repose et nous gratifie, comme dit Françoise, d'une journée cadeau, ici, dans la plus belle partie du Beagle où la cordillère Darwin égrène ses glaciers comme un chapelet, le long du grand canal lui-même, et au fond de fjords dont certains ne sont pas hydrographiés. Une journée folle, comme les deux qui lui succèdent, à nous demander si nous ne rêvons pas, si ces épaisseurs de neige fraîche, ces congères, ces arêtes surchargées, ces corniches galbées surplombant les à-pic, si toute cette profusion de blanc immaculé qui scintille de tous ses cristaux, si tout cela est bien réel, comme ce calme, absolu, presque pesant. Nous nous faisons l'effet de Parisiens transportés d'un coup au cœur d'une campagne déserte et que le grand silence gêne ; tout comme eux, nous sommes désorientés par l'absence de bruit et de vent. Sur bâbord, les glaciers España, Romanche, Alemania, Francia, Italia et Holanda étincellent. Sur tribord, les forêts se gorgent de soleil et se parent de couleurs chaudes.

Nous dérangeons des pétrels géants qui se prélassent au milieu du canal. Lorsque nous approchons, à contrecœur et au tout dernier moment, ils se décident à céder la place et s'éloignent, le cou tendu, dans de grands battements d'ailes qu'accompagne un vigoureux galop. Cousin de l'albatros, le pétrel géant n'a ni son élégance ni sa maîtrise du vol plané. Il est plus petit, plus ramassé, de couleur gris brun, et possède un bec plus court mais extrêmement puissant fait de plaques cornées superposées en boursouflures. En vol, son attitude est plus raide, moins coulée que celle de l'albatros, et il étend moins les ailes qui d'ailleurs ont une portance inférieure, notamment au niveau de la cassure.

Alacaluf est à l'ancre, immobile, à une centaine de mètres du rivage, sa coque d'aluminium brille comme si elle était d'argent. Après avoir posé dans l'annexe les trois kilos de viande que nous venons de troquer contre du *pisco* à l'estancia de Yendegaia, nous nous retournons. Un homme enfourche sa monture, le cheval trépigne, danse, de longs jets de fumée s'échappent régulièrement de ses nasaux ; il semble se réjouir de la randonnée qui s'annonce et s'éloigne au trot, labourant la neige qui lui monte jusqu'à mi-jambe. Le ranch, les hauteurs qui le dominent, l'eau, les flancs de la crique, les contreforts de l'île Hoste de l'autre côté du Beagle, tout ce que nos regards rencontrent rayonne de couleurs vives, intenses, superbement contrastées. Jamais nous n'avons encore vu une telle qualité de lumière, des tonalités si violentes, si marquées, si ardentes, de tels éclats dans un air aussi pur, une visibilité aussi nette, qui sont les privilèges du grand Sud par temps radieux et qui font de ces journées de véritables cadeaux du ciel.

ARCHIPEL DU HORN

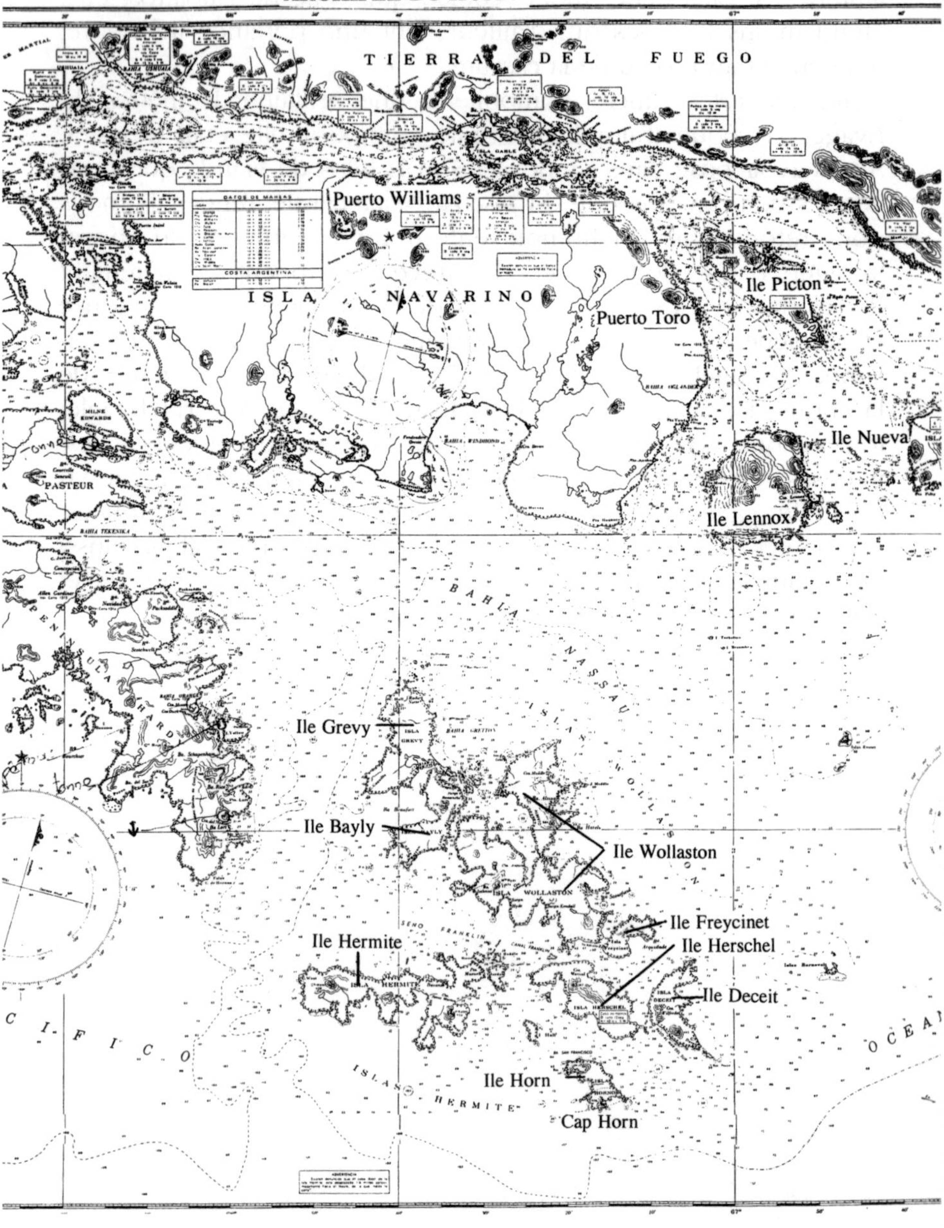

17

Le Horn

L'agglomération de Puerto Williams, dans l'île de Navarino au sud de la Terre de Feu, présente l'image avenante des bourgades de pionniers faites de maisonnettes de bois espacées, souvent peintes de couleurs vives. Tableau quelque peu terni par les teintes, grises ou noires, des navires de guerre au premier plan.

La marine chilienne utilise fréquemment une technique qui consiste à mouiller de vieux bateaux qui terminent leur carrière transformés en appontements. C'est ainsi qu'un bâtiment désarmé prolonge les installations de l'Armada sur le front de mer, tandis qu'un autre, en retrait dans une petite lagune alimentée par un ruisseau, coule une retraite bien méritée et accepte les voiliers de passage le long de son bord ; c'est le "yacht-club" de Puerto Williams. Ce bateau, le *Micalvi*, à l'allure vieillotte et sympathique, a toute une histoire. Peu après la Première Guerre mondiale, il quitta les eaux du Rhin pour une croisière sans retour qui le conduisit au Chili où il débarqua les munitions qu'il convoyait. L'Armada affecta donc cet "emballage", considéré comme perdu par l'armée allemande, à divers transports de ravitaillement et d'assistance en Patagonie et en Terre de Feu. Les canaux étant la seule voie d'accès, le seul trait d'union, l'unique moyen de contact avec les pionniers et les indigènes dispersés dans ce monstrueux dédale, le *Micalvi* devint rapidement le bateau de la miséricorde et de la charité. C'est sa silhouette désuète et fatiguée, sa haute cheminée crachant la suie qu'attendaient impatiemment les gardiens de phare, les bûcherons, les quelques éleveurs et les Indiens.

Nous avons un voisin à couple du *Micalvi*, lui aussi d'un autre temps. C'est une réplique d'une goélette américaine de 1870, imposante construction à l'ancienne aux larges bordés, dotée d'un proéminent beaupré*, de deux solides mâts portant deux grand-voiles auriques et un hunier*. Juste après notre arrivée, l'hiver reprend ses attaques et transforme le grand voilier, endormi sous l'épaisse couche de neige, en vaisseau de légende. Avec sa provision de bûches sur le pont, sa cabine avant d'où filtre par les hublots une chaude lumière, sa cheminée empanachée qui dispense les senteurs du feu de bois, et avec son effarant gréement qui s'élance dans la nuit, le *Victory* nous rappelle l'*Endurance* à Sir Ernest Shackleton. Aussi étonnant que son bateau, le propriétaire, Ben, vit à bord en compagnie de sa femme, de leur petite fille et d'un marinero. Paraplégique depuis un accident de plongée survenu à l'île de Pâques, Ben a fait transformer et aménager le *Victory* à Chiloé pour le conduire, avec l'aide d'un équipage, ici, aux confins du continent afin d'y prêcher l'Evangile, dans la pure tradition des missionnaires protestants qui entreprirent cette tâche au siècle dernier... Prudent, Ben ne porte pas de barbe.

Nous sommes contents de nous poser, de ne plus craindre pour la tenue du mouillage, de sillonner les chemins enneigés des alentours et de visiter la localité. Mais ça commence à bien faire, voilà quatre semaines que ça dure, nous sommes fin juillet...

...A peine amarrés, nous eûmes la visite d'un fonctionnaire de la police internationale, qui nous reprocha de ne pas avoir fait renouveler nos visas après trois mois. Nous lui exhibâmes les autorisations que nous avaient accordées la Gobernacíon Marítima et la Direction générale de la douane de Valparaiso de naviguer jusqu'à mi-septembre dans les eaux chiliennes, et lui répondîmes que six mois étaient accordés aux étrangers, délai qui n'était pas encore échu. De surcroît, le 11 avril, jour où le renouvellement aurait dû intervenir selon lui, nous nous dirigions sur Penas, où les bureaux d'immigration ne courent pas les rues. C'était parler à un mur. L'affaire fila sur le bureau du chef de la Gobernacion Municipal, un civil, un maire en quelque sorte, ce dont nous nous réjouîmes. C'était oublier ce qu'il advint de la démocratie dans ce pays il y a quelques années, jeune démocratie, fraîchement ressuscitée en 1991, qui tient du funambule et de la marionnette tout à la fois. Il n'est donc pas étonnant que nous eûmes droit à un théâtre Guignol, en deux actes. Dans le premier, Guignol, le maire donc, se perdit de longues minutes dans de poussiéreux classeurs et donna successivement dans le "dramatique accablant" et le "philanthropique magnanime", pour conclure : "Vous êtes assignés à résidence jusqu'à ce que Punta Arenas tranche le cas... qui devrait pouvoir s'arranger si vous signez cette déclaration ; et la sentence sera l'admonestation." Écœurés, voyant que ce qui était valable à Valparaiso ne l'était plus 2500 kilomètres plus au sud dans le même pays, nous nous résignâmes à signer le papier en question, ce qui nous valut le deuxième acte.

Plus solennel que le pape durant une messe pascale, Guignol plongea les doigts dans une montagne de documents qu'il s'efforça de rassembler en trois piles, une pour chacun de nous. Se mélangeant les copies, il recommença plusieurs fois, fouinant, l'œil inquisiteur, sous un tas déjà constitué à la recherche d'une feuille manquante, s'arrêta et, réalisant que tel papier n'avait pas sa place dans ladite pile, il le retira et interrogea le plafond d'un air inspiré. Se ravisant, il décréta qu'il fallait l'y laisser et fixa, perplexe, les amoncellements, se demandant duquel il l'avait extirpé. Se calant sur sa chaise, il prit une bonne inspiration et repartit à l'assaut des récalcitrantes copies. Finalement vaincues par tant d'opiniâtreté, les piles furent alignées au cordeau. Guignol se pencha alors sur son bureau, les mains jointes. Les préliminaires terminés, nous étions mûrs pour la phase oratoire, l'exécution de la sentence, nous allions être grondés, officiellement. Guignol me regarda dans les yeux, prit un feuillet... le reposa, ce n'était pas le bon. Parcourant d'un index sévère l'en-tête placé en haut à droite du premier document du second tas, il entama sa réprimande, pour s'arrêter après le premier paragraphe, questionnant anxieusement :

— Vous comprenez l'espagnol n'est-ce pas ?

Un large sourire découvrit les dents jaunes de notre bourreau lorsque je lui proposai de traduire à Françoise ; des condamnés qui coopèrent, c'était inespéré.

— T'affole pas, on jacte en argot, le mec y pigera que pouic, et surtout pouffe pas de rire !

Suivit alors un dialogue épique, Guignol, grandiloquent, blâmant, grondant en castillan, et moi déblatérant des insanités, très sérieux, le regard dans le vague, évitant de croiser celui de Françoise. Le couperet tombé, vint le moment de contresigner les punitions. Satisfait, Guignol quitta la scène en révélant qui tirait les ficelles de ce petit jeu de marionnettes.

— Maintenant il faut que mon chef, le commandant de la base, vise également ces papiers.

La nouvelle démocratie avait encore quelques progrès à faire dans le domaine de la séparation des pouvoirs...

Ce séjour forcé ne présente pas que des désagréments, il permet à Stéphanie de jouer avec de gentilles copines et nous donne l'occasion de sympathiser avec quelques caractères bien trempés.

Pascal et Adriana notamment, accompagnés de la petite Solange, sur leur voilier *Scherzo*, qui réussirent, quelques mois auparavant, à déséchouer le yacht norvégien *Sorgenfri* qui s'était fait cueillir par une forte tempête dans l'archipel du Horn au retour d'une campagne en Antarctique. La marine chilienne dépêcha un torpilleur et se contenta de récupérer l'équipage, refusant d'engager le bâtiment dans une zone non cartographiée par le service hydrographique national. Pascal et Adriana, avec beaucoup d'astuce et de persévérance, purent dégager le bateau et l'amener dans des eaux où il put être remorqué après colmatage.

Autre personnage attachant, Charly Porter, géologue américain et directeur de l'Institut de Patagonie de Chiloé, grand connaisseur de la région. Il y a quelques années, Charly s'est lancé dans un périple solitaire en canoë de la "mer" d'Otway, au nord de Magellan, jusqu'aux dernières îles dans le sud, empruntant ce qui fut jadis les routes maritimes des Nomades de la mer, bivouaquant la nuit et les jours de mauvais temps. Bien qu'investi d'une mission scientifique, il eut quelques démêlés avec la marine qui le soupçonna d'espionnage !

Sur leur superbe trimaran en alu *Murika*, Roger-Marc, Josette et leurs deux enfants attendent la fin de l'hiver austral pour remonter l'Atlantique. A la passion de la mer, ils ont ajouté celle de la musique, et nous leur devons des soirées mémorables et chaudes qui faisaient oublier les gelées du dehors lorsqu'ils se mettaient à la guitare, à l'harmonica et aux tambours.

Aussi en aluminium, mais de taille beaucoup plus modeste, *Theoros* sert de repaire à Eric, non pas le Rouge mais le Navisophe. Homme de lettres et navigateur confirmé, notamment par une monumentale dérouillée dans le Drake Passage, ce navigateur-philosophe genevois se passionne pour cette région et ceux qui la peuplaient, les Indiens yahgan ou yamana, cousins des Alacaluf par le mode de vie. Courageusement, Eric se démène pour maintenir la caisse de bord à flot et rester le plus longtemps possible dans ces parages, que l'on quitte le cœur lourd le jour venu, sachant bien que l'on y a vécu les moments les plus intenses de son existence.

Nous ignorons quel dépaysement ressent un touriste européen, fraîchement débarqué de l'avion après une courte escale à Buenos Aires, lorsqu'il déambule en été dans la *calle San Martin*, découvrant les restaurants et les boutiques qui jalonnent la rue principale. Magasins de souvenirs, de luxe, de mode qui n'ont rien de pittoresque ; présence incongrue qui ne colle pas avec l'image que l'on se fait de cette terre sauvage et de légende, dont une émission de télévision a emprunté le nom, Ushuaia. Aucun doute, pour ce touriste, la découverte et l'aventure ne débuteront qu'au sortir de la ville. Privilège de la mauvaise saison, pour nous, au cœur de l'hiver, Ushuaia ne jurait pas dans le décor et nous l'avons aimée, vivant au ralenti, engourdie sous 40 centimètres de neige, voitures au repos forcé, ressemblant à une station de ski désertée par les vacanciers. Ushuaia signifie, en yahgan, baie pénétrant à l'ouest. Nous avons apprécié le coup d'œil que la lagune offre sur la ville qui scintille au crépuscule ou qui s'éveille aux premières lueurs d'une aube calme, comme nous avons été sensibles à la révérence de l'épave du *Saint Christopher* au monte Olivia, hautaine pyramide qui le toise en arrière-plan. Plus prosaïquement, nous avons succombé à la saveur des filets de bœuf, splendides morceaux de viande de quatre à cinq kilos, dix fois moins chers que leur équivalent en Europe, que nous conservions "au frigo" jour et nuit, c'est-à-dire sur le pont, après en avoir englouti chacun plusieurs tranches. Et nous avons été touchés par le sympathique accueil d'Alex, de Marie et de leur fils Yan, qui sont basés ici et proposent des croisières dans la région à bord de leur voilier *Croix-Saint-Paul*, expérience assurément supérieure pour le plaisir des yeux à un séjour à terre.

❖

Entre des chutes de neige importantes, le mois de juillet connut plusieurs périodes anticycloniques semblables à celle qui nous accompagna à notre arrivée dans le canal Beagle. Journées cadeaux nous gratifiant d'un temps irréellement calme et d'un ciel bleu sur un paysage de conte de fées, mais aussi des plus basses températures que nous ayons connues, moins 15° la nuit. La lagune du *Micalvi* s'est alors figée sur plusieurs centimètres et, un jour, la glace s'est mise en mouvement, glissant le long de la coque en faisant le même bruit qu'un train. Durant juillet, la pression atmosphérique fut anormalement haute, c'était à coup sûr la période favorable pour se lancer dans l'archipel du Horn. Espérons qu'août ne soit pas victime d'un réajustement statistique, question de remettre la moyenne hivernale à son niveau habituel…

Le 7 août, nous quittons Puerto Williams, cap à l'est, puis inclinons notre route dans le sud en laissant l'île Picton sur bâbord.

C'est dans caleta Banner, située sur la côte nord, que moururent de faim Allen Gardiner et ses six compagnons en 1815 après une longue agonie ; ainsi se termina tragiquement la seconde tentative d'évangélisation des Fuégiens. Si les infortunés Anglais n'avaient pas oublié de débarquer les munitions du navire qui les avait accompagnés, ce drame aurait certainement pu être évité. Incapables de chasser, de changer de campement et de calmer l'agressivité des Indiens, ils furent condamnés à tenter de survivre reclus sur leur île. Nous ancrons, le soir, dans Puerto Toro, *"población la más austral del mundo"*, petit village où se réunissent les pêcheurs de *centollas* qui écument la zone.

Après une traversée sans histoire de la bahía Nassau, nous approchons des hauteurs embrumées et enneigées de l'île Wollaston desquelles dégringolent des parois sombres et lugubres dans une mer qui ne l'est pas moins, ne laissant aucune illusion au navigateur sur l'endroit où il se trouve. Vision infernale que ces sinistres solitudes, fondues dans les nues, baignées dans la grisaille ; falaises mates qu'une maléfique sublimation fait passer d'un coup de l'état d'étain terni à celui de vapeurs grisâtres ; antichambre du Horn, propylée du grand Cap, ce temple élevé en hommage à la démesure des éléments, 15 milles plus au sud. Sous ce plafond nuageux lourd et bas, l'obscurité tombe précocement. Nous évitons de justesse un banc de kelp, que la faible puissance de notre moteur ne nous aurait pas permis de hacher, et pénétrons dans caleta Lientur à la recherche d'une grosse tonne d'amarrage que nous dénichons après tâtonnements, il fait nuit.

Le baro est stable depuis plusieurs jours. Hier soir, il était à 1015 ; ce matin, il est à 1016 millibars et le ciel est plus engageant que la veille. Nous nous lançons, embouquons le passage entre les îles Wollaston et Freycinet, puis, le temps s'améliorant nettement lorsque nous longeons la côte orientale de l'île Herschel, nous repérons les mouillages pour le retour. Les derniers cailloux défilent sur tribord, alors qu'apparaît la langue sud-est du Horn qui ressemble à un tentacule que le Monstre étend pour augmenter son assise. Stéphanie est sous le capot-bulle et regarde l'île qui se découvre tout entière à présent. Elle est assez compacte, râblée, montant brusquement vers la pointe sud pour former la large nuque et le crâne du Monstre qui nous tourne le dos, perdu dans sa contemplation du grand océan Austral. Nous nous approchons de la pointe sud-est sur laquelle se dressent trois baraques. Une voix retentit : *"Velero, velero, velero, acá Cabo de Hornos Radio..."* Suit un très sympathique échange, inoubliable même pour des navigateurs, ce n'est pas tous les jours que l'on discute avec les gardiens du phare du bout du monde. Nous sommes à 100 mètres du rivage, observons les trois bâtisses. Celle de droite est une petite chapelle, les deux autres font penser à des maisonnettes de nains où trois hommes veillent, trois mois durant en attendant la relève, à ce que le Monstre ne croque pas trop de voiliers, ou autre chose d'ailleurs car il n'est pas difficile, tout ce qui flotte lui convient. De la grève, un chemin s'élève, en serpentant, jusqu'aux cabanes. La houle n'est pas en rapport avec le vent de force 4, cadeau du ciel, qui souffle aujourd'hui, et elle nous interdit de débarquer ou de mouiller. Pas grave, nous tenterons de revenir, allons plutôt voir la figure du Monstre. Stéphanie s'est habillée chaudement pour rester longtemps sur le pont. Ces derniers jours, le mot cap Horn revenait fréquemment dans nos discussions, et la voilà emmitouflée, bonnet sur les yeux, curieuse de voir si la réalité colle à la légende. Nous passons la pointe sud sur laquelle s'élève le phare, provisoire, parce que l'ancien n'a pas résisté à une tempête. Nous sommes sous le vent de l'île, grand-voile bordée plat, et avançons au moteur dans une forte houle. Stéphanie et Françoise sont à la hauteur des haubans. Vues avec un peu de recul depuis l'arrière du bateau, elles me font l'impression d'être en toboggan. Nous approchons de la muraille anthracite. Les hautes falaises de basalte noir se présentent dans toute leur sauvagerie, flagellées par le vent, criblées par les grêlons, martelées et ravagées par les pluies. De profondes ravines, des rides dirait-on, se sont creusées dans la face du Monstre qui aujourd'hui nous tolère. Monolithe ténébreux, ogre cauchemardeux qui s'est gavé de tant de navires, en se riant lui-même des colères dantesques de l'océan, borne terrifiante que les vaisseaux du XVIIe mettaient parfois des mois à franchir d'est en ouest. Nous nous rapprochons encore pour mieux observer, mieux saisir les détails, les entailles, l'expression de ce faciès féroce, pour augmenter encore l'émotion qui embue la vue, fait balbutier et inciterait à commettre des bêtises : "Nous sommes trop près, il faut reculer !"

— Stéphanie, quelle impression te fait-il ?

— Il est vilain !

— ? ! Mais pourquoi ?

— Il est tout noir !

Nous dégageant de la muraille, nous poursuivons jusqu'au méridien de l'extrémité orientale de l'île Hermite pour avoir une autre perspective, puis virons de bord et repassons au largue devant la paroi, le phare et la pointe sud-est. Le soleil décline, nous nous retournons pour voir se détacher trois minuscules cabanes en contre-jour ; abris dérisoires de trois Lilliputiens dans un monde de géants.

Le voilier est mouillé dans le sud de l'île Herschel au fond d'une crique bien protégée des vents dominants. Nous partons avec Stéphanie en direction de la crête, en nous efforçant de marcher sur les plaques d'herbe rase et grasse ou de mousse douce qui ressemble à une moquette. Nous parvenons à un petit col d'aspect lunaire. On dirait qu'un projectile a explosé. Cette bombe, aujourd'hui désamorcée, n'est autre que le vent d'ouest. Plus de végétation, que des pierres rondes qui rappellent des galets, quelques lichens étiolés et, bizarrement, de petites racines recroquevillées formant des réseaux qui ne donnent support à rien. Cette fin de journée est magnifique, l'océan a une teinte bleu profond qui est exceptionnelle dans cette région. Derrière nous, les falaises érodées, creusées, taillées de l'île Deceit font penser à de la peau d'éléphant. Devant nous à quelques milles, l'île Horn se pare des chaudes couleurs du couchant sous un ciel bleu pastel qui distille une infinie quiétude. Stéphanie est assise à mes côtés. J'ai envie de lui demander son avis et me ravise, c'est à nous de répondre à cette question : "Et maintenant ?" Au-delà de ce Drake Passage que nous contemplons, il y a l'Antarctique, après quatre journées de navigation. C'est tentant, mais cela implique d'attendre que l'été austral soit bien engagé, cinq mois, puis un retour vers l'Europe via l'Argentine, le Brésil, les Caraïbes ; un sillage déjà connu en partie. Il y a l'autre route, celle que nous nous étions fixée et qui implique de mettre cap au nord, de s'enfoncer une nouvelle fois dans cette Patagonie que nous avons tant aimée, pour déboucher au bord de l'immense Pacifique et de ses îles qui sont autant de perles devant l'étrave, sans parler des plongées. Je dévisage Stéphanie, l'imagine tout sourire au bord d'un lagon, je fixe l'île Horn... Nous n'irons pas plus loin, cap au nord ! Nous redescendons après un dernier regard au grand Cap, perdu dans son éternelle méditation face au sud, et après un bref contact radio avec les gardiens au moyen de la VHF portative, afin de les mettre au courant de nos projets. C'était oublier que le Monstre ne dormait pas, qu'il écoutait, ruminait...

Le soir dans le carré d'*Alacaluf*, nous flottons sur un nuage, nous revivons dans le détail cette journée en tous points exceptionnelle, comme le fut cette troupe de dauphins qui nous escorta dans notre bord de retour. Nous fêtons particulièrement la petite caphornière de six ans, qui découvre avec délice le goût du champagne à la framboise. Vers 22 heures, une étrange constellation au-dessus du mât du voilier attire notre attention. Une nuée d'étoiles, semblable à notre voie lactée, est disposée en un demicercle de grand diamètre ; apparition magique, diadème royal pour couronner cette journée et confirmer qu'aujourd'hui, 9 août 1991, la réalité a rejoint le rêve.

Le surlendemain, le soleil au levant empourpre le ciel, l'enflamme de couleurs hallucinantes, nous ignorons encore que l'enfer s'est réveillé.

Nous voudrions débarquer sur l'île Horn et j'aimerais y plonger. C'est pour cela que nous sommes restés au mouillage, dans l'attente de conditions "anormalement bonnes". En partant, déjà équipé, de l'île Herschel toute proche et en conservant *Alacaluf* manœuvrant, moteur enclenché, pour me repêcher en cas de courant violent, le coup est jouable dans une période anticyclonique. En faisant vite bien sûr, car une brise peut se transformer en coup de vent en vingt minutes. Je cogite justement sur le sujet en effectuant une petite reconnaissance matinale en annexe le long de l'île, lorsque je réalise qu'un train de vagues inhabituel se forme depuis le nord-est. Je continue quelques mètres... Le nord-est, c'est bien dans cette direction que tout à l'heure le ciel... Je me retourne et vois *Alacaluf* qui tire sur sa chaîne. Qu'il a l'air petit au fond de sa baie, comme acculé. Demi-tour en vitesse !

— Françoise, ça devient malsain, je descends à terre libérer l'aussière.

— Et où va-t-on ?

— Au seul endroit qui offre une protection contre un coup d'est, caleta Lientur.

Je tente de me déhaler en suivant l'amarre qui disparaît dans une jungle de kelp, dois y renoncer, prends perpendiculairement au fond de la crique, remonte l'annexe sur les cailloux, vais détacher l'amarre, que Françoise récupère depuis le bord, et reviens vers le Zodiac avec l'ancre que j'avais coincée entre les blocs. Des moutons se forment et viennent mourir sur la grève. Je repère leur période et m'élance, parcours une dizaine de mètres puis regarde, ahuri, un monstre écumant d'un mètre cinquante qui s'amène... "Nom de nom ! d'où sort-il celui-là, on ne pourra jamais l'escalader..." Le rouleau prend l'annexe de face, la catapulte comme une crêpe à la verticale, et bien au-delà, salto arrière disent les gymnastes. La vague ne nous lâche pas, nous roule sur les rochers, je me blesse à la hanche gauche. On verra ça plus tard, retournons immédiatement le pneumatique car le moteur a bu la tasse. C'était une erreur, les rouleaux suivants remplissent rapidement le zodiac. Je récupère l'ancre, une rame, vais chercher l'autre à la nage, puis m'emploie à vider l'embarcation... Plutôt j'essaie, pars en boitant à la recherche d'une branche pour faire bras de levier ; peine perdue. Ce n'est pas le yin et le yang, c'est l'histoire du *in* et du *out*, où l'eau qui sort est instantanément remplacée par celle qui entre. Il faudrait tirer l'annexe en retrait... Pleine à ras bord, elle pèse plusieurs centaines de kilos. A marée basse, il n'y aura plus de problème, mais d'ici là nous serons tous sur la grève. Je réfléchis. Abandonner le pneumatique ? Marcher jusqu'à la pointe nord de la crique et tenter de gagner le bord à la nage ? Cela implique de se lancer, en sous-vêtements, sur une petite centaine de mètres dans de l'eau à 4°... Françoise et moi communiquons par gestes, j'aimerais lui rappeler la procédure pour démarrer le Yanmar par basse température, car il faudra bientôt amortir les rappels du mouillage en soutenant au moteur. Inutile de parler de décompresseurs, je hurle *start pilot*, elle me fait signe qu'elle a compris. Les creux ont doublé depuis que j'ai quitté le bord. Le pont disparaît complètement lorsque le voilier est entre deux vagues et je ne vois Françoise qu'en haut des crêtes. Mais que fait-elle ? Ah oui ! elle se souvient du débarquement des affaires à l'îlot Aves. Après avoir introduit un seau dans la bouée fer à cheval, elle attache le tout au cordage qu'elle a ramené à bord et laisse filer le colis, poussé par la mer vers le rivage. Le paquet arrive, malmené par les derniers rouleaux. Je ne lâche plus le précieux filin, cordon ombilical qui me permettra au moins de regagner *Alacaluf*, l'amarre au Zodiac, et au boulot, il n'y a pas de "seau" métier ! Grâce au providentiel récipient, en écopant à tour de bras, le *out* refoule le *in* et je parviens finalement à retourner le pneumatique que je tire dans l'eau jusqu'à un endroit plus propice pour me déhaler sur le "cordon ombilical" sans heurter les vagues de front.

— Alors capitaine, vos impressions sur cette plongée ?

— Tu veux connaître les détails ? Profondeur : deux mètres. Durée : cinq secondes. Palier : néant. Particularité : douloureux et très rafraîchissant. Je ne m'étendrai pas, le surf à plat ventre m'a suffi... Il faut se tirer de ce trou à rats au plus vite !

Le moteur est lancé. Françoise avance doucement le bateau, afin de me permettre de remonter quelques mètres de chaîne qu'il faut bloquer sur le barbotin avec le pied pour éviter qu'elle ne saute dans les rappels. Petit à petit, nous approchons de la verticale, un dernier effort et les ancres s'arrachent du fond. Cernés par le kelp, nous nous laissons culer avant d'engager la propulsion. Ouf ! cap au large !

Françoise est soulagée, et je tempère son enthousiasme en lui disant qu'il ne s'agit que du premier round, même si nous pouvons nous estimer très heureux d'être libres et de n'avoir laissé aucun matériel derrière nous. La deuxième reprise se déroulera dans le bras de mer qui sépare les îles Freycinet et Herschel, mais gare à la troisième qui sera décisive lorsqu'il faudra remonter le chenal entre Wollaston et Freycinet, avec le vent et les rouleaux en plein dans la pipe. Je renonce à me changer, sachant que nous allons nous faire copieusement doucher, et conserve ma grosse combinaison de quart imbibée d'eau de mer ; mieux vaut "goger" dans le cockpit que sur la berge ! Commence alors un ballet que nous avions déjà admiré au mouillage, mais auquel, cette fois, nous devons nous joindre bien malgré nous, ce d'autant que sous deux ris nous sommes surtoilés afin d'épauler efficacement le moteur. Des *williwaws*, "bien tassés", descendent des hauteurs, frappent la mer, arrachant l'eau qui s'élève dans les airs en gerbes tourbillonnantes qui se déplacent dans le tournoiement de leur panache ; mini trombes d'écume à la crinière folle qui exécutent une infernale sarabande, que les Chiliens ont, fort à propos, appelées *furias*. L'une d'entre elles approche, frappe l'avant tribord. Le voilier lofe, se couche, haubans et voilure se tendent sous le choc ; *Alacaluf* se redresse. Encore une occasion de se féliciter d'avoir changé le haubanage en Martinique. Début du troisième round, le dessert. Tout valse à l'intérieur. Nous rasons la côte afin d'éviter le plus fort des rouleaux. Stéphanie, qui se cantonne dans une couchette de quart, en sort de temps à autre pour ramasser les objets qui ont atterri sur le plancher. Lentement, très lentement, nous remontons le goulet et parvenons à bahía Scourfield, au fond de laquelle se trouve caleta Lientur et la tonne de l'Armada. Et ce sera la quatrième et dernière reprise, l'amarrage, qui me vaudra un nouveau bain. Ayant sauté de l'étrave sur la bouée, je découvre, avec surprise, son peu de stabilité. En forme de disque, celle-ci s'incline et se met à tourner. Agrippé à l'anneau, j'ai le temps de faire deux ou trois tours morts avec le cordage et de me cramponner au dormant de l'amarre, avant de voir, dans l'eau, une rafale éloigner *Alacaluf* et le coucher, découvrant sa demi-carène jusqu'à la soudure de la quille… Très pratique pour se faire une idée de l'état de l'antifouling.

Une demi-heure plus tard, dans la chaleur du carré qui a repris son aspect normal.

— Françoise, comment expliques-tu que j'aie passé quatre heures dehors à la barre dans ma combinaison trempée, sans souffrir du froid, sans même ressentir le besoin d'uriner ?

— Par un double effet hormonal d'inhibition et de mobilisation qui a mis en sourdine l'activité de certains organes, limité les besoins, tout en libérant des ressources d'urgence, de survie... Ce petit miracle physiologique a un nom : adrénaline.

— Et sais-tu comment on refait le plein d'adrénaline ? Avec du *pisco !* c'est le moment ou jamais !

— Attention ! il y a un retour de manivelle, un relâchement... Tu te souviens de l'îlot Aves ?

Effectivement, le lendemain, plus de capitaine. A sa place, un grand-père claudiquant, courbaturé, juste bon à bricoler le hors-bord qui n'a pas apprécié son bain salé, le pilote électrique, décidément de plus en plus sensible aux vols planés, et le Yanmar qui lui non plus n'a pas aimé le carrousel et dont les injecteurs crachouillants révèlent la présence d'eau de condensation malgré les décanteurs.

— Alain, viens voir, ce n'est plus le ballet des *furias*, c'est le bain turc !

En effet, nous avons droit à un autre spectacle. Les valses échevelées et les spirales sont terminées, on dirait que la crique bout, c'est tout le plan d'eau qui se pulvérise, se "nébulise" jusqu'à une hauteur de quatre mètres, formant un nuage de bruine qui est expulsé vers la sortie. Décidément, le registre artistique des *williwaws* est inépuisable, que ce soit sur le plan musical ou de la mise en scène...

Le soir, le baro remonte à 993 millibars et nous nous endormons avec, devant les yeux, des images réconfortantes de *centollas* dont nous comptons nous gaver à Puerto Toro après avoir traversé la bahía Nassau. Vision qui s'estompe à 6 heures du matin, lorsque nous constatons que la pression est à 981 et que le vent a passé nord.

A 9 h 30, le sorcier indique 978, et 972 à 13 heures. Des formations lenticulaires planent dans un ciel dégagé tandis que d'autres nuages coiffent certains sommets comme des calottes...

— Françoise, j'ai l'impression que le coup de nord-est et le bain turc de la veille n'étaient que des plaisanteries à côté de ce qui se prépare ! Une très "grosse saleté" s'annonce. Compte tenu de l'effet multiplicateur des *williwaws*, ici, au fond du "cratère", ce sera dantesque, un chaudron infernal. Nous pouvons quadrupler les amarres, cela n'empêchera pas le voilier, couché, de tirer des bords comme un fou, et j'ai peur qu'on ne heurte la tonne dans une de ces embardées... Caleta Martial ! Je pense que nous devrions retourner à l'île Herschel et nous abriter dans cette baie au fond de sable où nous n'encaisserons que des vents constants... C'est un choix ; j'espère que ce sera le bon !

Le temps est calme, anormalement calme. Après avoir repéré ce qui nous semblait être l'endroit le plus propice, nous étalons nos deux ancres empennelées sur un fond de cinq mètres et entamons une série de marches arrière au moteur, de plus en plus fortes, afin de les enterrer. En guise d'ultime test, nous revenons à la verticale de l'ancrage et reculons à plein régime. Sous la violence du rappel, le voilier pique du nez dans la mer qui arrive jusqu'au davier*. Nous sommes trop loin de la plage pour mettre une ligne à terre. Pour ce faire, il aurait fallu se mouiller sur 2,50 mètres d'eau et prendre le risque de se retrouver à la côte si le vent virait au sud-est en fin de dépression. Chat échaudé craint l'eau froide.

Les batteries sont en place, l'ennemi n'est pas encore en vue, nous allons à sa rencontre, en éclaireurs. L'ascension n'est pas aisée, nous devons souvent accepter de trébucher, de nous coincer les pieds dans des buissons compacts et même d'escalader un petit bois de hêtres nains formant un enchevêtrement si serré, si touffu, que nous le franchissons en marchant sur le faîte des arbustes, non sans quelques acrobaties.

— C'est bien la première fois que je "survole" une forêt à pied ! Comment vois-tu la descente ? demande Françoise.

— Si la tempête se lève lorsque nous serons sur la crête, il n'y aura plus qu'à écarter les bras et nous atterrirons sur la plage...

Parvenus au sommet, nous avons de la peine à croire qu'il s'agit d'une veillée d'armes. Est-ce l'effort de la grimpée, il nous semble que la température est anormalement élevée. Le ciel est encore assez dégagé et, là-bas, le Monstre, vu de dos, paraît assoupi. Nous ne distinguons pas son visage, c'est dommage car il rigole...

De retour au voilier, nous tapotons, incrédules, le sorcier qui confirme, 962 millibars ou 720 millimètres de mercure, presque au minimum de la graduation de l'appareil, en baisse de 31 millibars en une vingtaine d'heures !

La nuit, les premières salves sont tirées du noroît. Le lendemain, l'ennemi fait donner ses batteries ouest, avec grêle et neige en alternance. La température a drastiquement chuté, alors que le baro repasse du cinquième au quatrième sous-sol. Nous prenons confiance, les vents de 45 à 50 nœuds n'ont posé aucun problème au mouillage. "Bonne idée de déguerpir de caleta Lientur, on s'est évité un joli tour de carrousel", c'est en ces termes que je souhaite la bonne nuit à Françoise et Stéphanie.

Vers minuit, *Alacaluf* encaisse un magistral swing, se couche, vide le contenu des "équipets" bâbord, redresse l'étrave et, découvrant son tribord, s'affale à nouveau en propulsant ce qui était sur la table à cartes dans les éviers de la cuisine. D'un instant à l'autre, le vent a doublé en virant au sud/sud-ouest. Le baro, remonté à 973, indique que le centre de la dépression est maintenant dans l'Atlantique, dans notre sud-est, et qu'il nous envoie le bouquet final. Je mets en marche le moteur, pousse le capot-bulle, sors la tête... C'est inimaginable, ça dépasse tout ce qu'on a encaissé jusqu'ici. Il y a dans ce déchaînement du vent quelque chose de surnaturel, le bruit est indescriptible. Dépassées les envolées dans les aigus au passage des *williwaws* sur fond de mugissements, ce sont mille sirènes hystériques, détraquées, bloquées, qui hurlent et vomissent leurs décibels. C'est un rouleau compresseur qui nous arrive dessus. Le gréement grelotte de tous ses haubans. Attachés aux filières, les jerrycans font trembler les chandeliers. Lorsque je me tourne vers l'avant, j'ai le sentiment d'être écrasé, oppressé, ouvre instinctivement la bouche comme un poisson hors de l'eau. Les vagues sont très rapprochées et accourent en cohortes rageuses, écimées, fauchées, qui alimentent un nuage blanchâtre d'embruns qui semble immobile, car constamment renouvelé, recouvrant la *caleta* comme un linceul.

Jamais je n'ai vu une telle poussée, une telle puissance, un tel acharnement. Je ressens quelque chose que j'ai déjà entrevu dans le golfe de Penas, une volonté de destruction, de la férocité, de la haine dans cette fureur obstinée. *Alacaluf* n'est pas à son avantage ; incliné à 30 degrés parfois 40, il est continuellement de travers et tire de larges bords pendulaires jusqu'aux rappels qui le cabrent, le font virer, et ça repart dans l'autre sens. Sur la droite, deux taches de neige collées à la paroi retiennent mon attention ; à surveiller, elles vont nous servir de point de repère. Pour l'instant, il y a un autre moyen de savoir si nous reculons ; j'enclenche le sondeur, 6.50 mètres ; nous étions mouillés sur cinq mètres ! La table des marées indique que la pleine mer est à minuit ; passe pour 6.50 mètres, mais à partir de maintenant la profondeur devrait diminuer. Le moteur est inutilisable. Le voilier faisant un angle de 90 degrés avec sa ligne de mouillage le plus clair du temps, engager la propulsion ne servirait qu'à augmenter ces mouvements oscillatoires incroyables, dangereux pour la tenue des ancres. Je reste un moment calé dans la descente à surveiller les deux taches blanches depuis le capot-bulle ; il me semble qu'elles se sont déplacées. Je sors et me recroqueville derrière le panneau. Les giboulées ont cessé, le ciel s'est peu à peu dégagé et la lune éclaire le bord de la crique. Des nuages en lambeaux détalent comme des lapins, étirés, lacérés, éjectés par le vent fou furieux qui, maître des cieux, ne tolère plus rien, ni brouillard, ni cumulus, ni grêle, ni neige. Ces taches étaient par le travers tout à l'heure, actuellement, elles sont sur l'avant. Coup d'œil au sondeur, 7.50 mètres ; plus de doute possible. Nous arrêtons le moteur afin de déceler, malgré le raffut, une indication dans le bruit de la chaîne ; rien. Je ressors, surveille anxieusement la côte, tente de découvrir une preuve indiscutable d'un dérapage, en vain, rien que les deux taches claires qui insensiblement se déplacent vers l'avant. Manifestement, lorsque le bateau est au terme de ces bords qu'il tire en arc de cercle comme un damné, les ancres dépassent périodiquement leur limite de résistance, cèdent quelques mètres et crochent à nouveau. Tels les nuages, nous sommes en train de nous faire expulser. Au-dehors, la mer doit être démente. Blotti dans le passage de la descente, tourné vers l'arrière pour éviter la folle pression du vent, je sens monter un sentiment insidieux, qui serre le ventre, tord l'estomac, rend la déglutition difficile, auquel s'ajoute le reproche : "A trop vouloir profiter de cet archipel du bout du monde, voilà ce qui arrive. Ça fait bientôt deux semaines que tu glandes autour du Horn, les conditions étaient bonnes au départ, et maintenant tu patauges en plein cyclone." Je descends, enfile ma combinaison de plongée, repasse celle de quart et prépare le matériel. Si nous continuons de nous faire refouler, voici ce qu'il faudra tenter : libérer l'extrémité de la chaîne et y attacher un gros pare-battage ; profiter d'un de ces mouvements pendulaires pour, lorsque nous serons bâbord amures, larguer le mouillage et nous rapprocher de la plage, à 60 degrés du vent, moteur au maximum, en priant le ciel que sa puissance soit suffisante… Ce premier bord sera décisif et suivi par d'autres plus brefs dans le dessein de toucher le sable et de maintenir la quille engagée. Avec le jusant, *Alacaluf* devrait, petit à petit, faire sa souille et s'échouer. Comme à partir de 5 h 15 la marée remontera, il faudra aller fixer une ligne à terre et, pour cela, l'amener en plongée en progressant sur le fond, car il est exclu d'y aller en annexe ou en palmant à la surface.

Les heures passent, les deux plaques de neige glissent insensiblement sur tribord, très, très lentement. Acculé dans les cordes, *Alacaluf* s'accroche, attendant le "gong" libérateur qui n'annoncera pas la fin du combat, mais au moins le terme de cette folle reprise où le Géant met toute sa puissance.

Six heures, les marques blanches sont nettement sur l'avant, *Alacaluf* a un genou à terre, mais ce n'est pour l'instant qu'un knock-down.

Huit heures, les coups du Géant sont moins forts, reviennent dans une plage d'intensité connue. Une aube défaite commence à poindre, dans une lueur sépulcrale, sur un champ de bataille balayé par les légions écumantes qui défilent en rangs serrés. Le voilier a bel et bien été rejeté tout au fond du ring, son tableau arrière est à une quinzaine de mètres du kelp qui frange la pointe nord de la *caleta*. Sous les terribles assauts, il a reculé de

200 mètres ; un peu plus, et nous basculions par-dessus les cordes. Nous savons que le plus dur est passé, malgré cela le café est bien amer et a du mal à descendre. Dans les 40 à 50 nœuds "résiduels" qui nous paraissent sympathiques comparés au plus fort de l'ouragan, nous relevons le mouillage et tentons d'ancrer le plus près possible de la plage. Par deux fois, avant que la CQR et la FOB* ne crochent, les "résidus" nous repoussent à une distance trop importante pour nous permettre de placer une aussière à terre ; la troisième tentative sera la bonne. L'amarre fixée à un solide *nothofagus*, le second café a une saveur nettement plus agréable. Groggy, nous avons l'impression de nous réveiller, était-ce bien réel ou n'avons-nous fait qu'un cauchemar ?

Pour le savoir, nous appelons la station du Horn.

— *Cabo de Hornos Radio, acá velero Alacaluf...*

— *Alacaluf*, vous êtes toujours là ?

— Oui, on a survécu, combien de vent y a-t-il eu cette nuit ?

— *Un ratito* (un instant)... 80 nœuds en moyenne.

— Et au plus fort ?

— 100 nœuds.

— Des vents pareils et des baros qui plongent à 962 millibars, vous en voyez souvent ?

— Non, des dépressions cycloniques de ce type, il y en a trois ou quatre dans l'année... Durant une des dernières, le phare s'est envolé.

— Nous aussi avons failli décoller !

— Quelles sont vos intentions ?

— Nous tirer de cette abomination dès que le temps le permettra.

Une semaine plus tard, nous sommes enfin à Puerto Toro, après des heures interminables passées à la barre, sous des éclaboussures glacées qui parvenaient à transpercer la grosse combinaison de quart qui révéla un point faible, en position assise, au niveau du pli du ventre. L'eau qui dégoulinait réussissait à passer au travers de la fermeture éclair et refroidissait une région vulnérable... qui me faisait chanter une version très personnelle de l'Internationale : "C'est la lûû-tte fi-nââle, et la vessie qui se pétrifie, bientôt j'pourrai plus faire pipi...", ce que confirma une belle cystite. C'est dans des moments comme ceux-ci que l'on saisit tout le réalisme de l'expression populaire "se les geler".

Les *centollas* n'en furent que plus appréciées, midi et soir. S'ils avaient été là, Grandgousier eût reconnu de dignes disciples et Gargantua serait reparti écœuré. Décortiquant les pattes aux ciseaux, les manches retroussées jusqu'aux biceps, un linge noué autour du cou, dégoulinant de mayonnaise, nous nous sommes empiffrés jusqu'à friser l'indigestion.

18

Seconde expédition

L'anse de Canasaca est située au nord-est de la péninsule Dumas qui prolonge l'île Hoste, à quelques milles de l'embouchure du canal Murray et de la tristement célèbre caleta Wulaia, où se termina dans le sang la troisième tentative d'implantation des missionnaires anglais en 1859. Tous furent massacrés pendant leur premier service religieux à terre, à l'exception du cuisinier Alfred Cole, resté à bord, qui réussit à prendre la fuite et fut par la suite épargné. Il fallut encore attendre dix ans, 1869, pour que l'homme blanc soit accepté par les Fuégiens, ce que réussit Stirling à Ushuaia et qui permettra à Thomas Bridges, deux ans plus tard, de diriger la première implantation civilisée à but religieux et humanitaire dans la région. Celle-ci connaîtra une notable expansion, mais aussi un terrible revers lors de l'épidémie de rougeole de 1885 qui marquera le commencement de la fin pour l'ethnie yahgan.

L'anse de Canasaca a une histoire et un propriétaire, Eugenio Martinez, dont le père, dans les années 1920, quitta Antofagasta dans le nord du Chili pour tenter sa chance aux Malouines. Le bateau qui l'emmenait ne vit jamais l'océan Atlantique, il se planta, une nuit, sur le dangereux banc situé à quelques encablures de la crique. Acceptant l'augure, le père décida de s'installer ici, se maria avec une Indienne yahgan, qui décéda peu de temps après, puis épousa une Chilienne qui lui donna douze enfants. Eugenio fut le seul à s'obstiner à rester sur la terre qu'avait choisie son père, et il mène une existence que peu accepteraient, solitaire la plupart du temps, contemplant les colères du Beagle qui, un jour, lui enleva un frère. Veillant sur son troupeau d'une centaine de bovins et autant de moutons, il se contente de voir sa famille, basée à Punta Arenas, pendant les vacances scolaires ou lors d'exceptionnels déplacements à la grande ville magellanique. Eugenio nous conte son histoire, pendant que le gobelet de maté passe de main en main, et conclut dans un sourire :

— *Es así como yo vine a ser el viejo de Canasaca.*

(C'est comme ça que je suis devenu le "vieux" de Canasaca.)

...Un "vieux" de 46 ans avec une "pêche d'enfer", qui relève, à la main, 85 pièges à *centollas,* passe à cheval des journées entières, fait boucherie, transporte dans sa barque les quartiers de viande jusqu'à Puerto Navarino, à six milles de là, où ils sont acheminés par route aux acheteurs de Puerto Williams pour un prix qui satisfait tout le monde et qu'aucun intermédiaire ne vient enfler. Un homme au visage marqué par les conditions climatiques, mais dont la dureté n'a pas entamé les qualités de cœur.

C'est cette gentillesse et cette hospitalité qui font que nous nous retrouvons régulièrement en fin d'après-midi, alors que ronronne le gros poêle à bois et que chuinte la bouilloire, avant de partager le repas du soir. Veillées privilégiées passées dans cette demeure qui ressemble à un refuge de haute montagne, tandis que le vent frappe aux carreaux et que le balancement du feu de mât d'*Alacaluf* indique que rentre un peu de houle, sans conséquence pour les voiliers. Car *Alacaluf* n'est pas tout seul. Il est amarré à couple de *Biribi,* le petit voilier en acier de Sabine, la "grand-mère" comme nous la surnommons. Une compatriote quinquagénaire, rencontrée ici, qui écume seule le Beagle et ses glaciers avant de se lancer, l'été prochain, dans le labyrinthe des canaux de

Patagonie. Une ouverture, une envergure distinguent cette personnalité hors du commun, taillée pour l'aventure, qui accepte l'inconfort qu'implique la dimension de son bateau et les incessants bricolages inhérents à tout voilier, qui se passe de W.-C. et d'eau courante à l'évier, les remplaçant respectivement par un seau et des jerrycans, et qui compense la déficience de son modeste calorifère à brûleur unique en chauffant, sur la cuisinière, des pots de fleurs qu'elle dispose ensuite sur le sol de la cabine ! Une "grand-mère" en bois massif, de ce bois dans lequel on taillait, aux siècles passés, les bordés des grands navires, de ce bois noble qui n'est pas fait pour moisir sur pied et préfère la patine des embruns et la gifle du vent. Une "grand-mère" avide de découverte, de beauté et de grandeur, qui a trouvé ici, aux confins de la terre, l'objet de sa quête.

Chacun amène sur la table ce que sa cambuse lui permet, et Eugenio, pour ne pas être en reste, nous propose, un soir, un morceau de viande noire sorti du fumoir. Le lendemain, Leonardo, qui assiste Eugenio pendant quelques semaines, apporte un poisson, le seul qui se soit fait prendre dans les filets qu'il a placés aux alentours de la baie. Parfois, la soirée se prolonge et Stéphanie s'enroule dans les peaux de mouton qu'Eugenio dispose pour elle à même le sol, s'endort sur la terre ferme pour se réveiller dans le voilier, sans s'être rendu compte du déménagement tardif.

En dehors de l'habitation principale, l'*estancia* se compose d'une bergerie où sont entreposées des balles de laine, d'un corral à moutons, d'un poulailler, d'un fumoir pour la viande et le poisson, d'une remise pour l'outillage et d'une cahute, astucieusement construite sur un petit pont et qui permet de se soulager dans le ruisseau. Les pâturages ont été gagnés sur la forêt grâce à un important travail de défrichement par le feu. De nombreux troncs calcinés jonchent le vaste domaine ; souches mutilées, noircies et figées dans leur agonie, qui offrent une vision méphistophélique, les jours de tempête, lorsqu'à l'arrière-plan les eaux du Beagle se plombent et que les montagnes se fondent dans un ciel d'encre. Lors d'une promenade, Eugenio nous dit : "Je suis l'ennemi des arbres", et comme pour s'excuser : "Si on ne les abat pas, pas de pâturages. Pas de pâturages, pas de bêtes. Pas de bêtes, pas d'hommes." Il faut préciser que le terrain concédé par la forêt aux quelques exploitations disséminées sur les îles Navarino et Hoste est marginal ; aucune commune mesure avec les incendies monumentaux qui ont transformé en steppes des flancs entiers de la *meseta* argentine, afin de prolonger les grandes pampas continentales. Même Françoise trouve que le défrichement est positif. Sans lui, toutes les variétés d'oiseaux que nous pouvons voir auraient choisi d'autres sites, et c'eût été bien dommage car cela aurait privé Stéphanie de passionnantes leçons d'ornithologie. La petite observe souvent les oies du kelp qui se cantonnent sur la rive, tandis que leurs cousines, les *kaiquén*, bernaches bigarrées, montent sur les collines où elles se perchent comme des sentinelles. Elle apprend à distinguer les cormorans de Magellan, des impériaux et de ceux à ventre blanc qui ont une prédilection pour les escarpements rocheux. Elle sait reconnaître un goéland de Scoresby, avec son bec et ses pattes rouges, des goélands dominicains qui pêchent tous les jours des moules sur les îlots en face des voiliers et les fracassent en les laissant tomber sur les cailloux. Elle surveille le martin-pêcheur, juché sur les barres de flèche, qui s'élance, plonge et se dépêche d'assommer son petit poisson contre un pieu à terre avant que les méchants skuas, sortes de grands goélands noirs et râblés, ne lui volent son butin. Elle va dire bonjour à ses copains les chionis, petites boules blanches qui se reposent sur les rochers et ont délaissé leur Antarctique, le temps d'un hiver. Elle pourchasse les huîtriers noirs qui détalent, l'air offusqué, avant de s'envoler. Et elle tente, avec des ruses de Sioux, d'approcher les ibis mandores à la belle robe brun doré, très occupés par leur parade nuptiale. Stéphanie est rayonnante, joue avec les chiens, fait la course avec les poules, va chercher leurs œufs le matin et, joie suprême, fait des promenades à cheval avec Eugenio ; plaisir qu'il faut mériter car il implique, d'abord, une longue escapade à la recherche des montures dispersées dans la nature. Accédant à la demande de Stéphanie qui voudrait recommencer demain, Eugenio ne les remet pas en liberté ; et c'est tordant de voir le lutin, sautillant et radieux, conduire les deux grands équidés par la sangle à l'enclos voisin.

Les meilleurs moments ont une fin, nous devons songer au départ. La lampe à pression d'Eugenio étant hors d'usage, nous n'avons pas l'intention d'emporter ce qui a éclairé ces chaleureuses soirées, bercées par le ronflement du poêle à bois. La lampe-tempête d'*Alacaluf* poursuivra donc ses bons services dans la demeure de cet homme, inconnu sept jours auparavant, qui nous a ouvert sa maison et son cœur, dans lequel Stéphanie a, l'espace d'une semaine, trouvé tout l'amour que l'éloignement l'empêchait de donner à ses enfants. Tristement, nous prenons également congé de Sabine, merveilleuse "grand-mère" que Stéphanie a totalement adoptée.

Ces amoncellements noirâtres, faits de cendres agglomérées truffées de débris de coquillages, nous avaient déjà intrigués à Navarino et nous avions commencé à en fouiller quelques-uns. Ce sont des témoignages du passé, des restes d'anciens campements yahgan. Nous n'avons jusqu'alors trouvé que des outils grossiers en pierre taillée, des bifaces qui étaient utilisés comme couteaux ou racloirs. *Alacaluf* est mouillé dans caleta Olla, excellent abri derrière une langue de terre en forme de demi-lune. Moi qui ne suis d'ordinaire pas fichu de trouver le moindre bolet en forêt, je vais bénéficier d'une chance insolente. Tandis que Françoise et Stéphanie sondent les monticules, je marche sur le haut de la plage en bordure de la végétation et découvre deux grattoirs allongés et une superbe pointe de flèche intacte. Remontant le lit d'un petit ruisselet, j'aperçois, à demi ensablée, une pointe de lance. Tous ces objets sont en pierre, minutieusement taillés. Françoise, de son côté, déniche un petit harpon, destiné certainement à la pêche vu sa taille. Ces trouvailles, au-delà de leur valeur archéologique et de souvenir, sont surtout pour nous des symboles, en ce jour où, au cœur de la Terre de Feu, nous fêtons mon quarantième anniversaire.

A vitesse réduite, *Alacaluf* engage l'étrave dans l'entrée du seno Pia. Sur notre carte, le contour en est imprécis et nous n'avons aucune indication de dangers ou de sondes. C'est grâce aux renseignements donnés par Alex à Ushuaia que nous nous risquons, sans devoir limiter la progression à deux nœuds et maintenir un guetteur sur l'avant et un autre au sondeur. Le sentiment de pénétrer dans l'*inexplorado :* un domaine que peu de voiliers ont eu l'occasion d'admirer, qui s'ouvre au pied d'un majestueux massif de neige et de glace culminant à 2400 mètres et comprenant, notamment, le grand glacier Romanche dont une langue termine sa course au-dessus du Beagle. Nous résistons au clin d'œil des séracs du bras nord-est et poursuivons tout droit jusqu'à une petite niche sur bâbord. Nous y mouillons, l'arrière face à la grève sur laquelle nous plaçons deux aussières.

Le lendemain, après avoir abandonné nos amarres lovées à terre et relevé nos ancres, nous défilons, poussés par un grain moucheté de giboulées, entre de vertigineuses parois noires, un rien oppressantes ; fantastiques à-pic qui, d'un jet, relient la mer aux sommets éternellement enneigés et casqués de glace ; claustrophobes s'abstenir. Le fond du seno Pia est constitué par un superbe cirque où se déversent trois glaciers. Nous distinguons depuis un certain temps celui de droite, mais c'est à l'instant où celui de gauche apparaît que les regards se figent, hypnotisés par les reflets bleu pastel de cette magnifique rivière de glace, et que le voilier se met à slalomer tout seul. Si notre progression fut facilitée par le vent de sud qui nous a déblayé le terrain, il a également refoulé, en les comprimant, toutes les déjections des trois glaciers à leur pied. Nous engageons doucement l'étrave d'*Alacaluf* entre deux gros fragments, tel un coin, et poussons. Par chance, notre effort est aidé par une belle houle qui provient d'une chute de séracs du glacier opposé. Dix minutes plus tard, quelques mouvements d'icebergs provoquent un relâchement de la masse compacte, qui nous permet une belle partie de glaces tamponneuses entre des blocs bien plus gros que le voilier jusqu'aux abords de la muraille bleutée.

Témoins privilégiés du mariage de la glace et de la mer, rassasiés de ce spectacle parmi les plus beaux qu'on puisse imaginer, les pupilles saturées des éclats de ces merveilles, nous quittons, éblouis, cette phénoménale cuvette glaciaire. Revenus à la hauteur de notre petite niche, nous envoyons, plutôt essayons d'envoyer la barre sur bâbord pour faire pivoter le voilier de l'autre côté... Le timon est coincé, presque sur la moitié de sa course ! A-t-on "poussé le bouchon un peu loin" tout à l'heure ? Il semble que cela aurait dû se produire tout de suite... Nous parvenons à mouiller *Alacaluf* en ne virant que sur un bord, puis l'amarrons aux aussières laissées à terre. Eh bien nous voilà "frais", il n'y a plus qu'à plonger !

— Tu crois qu'elle a combien ?

— Au vu des glaçons qui défilent dans le *seno*, ça ne doit pas être bouillant ! Fais chauffer de l'eau, un bon grog à la sortie sera le bienvenu.

Par chance, la combinaison semi-étanche, très ajustée, limite les infiltrations au minimum grâce aux manchons de néoprène cousus aux extrémités. Sous l'eau, rien n'empêche apparemment le safran de pivoter. Je crois, un instant, que la mèche est faussée et me ravise, non ce n'est pas le cas. Ouf ! c'est déjà un point positif. Ce ne peut être qu'un problème de bagues ; celles-ci se seraient-elles dilatées ? Dans de l'eau qui approche zéro degré, c'est un peu fort ! Françoise manipule la barre du cockpit, j'observe le mouvement, puis secoue fortement le safran. Du jeu apparaît entre la mèche et la bague sur toute la circonférence ; ce n'est donc pas à ce niveau qu'il faut chercher, mais à l'étage supérieur. Du moment que je suis dans l'eau, allons voir la tenue des ancres et les environs. La CQR est bien enterrée, mais la FOB, empennelée devant, repose sur le côté. Je tends le bout de chaîne qui les relie et enfonce les pattes de l'ancre dans la glaise. La visibilité n'est pas fameuse, deux à trois mètres, mais c'est suffisant pour se rendre compte qu'il n'y a pas un signe de vie sur ce fond argileux, quelques laminaires exceptées. Rentrons.

Une fois séché et changé, un remontant à la main, nous analysons la situation.

— Ça coince au niveau de la bague supérieure. C'est pas beau ça ! Barre bloquée au fond d'un fjord glaciaire non hydrographié, donc officiellement fermé à la navigation ! Ressers-moi un *pisco !*

— Qu'allons-nous faire ?

— "Vous le saurez en lisant le prochain épisode des aventures des Pieds Nickelés au bout du monde"... Pour l'instant, la sécurité n'est pas en cause, nous sommes bien ancrés dans la glaise et attachés à la terre ferme. Que veux-tu de mieux ?...

Perplexe, j'examine la bague rebelle, l'asperge abondamment de WD 40 en faisant jouer la barre. Curieux, d'ordinaire il y a nettement plus de jeu. Où le problème réside-t-il, entre la mèche et la bague, ou entre celle-ci et le tube jaumière* ? En soulevant violemment le timon, la bague, collant à la mèche, monte également, indiquant par là même qu'elle est libre dans la jaumière. Tout en ne cessant de faire pivoter la barre, je vaporise et noie le mécanisme sous un ruissellement de produit dégrippant... Et un petit miracle se réalise.

— Françoise, viens voir !

Lorsque la tête blonde apparaît dans la descente, un doigt manœuvre négligemment une barre devenue douce, mais douce.

— Hum ! élémentaire mon cher "Darwin"...

— Qu'était-ce donc ?

— Un dépôt poudreux provenant d'une réparation s'est infiltré et tassé entre la mèche et sa bague.

— Tu as plongé "pour des prunes" ?

— Non, pour le grog !

Après avoir exploré le bras nord-est qui offre un paysage différent, plus aéré mais moins grandiose à notre sens, ainsi qu'une navigation nettement plus délicate, du style "rase-moi la quille, on va voir si ça passe", nous poursuivons à l'ouest dans le canal Beagle durant une dizaine de milles et embouquons un autre *seno* glaciaire, le Garibaldi. *Alacaluf* s'enfonce dans la profonde gorge cernée d'austères abîmes, couleur charbon, d'une hauteur de 1000 mètres. Cinq milles après l'entrée du fjord s'élève sur bâbord une impressionnante muraille dont le sommet a la forme d'une cagoule ; monumentale et inquiétante vigie qui veille sur la forteresse de glace, quelques kilomètres en amont. Nous nous rapprochons de la berge. Au pied de la falaise, le sommet du mât flirte avec le faîte des arbres. Nous repartons au milieu du *seno*, regardons la végétation, puis levons la tête pour avoir l'exacte échelle de "Lilliput" dans ce monde de géants.

Au matin, le mouillage, tout à fait libre la veille, est envahi de glaçons. La progression s'annonce lente et sinueuse, et sera même fatale pour ce qui reste de l'antifouling. Mais quelle récompense lorsque, passé un coude, la citadelle de glace se découvre, défendue par d'énormes icebergs dont il faut se méfier des contours immergés. Dans le chenal nord du Pia, nous étions émerveillés devant un écrin de glace gardé par un prodigieux défilé. Dans le bras est, nous étions subjugués par le festival de crème fraîche qui croulait des plus beaux sommets jusqu'au bleu céleste des séracs. Dans le Garibaldi, c'est la puissance et la force qui fascinent. Il gronde souvent et tonne lorsque ses blocs, sous la formidable poussée, se craquellent ou s'entrechoquent ; il fragmente ses séracs ; il crache ses icebergs dans l'eau laiteuse, qu'un vent de nord peut entraîner loin dans le Beagle. Suit un ahurissant slalom au milieu de ce champ de glace, qui fait penser à un champ de bataille ; lutte de l'eau douce contre l'eau de mer, combat inégal qui se solde par une débâcle…

Nous quittons la bouée de Puerto Fortuna, probablement pas encore bien réveillés, le temps est calme et il nous semble que l'on peut tirer l'annexe à la traîne. Une heure plus tard, le vent se lève et nous serrons la rive nord où l'eau est plate. Débouche alors du Monte Fantasma, sur l'île O'Brien, un *williwaw* qui transforme le Zodiac en cerf-volant, trois mètres au-dessus des eaux. Un choc sourd et hop ! plus d'annexe. Elle atterrit 30 mètres derrière le voilier. Les boucles de fixation de la remorque ont été arrachées. C'est bien fait ! La Terre de Feu ce n'est pas Saint-Trop', et si en plus les montagnes se mettent à fantasmer... Nous récupérons le voltigeant pneumatique, l'amarrons sur la plage avant et poursuivons jusqu'à Puerto Fanny où se trouve une autre tonne de l'Armada.

Nous restons un jour sous le vent de l'île Burnt, la bien nommée, dont les couleurs ocre ont inspiré les cartographes anglais de la Beagle, tout comme l'île Smoke qui lui fait face d'ailleurs. Une journée très particulière, au milieu de cette bahía Desolada, à sentir battre les pulsations de l'océan Austral, dont la longue houle rythme les régiments de rouleaux écumants qui défilent comme à la parade. Une accalmie nous permettra de faire un peu d'ouest jusqu'à l'île Gorda où se loge Puerto Estrecho, d'où nous ressortons immédiatement car le ressac y est dément et le "sorcier" n'annonce rien de bon. Contrairement à notre premier passage, nous renonçons à mouiller sous les hautes falaises qui dominent Puerto Edwards et optons pour une minuscule échancrure située à l'extérieur au nord de l'entrée. Cela a le double avantage de nous offrir une "vue sur la mer" et de nous mettre à l'abri du plus fort des *williwaws* qui ne vont pas tarder à fondre des hauteurs, en s'écroulant tantôt en chute libre, tantôt en profitant des majestueux toboggans que leur font les vallées glaciaires magnifiquement érodées en forme de U. Nous amarrons *Alacaluf* avec deux aussières textiles à l'avant et une à l'arrière, que nous doublons, le lendemain, en plus des ancres bien entendu. Activités de circonstance à bord, lecture et écriture pour les adultes, double ration d'école pour Stéphanie.

Trois jours plus tard, le vilain temps sévit toujours. Allez ! autant aller voir à quoi ça ressemble là-dessous. La carte indique un petit tombant d'une trentaine de mètres, à une encablure d'ici ; l'endroit paraît propice. Le matériel lourd est déposé sur un Mont-Saint-Michel miniature, petite presqu'île à marée basse, îlot à pleine mer. L'eau est claire, la visibilité correcte, une bonne dizaine de mètres.

Quelques étoiles de mer de grande taille et une multitude d'oursins verts garnissent le sol. Un éphémère rayon de soleil fait ressortir sur la roche de surprenantes colorations roses, mauves et violettes. Je m'écarte de la paroi et plonge entre de magnifiques laminaires brunes terminées par de grandes feuilles plates. Ondulant dans le fluide, elles constituent un entrelacs impressionnant, une véritable jungle sous-marine, solidement accrochée sur un socle exclusivement minéral à 15 mètres de profondeur. La forme du tombant invite à poursuivre malgré l'appauvrissement rapide, y aurait-il quelques trous à poissons au pied du tombant? L'aspect de la roche, arrondie et polie, laisse peu d'espoir pour ce genre de rencontres. Effectivement, à moins 33 mètres, la falaise lisse se termine en s'enfouissant dans le sable, pas d'anfractuosité donc pas d'habitant. Je remonte jusqu'à l'étage où démarrent les *macrocystis*, me coule entre les longues lianes et observe leur ballet aquatique. Les feuilles, d'un mètre de long, ont une surface irrégulière et leur bord est dentelé. Elles sont garnies, à leur base, de nodosités creuses qui leur servent de flotteurs. Une vingtaine de minutes se sont écoulées, passons au palier, ce n'est ni le moment ni le lieu de plaisanter avec la décompression. Je retrouve Stéphanie, sautillante et gazouillante, une poignée d'algues à la main, très occupée à concocter des recettes de sa composition dans des cuvettes improvisées.

— Papa, qu'est-ce que tu veux après ta plongée, une soupe de poissons, aux *mariscos* ou aux légumes ?

Le lendemain, le lever du soleil est splendide. Nous allons larguer les amarres à terre et avons quelques surprises. Une des aussières avant s'est enfoncée, s'est totalement incrustée dans l'arbre où elle était fixée ; si bien que l'on peut passer la main le long de l'écorce sans remarquer de saillie... Sur l'arrière, une autre a déraciné un *canelo* de deux mètres de haut qui pendouille lamentablement à l'horizontale.

A la hauteur de seno Ocasión, le temps, jusque-là agréable, se détériore par le nord-est. Nous renonçons à embouquer ce fjord aux allures de train fantôme, au fond duquel la très jolie caleta Brecknock nous paraîtra bien tristounette dans la grisaille, et préférons engranger un maximum de milles avant que les choses ne se gâtent à nouveau.

Nous ignorons quelle impression nous fera le Chico à l'occasion de notre seconde visite, après avoir approché des monuments comme le Pia et le Garibaldi. Nous sommes rapidement fixés. La dernière épaule contournée, c'est à nouveau l'émerveillement. Certes, sa façade est plus petite que celle de ses frères du versant sud de la Terre de Feu, mais son attrait découle de cette verticalité, de ce vertigineux échafaudage, de cette superposition de formes les plus folles dans un infini concert de nuances bleutées, et de cette paroi de glace que l'on peut toucher si l'on ose. Quel autre glacier offre une telle approche et un tel mouillage "aux chaises d'orchestre" ? Impression confirmée, le Chico est bien unique.

— Stéphanie, au boulot... C'est l'heure de l'apéro !

La petite pêche les glaçons directement depuis le bord à l'aide d'un seau, les concasse au marteau dans le cockpit, puis chacun déguste sa boisson préférée, refroidie avec de la glace millénaire.

Nous avions eu des conditions polaires lors de notre premier passage. Juste retour des choses, aujourd'hui, le ciel est sans nuages et le glacier étincelle de mille feux. Après une longue promenade sous le nez du colosse, nous débarquons parmi les gros blocs que les marées et le vent ont déposés sur la rive. Stéphanie est tout heureuse de jouer sur ces toboggans naturels, rapidement délaissés lorsque l'un d'eux, en équilibre instable, bascule légèrement dans un craquement sinistre. "Oula, finies les glissades, passons plutôt à la dînette !" D'ailleurs, "Nounette" l'ourse et "Kouki" le singe sont déjà attablés et attendent le dessert glacé que leur "maman" leur a préparé. Nous grimpons sur une petite colline. Les rayons du soleil au zénith scintillent sur l'eau vert bouteille de la crique, moirée par le passage de souffles fugaces. Tiens, tiens ! elle s'est considérablement éclaircie ; rien à voir avec l'habituelle couleur jaune laiteux qu'elle prend près des glaciers. Notre position, surélevée et reculée, nous offre un point de vue totalement différent de celui que nous avons du voilier. Jamais nous n'aurions pensé que la façade dissimulait une pareille masse qui s'étale et se prolonge, sous une épaisse couche de neige, jusqu'aux plus hauts contreforts des sommets. Le voilier, pourtant mouillé à une bonne centaine de mètres de la muraille, paraît tout proche et minuscule au pied de cette mer de glace. Le vert profond de l'eau contraste avec la douceur du bleu des séracs et les cimes enneigées éclatent de blancheur dans l'azur du ciel. Une journée cadeau, si cela pouvait se prolonger demain…

Oui, le beau temps se maintient et l'eau est toujours verte.

— A la baille !

Immersion depuis la rive. Rafraîchissante introduction ! Dans les canaux principaux, l'eau a environ 5° en hiver. Ici, au fond d'un fjord constamment envahi par les glaçons, elle est au voisinage de zéro. Il est impérieux d'éviter tout mouvement inutile afin de limiter les infiltrations ; l'ennui c'est qu'il faut bien éloigner les glaces de la surface avec les bras, le masque n'étant pas prévu pour cet usage. Je m'approche d'un énorme bloc, effectue un "canard", glisse le long de sa paroi et me stabilise au niveau du plancher de l'iceberg. Je le touche de la main. Comment cette masse peut-elle flotter ? Elle semble si lourde, si dense. Je m'engage sous la "colline". Les reflets bleus ont disparu, hormis dans les failles, le blanc dur, compact domine largement et seules quelques aspérités sur le pourtour sont translucides. En surface, ce qui fascine ce sont les couleurs, les éclats. Dessous, ce sont les formes et surtout les volumes. Instants magiques, où le temps, à l'instar du plongeur en apesanteur, reste suspendu. J'actionne "l'inflateur", fais surface pour le plaisir de crever ce plafond de cristal, écarter les diamants qui s'entrechoquent dans des bruits de verre et couler à nouveau le long d'autres icebergs, les oreilles bercées par le carillon des glaçons en surface. Puis remonter encore, ébloui, et s'immobiliser sous le feu des petites glaces transpercées par les rayons du soleil et métamorphosées, l'espace de quelques heures, en autant de brillants.

En fin d'après-midi, alors que le compresseur s'est tu et que le silence est revenu dans le cirque glaciaire, un grondement sourd retentit, se prolonge en s'intensifiant. Nous restons stupéfaits. Dans une succession de détonations et de roulements, un flanc entier de la falaise se fissure, hésite, bascule lentement, entraînant dans sa chute d'autres séracs, puis s'écroule dans un fracas effarant, soulevant de véritables geysers faits d'eau et de glace pulvérisée.

— Attention aux vagues !

Nous balançons dans les couchettes antiroulis tout ce qui est susceptible de valdinguer à l'intérieur, nous nous agrippons fermement et en route pour un bon tour de carrousel. Le mât joue au pendule, essayant à chaque mouvement de battre son précédent record de gîte. Hautes d'un mètre cinquante, des vagues passent en grandes ondulations et déferlent à l'approche de la rive, jouant aux quilles avec les blocs, pourtant imposants, qui reposent sur le rivage. De splendides veines bleu cobalt jaillissent du glacier écorché. La blessure atteint 50 mètres de haut sur 20 de large ; impressionnante à notre échelle, une paille pour le colosse qui n'a pas sourcillé. C'est Stéphanie qui, la première, a remarqué sa tête au-dessus de l'arête qui termine la vallée glaciaire ; un crâne de gorille posé sur un large cou et admirablement sculpté par la nature, où l'on distingue nettement le front fuyant, le nez épaté et l'ouverture de la gueule. Nous l'avons baptisé King Kong.

Nous sommes réveillés par le frottement insistant de la glace contre la coque. Un coup d'œil à l'extérieur nous confirme qu'il ne faut plus traîner. Le café et la toilette sont remis à plus tard, la combinaison est vite enfilée, et hop ! au guindeau ! Sous l'effet d'un vent de nord, la glace s'est accumulée et tassée ; un coup de froid pourrait rapidement figer le pack et prolonger quelque peu l'escale au seno Chico... La chaîne sort de la glace, maillon après maillon, puis c'est au tour de la CQR de crever la couche, suivie par la grosse FOB. Si le voilier glisse sur un tapis de glace, nous-mêmes marchons sur un nuage. Nous nous éloignons de ce paradis avec, dans l'âme, la même plénitude qu'au soir de notre navigation autour du Horn et, au fond du cœur, le pincement du départ.

❖

Après le mouillage de caleta Hope dans le canal Magdalena, qui faillit se terminer par un accident musculaire ou une hernie à relever, à quatre reprises, les 55 mètres de chaîne et les deux ancres empêtrées dans un monceau de kelp, celui de caleta Beaubassin nous permit d'apprécier l'élasticité de l'acier lorsque nous vîmes remonter à bord l'ancre à bascule avec une patte complètement recourbée. Celui d'Aguila fut plus détendu et comique, même si Françoise apprécia moins cette scène où, devant les débordements affectueux d'un jeune cheval, elle abandonna ses seaux de lessive sur la plage pour battre en retraite dans la mer, de l'eau jusqu'en haut des bottes, laissant le canasson lécher, mordiller et piétiner les vêtements fraîchement essorés.

Alacaluf est mouillé dans la bahía Chilota, petite lagune précédant la grande baie de Porvenir, chef-lieu chilien de la Terre de Feu, en face de Punta Arenas. Cette bourgade de 2000 habitants, essentiellement d'origine yougoslave, est étalée autour d'un quadrillage simple de rues non goudronnées où le passage d'un véhicule soulève un nuage de poussière. Cette relative sécheresse et la platitude du paysage choquent le navigateur arrivant de l'ouest, habitué au relief tourmenté de la Patagonie occidentale.

Comme il n'est pas possible de changer des dollars ici, si ce n'est dans une épicerie à des conditions très défavorables, et que de surcroît nous avons quelques affaires administratives à régler à Punta Arenas, je me décide à embarquer dans le coucou peu rassurant qui assure quotidiennement la liaison avec la grande ville, malgré mon manque d'enthousiasme pour cette façon de s'envoyer en l'air. Ce court séjour dans la capitale magellanique, qui s'enorgueillit de ses 120 000 habitants, me laissera un souvenir bien fade. Ville banale où les citadins recopient les habitudes et les modes des grandes cités, et où des termes comme Magellan, Patagonie, Terre de Feu en viennent à perdre toute signification.

Grands amateurs de Tintin, nous allons être comblés, l'escale de Porvenir nous réserve une savoureuse surprise. Nos visas venant à échéance dans quelques semaines lorsque nous serons à nouveau au cœur des Archipels de l'Ouest et afin d'éviter le même problème qu'à Puerto Williams, nous nous rendons, comme indiqué par la Gobernacion Municipal de Punta Arenas, à celle de Porvenir pour prolonger, à l'avance, nos permis de séjour. Mais voilà, ladite prolongation doit passer devant une vivante réplique d'un personnage créé par Hergé, "la Castafiore" ! Trois minutes après les présentations, soit un petit round d'observation, nous réalisons qu'une seconde envolée sur Punta Arenas aurait été beaucoup plus indiquée, mais il est trop tard. Tel un bouledogue qui se saisit de son os, "la Castafiore" s'est emparée du dossier et ne compte plus le lâcher. Totalement dépassée, roulant des yeux ahuris derrière ses besicles, elle nous fixe, interloquée, bouche ouverte en cul-de-poule. "Des Martiens, des Martiens viennent d'atterrir dans mon bureau !"

— Depuis combien de temps êtes-vous au Chili ?

— Dix mois.

Les sourcils s'élèvent, en circonflexes, à la rencontre des premières rides du front et la bouche s'ouvre davantage.

— D'où venez-vous ?

— D'Europe... Plus récemment, de Robinson Crusoé et de Valparaiso. Nous sommes descendus à Puerto Williams et nous remontons.

Ce ne sont plus les yeux mais les pupilles qui se dilatent, tandis qu'une main tremblante retient les lorgnons sur le point de choir.

— Mais, mais... de quoi vivez-vous ?

— De nos économies... et de *mariscos*. On mange des moules, comme les Indiens, d'ailleurs le bateau s'appelle *Alacaluf*.

C'est trop. Le regard, un instant accroché au plafond, dégringole pour se fixer sur le téléphone, aussitôt décroché ! "Allô Punta Arenas, figurez-vous que..."

Son collègue ne fait rien pour arranger notre cas, et le suspense monte d'un cran lorsqu'il suggère : "Et si c'était des trafiquants de drogue !" Sentant qu'il faut dédramatiser une situation qui devient limite pour les coronaires de notre interlocutrice, nous glissons : "Au fait, nous dînons ce soir chez le capitaine du port...", sachant bien quelle considération inspire l'uniforme en ces lieux. Ah ! le beau tapis volant, envoyé juste à temps pour faire redescendre la bilieuse "Castafiore" des sommets où ses fabulations l'ont conduite. Sa tension artérielle revient de 22 à 18, puis à 14, quelques heures plus tard, lorsque Felipe, le capitaine du port, l'appelle pour lui dire que les Martiens sont dans son salon, qu'ils ne vont pas tarder à décoller, direction les canaux de Patagonie, mais que pour cela il leur faut des papiers qu'elle serait bien aimable de leur préparer.

La plus belle image que nous conservons de Porvenir est celle de ces silhouettes s'estompant dans la nuit tombante, de l'eau jusqu'à mi-jambe, penchées en avant, farfouillant d'une main le sable sous lequel se cachent les *almejas,* tandis qu'à l'écart, une solitaire cherche dans des tas de coquilles de moules géantes les plus beaux spécimens qu'une main habile transformera en peintures marines. Plus loin sur la grève, une flopée de garçonnets initient une petite fille blonde au maniement de drôles de pistolets, improvisés dans des mandibules de mouton. Et l'image la plus émouvante sera celle de cette famille chilote qui nous dit au revoir, les larmes aux yeux, et du petit Sebastian qui tient, serré contre lui, son unique jouet, un manchot que son grand-père Creciencio a empaillé pour lui. Stéphanie emporte la petite poupée que Flor, la mère de Sebastian, lui a donnée ; la seule et unique qu'elle aussi avait lorsqu'elle était enfant. Creciencio nous a remis, en plus des légumes de son jardin, un superbe coquillage, *caracol de mar*, sur lequel il a fixé une belle branche de corail rouge. Au moment de nous séparer, Flor retourne dans sa chambre, décroche un tableau où l'on voit un petit garçon et une fillette, y inscrit "Sebastian et Stéphanie" et l'offre à Françoise.

Au petit matin, les rafales sont de plus en plus fortes, *Alacaluf*, ancré et assuré par de longues aussières, prend gifle sur gifle. Un premier bruit nous sort de nos couchettes. L'annexe s'est envolée et a atterri, retournée, sur le régulateur et l'antenne du satnav qu'elle a endommagée. Nous la remettons à l'eau dans l'attente d'une accalmie qui nous permettra de la hisser et de l'amarrer à bord, puis nous nous recouchons. "Caleta Rachas, excellent abri protégé de tous les vents", disent les instructions nautiques anglaises... Un piège à rats, une fosse où les *williwaws* s'engouffrent, se transmuent en trombes ou en geysers ; un leurre, magnifique par beau temps, infect par coup de vent d'ouest. Le responsable ? Les hautes falaises du cap Tamar qui veille, en retrait, à l'entrée du grand Détroit.

Un second bruit... C'est pas possible... La barre, cassée comme une allumette, gît au fond du cockpit ! Stéphanie, réveillée par le choc, vient voir à son tour.

— On est mal barrés, papa !

L'annexe décolle, frétille un instant comme un poisson au bout de sa ligne, et retombe tantôt à l'endroit, tantôt à l'envers. Il faut absolument la remonter, la dégonfler pour diminuer la prise au vent et l'attacher. Nous parvenons à l'amener sur le pont. Stéphanie, assise sur le pneumatique retourné, se sent partir en l'air, je plonge sur l'annexe pour éviter à la blondinette un petit tour en dirigeable. Bien, maintenant la barre ; mais d'abord, que s'est-il passé ? Sous les rafales, les amarres se sont détendues. Un *williwaw*, venu de l'avant, a poussé le voilier. L'aussière arrière, ayant du mou, s'est prise dans le safran et le bateau, couché par les bourrasques suivantes, a appuyé de tout son poids sur le gouvernail dont la barre était maintenue dans l'axe par un cordage. Le timon, le maillon le plus faible de la chaîne, a cédé. L'intérieur du voilier est transformé en atelier de menuiserie. Le plus difficile de la réparation consiste à sortir, à la perceuse, au ciseau et à la gouge ce qui reste du bois dans le manchon en alu. Quelques heures plus tard, *Alacaluf* a de nouveau une barre, 40 centimètres plus courte que la précédente.

Magellan est dans le sillage et nous nous enfonçons, chaque jour davantage, dans les labyrinthiques Archipels de l'Ouest. Plutôt nous essayons, car le temps n'est vraiment pas coopératif en ce début novembre. On nous avait d'ailleurs prévenus : "Attendez que l'été austral soit bien engagé. Entre les coups de chien, tout aussi violents que le reste de l'année, les périodes de calme y sont plus longues et permettent de belles traites journalières." Les albatros à sourcils noirs nous tiennent fréquemment compagnie, et nous admirons toujours leurs phénoménales qualités de planeurs. Mais il y a un aspect qui nous chicane dans ce bel oiseau, c'est son sens aigu de l'anticipation. Lorsqu'ils courent sur une eau encore tranquille, tentant péniblement de s'envoler dans de grands battements d'ailes, c'est très mauvais signe ; ils ne le font pas pour le plaisir de l'exercice, ils pressentent que bientôt le vent léger se renforcera et leur autorisera leur sport favori, le vol plané. La réciproque est également vraie. Quand après avoir bien tapé dans la lame pour une progression misérable, nous les voyons se poser alors que le vent est toujours frais, nous savons qu'Eole ne va pas tarder à s'essouffler, et souvent nous les encourageons : "Oh, qu'il est beau. Ah, qu'il est gentil, couché ! Voilà le bel oiseau, couché !"

Ce matin, le funeste présage me nargue en planant trois mètres au-dessus du tableau arrière. Pas un coup d'aile, non ce serait trop fatigant ! Il baisse la tête et me regarde, goguenard :

— "Alors, tu ne vas pas plus vite que ça !"

— Fiche le camp sale bête, couché ! ou je sors le "mousquet" !

— "Tu as des ailes à ton bateau ; utilise-les au lieu de te planter dans chaque vague !"

— Volaille de mauvais augure, crétin volatile, tu vois bien que la grand-voile est établie, mais il nous faut l'aide du moteur pour avancer avec cette piaule dans la pipe !

— "Patiente jusqu'à ce que les conditions soient favorables !"

— Résidu d'ornithologie, on ne peut pas attendre dix ans que le vent souffle modérément du sud !

—"Il faut savoir prendre son temps et s'adapter aux circonstances."

— Françoise, passe-moi le fusil... non, pas besoin, il est parti !

Dans le canal Sarmiento, alors que nous ahanons le nez dans la plume, un cargo battant pavillon japonais nous dépasse et nous appelle à la VHF. L'échange tourne court, vu notre méconnaissance complète de la langue nippone. Trois minutes plus tard, une voix reprend contact dans un espagnol impeccable. C'est un des deux pilotes, obligatoirement chiliens, qui accompagnent tout navire transitant par les canaux. Nous répondons à l'avalanche de questions ; le gars veut tout savoir et termine l'entretien par ces mots :

— *¡ Enhorabuena por su sentido marino y buena suerte !*

(Félicitations pour votre sens marin et bonne chance !)

Françoise me regarde en rigolant.

— C'est gentil de sa part.

— A première vue oui... Au deuxième degré, ça peut vouloir dire "faut-il qu'ils soient fadas !"

La barre cassée dans Magellan n'est pas la seule péripétie de cette seconde expédition. En entrant dans caleta Columbine, pas une goutte d'eau ne sort de l'échappement. Pensant que l'impeler* de la pompe à eau de mer a lâché, je la démonte. Elle est intacte. Coup de chance, car nous nous apercevons que ceux que nous avons en réserve sont d'un modèle différent... Nous sommes également soulagés de voir l'eau jaillir lorsque nous alimentons la pompe directement depuis un seau. Le mystère se trouve donc en amont, et se résume à un simple problème de plomberie... Apparemment, car en soufflant l'air circule sans encombre, mais lorsque nous faisons tourner le moteur, l'eau n'arrive pas. Une nodosité de kelp a passé la vanne et fait office de valve, bloquée au niveau d'un raccord qui diminue la section du tuyau. En soufflant, nous chassons l'intruse, qui se recolle à la douille de plastique dès que la pompe aspire.

Conclusion : pour naviguer l'âme sereine, il faut remorquer un second bateau rempli de pièces de rechange et avoir à bord un skipper, un plongeur, un mécanicien, un plombier, un électricien, un serrurier et... un médecin...

Il est quatre heures.

— Françoise, ça ne va pas, j'ai des fourmillements dans les mains, les pieds... Une sorte d'anesthésie cutanée. Je me griffe, me mords la langue, les lèvres, je ne sens rien...

— Les moules, aïe ! la marée rouge...

— C'est grave ?

— C'est ennuyeux...

Françoise prépare de la tisane, je me lève. Oula ! j'ai l'impression de marcher sur des coquilles d'œufs et l'équilibre est touché. J'essaie de boire. C'est comme si un dentiste m'avait fait des injections, ne sentant ni la tasse ni le liquide, celui-ci me dégouline sur le menton et me brûle la gorge, ce qui amuse Françoise.

— C'est bien, la sensibilité profonde n'est pas atteinte... Il y a quelques chances pour que tu ne claques pas non plus cette fois-ci !

Puis, après avoir compulsé le chapitre "intoxications alimentaires" des bouquins que nous avons, traitant des mille et une réjouissances qui guettent les navigateurs isolés...

— Ce qui m'ennuie, c'est que les atteintes neurologiques n'aient pas été précédées d'un stade de vomissements ou de diarrhées. Pourvu que ça n'évolue pas en forme paralysante... et heureusement que tu es le seul à en avoir mangé.

— Magnifique ! Les filles sont hors du coup, et m... pour le vieux !

— Il faut voir les choses sereinement. Si nous en avions tous mangé, la probabilité que l'un de nous y passe serait multipliée par trois...

— ... Et dans ta funeste équation, l'inconnue, le X, c'est combien ?

— Quelques pour cent.

— Et que peut-on faire ?

— Boire de la tisane.

— Compris, dors et bois de l'eau chaude...

On ne déracine pas facilement la mauvaise graine, quarante-huit heures plus tard, les symptômes diminuent, puis disparaissent.

— Maman, quelle est la différence entre les otaries *un pelo* et *dos pelos ?*

— A mon avis, les plus intéressantes ce sont celles qui sont à *pelos.*

Le professeur fusille du regard le gros cancre et répond :

— L'otarie dite *dos pelos*, à fourrure en français, a conservé de ses ancêtres terrestres un pelage fait de deux, voire de trois types de poils différents en longueur et en densité. On l'appelle aussi *lobo fino* car sa fourrure est splendide et l'animal fut beaucoup chassé. Les premières que nous avons pu observer étaient au large du Pérou. Tu te souviens de celles de Robinson Crusoé, c'est une espèce endémique, propre à l'île, et papa en a vu quelques-unes en plongée. Mais ces mammifères se font rares, il est beaucoup plus fréquent de rencontrer des lions de mer, un *pelo*, qui sont approximativement deux fois plus gros, avec cette caractéristique crinière chez les mâles et ce large faciès de vieux boxeur pour les femelles.

— Tu parles toujours d'otaries, et les phoques alors ?

— Il n'y en a pas ici, à part quelques léopards de mer. Les deux espèces sont très voisines bien sûr malgré quelques différences morphologiques, dont la plus importante tient au fait que les otaries ont des pattes postérieures bien séparées qui leur facilitent les déplacements terrestres, alors que les phoques doivent ramper.

— Et ceux-ci là-bas, qu'est-ce que c'est ?

— Si tu m'as bien écoutée, tu peux me le dire.

— Ils sont gros, ce sont des lions de mer... Je reconnais le mâle.

Alacaluf avance à petite vitesse, la colonie nous regarde, nous continuons sur notre erre au point mort. Le *macho* se dresse, adoptant son attitude typique de dissuasion, museau au ciel, de profil, et nous observe de son petit œil rond en grognant. Quelques femelles l'imitent, personne ne bouge... jusqu'à ce que le mâle donne le signal de la débandade. En quelques secondes, la grande dalle est déserte.

Après avoir fait un petit détour dans le golfe de Trinidad, nous avons longé les hautes falaises qui terminent l'île Wellington au sud ; vertes parois abritées des coups de noroît, que les arbres ont pu coloniser malgré la verticalité. Puis nous avons embouqué ce goulet, baptisé Puerto Charrua, où nous avons pu approcher les lions de mer. Superbe repaire, d'une grande sauvagerie, qui se coule entre des escarpements ruisselant d'humidité ; chenal qui nous entraîne au cœur d'une explosion de verdure gorgée d'eau qui répand une forte odeur d'humus. Une serre géante qui macère dans une hygrométrie record, au sol complètement imbibé, à l'air totalement saturé, à la végétation infiltrée, noyée, qui rejette le trop-plein par les branches qui s'égouttent, par les feuilles qui perlent, par les mousses, transformées en éponges, qui exsudent, jusqu'à la roche elle-même, luisante, qui semble suinter. En apothéose, comme un hymne à la pluie et à toute cette eau, une majestueuse cascade, d'une hauteur de 80 mètres, dégringole dans la cuvette qui termine ce fjord. Nous nous approchons. La bruine a un goût agréable, bien différent des embruns salés, et nous restons un instant devant cette chute colossale, remerciant le ciel de nous offrir cette vision où la Patagonie révèle ce qu'elle a de plus secret, de plus sauvage. Au retour, nous mouillons près d'un rétrécissement. Quelques cormorans, en smoking noir et blanc, nous dévisagent d'un œil curieux qui contraste avec le regard assoupi de deux condors, en tenue de deuil, perchés sur un arbre mort.

Par chance, la pluie cesse et le plafond nuageux remonte quelque peu, découvrant l'austère défilé, Paso del Abismo le bien nommé ; étroit corridor flanqué de murailles noires, haut lieu de la Patagonie occidentale, tout un symbole. La gorge se resserre, fortement encaissée entre des précipices granitiques noirâtres parcourus par une multitude de cascades. Les unes pissent timidement un filet qui se tarira dans l'attente de la prochaine averse ; certaines, régulières et parfaitement rectilignes, semblent aspirer l'eau des nuages qui se faufilent entre les fuligineuses parois ; d'autres, larges et trapues, déversent, toutes vannes ouvertes, ce qu'elles viennent de recevoir sur la tête. La structure d'une case apparaît sur bâbord, à côté d'un énorme amoncellement de coquilles de moules. Je ferme les yeux.

Deux canots légers, en écorce cousue, accostent la berge. Les chiens sautent les premiers ; les hommes hissent les embarcations hors d'atteinte de la marée, tandis que les femmes déposent à terre des tas de peaux grossières et des paniers tressés. Les fillettes se sont saisies des tisons incandescents qui brûlaient au fond des barques et les déposent sur un replat abrité. Leurs frères partent reconstituer la provision de bois. Kankstay s'approche des arceaux, les secoue, teste l'armature, ça paraît lui convenir. Il prononce quelques paroles gutturales où claquent les syllabes "ak-oek-kwa". Les femmes s'éloignent le long de la rive à la recherche de *mariscos.* Les deux plus jeunes, Markset et Tcelokwe, entrent dans l'eau, munies d'un court bâton, et plongent sans une hésitation. Les hommes tendent les peaux d'otarie sur les perches cintrées, dont les jointures ont été consolidées par des ligatures. A une vingtaine de mètres de là, une épaisse fumée s'envole du foyer qui renaît malgré le bois mouillé. Les garçons s'en vont dans la forêt couper des branches bien feuillues, qui serviront de litière et permettront d'obturer l'ouverture aménagée au sommet de la hutte. Les femmes reviennent, la récolte a été bonne. Le *tchelo* est aménagé, tout le monde s'y engouffre, hommes, femmes, enfants, chiens. Beaucoup d'agitation et d'allégresse, le montage a pu être terminé avant le grain. Bientôt, une odeur forte et âcre de moules rôties s'échappe de la case et traîne dans la *caleta*.

... Je rouvre les yeux. Le *tchelo* s'est évaporé, ne reste que l'armature d'un abri utilisé par les pêcheurs de Puerto Edén.

❖

Tonitruante arrivée dans la baie d'Edén.

— *Buque que se encuentra navigando por el Paso del Indio, acá velero Alacaluf de la armada suiza que solicita su identificación*.

(Navire qui navigue dans le Paso del Indio, ici voilier *Alacaluf* de la marine suisse qui demande votre identification.)

Vingt secondes plus tard, le bateau de guerre appelle la capitainerie afin de connaître l'auteur de cette plaisanterie...

A peine mouillés, nous voilà déjà attablés chez José devant une montagne de pain, de confitures et un café fumant.

— Nous sommes bien contents de vous revoir en pleine forme, entame José, nous nous faisions du souci pour vous ces derniers temps.

— A quel sujet ?

— Une marée rouge s'est déclarée dans la région des canaux

Smyth et Sarmiento. Il était impossible de vous prévenir...

Mon regard croise celui de Françoise.

— Il y a une dizaine de jours, un convoi de l'Armada de trois navires était dans la zone. Des plongeurs ont ramené des *mariscos*, tout l'équipage en a mangé ; 150 personnes ont dû être héliportées d'urgence à Punta Arenas, deux sont décédées de paralysie respiratoire...

Tout comme le premier, ce deuxième séjour sera marqué par un formidable accueil, une incroyable gentillesse, de José et de Fernando, ces amis au grand cœur, mais également de la part de toutes les personnes que nous aurons l'occasion de rencontrer. Une ou deux choses ont changé depuis notre premier passage. Le vieux bateau qui servait de brise-lames et de réservoir de fuel a été récupéré puis coulé par l'Armada, il était en trop mauvais état. José n'a pas une, mais trois *lanchas* en construction, il prépare sa retraite et compte, d'ici à une année, monter une petite affaire de pêche et de transport.

Hormis les deux premiers jours, notre séjour va se dérouler dans des conditions climatiques épouvantables, qui nous obligent à revêtir les cirés complets chaque fois que nous mettons le nez dehors ; comme si les dieux patagons voulaient punir le petit village de s'être attribué l'appellation de paradis. Françoise ne pourra pas effectuer une seule randonnée pour observer la nature, laquelle, saoulée d'eau, interdit toute intrusion. Stéphanie en fait, un jour, la dangereuse expérience ; plongeant dans un marécage boueux jusqu'au thorax, elle en ressortira avec l'aide de Manuel, le fils de José. La pluie, toujours la pluie, si fine parfois qu'on ne la remarque même plus, dardant la surface de la baie de millions de piqûres. La pluie, méchante aussi, giflante au passage des grains, puis lourde et torrentielle lorsqu'elle martèle le pont comme s'il grêlait. La pluie qui délave tout, dilue tout, noie tout, pourrit tout, jusqu'aux bateaux en cours de construction. La pluie, qui nous vaut un Edén fantomatique, apparaissant par intermittence entre les chapelets de brume, *islotes* fondues dans le brouillard, qui ressortent timidement de la grisaille avant d'être à nouveau avalées par l'opacité. La pluie, qui mine le paradis, qui le hante de son cortège nébuleux, comme si quelque diable y organisait des fumigations géantes dans l'espoir d'occulter les efforts de ceux qui, malgré la brumaille et le déluge, y travaillent et persistent à y demeurer. Parmi ceux-ci, le directeur de l'école et sa femme institutrice, tous deux de Puerto Natales, qui consacrent dix ans de leur existence aux enfants de Puerto Edén et qui vont offrir à Stéphanie sa première expérience scolaire en l'invitant une semaine dans une de leurs classes.

Sept heures. Debout, c'est l'heure ! Il ne faut pas manquer la *lancha* du voisin de José qui emmène tous les matins quelques enfants au village distant d'un mille. C'est une grande barque pontée sur laquelle un rouf rudimentaire a été aménagé ; embarcation très rustique, propulsée par un petit moteur à essence monocylindre, sans embrayage ni marche arrière, qui pétarade à découvert sur le plancher de la cabine. La *lancha,* sur son erre, accoste la digue de bois. Les enfants débarquent, retrouvent d'autres camarades et s'engouffrent dans le réfectoire, où on leur sert un verre de lait et des biscuits. Ils passent ensuite aux toilettes pour se laver les mains et les dents, puis s'installent dans la petite salle, chauffée par un poêle à bois que l'on a allumé une heure auparavant. La classe est menue, accueillante, les murs sont décorés de peintures faites par les élèves plus âgés, montrant des scènes de la vie des Alacaluf d'autrefois. Au programme aujourd'hui, écriture et dessin. Beaucoup d'enfants sont métissés et ont la chevelure noire et les yeux en amande. L'irruption d'une blondinette parmi eux suscite une vive curiosité. Certains s'arrêtent de crayonner, se lèvent et viennent guigner les dessins de Stéphanie. A 12 h 30, la sonnerie retentit et tout le monde se rend au réfectoire pour un repas chaud. A 13 heures, les petits sont libérés, seuls les plus âgés reprennent les cours l'après-midi. Stéphanie nous revient, les habits fortement imprégnés de la bonne odeur du feu de cyprès.

Le samedi, nous passons quelques heures en compagnie de l'institutrice et de son mari, qui nous demandent de laisser un petit message dans le livre d'or de l'école. Nous le parcourons et lisons les lignes, chaleureuses d'ailleurs, écrites par le président de la République du Chili en 1984, un certain Augusto Pinochet...

Après avoir abandonné leur *tchelo*, les Alacaluf regroupés à Puerto Edén se sont installés dans des baraques, misérables bidonvilles qui n'avaient rien à envier aux favelas de Rio et de Salvador. Il y a quelques années, une association belge de bienfaisance a construit aux derniers représentants de la race des maisonnettes simples, solides, convenables, recouvertes de tôles qui résistent bien aux agressions climatiques. Fernando nous désigne une embarcation, assez récente, envasée dans le fond de la baie. Elle est immobilisée par un problème de moteur qui nécessite, pour être résolu, des fonds que les Indiens n'ont pas. Nous parvenons à la hauteur de la première des cinq habitations et jetons un coup d'œil par la fenêtre. Accroché à l'espagnolette, un poisson pend, bien entamé, dans lequel on taille à l'heure du repas. Un poêle à bois, un banc, deux couvertures constituent tout l'agencement de l'unique pièce.

Nous avons à l'esprit le visage d'adolescent, photographié par l'ethnologue français José Emperaire dans les années d'après-guerre. Aucune ressemblance avec l'homme qui nous ouvre la porte et nous fait entrer, Tcakwol, Carlos Renchi pour l'état civil, chef de la communauté alacaluf de Puerto Edén, treize survivants d'une race que l'Histoire a condamnée. Douze même, puisque la cadette du groupe, Maria Luisa, âgée de treize ans, la fille de Tcakwol, étudie avec l'aide d'une bourse à Punta Arenas. Nous avons laissé près de la porte nos cirés ruisselants, sous lesquels se forme une petite flaque, et avons pris place sur un canapé, à côté d'une table recouverte d'une nappe en plastique. A droite de l'entrée se trouvent un plan de travail en bois et un évier, qui est alimenté en charge par un fût de 200 litres qui récolte l'eau du toit. Un banc, près du poêle, complète l'agencement de cet intérieur rustique et suffisant, agrémenté par quelques souvenirs et un poste de télévision portatif, offert vraisemblablement, qui font toute la différence entre cette demeure et celles des autres Alacaluf. Tcakwol et son épouse sont assis sur le banc. La femme est de profil, les pieds devant le fourneau, la tête basse, le menton sur la poitrine, le visage fermé que la récente coupe de cheveux rend plus sévère encore, elle tricote. Son mari est plus avenant, nettement plus ouvert.

La conversation débute et se développe autour des souvenirs de jeunesse de Tcakwol, qui conserve bien présentes à l'esprit la vie sédentaire menée autour d'Edén et les escapades jusqu'au phare de San Pedro durant lesquelles les Indiens retrouvaient, pour un temps, leur vie de nomades, chassant otaries et loutres dans le but d'échanger leurs peaux auprès des bateaux de passage. Tcakwol se souvient de José Emperaire et des deux longs séjours que l'ethnologue a effectués ici. Il en parle en souriant et se rappelle également du prénom de l'épouse de celui-ci, Anne. Tcakwol nous montre les objets qu'il confectionne et vend aux rares visiteurs ; de jolis paniers tressés et des petits canoës en écorce de *mañío*, assez sommairement faits comparés à ceux des Yahgan de Navarino. Nous lui demandons s'il a encore des harpons du temps passé, il nous répond par la négative mais propose de nous en confectionner dans des os de baleine qu'il conserve. Lorsque nous parlons de choses concrètes, matérielles, les explications sortent aisément. Quand nous abordons d'autres thèmes, les répliques se limitent très souvent à oui ou non. Aurait-on pu faire plus pour éviter l'extinction de l'ethnie ? La réponse, évidente, tombe : "oui". A la question quoi ? Les yeux, déjà allongés, s'étirent davantage en se plissant et le regard perce les carreaux embués pour se perdre dans la brume…

Durant l'entretien, la femme n'a pas levé les yeux de son tricot, acquiesçant ou protestant, on ne sait trop, par des bougonnements accompagnés de légers mouvements de la tête. Mais avec Tcakwol le courant est bien passé. Le ton, cordial au début, s'est fait de plus en plus amical et c'est spontanément qu'il nous demande de revenir quand bon nous semble.

Après avoir revêtu nos tenues jaunes de scaphandriers terrestres, dégoulinantes, nous descendons l'escalier qui débouche à côté d'une remise faite de tous les matériaux de récupération imaginables. Les vieux démons sont encore bien vivants, vestiges d'un passé récent où les Alacaluf se bricolaient des baraques-favelas construites, comme cette cabane, avec des planches, des tôles, des bouts de fer blanc, des bâches de plastique et une porte massive munie… d'un splendide hublot.

Nous revenons, quelques jours plus tard, avec Manuel, le fils de José, et Stéphanie, curieuse de rencontrer le chef indien... est toute déçue parce qu'il n'a pas de plumes.

Tcakwol sort les deux harpons en os qu'il a préparés pour nous. Françoise lui remet un croquis montrant des canoës alacaluf qui sillonnent un canal. Tcakwol se souvient que, dans les années cinquante, deux familles menaient encore une existence nomade, refusant de se sédentariser dans l'inactivité autour du poste d'Edén. Lui-même participait encore occasionnellement, avec quelques autres, à des parties de chasse. Nous revenons donc sur ces souvenirs, en lui demandant de bien vouloir nous décrire ces scènes, dernières images d'un passé séculaire et d'un mode de vie traditionnel gommé par l'Histoire.

En dehors des périodes de mise bas qui voyaient les otaries se rassembler en colonies importantes sur les îlots éloignés en bordure du Pacifique, il fallait d'abord repérer les *piedras loberas*, grandes dalles où se réunissaient un mâle et son harem, avant d'accoster le canot à bonne distance et d'approcher silencieusement sous le vent du groupe. Les chiens, indispensables pour la chasse aux loutres, aux ragondins et aux cerfs, étaient tenus à l'écart. Parvenu à quelques mètres de la harde, un homme courait barrer la fuite au troupeau, tandis que deux autres lançaient violemment leurs harpons dans les flancs des otaries, en essayant d'atteindre les poumons. La foëne, emmanchée et juste maintenue dans la hampe, se détachait de son support et restait dans le corps de l'animal qui, souvent, parvenait à gagner l'eau et se débattait. Le chasseur opérait alors à la manière d'un pêcheur, par tractions et relâchements de la longue ligne, afin de fatiguer la victime et de l'amener sur la rive. Parfois, lorsque le troupeau comprenait plusieurs jeunes, les hommes se scindaient en deux groupes, les uns s'attaquaient aux gros spécimens avec des harpons, les autres, munis de filets à larges mailles, enveloppaient les plus petits qui s'empêtraient rapidement dedans en essayant de fuir ; il n'y avait alors plus qu'à les assommer, ce qui évitait d'endommager la peau.

L'atmosphère est différente, la résignation, le spleen, le manque d'entrain qui perçaient en filigrane lors de notre première visite sont balayés, aujourd'hui, par beaucoup plus de volubilité. Les yeux étincellent, pétillent à l'évocation des souvenirs, une flamme s'est rallumée, ravivée par les termes *"roquerías, lobos, nutrias, coypu"* (roqueries, otaries, loutres, ragondins). Il nous semble même voir l'esquisse de quelques sourires sur l'impénétrable visage de l'épouse. Tcakwol se lève et va chercher des photos du clan des Alacaluf, de sa famille et de sa fille Maria Luisa. Il nous montre un livre, écrit en caractères japonais, qui traite des peuples indigènes de l'hémisphère Sud, et l'ouvre au chapitre consacré aux siens. Grâce aux clichés, nous faisons la connaissance des autres membres du groupe et apprenons leurs prénoms. La langue alacaluf est toujours parlée, mais il n'y a plus d'enfants à qui l'enseigner. Avant de partir, nous demandons à Tcakwol ce dont il a besoin que nous pourrions avoir à bord. Gêné, il ne sait quoi répondre et nous dit qu'il viendra nous faire une visite prochainement. Nous l'encourageons vivement ; le chef alacaluf à bord d'*Alacaluf*, ce serait formidable.

C'est oublier qu'ici plus qu'ailleurs, l'homme ne fait ni la pluie ni le beau temps, que cela est du domaine des dieux patagons, qui ont décidé de rassembler au-dessus d'Edén les plus noirs nuages afin de les crever un à un et d'inonder le hameau sous des torrents continuels. Ces conditions, infectes et inhumaines, bloquent les femmes dans leurs maisons, d'où elles ne sortent que pour prendre l'air sur le pas de la porte, et obligent les hommes, dans les barques, à porter constamment le ciré qui leur colle au dos comme une deuxième peau. La pluie, toujours la pluie, crachin ou cataracte, ondée ou déluge ; interminable, accompagnée de sa cohorte nébuleuse, nuances de gris clairs sur gris foncés. La pluie, éternelle, qui isole les îlots et les hommes qui y vivent. La pluie, tirant du haut des nues un hideux rideau qui étend un immense manteau de tristesse sur la petite baie qui a osé narguer les dieux en s'appelant Edén. Tcakwol ne viendra pas, il ne peut pas venir.

Voilà une semaine que nous guettons depuis le mouillage l'arrivée d'un canot amenant les Alacaluf. Chaque jour, nous nous attendions à voir surgir de la brume la pesante barcasse portant les

Indiens, souquant sur leurs lourds avirons, arc-boutés pour se protéger des aiguillons glacés et des bourrasques qui balaient la baie. Rien, aucun esquif n'a percé l'écran grisâtre. Tcakwol ne viendra pas, il ne peut pas venir.

Dans le nord de l'anse se trouve une petite île d'où émergent de la végétation des baraques qui semblent étrangement petites. Lorsque nous nous approchons, l'impression de maisons pygmées se confirme. Nous accostons en Zodiac et empruntons un étroit chemin qui mène au sommet. Parvenue à une clairière, Françoise poursuit en direction des cassines bleu clair. En apercevant une en bois brut, un peu à l'écart et à demi effondrée, j'y pénètre en enjambant ce qui reste de la vieille porte fracassée. Il faut un instant pour que la vue s'habitue à la pénombre. Le toit est à moitié défoncé, une partie s'est affaissée sur un gros coffre de bois noir dont le couvercle a cédé. Il fait sombre et le vent qui s'engouffre dans les ouvertures de la toiture fait vibrer et craquer ce qui reste de la charpente. Je m'approche de la caisse noire, le regard se fige… Un squelette. Le bassin est bien visible. Une espèce de toile, à l'époque un vêtement, adhère à l'os par endroits. Les phalanges des deux mains jointes reposent sur des fragments de côtes. Le crâne a roulé et se trouve dans un angle de ce cercueil sommaire. Vision hallucinante que cette cabane déglinguée où le vent hurle sur ce sarcophage ouvert. Et dire qu'on est au paradis…

Le baro entame une remontée. Le vent, obstinément nord, vire quelque peu à l'ouest en faiblissant et des éclaircies parviennent à s'infiltrer entre les grains. Nous devons profiter de ce début d'amélioration pour faire de la route et surtout nous positionner pour la traversée de Penas.

Le 5 décembre, les bras chargés de pain et de viande congelée, après des adieux pénibles à nos amis Fernando, José, sa femme et leurs enfants, qui ne veulent pas croire à notre appareillage, nous nous dirigeons vers le village. Nous faisons un tour dans le petit port alors que s'agitent, au balcon de l'école, les bras de l'institutrice et des élèves réunis autour d'elle. La gorge se serre, le regard s'embue, *Alacaluf* et Puerto Edén, une histoire d'amour. Sur le débarcadère construit par l'association humanitaire belge, un homme en veste de pluie et pantalon bleu, immobile, nous regarde. Lui non plus ne peut pas croire au départ du voilier. Il devait venir, il aurait dû venir, et le voilà sur son ponton devant le bateau qui s'échappe, qui part tout seul, contre notre envie. L'homme quitte l'estacade, monte les escaliers qui mènent à sa porte où se tient sa femme. Ils répondent à nos signes par de lents gestes du bras. Adieu Tcakwol. Une minute plus tard, ma main pousse brutalement la barre toute.

— Françoise, s'il te plaît, va chercher les chemises neuves que je n'ai jamais mises et les kilos de riz qui nous restent.

Le voilier se rapproche de l'appontement. Sur le seuil de la maison qui le domine, plus personne. A un individu qui se trouve sur la berge :

— Pouvez-vous appeler Tcak... Don Carlos s'il vous plaît !

— Il vient de partir.

— Comment ? Il était devant sa maison il y a un instant !

— Oui, mais il est parti.

Le balcon d'étrave est immobile, à un mètre des piliers de bois. Doucement, le nez du bateau part à l'abattée. Je le laisse faire. Le paysage se remet à défiler.

Nous avons manqué notre troisième rendez-vous avec les Alacaluf, comme ils ont manqué le leur avec l'Histoire.

Il ne pleut pas en ce moment, il n'y a pas d'embruns non plus, et pourtant, les quelques gouttes qui me coulent sur les joues et les lèvres ont un goût de sel...

❖

(Croquis : Jean Delaborde)

Désormais tout est consommé, la suite de la navigation ne sera qu'une longue procession durant laquelle nous nous efforcerons d'enregistrer le plus de détails, de nous imprégner au maximum de ce décor écrasant, colossal, afin d'enfoncer ces images dans nos mémoires ; sachant bien que la plus belle et la plus intense partie de notre voyage s'est déroulée là, au cœur de ces solitudes écartelées par les éléments, qui nous ont permis de vivre, en famille, l'aventure d'une vie.

Les vents resteront obstinément contraires, du noroît, transformant cette remontée en un chemin de croix ; à une exception, qui nous permit de traverser le golfe de Penas dans des conditions clémentes, une revanche sur le sort.

Le 24 décembre, *Alacaluf* est mouillé dans la petite baie de Melinka, située au nord de l'archipel des Chonos. La table du carré est occupée par une crèche en papier, des figurines pliables et un "sapinet" décoré de cheveux d'ange. Sur l'étoffe noire du ciel, les étoiles se sont allumées une à une, en même temps que les lumières du village et de la petite église. Les cloches sonnent, lentement, en douceur, et leur paisible carillon se poursuivra longtemps dans la nuit, berçant le hameau recueilli et illuminé.

Le 25, lorsque *Alacaluf* s'élance, sous un ciel dégagé et un baro haut perché, notre joie, devant ce cadeau de Noël inespéré, est tempérée par une bonne dose de scepticisme. Dans la Boca del Guafo, nous nous retournons pour un dernier adieu au volcan Corcovado, magnifique sentinelle andine que nous avions déjà admirée lors de notre descente, effigie symbole de notre quête de sud.

En fin d'après-midi, une formation nuageuse dans le sud-ouest attire notre attention. Un frisson me parcourt l'échine alors que les minutes passent et que la forme se précise. Dans le lointain, la figure s'étale en s'assombrissant, puis s'immobilise, comme si le contour définitif venait d'être arrêté. La tête est prolongée de deux appendices effilés qui rappellent des cornes ; sur les côtés, les bras s'étirent, immenses, allongés, enveloppants ; on dirait qu'ils sont recouverts d'une cape et font penser à des ailes. Un démon, qui monte dans le ciel austral en ce jour de Noël 1991. Satanique apparition qui n'augure rien de bon, tant il semble que ce cirro-stratus est le diable en personne.

Le baro bascule et chute toute la nuit. Nous maintenons un cap nord-ouest pour nous dégager le plus possible de l'île de Chiloé. Le vent, encore maniable le lendemain, culmine dans la nuit du 26 au 27, mais la tactique a payé, nous pouvons virer de bord et courir, petit largue puis au portant, sur la baie d'Ancud. A l'approche de Punta Guapacho, des lames énormes, provoquées par la brusque remontée des fonds, nous rattrapent. Seuls leurs sommets déferlent, c'est heureux, car ces talus culminent entre les barres de flèche et le haut du mât, situé à 13 mètres au-dessus des flots.

Nous apprendrons par la presse que le voilier norvégien *Visund*, engagé cette nuit-là dans la traversée de Penas, s'est fait prendre dans le piège tendu par les vents de nord et les courants des canaux adjacents. Le skipper et sa femme en ont réchappé, pas le bateau.

— Incroyable ! Il n'y a pas un bled dans ce pays, fût-il constitué de quatre baraques et de dix bizuts, qui ne soit flanqué de casquettés, vêtus de bleu ou de vert douteux selon qu'ils sont affectés à la haute surveillance des canots de pêche, Gobernación Marítima, ou à celle des pauvres diables qui les conduisent, Carabineros !

Françoise tente de maîtriser le trop-plein.

— Calme-toi, il faut prendre patience. Si nous les envoyons balader, nous aurons des ennuis à Valdivia, Robinson Crusoé et à l'île de Pâques…

— Les limites du ridicule sont enfoncées, ça devient ubuesque !

— Eh bien, nous partirons dans deux ou trois jours…

Alacaluf est amarré à couple d'un petit chalutier. Nous n'appareillerons pas aujourd'hui ; les suspicieux argousins de la Gobernación Marítima ont levé un sourcil soupçonneux à la vue de nos papiers. Le fait de naviguer en eaux chiliennes depuis une année, loin de les rassurer, semble plutôt leur inspirer une vive inquiétude, et le zélé responsable de la capitainerie s'est dépêché de demander une confirmation à Valparaiso.

— Demain nous serons le 31 décembre ; le 1er janvier est férié, récupération générale. La réponse arrivera avec le retour du noroît, on a l'habitude tu me diras...

... Un choc sourd sur le pont, quelqu'un a sauté à bord. Une tête apparaît dans l'ouverture de la descente, une physionomie à l'opposé du physique des robots rasés et obtus qui nous cherchent noise. Haute stature, teint halé, yeux en amande pétillant de malice, tout sourire, l'homme se présente.

— Je m'appelle Fernando Hito, j'ai entendu dire que vous partiez pour l'île de Pâques. Je suis né là-bas. Une bonne partie de ma famille y séjourne encore. J'ai pensé qu'une petite visite vous intéresserait... J'adore parler de mon île, ça me permet de la revoir en pensée.

Quinze minutes plus tard, tout avait basculé. Les sbires à casquette, envolés en fumée. La réponse de Valparaiso pouvait bien mettre une semaine, nous étions "partis" pour Rapa Nui. Le soir même dans le carré d'*Alacaluf*, le lendemain dans la maison de Fernando pour célébrer l'*Año Nuevo*, ainsi que les jours suivants, les cassettes de folklore pascuan et les explications de notre nouvel ami nous emmènent à des années-lumière des lourdeurs administratives ; à 4500 kilomètres du continent ; au pays de l'Homme-Oiseau et des monolithes géants ; aux portes de la Polynésie ; sur une île que nous découvrons peu à peu, que nous aimons déjà, et où nous savons désormais que nous sommes attendus.

La copihue.
Canal Beagle, bahia Desolada, paso del Abismo : ambiance des canaux.
Stéphanie, face à la cordillère, estero Peel.
Alacaluf au cœur de la Terre de Feu.
Le glacier Chico.

Stéphanie dans sa baignoire. Première expérience scolaire à Puerto Eden. Dali avait inventé les montres molles, voici les ancres molles… L'enfer s'est réveillé…

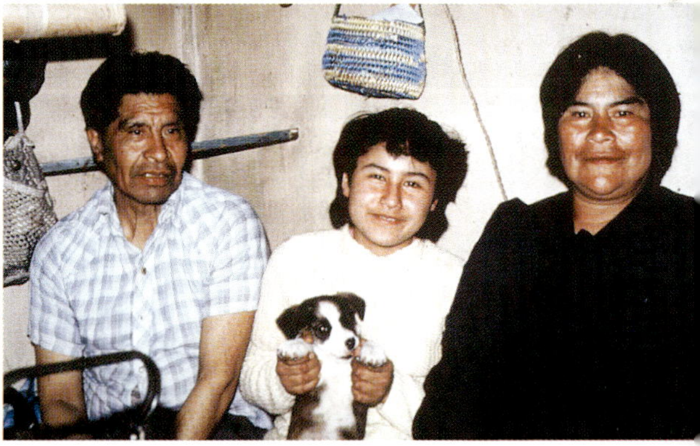

Les fameuses centollas.
On est mal barré papa!
Sara, la doyenne du clan des Alacaluf.
Tcakwol, sa femme et Maria Luisa, la benjamine du clan.
Cap Horn, 9 août 1991...

19

Rapa Nui, l'île des géants

— *¡ La cabeza de atún es lo mejor, lo me-jor, menos seco !*

(La tête du thon, c'est le meilleur, le meil-leur, moins sec !)

A même la table, Isidro découpe le poisson qu'il vient de retirer du foyer de pierres bouillantes. Il est moins "frais" que son thon, Isidro, il transpire. Il faut dire que la pêche a été bonne et arrosée en conséquence. De plus, notre arrivée dans la caleta d'Hanga Piko, l'après-midi, fut l'occasion de poursuivre les réjouissances, d'autant que les nouvelles que nous lui apportons de Fernando Hito, son frère, sont excellentes. Celui-ci vient de remporter le premier prix de sculpture à une exposition qui s'est tenue à Concepción, à l'occasion de la visite du pape. Le règlement du concours interdisait aux artistes de présenter une œuvre terminée ; ils devaient donc l'exécuter sur place, en présence du public. Fernando a taillé dans un os de baleine une main qui tient un globe sur lequel atterrit une colombe, symbole de l'arrivée de Jean Paul II au Chili.

Je ne transpire pas, mais ne suis pas beaucoup plus "frais" qu'Isidro. La traversée de vingt-cinq jours qui vient de s'achever n'a pas été une partie de plaisir, notamment durant la première semaine. Les piliers de bois qui soutiennent le toit de palmes du grand auvent, les amis pêcheurs et même les lampes à pétrole, tout a une méchante propension à se dédoubler, et l'esprit a de la peine à rester fixé sur le présent. Ce n'est pas le moment de lutter, laissons-le dériver vers quelques savoureux souvenirs…

… Je revois le départ du car qui nous emmène à Santiago, où nous devons passer quelques jours chez nos amis Fernando et Paolina Carlín avant de prendre un avion pour Genève. Stéphanie s'était tournée vers Françoise pour lui demander :

— Maman, le car, il navigue aussi la nuit ?

Et le lendemain, perplexe devant les robinets de l'évier de la salle de bains, elle s'était exclamée, cherchant par terre la pédale de la pompe à pied :

— Mais, comment ça coule ce truc-là ?

Je revois le sourire illuminé de Fernando, au cours de cette présentation dans les locaux de son club, la Universitad Católica, lorsque nous lui avons dit :

— Tu avais raison. Là-bas, c'est encore… plus beau, plus grand, une autre dimension.

Et j'entends ses commentaires lors de la projection : *"¡ Qué bonito… precioso… hermoso… increíble… lindísimo !"*

Et je revois sa tête, à notre retour de Suisse, s'excusant de ne pouvoir nous accueillir dans son appartement une troisième fois ! et nous proposant une chambre dans un des plus grands palaces de Santiago… à prix d'ami, sans rapport aucun avec le tarif normal. "Qu'est-ce que c'est ?", avait demandé Stéphanie, en désignant le seau à glace contenant la bouteille de champagne offerte par le directeur en guise de bienvenue.

Je me souviens de la surprise du personnel de l'hôtel, habitué à nous voir débarquer tous les soirs de la Cadillac rose de Don Fernando, et qui, le jour du départ, nous dévisage, ahuri, juchés sur les 120 kilos de bagages à l'arrière de la camionnette qui devait nous conduire à la gare routière… La vie de palace était terminée, celle de bohémiens recommençait.

Et je revois, avec nostalgie, ce second séjour à Robinson Crusoé, aussi lumineux que le premier. L'île tout d'abord, sortant du néant au petit matin pour nous dévoiler les escarpements vertigineux de son flanc sud-est avant de découvrir les pans abrités de sa côte nord ; terres ocre et rouges recouvertes du vert jaune des prairies, elles-mêmes surmontées par le vert sombre de la végétation. Je revois la surprise et la joie de Maria Eugenia lorsque nous avons pénétré dans sa cuisine ; et le petit lutin, sautillant et gazouillant, qui accompagnait Françoise dans ses escapades à travers les résineux, les eucalyptus et les figuiers de Barbarie pour observer les *picaflores*, colibris très nombreux sur l'île ; et la gentillesse de nos amis qui nous gavaient de langoustes ; Bruno, particulièrement, qui nous appelait *Doctor* après qu'une boîte d'anti-inflammatoires eut raison d'un lumbago causé par le relevage de *trampas* à langoustes en eaux profondes. Et je revois, surtout, cette soirée chez Jorge Angulo dans son petit estaminet La Bahía, où nous avons bien failli craquer. "Restez, restez !", disaient-ils, "la mauvaise saison arrive, restez jusqu'à l'été prochain !" Maria Eugenia mettait à notre disposition un bungalow de rêve, en rondins, avec une baie vitrée pour admirer au chaud les colères de l'océan en écoutant crépiter le feu de la cheminée... L'occasion de partager, quelques mois durant, la vie des insulaires, très isolés en hiver pendant la suspension de la pêche à la langouste, de lire, d'écrire et de faire l'instruction de Stéphanie dans les meilleures conditions. Et *Alacaluf ?* "Pas de problème", avait répondu Bruno, qui débordait d'imagination pour hisser le voilier à terre à l'aide des gros treuils placés en haut de la plage. Nous avons dû nous faire violence pour ne pas accepter cette généreuse proposition et renoncer à cette expérience formidable, qui aurait passablement modifié la suite du programme et peut-être hypothéqué le retour vers l'Europe.

Nous n'oublierons jamais les mots prononcés par Bruno sur la digue, avant que le pneumatique ne s'en éloigne ; des paroles simples, profondes, terriblement fortes :

— *¡ Ciao hermano, suerte, SUERTE !*

(Adieu frère, bonne chance, BONNE CHANCE !)

Nous avons renoncé à partir de jour, nous n'avons pas eu le courage de voir cette île fabuleuse diminuer, mourir en douceur dans le sillage. Cette terre sur laquelle le regard et les pensées seraient restés accrochés des heures, transformant cet appareillage en supplice pour tous les trois. Nous nous sommes donc échappés de nuit, malgré un ciel peu engageant, en nous effondrant dans nos couchettes, sachant bien qu'au réveil la mer aura effacé, de nos yeux seulement, une perle, peut-être la Perle du Pacifique-Sud.

Et puis il y eut cette traversée qui débuta mal ; un départ très musclé, commandé par un régime de noroît qui inaugurait la mauvaise saison et nous obligeait de toute façon à quitter le mouillage de Cumberland Bay. Début mai, c'était tard pour se lancer vers l'île de Pâques, nous étions de nouveau en retard... La deuxième nuit, alors que le voilier fonçait vent de travers dans une mer forte, il y eut un choc terrible et le pont disparut sous l'eau. Nous crûmes, un instant, avoir heurté un objet flottant, tant l'impact fut violent. Non, c'était simplement une vague, énorme, qui s'est présentée à 90 degrés de ses consœurs et dans laquelle *Alacaluf* avait buté de plein fouet, à près de sept nœuds. Le temps passait sans que nous puissions faire un mille dans la bonne direction et nous nous retrouvâmes, huit jours plus tard, à la hauteur d'Antofagasta, fatigués, dégoûtés par cette semaine de navigation pour la gloire. Nous réalisâmes, alors, que nous n'étions pas les seuls à lutter contre les éléments défavorables. Un paille-en-queue s'exténuait à battre des ailes comme un damné, dans l'intention de rallier les îles San Félix et San Ambrosio situées 200 milles plus au sud. Quelques heures plus tard, des fous à pieds bleus vinrent tournoyer autour du voilier. Nous les avons observés, en ayant à l'esprit l'aisance provocante des albatros, et les avons trouvés presque empruntés. Mais leur présence nous a fait plaisir et avait valeur de symbole, en ce jour où nous passions le tropique du Capricorne. De plus, cela nous a porté chance car, peu après, le vent a passé sud par l'ouest et, pour la première fois depuis notre départ de Robinson Crusoé, nous avons pu faire route directe sur l'île de Pâques. Les jours suivants, la cloche du cousin retentit à deux reprises et nous eûmes le plaisir de voir une bonite puis une daurade coryphène au fond du cockpit. Le moral remontait, c'était heureux, parce que les conditions très variables, après deux jours de vent portant, nous réservaient une navigation heurtée, avec de continuels ajustements de cap et de voilure. Quelle différence entre cette croisière et celle de Callao/Juan Fernandez en décembre 1990 dans la même zone ! Nous étions alors, il est vrai, en plein été austral. Disparus les ciels d'une limpidité sidérale, les couleurs éclatantes et, dans l'eau, ces jets de lumière qui partaient sonder le grand bleu et les abysses. Plus de petits cumulus bien nets à l'ouest, malgré l'éloignement extrême, qui donnaient envie de se lancer éperdument à leur poursuite. Evanouie cette vision de grandeur infinie, chaque jour renouvelée, cette impression de bleu éternel qui inondait ces immensités d'une note accrue d'immuabilité. Cette fois-ci, les couleurs vives ont cédé la place aux tons pastel, nous offrant, certains soirs au couchant, de belles aquarelles dans des ciels tourmentés où les cumulus boursouflés se mariaient aux stratus en lambeaux. Atmosphères déroutantes, témoins d'une incroyable instabilité qui provient de la faiblesse, en hiver, de l'anticyclone tout proche, attaqué, bousculé par les dépressions des hautes latitudes qui remontent plus au nord. Notre étonnement fut à son comble, quelques jours plus tard, lorsque apparurent des cumulus *humilis* alizéens de sud-est alors que nous avions à la surface de la mer un vent qui venait exactement de la direction opposée. Nous avons baptisé ce phénomène "les alizés à l'envers".

Stéphanie s'est très bien habituée à ces conditions versatiles qui, d'ailleurs, nous ont aussi valu quelques moments privilégiés. Ce soir-là, *Alacaluf* volait, effleurait l'eau plate, au plus près sous toute la voilure. Le coucher du soleil avait été magnifique et la lune l'avait rapidement suivi, envoyant sur l'océan une lueur presque orange. Stéphanie était allongée dans mes bras. Nous admirions cette boule illuminer le sillage, regardions la mer défiler à 20 centimètres du pont sous l'effet de la gîte et écoutions le bruissement de l'eau au passage de la coque. Soudain, un souffle retentit à côté de nous, suivi par d'autres, tout proches. Des silhouettes noires, arquées, jaillirent dans des bouillonnements d'écume. C'était des dauphins, venus offrir un ballet à la petite et lui dire qu'il était l'heure d'aller faire un gros dodo. Les soirs où les conditions ne permettaient pas de rêvasser dans le cockpit, nous nous installions dans nos "bannettes" et lui lisions l'histoire de Heidi qui se passe dans le petit pays qui est le sien, très loin d'ici, de l'autre côté de la terre. Stéphanie nous interrompait souvent pour poser des questions :

— A quoi ça ressemble les Alpes, à la Patagonie ?

— Pas tout à fait, tu verras, on te montrera...

A 25 milles de l'îlot Sala y Gomez, Françoise nous avait appelés :

— Venez voir la belle escorte, pailles-en-queue, fous, frégates, noddis !

Nous avions repéré sur la carte une petite anse sur le côté sud. Lorsque nous nous sommes approchés de l'îlot, une grosse houle de suroît explosait en gerbes blanches dans un bruit de gouffre au contact des rochers. Il était exclu d'approcher à moins de deux encablures. Nous nous sommes contentés d'admirer le jeu infini de ces masses liquides attaquant ce bastion de rocs noirs, et nous nous consolâmes avec un thon d'une vingtaine de kilos, qui avait tendu à bloc la ligne de traîne et fait joyeusement carillonner la cloche du cousin.

A l'aube du 25e jour de navigation, nous vîmes émerger de la grisaille les falaises ocre du cap Roggeven, nom du navigateur hollandais qui, le 5 avril 1721, jour de Pâques, fut le premier Européen à découvrir l'île mystérieuse et ses gigantesques statues...

En longeant la côte sud, hier lors de notre arrivée, nous les avions longuement observées à la jumelle, taches sombres sur le flanc du volcan Rano Raraku. Aujourd'hui, après un petit déjeuner rapidement avalé, nous n'avons qu'une hâte, aller les voir de près. Nous marchons le long de la route de terre battue qui suit le bord de mer jusqu'à la baie d'Hanga Roa, où se trouve le village principal, puis continuons et approchons d'un petit cimetière. Dans le lointain, se détachent des silhouettes étranges, inquiétantes. Sur notre droite, des monticules herbeux attirent notre attention. Leur façade est faite de pierres soigneusement entassées qui forment un muret dans lequel une petite ouverture a été aménagée. Un homme ne peut y pénétrer qu'à quatre pattes. Ce sont des *hare moa*, maisonnettes où l'on enfermait les poules la nuit pour se prémunir des vols. Devant nous, les statues se présentent en enfilade. La perspective est saisissante. Les géants de pierre, rongés, mutilés, parfois seulement légèrement blessés par les ans, se dressent, hautains, mystérieux, figés dans la contemplation d'une triste journée d'hiver. L'impression est extraordinaire, à la mesure de ce qu'on attendait ; énigmatique, envoûtante, superbe, rehaussée par les nuages qui défilent dans un ciel plombé sur une mer noire. Les statues, *moai* en pascuan, sont érigées sur de grands autels en pierres amoncelées, appelés *ahu*, et tournent le dos à l'océan. L'une d'elles, le *moai* de l'*ahu* Tahai, est dans un très bon état de conservation, abstraction faite des attaques de surface. Ses orbites sont garnies de corail blanc, dans lequel on a peint deux pupilles qui donnent au colosse une expression troublante, presque vivante. Sa tête est surmontée d'un énorme chapeau cylindrique, le *pukao,* terminé par un appendice qui pourrait figurer un chignon. Les *moai* étaient édifiés en l'honneur des dieux et des ancêtres divinisés. Ils étaient un symbole de la puissance et du prestige du lignage qu'ils étaient censés protéger. Groupés prés de l'*ahu*, les membres du clan vivaient dans de drôles de maisons elliptiques, très allongées, dont la forme ressemblait à une coque de bateau retournée. Les fondations et le pavage semi-circulaire de l'entrée d'une de ces demeures sont bien apparents en face du premier *ahu,* qui sert de support à cinq *moai* passablement altérés.

La nombreuse famille de Fernando Hito ne sait que faire pour nous être agréable. Aujourd'hui, Juan Carlos a déniché une vieille camionnette et nous propose une virée à travers l'île en compagnie de sa femme, de leur fils et de deux compères, pas tristes, que nous embarquons après qu'ils eurent pris soin de faire quelques provisions. Chocolat pour les enfants, Coca-Cola pour ceux que ça intéresse et qui pourrait, à la rigueur, servir à diluer un tantinet le *pisco*. L'un d'eux, Daniel, plaît particulièrement à Stéphanie qui l'a baptisé le clown. Comme presque tous les Pascuans, Daniel est pêcheur, mais sa démarche chaloupée n'est pas qu'une déformation professionnelle, le roulis a une autre origine... Ce qui ne l'empêche pas d'être adorable, sous un physique assez étonnant. Sec comme un coup de trique, il est velu en diable. Des poils émergent de partout, sortent de l'échancrure de la chemise pour rejoindre ceux de la barbe que d'imposants favoris relient à une tignasse hirsute, style rasta, qui donne au personnage une allure de lion. Comparaison d'autant plus frappante que notre gaillard émet des rugissements *"Tokerrraaoo - Rano Kaaoo"*, ponctués de hochements de tête, qui augmentent encore l'impression de désarticulation émanant de cette carcasse dégingandée, à mesure que défilent les bouteilles de *pisco*.

Abandonnant le véhicule crachouillant et fumant, nous terminons à pied l'ascension du volcan Rano Kao. Au fond de l'immense et impressionnant cratère s'étendent des petits lacs entourés de joncs, *totora*, qui permettaient, jadis, la construction de pirogues-radeaux, étrangement similaires à celles du lac Titicaca au Pérou. Sur le sommet du volcan se trouve le village sacré d'Orongo où se déroulait, en juillet, le culte de l'Homme-Oiseau, *Tangata Manu*. Ces cérémonies visaient à choisir, pour une année, celui qui allait être l'interlocuteur privilégié des dieux et le gardien du *mana*, puissance divine, force de la vie. Ce rite fantastique, qui faisait intervenir l'oiseau et l'œuf, était doublement symbolique. L'oiseau rappelait les lointaines migrations qui avaient amené les premiers Polynésiens sur l'île, et l'œuf, marque de fécondité, cristallisait tous les espoirs de vie, de développement et de satisfaction des besoins alimentaires. Le moment venu, les représentants des chefs de guerre, candidats au titre de *Tangata Manu,* se mettaient à l'eau, avec quelques provisions, et rejoignaient à la nage le plus grand des trois îlots qui débordent les falaises d'Orongo, Motu Nui. Du haut des affolantes parois, les chefs et les notables surveillaient les vols circulaires des premières sternes au-dessus des îlots sacrés. De leur côté, les serviteurs, isolés sur leur tas de cailloux, guettaient la ponte du premier œuf et tentaient de s'en emparer. Le chef de celui qui y parvenait devenait ainsi l'Homme-Oiseau pour douze nouvelles lunes. Cette cité d'Orongo est étrange. Ses maisons basses, souvent aménagées dans des excavations, font penser à des cavernes de troglodytes. Le bord des falaises porte les empreintes gravées de ces quêtes annuelles de jadis, les *Manu Tara,* oiseaux stylisés. Le vent vif réveille à temps l'esprit parti à la rencontre de ce passé mystérieux, alors que le regard tournoie dangereusement dans les remous, 400 mètres plus bas…

Sur la côte sud, nous sommes frappés par l'édification de l'*ahu* Vaihu. Les blocs qui le constituent sont énormes, mais bien davantage que leur taille, c'est leur façonnage et leur ajustement qui sidèrent. Les rectangles cubiques s'encastrent impeccablement les uns dans les autres, à la manière des constructions andines précolombiennes. Certains, mais ils sont fortement contestés, y ont vu une preuve de peuplement d'origine amérindienne. Toutes les côtes de l'île sont belles et sauvages, car successivement battues par des tempêtes de nord, d'ouest et de sud, au grand dam des navigateurs qui ne pouvaient y trouver qu'un refuge temporaire. La rive méridionale est jonchée de *moai* qui gisent face contre terre. Gâchis épouvantable, conséquence des luttes intestines qui ravagèrent les différents clans de l'île et au cours desquelles on humiliait le vaincu en abattant ses *moai.* Aux XVIIIe et XIXe siècles, quelques expéditions sans scrupule continuèrent le massacre dans le dessein d'emporter des vestiges. Spectacle lamentable et douloureux que ces géants, modèles d'intelligence artistique et d'ingéniosité, terrassés par la bêtise. Lorsque toutes ces statues étaient debout, la côte sud devait offrir une vision époustouflante que seul, malheureusement, Roggeven, premier et unique Européen, a pu admirer. Certaines sont intactes et n'attendent qu'une main secourable pour les relever ; quelques-unes sont cassées, mais facilement "restaurables" ; une en revanche, dans un pathétique renoncement, s'est intégrée, fondue dans le sol, comme pour revenir à son élément originel. A l'extrémité orientale de l'île, près de la caleta Hotuiti, d'autres géants reposent, le regard perdu dans les étoiles. Malmenés, non par les hommes cette fois, mais par le tsunami de 1960 qui détruisit la ville de Valdivia. Ils ne sont pas morts, ils dorment... Une entreprise japonaise s'est proposée de les réveiller.

Nous cheminons en direction du volcan Rano Raraku. Sur le côté de la piste, une sentinelle, à jamais immobile, nous confirme que nous sommes sur le bon chemin. Incroyable, sur les *ahu* côtiers, les statues faisaient entre trois et six mètres de haut. Celles qui nous regardent approcher mesurent quatre mètres, qui ne sont que la partie visible car plus de la moitié de leur longueur est enterrée. Les géants méditent et nous communiquent une profonde impression de paix, entretenue par le bruissement léger du vent qui fait ployer les terminaisons mauve clair des hautes herbes et onduler la prairie. En contrebas, quelques chevaux sauvages nous observent, pattes et ventre dissimulés par la verdure. Nous admirons, passant d'une statue à l'autre. Tiens ! celui-là porte, stylisé sur son abdomen, la surprise qu'a laissée aux Pascuans la vue des premiers grands voiliers ; celui-ci a un goitre, et en voilà un qui ressemble à un vieillard agenouillé, très différent des statues monotypes et longilignes ; nos amis nous apprennent son nom : Tukuturi. Sur les flancs extérieurs et intérieurs de ce volcan aplati, gigantesque chantier de *moai,* l'on trouve des statues à différents stades de finition. Nous approchons et... Ce n'est pas possible... Ce *moai*-là fait plus de 20 mètres de long ! Stéphanie s'installe, à l'aise, dans la cavité orbitale. La tête et l'immense tronc sont terminés, reste à dégager le dessous...

Les Pascuans travaillaient leurs statues sur place, sculptant dans le tuf volcanique, roche légèrement poreuse et de densité moyenne, et creusaient une tranchée tout autour suivant la progression de l'ouvrage afin de façonner les côtés. Ils s'attaquaient ensuite au dos, jusqu'à laisser un petit socle qui donnait l'illusion que le *moai* reposait sur une quille. Lorsque "l'ascenseur" était prêt, le support était brisé et la statue glissait dans une large rigole couverte de pierres rondes. Retenue par un ingénieux système de palans et de cordes, elle descendait jusqu'à une cavité en contrebas, où elle était dressée si son destin était de rester sur le flanc du Rano Raraku. Le transport des *moai* sur les *ahu* côtiers, distants parfois de plusieurs dizaines de kilomètres, paraît tellement invraisemblable que certains y ont vu l'intervention d'une "Force Extérieure". Les Pascuans eux-mêmes pensent que les géants de pierre se déplaçaient en marchant, sur ordre des dieux. Les esprits cartésiens avancent que l'île n'a pas toujours été aussi déboisée qu'aujourd'hui ; que les matériaux ne manquaient pas pour faire des rondins, des leviers ; que l'élévation des statues sur les *ahu* se faisait en remblayant, en comblant sous le *moai* chaque centimètre gagné en hauteur ; et que les fameux chapeaux de plusieurs tonnes, les *pukao,* étaient solidement arrimés aux têtes, et non posés lorsque le géant était debout. En poursuivant dans la pente pour rejoindre l'arête et la face intérieure du volcan, nous découvrons un autre impressionnant *moai,* anormalement large, massif, et un atelier où se trouvent trois statues côte à côte. Celle du centre a des lignes parfaites. Elle est intacte, nettement plus claire que les autres. On dirait qu'elle attend... que les artistes qui étaient en train de lui donner vie l'arrachent définitivement à ce qui est resté son cercueil.

Nous grimpons sur le flanc herbeux du cratère, au-dessus des eaux calmes du petit lac, jusqu'à la crête derrière laquelle dégringole une paroi d'une centaine de mètres. Là-haut, sur l'étroite bande qui relie les deux points culminants du volcan, à quelques mètres de la falaise, un *moai* allongé médite, le regard perdu dans l'immensité du ciel austral ; ultime et poignant hommage des sculpteurs de dieux.

La soirée est douce, le ciel tout étoilé, nous prenons le café dans le cockpit. Soudain, un feu follet s'allume sur la lagune et se promène, tremblant. Françoise prend les jumelles et distingue une silhouette derrière la lueur de la torche. L'homme marche lentement.

Le flambeau, maintenu à mi-hauteur, lui permet de voir le fond de l'eau. Il s'arrête souvent. Un cri guttural retentit, comme une exclamation de contentement. La lumière regagne la rive et s'éteint.

Interrogé le lendemain matin, Isidro nous explique.

— *¡ Pulpo, muy bueno para comer !* (Poulpe, très bon à manger !)

Et il nous raconte que lorsqu'il était enfant, la langouste, abondante, se pêchait de cette façon.

— Voilà, on commence par faire un trou !

Je saisis une pelle et aide Juan Carlos à creuser.

— Maintenant, on met du bois et on allume.

Nous disposons ensuite une quinzaine de pierres sur le brasier. La journée est splendide, la température modérée, rien à voir avec les suffocantes canicules estivales. Rapa Nui, située à 27° de latitude sud, jouit d'un climat subtropical plus sain que celui de la Polynésie. Stéphanie fait la connaissance de deux nièces de Juan Carlos, Maeva et Melania, avec lesquelles elle nouera une profonde amitié. Les fillettes dépècent les poulets, débitent le thon et coupent les tranches de bœuf en menus morceaux. Juan Carlos fait le tour de la maison et détache quelques branches d'un bananier. La nourriture, réduite en petits cubes, est épicée et enroulée dans les feuilles.

— *¡ Es así que nosotros Pascuenses hacemos el curanto !*

(C'est comme ça que nous autres Pascuans faisons le curanto !)

Une heure et demie plus tard, les pierres sont retirées à la pelle afin de déblayer les braises, puis replacées dans la cuvette. Les cailloux brûlants sont isolés par un lit de feuilles sur lequel on place la viande, d'abord, et le poisson au-dessus. L'on recouvre de quelques branches, d'une bâche en plastique, puis l'on termine en ensevelissant le tout sous quelques pelletées de terre.

C'est la manière traditionnelle de cuire les aliments, à l'étouffée. Débute alors la seconde attente, deux heures, souvent fatale pour le niveau des bouteilles de *pisco*. C'est une préparation qui prend du temps, une demi-journée, et que l'on réserve aux réunions de famille et aux fêtes.

A table ! Les petits paquets brunâtres de feuilles de bananier ont agréablement parfumé la nourriture. Le *curanto* est accompagné de salades et de patates douces, elles aussi cuites dans le foyer.

Chaque après-midi après l'école, Stéphanie retrouve ses deux amies. Leur terrain de jeu est immense, le pourtour de la caleta Hanga Piko, le jardin des fillettes et, comme par hasard, la fabrique de confitures de goyaves toute proche. Hier, il a beaucoup plu, tout est détrempé. Tant mieux, on va pouvoir faire de la luge en glissant sur des bouts de carton le long d'un talus de terre ocre. Chacune a sa "planche", mais c'est quand même beaucoup plus marrant à deux ou à trois sur le même emballage. Les mamans vont moins rigoler. Si les fillettes sont sur la rive lorsque les barques reviennent de la pêche, on leur donne un poisson. Elles se dépêchent de l'emmener à leur cabane et s'organisent une dînette avec des légumes du potager, car c'est bien meilleur avec des concombres et des tomates, surtout quand on les pique en douce.

Que Stéphanie, sevrée de contacts réguliers avec les enfants de son âge, s'attache profondément à ces amies est chose compréhensible, mais nous sommes surpris par la réciproque et par la touchante attention que portent Maeva et Melania à cette petite fille, inconnue il y a deux semaines. Elles la considèrent comme leur sœur, réclament chaque jour sa présence, la traitent avec beaucoup de gentillesse et la raccompagnent, à la nuit tombante, en la tenant par l'épaule.

Les Pascuans utilisent toujours une technique de pêche traditionnelle, très originale, appelée la "pêche à la pierre". Celle-ci se pratique aux environs de 50 mètres de fond pour le thon et vers 100 mètres pour le *bacalao,* variété de morue, ainsi que pour le *salmón de roca,* beau poisson d'une dizaine de kilos fréquent à Robinson Crusoé et à Rapa Nui. La technique consiste à plaquer l'hameçon, muni de l'appât, contre une pierre, à enrouler quelques tours de ligne pour l'assujettir, puis à ficeler, alternativement sur les deux faces du caillou, des morceaux de poisson ou viscères qui sont donc maintenus par les enroulements successifs. Lorsque la pierre est jetée à l'eau, le fil se dévide et libère les "faux leurres" qui attirent les poissons du voisinage. L'hameçon, avec le "vrai leurre", se stabilise à la profondeur souhaitée. Excités par cette nourriture tombée de la surface, les poissons prennent confiance et l'un d'eux happe le morceau qu'il ne fallait pas... si on se place du côté des victimes. Souvent bien sûr, les pierres dégringolent dans le bleu sans résultat. Mais lorsqu'un banc de thons est dans les parages, c'est la curée, qui parfois alerte aussi l'ennemi des thons, l'*albacora*, le grand espadon. Ce prédateur n'y va pas par quatre chemins. Doté d'une puissance et d'une vitesse folles, il gobe sa proie en l'avalant tout entière, ses mâchoires dépourvues de dents ne permettant pas de tronçonner. Dans les barques, les hommes comprennent à l'affolement général qu'un *albacora* est dans les environs. Ils tranchent la tête d'un des thons qu'ils ont pêchés et y fixent un énorme hameçon, genre crochet de boucher. C'est comme ça qu'hier, Gil, un Français marié à une Pascuane, a attrapé un de ces monstres de 400 kilos. La lutte a duré une demi-journée. D'autres barques sont venues lui prêter main forte. Plusieurs bobines de 500 mètres chacune ont été déroulées, permettant à l'espadon de mener un ballet dantesque, sous l'eau et dans les airs, où il se propulsait en vrillant sur lui-même pour finalement se laisser tirer, presque mort, près des embarcations et recevoir le harpon fatal.

La tête de cet espadon géant, diamètre 80 centimètres, servira à nourrir toutes les familles de pêcheurs réunies pour célébrer la San Pedro sous les cases-auvents de la *caleta*, joliment décorées pour l'occasion de branches de palmier. Un beau *curanto*, qui débute dans l'allégresse et tourne court l'après-midi, ainsi que le petit bal, faute de danseurs, avachis dans les coins, dégoisant maintes fois les mêmes histoires, quand ils ne sont pas écroulés, complètement "cuits". L'alcoolisme est un sérieux problème pour ces derniers Pascuans, qui ne s'arrêtent pas au premier stade, euphorique et joyeux, mais continuent jusqu'à ne plus tenir debout. Fléau aux multiples conséquences ; santé des intéressés ; scènes de ménage ; exemple pour les enfants ; ponctions importantes sur les faibles revenus, qui pourraient être consacrées aux habitations qui souvent en ont bien besoin ; sans compter que les pauvres bougres sont incapables de sortir pêcher le lendemain. Catastrophique, le mot n'est pas trop fort, lorsque ces festivités se renouvellent deux ou trois fois par semaine. Parfois, certaines épouses attendent le retour de leurs maris pour écouler elles-mêmes le produit de la pêche au petit marché local, afin d'éviter que celui-ci ne se liquéfie et ne s'évapore.

Parcourant la côte nord de l'île, nous nous arrêtons aux deux seules plages de sable, Ovahe d'abord puis Anakena, splendide baie bordée de cocotiers et gardée par une rangée de *moai*. Sur le chemin du retour, nous faisons halte à Punapau. C'est la carrière d'où était tirée la roche rougeâtre, couleur de sanguine, une agglomération de scories, qui servait à fabriquer les chapeaux des statues, les *pukao*. Coiffes démesurées qui, souvent, ont roulé au pied des *ahu* et ressemblent à d'impressionnantes meules.

Le lendemain, Françoise passe toute le journée en compagnie de Lilian, la femme de Juan Carlos, à s'initier au montage de colliers et de rosaces en coquillages. Pour réaliser ces assemblages, Lilian utilise une magnifique variété de porcelaines, spécifiques à l'île. Peu sensible à l'attrait des bijoux classiques, Françoise ne résiste pas au charme de ces merveilles, offertes par la mer à qui veut bien les nettoyer et les mettre en valeur ; joyaux aux reflets auburn, chauds et chatoyants, symboles de vie, de soleil et d'exotisme.

Les Pascuans ont gardé de leurs ancêtres le goût et le don de la sculpture. Fernando Hito en est un vivant exemple, mais il n'est pas le seul. Sur l'île, de nombreux artistes de talent, parfaitement anonymes, proposent aux visiteurs de très jolies pièces, en pierre ou en bois. *Moai* bien sûr, hommes-oiseaux, animaux mythiques de l'île et *moai kava kava,* représentant des individus décharnés qui rappellent les terribles périodes de disette.

— Maman, ça y est, elle est tombée ! annonce Stéphanie, en brandissant fièrement une incisive.

— C'est très bien, comme cela tu ne risques pas de l'avaler pendant la nuit.

Au matin, Stéphanie découvre sous l'oreiller la friandise et les petits sous que la souris lui a apportés. Que va-t-on faire de la dent ?

— Si on l'enterrait, suggère Françoise.

— Pourquoi ?

— Pour laisser quelque chose de toi. Pour que tu te souviennes qu'une partie de toi est restée sur cette terre, à l'autre bout du monde, ici, sur l'île des Géants.

La veille du départ, nous prenons congé de tous ces amis qui nous ont si chaleureusement accueillis, et nous nous dirigeons vers la maisonnette de Juan Carlos. Lilian sort ses plus grosses rosaces d'un sac de toile et nous en passe à chacun deux autour du cou. Puis elle part dans sa chambre, revient et pose une couronne de coquillages sur la tête de Stéphanie ; une pièce superbe, faite avec les plus belles porcelaines. Trop, c'est beaucoup trop, combien d'heures de travail ces cadeaux représentent-ils ? Plusieurs dizaines, équivalant à beaucoup d'argent pour ces gens qui ne sont pas dans la misère, mais bel et bien dans la pauvreté. Nous avons de la peine à parler, à exprimer notre gratitude, ébranlés par la disproportion entre présents et moyens.

Le lendemain, une heure avant d'appareiller, nous remontons vers la petite demeure avec une planche à fromage peinte par Françoise, un billet en dollars et quelques photos de Stéphanie. A l'instant de nous séparer, Lilian s'absente, réapparaît avec ses derniers colliers. Nous protestons vivement, cette visite visait à restaurer un équilibre, à nouveau malmené. Rien à faire. Nous nous résolvons à accepter. Lilian nous aura tout donné…

20

L'île de la Perle Noire

Une demi-heure après le départ, nos regards embrassent la totalité de la côte ouest. Qu'il est petit ce triangle de terre, perdu au milieu du grand océan, à mi-distance entre Tahiti et le continent sud-américain. Cette île, qui n'a pas livré tous ses secrets, et dont on a sondé l'histoire à travers les traditions orales, à défaut d'avoir pu déchiffrer les mystérieux glyphes des tablettes *rongo rongo*. James Cook fut le premier à relever l'identité de culture, de langue et de type humain avec les habitants du reste de la Polynésie. Et cela en 1774 lors de son deuxième voyage, qui permit de prouver que la *Terra Australis Incognita,* chère aux géographes de l'époque, n'existait que sous la forme d'un immense continent de glace. Nous savons, aujourd'hui, que le peuplement du Pacifique s'est effectué progressivement d'ouest en est à partir de l'Indonésie et que les premiers Polynésiens arrivèrent à l'île de Pâques, aux environs de l'an 500, sur des catamarans géants qui leur permettaient de transporter taros, ignames, patates douces, bananiers, ainsi que des porcs, des poules, des chiens et des oiseaux, émissaires des dieux. La légende dit que Hotu Matua fut le premier à fouler le sable d'Anakena et que son arrivée avait été précédée d'une expédition de reconnaissance. Nous ignorons, en fait, si l'immigration s'est réalisée en une ou en plusieurs vagues. De telles navigations à travers les immensités mouvantes du Pacifique donnent la chair de poule. Non pas tant parce qu'elles se sont effectuées contre l'alizé, on a vu à quel point celui-ci était perturbé à certaines périodes de l'année dans la partie sud du tropique, avec une nette prédominance de régimes d'ouest, mais bien à cause de l'incertitude des moyens de localisation. Combien d'errances et de souffrances à vouloir reconnaître ces horizons illimités, combien d'explorations se sont-elles abîmées dans le bleu éternel ? Une gageure, un défi lancé par ces hommes à la planète, à la mesure de ce qu'entreprirent, beaucoup plus tard, les navigateurs portugais et espagnols. Et cela pour atteindre, à l'apogée, un degré de civilisation capable d'ériger ces témoignages ahurissants que sont les *moai ;* époque où l'île comptait une dizaine de milliers d'habitants, avant que le destin n'ordonne de réduire drastiquement leur nombre, par le biais de guerres claniques, afin d'équilibrer population et ressources.

Nous avons fait de notre mieux. Nous lui avons parlé de ces îles de rêve aux lagons turquoise, des aquariums féeriques aux poissons multicolores qui l'attendent pour jouer à cache-cache. Sa maman l'a tenue longuement dans ses bras, mais de grosses larmes coulent sur les joues de Stéphanie, couchée dans la "bannette" de quart, un écouteur sur la tête, tentant d'oublier cette dure réalité, cet aspect qui est de loin le plus triste de notre voyage ; ces éternels départs qui fauchent sans pitié de profondes amitiés. Une infinie désolation se lit dans les yeux de notre petite fille, Maeva, Melania, quand vous reverrai-je ?

Notre tactique consistant à prendre nord-ouest aura le double avantage de nous éloigner d'une petite perturbation, qui nous secouera la seconde nuit, et nous permettra, en perdant en latitude, d'accrocher plus rapidement des vents portants, quitte à nous écarter de l'orthodromie*. Le quatrième jour, le vent passe sud-est et, pour la première fois depuis août 1990, nous pouvons gréer le tangon pour établir la voilure en ciseaux. Deux ans de près, de vent debout, c'est le prix qu'il a fallu payer pour descendre de Panama jusqu'au Horn, remonter à Valdivia et rallier l'île de Pâques au début de l'hiver austral. Un tribut assez élevé pour un tour du monde en famille, et que nous sommes heureux de voir dans le sillage...

Vent de poupe, cumulus *humilis* sympathiques, poissons-volants nourrissant l'espoir de la visite de daurades, tout y est. Nous laissons Stéphanie s'habituer, quelques jours, au mouvement du roulis qui provoque une certaine somnolence au début, puis nous commençons un travail d'un genre nouveau grâce au matériel que nous ont envoyé des amies institutrices, qui vise à développer l'observation, la déduction et le raisonnement logique. Nous réalisons à quel point le cours de mathématiques modernes, souvent contesté, a porté ses fruits. Cet enseignement, contrairement à l'arithmétique classique de nos jeunes années, propose une approche extrêmement large ; ensembles et relations, numération et systèmes de base autres que 10, découverte de l'espace et géométrie, et bien sûr opérations courantes. Démarche qui paraît nébuleuse à certains, mais qui engendre une réflexion et une ouverture constituant la meilleure des préparations pour les mathématiques supérieures. Côté langue maternelle, l'écriture et la lecture progressent bien. Stéphanie parcourt fréquemment son petit dictionnaire illustré et nous lit les définitions de ses mots préférés : bateau - ours - princesse. Thèmes, d'ailleurs, qui se retrouvent régulièrement, par périodes, dans ses dessins. Influencée par les histoires de l'ours Petzi qui, comme nous, navigue sur son bateau et découvre de nombreux pays, elle représente sa "Nounette" dans différentes situations ; le plus souvent au milieu d'un décor glaciaire, en train de rendre visite à sa grand-mère l'ourse polaire ou à son cousin d'Amérique, le grizzli. Inspirée par les récits de Blanche-Neige, Cendrillon, la Belle au bois dormant, elle dessine d'élégantes dames et des princesses pratiquement sans lever le crayon, ce qui laisse penser qu'elle a bien en tête le tracé qu'elle réalise. Il y eut toute une phase où le voilier était croqué entouré d'icebergs au pied de montagnes enneigées. Maintenant, elle reproduit des *moai*, des signes cabalistiques évoquant les glyphes pascuans, et des *manu tara,* oiseaux stylisés particulièrement décoratifs.

Elle joue beaucoup avec ses peluches, les personnalise, recrée le cercle familial, s'attribuant le rôle tantôt du père ou de la mère et souvent celui de la maîtresse. Il est tordant de voir la classe réunie, assise devant le petit tableau noir, une feuille sur les genoux et un crayon entre les pattes.

"Orson", le régulateur d'allure, tient parfaitement le cap. La barre est amarrée dans l'axe, au milieu du cockpit, ce qui permet à Stéphanie de le transformer en souk en tendant des linges qui lui font une cabane pour ses protégés. Un intérieur bien décoré, avec cabine, coin cuisine et une petite table sur laquelle reposent de beaux coquillages. Ah ! mais voilà que "Nounours", le frère de "Nounette", a besoin de faire pipi ; sa "maman" lui ôte ses couches, l'amène au bord des filières pour qu'il se soulage, debout, à travers les mailles du filet. Commentaire de Stéphanie : "C'est normal, c'est un garçon !"

Le soir, nous admirons, dans la clarté du crépuscule, la pureté du dégradé que laisse la culbute de l'astre à l'instant où il lance ses derniers rayons de lumière à l'assaut du bleu pâle, créant un gigantesque éventail qui conjugue, dans un effacement progressif, les mauves légers, les jaunes imperceptibles et les oranges estompés. Quelques heures plus tard, adossés à l'annexe qui est ficelée sur l'avant du rouf, nous nous laissons bercer par le frou-frou de l'étrave dans la houle. La nuit est douce, merveilleuse. Nous sommes comme saoulés par le rythme de cette chevauchée qui paraît sans fin, éternelle. Le regard remonte la courbure parfaite du génois et prolonge la quête du mât lancé à la poursuite des diamants qui scintillent sous le grand dôme de satin noir.

Le jour, tous les capots et hublots sont ouverts. C'est la grande aération, les matelas se gorgent de soleil sur le pont et les boiseries respirent... pour la première fois depuis vingt-deux mois.

— Je ne refuserais pas une petite coryphène aujourd'hui, lance Françoise.

— D'accord, je vais utiliser un des poissons-volants qui sont tombés cette nuit sur le pont pour bricoler un leurre plus vrai que nature... Ça va fumer, prépare la poêle !

J'introduis par la gueule un bas de ligne en inox qui ressort près de la queue, y fixe un hameçon, et ajoute tout de même une deuxième ligne avec un rapala, poisson bien imité pourvu d'une languette de métal qui crée l'illusion de mouvements natatoires saccadés... au cas où les daurades trouveraient le défunt appât quelque peu figé.

La matinée se passe, l'après-midi débute...

— Alors ces coryphènes ?

— C'est l'heure de la sieste !

Au coucher du soleil, toujours pas de fumée, nous relevons les deux lignes.

— Commentaires ?

— On ne fait pas boire un âne qui n'a pas soif, surtout s'il n'y a pas d'âne !

Le lendemain, le force 5 de la veille fait place à une brise de grand-papa. Disparue l'écume légère ourlant les petites vagues sympathiques qui égayaient l'océan. Il n'y a plus un seul rouleau pour permettre aux poissons-volants de prendre leur élan. Le genre de journée où l'on peut mouiller dix lignes, avec le seul et unique objectif de les rafraîchir. "Aucune raison de mijoter des délires de subtilité, un poulpe en plastique fera l'affaire !"

Deux heures plus tard, la cloche du cousin nous surprend par la violence de son tintement. Nous la voyons pendre par-dessus bord, attachée à la ligne et à l'extrémité du sandow tendu à bloc.

— Ne vous réjouissez pas trop vite ! Ce ne sera gagné que lorsqu'elle sera au fond du cockpit.

— La traction est violente sur la ligne, que je dois remonter avec des gants. L'animal opère par secousses, s'écarte sur un bord, nous rattrape, nage parallèlement au voilier et, se mettant sur le flanc, nous envoie de jolis reflets jaunes et bleu métallisé. Il part à 90 degrés sur l'autre bord, plonge à la verticale, remonte, saute hors de l'eau comme une carpe. Quel rodéo ! Le voilà près du tableau arrière. Attention, moment décisif où, libéré de la pression d'Archimède, se débattant comme un fou, il peut casser l'hameçon ou la ligne. La daurade fait toute la longueur du cockpit. Assis sur le banc et la coinçant des deux pieds, je n'arrive pas à l'empêcher de décoller. Quelle vivacité, mais à ce stade, on peut déjà commencer à l'imaginer sous forme de filets... et en matelote, les jours suivants, grâce à la cocotte-minute.

— Des protéines fraîches. Quel coup de bol, c'est une pêche miraculeuse !

Je regarde Françoise, un brin vexé.

— Tout est dans le leurre, élémentaire mon cher "Darwin".

La bande de protection anti-U.V. de la voile d'avant est décousue en plusieurs endroits. Nous l'amenons et la remplaçons par un foc de route gréé sur l'étai largable. Afin de ne pas hypothéquer l'escale des Gambier par d'interminables séances de couture, nous décidons de nous y mettre tout de suite. A raison de six heures de travail quotidien, cinq jours seront nécessaires pour reprendre, aller-retour, toute la longueur de la chute et de la bordure et consolider le point d'écoute. Véritable pensum, dû aux surépaisseurs et au grammage de cette toile, qui obligent à prépercer au poinçon avant d'engager l'aiguille. A cours de fil, nous résolvons avantageusement la question en le remplaçant par celui, ciré, utilisé pour les soins dentaires, qui résistera très bien aux rayons ultraviolets. Chaque matin, "l'ouvrier" s'installe dans le cockpit avec chapeau, lunettes de soleil, paumelle, provision d'aiguilles, pince, poinçon, marteau et planche de travail. Hardi petit !

A l'aube du 27 août, les hauteurs bleutées des monts Duff et Mokoto se détachent dans le ciel clair. Nous approchons du récif-barrière qui circonscrit le très vaste lagon et nous nous dirigeons vers la passe sud-est. La mer est magnifique et la grande limpidité nous permet d'admirer la splendide remontée des fonds au passage du récif recouvert par 15 mètres d'eau.

Darwin fut le premier à émettre la théorie de la subsidence, aujourd'hui acceptée avec quelques compléments, qui explique la création des atolls, qu'il appelait "les couronnes mortuaires des volcans sous-marins", par un enfoncement s'échelonnant sur plusieurs millions d'années. Après qu'un soulèvement de l'écorce terrestre, sous l'action ascendante du magma, se fut stabilisé et refroidi, l'île commence à s'entourer d'un récif corallien frangeant qui colonise ses pentes immergées, si certaines conditions de température et de qualité d'eau sont remplies. Les récifs se construisent grâce à l'activité des polypes, animaux en forme de sacs, de 1 à 40 millimètres de grandeur, qui vivent en symbiose avec des algues minuscules, auxquelles ils doivent leurs couleurs et indirectement la formation de leurs squelettes protecteurs faits de carbonate de calcium (calcaire). Les polypes se nourrissent, la nuit, de plancton, petits crustacés, poissons miniatures, vers, larves et autres animalcules. Sous l'effet de l'érosion et de la subsidence, l'île s'affaisse, s'étale, tandis que, par le travail des polypes, le récif progresse vers le large et forme une barrière qui enserre un lagon. C'est ce stade intermédiaire que nous avons devant les yeux en pénétrant dans l'archipel des Gambier, composé de cinq îles principales, plus ou moins hautes, logées à l'intérieur d'une ceinture d'écume d'où émergent quelques îlots, les *motu*. Dans quelques centaines de milliers d'années, les îles du centre auront disparu, le récif barrière se sera encore élargi, consolidé, d'autres *motu* se seront formés ; ne subsistera qu'un fabuleux lagon scintillant à l'abri d'un fragile cordon de cocotiers ; l'île sera devenue atoll.

Nous nous engageons entre les bouées qui balisent le chenal de la baie de Rikitea, le village de l'île principale de Mangareva. Une profonde impression de paix et de tranquillité se dégage des habitations cachées dans la végétation. Une dizaine de voiliers flottent, éparpillés, comme suspendus dans le fluide vert turquoise.

❖

La première visite à terre confirme le sentiment que nous avons eu à la vue de ces *fare*, enfouis sous une profusion de verdure, de bougainvillées, de frangipaniers et d'hibiscus. Quel contraste avec les habitations sud-américaines et pascuanes, tant sur le plan décoratif que sur celui du niveau de vie. Par ailleurs, la nature est bien plus généreuse. Oranges, pamplemousses, citrons verts, cocos, bananes abondent. Et bientôt ce sera la saison des mangues et des litchis, dont les habitants sont très friands et qui provoquent quelques débordements, certains Mangaréviens n'hésitant pas à faire garder les précieux arbres fruitiers par de féroces *pitbulls.* Surpassant le faîte des arbres, une énorme église, à l'aspect de cathédrale, écrase par sa taille et sa blancheur les maisonnettes basses de ce petit village de 600 habitants. Elle témoigne, depuis l'arrivée des pères, il y a un siècle et demi, de la présence d'une mission catholique très active. Sur les autres îles, jadis fortement peuplées, nous verrons d'autres églises, plus petites. Leur nombre rappelle un passé faste ; leur délabrement actuel laisse une impression d'abandon et de déliquescence, résultant du dépeuplement de l'archipel des Gambier et non d'un renoncement aux principes inculqués par les pères, car les gens sont très pieux.

Une incroyable décontraction flotte dans l'air, le mot "stress" n'existe pas en mangarévien. Les femmes déambulent en paréo, certaines portent une fleur d'hibiscus au-dessus de l'oreille. Un groupe attend patiemment l'ouverture de la boulangerie. Un quart d'heure s'écoule, puis une demi-heure. Un homme apparaît, levant les bras au ciel : "Je n'ai plus de farine !" L'attroupement se disperse en souriant, la "goélette" a encore du retard...

Françoise se rend dans un petit commerce afin de renouveler notre provision de feuilles pour les dessins de Stéphanie.

— Pourquoi vendrais-je du papier à lettres ? Ici, les gens n'écrivent pas !

Dans un autre négoce.

— Pourquoi veux-tu que je te vende du désinfectant ? Ici, lorsque les gens ont un bobo, ils vont à l'infirmerie !

Et dans un troisième.

— Non, il n'y a plus de papier de toilette, prends de l'eau !

... Douceur polynésienne.

— Ça sent la noix de coco !

Françoise sort dans le cockpit.

— Oui, il y a de la fumée qui s'échappe de la remise, on peut y aller !

Nez au vent, humant, nous remontons les chauds effluves jusqu'au hangar où le boulanger de secours prépare son pain d'une façon très particulière. Le four est un fût de 200 litres au fond duquel brûlent du bois et de la bourre de coco. A mi-hauteur, un plateau a été ajusté pour les miches, qui non seulement cuisent mais s'imprègnent de l'épaisse fumée. L'astuce suprême consiste à remplacer l'eau par du lait de coco, obtenu en pressant la pulpe de la noix. Le résultat est sensationnel.

Georges pose sa canette de bière.

— Formidable ! Plus de soucis, plus de tracasseries, plus de téléphone ! J'avais un garage en France qui tournait correctement, mais qui me bouffait mon temps et ma santé. J'ai tout liquidé. Après un court séjour à Tahiti, je me suis fixé ici, dans une petite cabane de l'autre côté de l'île. Un lopin de terre pour faire pousser des légumes que je vends aux voiliers de passage, super ! La vie au grand air !

Seul point noir au tableau, sa femme n'a pas supporté cette reconversion à la Robinson Crusoé et est retournée en France... après une dépression.

— C'est comme moi, renchérit Jack, ma Tahitienne a voulu "changer de pompe à vélo". Tant mieux pour elle ! Ici, j'ai une paix royale...

Jack Duval n'est pas le genre de type à enfiler des gants pour exprimer le fond de sa pensée. Baroudeur, volontaire pour l'Indochine et l'Algérie, il réside depuis longtemps en Polynésie et s'est établi à Mangareva il y a deux ans. Débrouillard en diable, il a transformé sa maison en un petit bazar-restaurant qui tourne très bien. Derrière son franc-parler et ses manières directes, qui ne plaisent pas à tout le monde, il cache une générosité que nous aurons plusieurs fois l'occasion d'apprécier au cours de mémorables soirées. Il a obtenu la garde de sa petite fille, qui a le même âge que Stéphanie et porte un prénom merveilleux, Tiare Moana, Fleur d'Océan.

Lors de notre arrivée, nous avons bien réalisé que l'île Kamaka, située au sud de l'archipel à huit milles de Rikitea, était habitée.

Nous faisons la connaissance de son propriétaire, Johnny, Américain d'origine, qui a choisi de vivre dans la solitude de cette retraite qui fait penser à un bateau, ancré à jamais, là-bas, vers le récif-barrière près de la passe. Il y a construit deux cabanes, une sur les hauteurs, l'autre près de la plage. Il cultive des légumes, élève quelques chèvres, pêche, récolte l'eau de pluie et instruit, avec sa femme, leur fils cadet, l'aîné étant parti à Hawaï. Nous vivons sur une surface beaucoup plus petite, mais mouvante, qui nous permet de renouveler régulièrement le paysage et les contacts humains, aussi lui posons-nous la question :

— Que faites-vous toute l'année sur votre talus ?

Etonné, il nous regarde.

— Mais... je vis !

Nous nous lançons à l'assaut du petit col qui donne accès au versant nord-ouest de l'île, puis cheminons en direction du repaire de Georges. Pas de chance, la cahute est fermée. A une cinquantaine de mètres, un homme blond travaille, pieds nus, dans un vaste potager. Affable et souriant, il nous confirme que Georges s'est rendu à Rikitea. Tout en parlant, il continue son labeur, ouvre, avec une lourde machette, des cocos dont il retire des morceaux de pulpe qu'il dépose dans la mangeoire des porcelets. Puis, il se saisit d'une demi-noix et détache, à l'aide d'un racloir, de petits copeaux qu'il lance à la volée dans le poulailler. Tiens, une autre approche ! C'est la première fois que nous voyons des poules enfermées. A Rikitea, elles se promènent en totale liberté, éparpillant leurs œufs dans la nature. Questionnés, les indigènes nous avaient répondu qu'ils ne pouvaient compter sur un approvisionnement régulier en grains et qu'il valait mieux les laisser courir... Nous nous étonnons aussi de l'étendue et de la qualité des cultures. Dominique nous explique qu'en dehors de son travail de météorologue à la station, il se consacre à ce dérivatif qui est pour lui une véritable passion.

Il s'exprime lentement, posément. Un impressionnant équilibre, une profonde sérénité se dégagent du personnage.

— Les fruits ne manquent pas, mais les légumes frais sont rares. Vous avez trouvé là un joli "créneau". Pouvons-nous en acheter ?

— Je ne les vends pas. Je cultive pour mon plaisir, mais j'en donne volontiers.

Dominique vit aux Gambier depuis une quinzaine d'années, il est marié à une Mangarévienne et a trois enfants. Quelque temps plus tard, il nous donnera un autre exemple de sa conception de l'existence, toute de sagesse. Bien peu d'individus sont capables de résister à l'appât du gain lorsqu'il est à portée de la main et de mettre l'accent sur d'autres valeurs que purement matérielles. Beauté de l'effort "inutile", merveilleusement symbolisé par l'araignée accrochée à sa paroi, sans qu'il soit question de battre un record sous l'objectif d'une caméra ; sueur pour le roi de Prusse ; quête du gratuit ; épanouissement hors des marques, hors des modes, hors du temps ; petite flamme qui se nourrit de rêve aux confins d'un continent. Qualités qui poussent merveilleusement bien dans le jardin de Dominique, qui nous dira à propos de perliculture : "Oui, j'ai décidé de m'y mettre, car ça m'intéresse. Je donne d'ailleurs des cours sur le sujet au collège d'enseignement technique tenu par les pères ; mais ce sera un élevage à petite échelle, de façon à ce que ça ne me prenne pas plus d'une journée par semaine."

Dominique nous fraie un passage à grands coups de machette dans la forêt touffue et sombre, puis débouche en zone découverte, où la progression n'est pas beaucoup plus aisée entre les taillis aux piquants agressifs et les hautes herbes. Il est pieds nus malgré le risque, bien réel, de rencontrer de grosses scolopendres, dont la morsure, si elle n'est pas dangereuse, est fort douloureuse. Près du sommet du mont Duff, une vire permet d'accéder au point culminant, 440 mètres au-dessus des eaux. L'endroit est très aérien. Le coup d'œil, somptueux, efface la transpiration de la grimpée. Les différences de profondeur sont autant de nuances qui émerveillent les pupilles. L'anse de Rikitea miroite derrière un rempart immergé qui sépare les eaux transparentes bleu saphir de la baie de celles bleu roi du lagon. Avec ses trois mètres de fond, le seuil d'Aukena offre, sur ses deux flancs, tous les dégradés de la gamme turquoise. Côté sud, la falaise rejoint d'un jet la végétation qui démarre en bord de plage. Lorsque l'œil s'en écarte, l'eau verdit peu à peu avec un soupçon de bleu, qui doucement s'intensifie et l'emporte à mesure que le regard s'élève jusqu'à la guirlande d'écume qui fait frontière avec l'immensité indigo du grand océan.

Alacaluf est mouillé sur la côte nord de l'île Taravai, dans une baie dont le fond est formé d'une magnifique plage frangée de cocotiers. Nous nous sommes ancrés de façon à ce que l'arrière du voilier surplombe une patate de corail, afin d'avoir "l'aquarium" constamment sous les yeux. Le spectacle est permanent, du pont déjà, et bien sûr lorsque nous nous glissons dans l'eau pour nous mettre aux premières loges. Françoise m'avait prévenu : "Pas de chasse sous-marine, le risque de ciguatera est beaucoup trop important !" Quelle misère ! C'est en effet ici dans cet archipel, un des plus contaminés de la Polynésie française, qu'en 1977 le docteur Bagnis a mis en évidence l'algue unicellulaire, baptisée *gambierdiscus toxicus,* responsable de l'intoxication. Ce micro-organisme colonise les coraux morts et se fixe dans la chair des poissons "brouteurs" de corail ainsi que dans celle de leurs prédateurs, infestant une grande partie de la chaîne alimentaire. Sans danger pour ces espèces, la toxine crée, chez l'homme qui mange un individu vénéneux, des troubles qui débutent par des picotements labiaux et buccaux, de violentes démangeaisons dans les membres et la paume des mains, désordres qui peuvent se poursuivre par des douleurs articulaires, des vomissements, des diarrhées, des problèmes cardiaques, et qui, fort heureusement rarement, dégénèrent jusqu'au coma et au décès. Contrairement à une idée reçue, il n'y a aucune accoutumance, bien au contraire, un sujet contaminé développe une sensibilité accrue dans le futur. Dans une zone infestée, les poissons accumulent la toxine toute leur vie. Le risque et la gravité de l'intoxication croissent donc avec l'âge et la grosseur des spécimens. Aux Gambier, bien que le problème soit endémique, il semble que la situation évolue lentement favorablement. Un petit nombre d'indigènes, courageux, commencent à chasser, dans des endroits choisis, quelques espèces de taille réduite. Car la ciguatera est normalement une toxicité occasionnelle, qui touche certains poissons, en des lieux distincts, mais qui évolue avec le temps. Dans les Tuamotu, plusieurs atolls en sont exempts... pour l'instant. Il est donc indispensable de se renseigner auprès des autochtones avant de "ferrailler" et de se mettre à table.

Je palme tranquillement par huit mètres de fond, un chapelet de bulles ponctue chaque expiration et s'égrène en gagnant la surface. Le soleil a culminé depuis quelques heures et la luminosité n'est plus optimale, mais j'avais trop envie d'explorer ce gros massif de corail pour remettre cette plongée au lendemain. Des mérous dodus, en tenue de camouflage brun et beige, me regardent de leurs yeux ronds. Ils devinent que le fusil ne leur est pas destiné, je l'ai pris, à tout hasard, pour dissuader, voire écarter, un éventuel curieux. Conscient tout de même que dans le cas présent le visiteur c'est moi. Le champ de vision rétréci du masque ainsi qu'un vague pressentiment m'incitent à me retourner régulièrement. Soudain, j'aperçois un beau squale qui nage parallèlement à ma direction, à une dizaine de mètres, et qui me rattrape. Je m'étais fait à l'idée d'une telle rencontre, mais ne peux m'empêcher d'avoir un mouvement de surprise. C'est la première fois que j'en vois un si près... et si long. Il dépasse les deux mètres s'intéresse visiblement à moi et se demande ce que c'est que ce gros balourd qui fait autant de bruit et de bulles. Je ne le quitte pas des yeux, tout en poursuivant doucement ma progression. Mon Dieu qu'il est long ! Les requins que j'avais entrevus dans les Caraïbes étaient nettement plus petits et avaient un comportement fuyant. Celui-ci n'a vraiment pas l'air impressionné. Il nage bizarrement, on dirait des reptations. Ses mouvements sont anormalement exagérés dans le plan latéral et sa queue balaie l'eau de chaque côté, revenant presque à la hauteur de la tête qui elle aussi se cambre. "Aaah ! que je n'aime pas ça... Cette sale bête est en train de m'offrir un ballet d'intimidation. Attention ! la voilà qui approche... Il faut faire face, pour ne pas la perdre. Même tactique qu'avec un chien agressif : ne pas tourner les talons, bluffer." Je pointe lentement le fusil dans sa direction. A trois mètres de moi, le squale bifurque, s'éloigne, toujours en se dandinant, revient encore à trois ou quatre reprises, puis, sa curiosité probablement satisfaite, disparaît dans le bleu. C'est bien, il est loin et je n'en suis pas fâché, mais j'éprouve une sorte de malaise en réalisant que les plongées futures ne seront pas du style "Club Med - relax". Je serai constamment sur le qui-vive, sans parler des séances de chasse qui ne manqueront pas d'exciter ces indésirables. Que faire, renoncer à la plongée ?... Il n'en est pas question. Je ne vois qu'une chose, s'informer, étudier sérieusement le comportement de ces vilaines bestioles, savoir les identifier, toutes les espèces ne sont probablement pas dangereuses... La solution de cette épineuse question passe par Françoise.

Quelques minutes plus tard, je scrute à gauche, à droite, toujours sur mes gardes. "Aaah ! le revoilà..." Non, c'est un autre, plus petit, et celui-là nage normalement, d'une manière très coulée qui n'a rien à voir avec la danse du ventre de son menaçant compère. Eh bien, on part de zéro mais on apprend rapidement ; les contorsions et les balancements du gros loustic étaient bel et bien anormaux et n'annonçaient rien de bon. Ces deux requins appartiennent à la même espèce, très longiligne, curieusement dotée de deux ailerons dorsaux et d'une tache blanche sur le plus grand (*triaenodon obesus*). Si l'autre était vindicatif, le second semble inoffensif et paraît même sympathique. J'ai contourné l'extrémité du massif. Le soleil est sur ma gauche maintenant, je ne dois plus être loin du Zodiac, j'ai hâte de parler à "Darwin". Allez ! les émotions sont passées, terminons dans la décontraction. "Tiens ! qu'est ce que c'est que ce banc de petite "pescaille" qui passe précipitamment au-dessus de ma tête ? On dirait qu'ils fuient quelque ch... Nom de nom, il me charge !" Un éclair blanc jaillit du bleu sombre et fond sur moi. La peau hérissée sur tout le corps par la chair de poule et la décharge d'adrénaline, je me cramponne au fusil, tendu à bout de bras, et grogne comme un forcené dans le détendeur en dégageant un nuage de bulles. Autant dans le but de rassembler les forces nécessaires pour faire front et ne pas tourner de l'œil que dans l'idée d'intimider l'agresseur. A un mètre de la flèche, la bête fait un angle droit, et je vois défiler, à une vitesse du diable, le front cassé et le corps incroyable d'une gigantesque carangue. *Caranx ignobilis*, apprendrai-je plus tard, appellation on ne peut plus justifiée pour cette monstrueuse créature, qui dépasse allégrement le quintal et me fait comprendre que je ne suis vraiment pas le bienvenu autour de ce pâté de corail... Ça suffira pour aujourd'hui.

En accostant *Alacaluf*.

— Françoise, as-tu à bord des bouquins sur les requins ?

— Oui.

— Il y a du pain sur la planche... si je veux éviter d'être dévoré ou d'attraper un infarctus !

Nous nous sommes déplacés de l'autre côté du lagon, vers le récif barrière au vent, et mouillons derrière le minuscule îlot Tauna. Ce *motu*, hérissé de cocotiers et de pandanus autour desquels Stéphanie se construit ses cabanes, devient notre "île privée", l'espace de quelques jours.

Un soir, une forme énorme s'approche du voilier. La largeur du dos nous fait penser, un instant, à un cachalot... avant que n'émergent simultanément deux ailerons loin du corps. Une raie manta ! Une monstrueuse raie manta d'une dizaine de mètres d'envergure. Il fait malheureusement trop sombre pour s'immerger avec la caméra sous-marine, et je ne me mettrais à l'eau qu'avec un scaphandre, car ces animaux ont quelquefois tendance à rester au-dessus du plongeur, l'empêchant de regagner la surface. Ennuyeux lorsqu'on est en apnée.

Les petites flammes qui motivent les navigateurs se nichent parfois en des lieux bien particuliers. Celle de Christian s'est allumée le jour où ses obligations militaires lui ont fait découvrir l'atoll de Hao, au cœur des Tuamotu. Elle a grandi, s'est intensifiée et a guidé *Naos*, le voilier de Christian et de Jacqueline Santander, jusqu'aux Gambier, porte de la Polynésie française au sud-est. Christian nous parle avec passion de ce monde fascinant, bien plus rude et hostile que ne le laissent imaginer les couvertures des catalogues. D'ailleurs, ce n'est pas le même. Les prospectus nous présentent des îles aménagées pour recevoir des touristes, lui nous parle d'atolls déserts où il faut récolter l'eau de pluie, grimper aux cocotiers pour faire tomber les noix vertes, chasser les crabes, pêcher en se méfiant des requins, des murènes et des poissons-pierre aux piqûres fatales. Nous l'écoutons...

D'autres ont la chance d'être nés avec. C'est le cas du "grand Filou", Philippe Bonnet pour l'état civil. Ce n'est pas une flamme mais un feu d'artifice qu'il a dans le ventre, joie de vivre, enthousiasme, "pêche d'enfer", qui l'ont amené sur les terrains d'athlétisme, en haute montagne, à la culture des champignons, au fin fond de l'Afrique chez les Dogons du Mali avant de se lancer sur les mers à bord du *Doran*, précédé par un papa du même calibre qui lui a ouvert la voie, celle des sommets et celle des immensités océanes. Laissant le *Doran* au Venezuela, Filou est allé se dégourdir les pattes en grimpant sur tous les plus hauts sommets de la cordillère pour terminer en Patagonie, au massif du Payne.

Naos emmène Christian et Jacqueline "en pèlerinage" à Hao, puis vers d'autres atolls féeriques. Filou partira bientôt pour les Marquises, et nous vers les îles de la Société, avant la longue traite qui devrait nous amener en Nouvelle-Zélande. Mais les sillages sont parfois sinueux et imprévisibles ; qui sait si nous ne nous rencontrerons pas à nouveau ?

Le temps se gâte, le vent a opéré sa classique rotation d'est en ouest par le nord, comme il le fait au passage de chaque petite dépression. Quelques belles rafales descendent des hauteurs du mont Duff. Nous dînons à bord du *Doran* ce soir. Installés depuis cinq minutes dans le carré, nous entendons le vent mugir, refrain bien connu que nous n'avons plus écouté depuis plusieurs mois.

— Françoise, viens me donner un coup de main, je vais retirer le hors-bord et les rames.

Trop tard ! Maintenue par son amarre, l'annexe pend à l'envers, le moteur est noyé, les rames ont disparu...

— Filou, j'ai bien peur que nous ne te demandions l'hospitalité pour la nuit.

— Super, on va faire la fête !

Et les réjouissances commencent par des bricolages. Nous rinçons le moteur à l'eau douce et remplissons le cylindre d'huile.

— Nous ferions bien de remonter l'annexe, suggère Françoise.

Filou sort le premier.

— Le Zodiac a disparu !

Cinq secondes plus tard.

— Non, il est sur la bôme !

— Nous aurions dû te prévenir, c'est une annexe cerf-volant.

— Vous avez raison, elle vient de retourner à l'eau !

Le pneumatique définitivement ficelé sur le pont, nous débouchons une bouteille de vin chilien pour fêter le retour en Patagonie.

— Youpie ! Tu te souviens de bahía Elisa, de "la plongée" à Herschel, du bain turc à caleta Lientur, de "la dérouillée" à Martial, de la barre cassée au cap Tamar ? C'est reparti, youpie !

Filou nous regarde, un peu inquiet. Nous devinons ses pensées : "Ce n'est pas possible que le *tinto* fasse déjà effet, ils sont vraiment atteints."

Nous n'avons aucune crainte pour *Alacaluf*. Il y a quelques jours, au retour d'une plongée dans un nuage de vase, la boussole collée à la vitre du masque pour retrouver, complètement enfouie par 20 mètres de fond, la ligne de mouillage d'un bateau voisin qui avait sauté du guindeau, j'ai contrôlé notre propre ancrage. La CQR et la moitié de la chaîne disparaissaient totalement dans la glaise compacte.

Au matin, nous réalisons que plusieurs voiliers ont dérapé durant la nuit. L'un d'eux a été repoussé jusqu'au bord d'un pâté de corail et a subi une avarie de safran.

Puisque le gendarme n'est pas là, nous effectuerons nos formalités de départ au retour, allons dire au revoir à Dominique à la station météo.

— Qu'est-ce que c'est que ça, demandons-nous en désignant les filets, les treillis et les bouées ?

— C'est du matériel pour la ferme perlière de John.

John, météorologue et responsable de la station, s'est lancé depuis quelques années dans la perliculture. Mon regard croise celui de Françoise, je suis sûr que nous pensons la même chose…

Notre départ est prématuré.

— Dominique, penses-tu que John nous autoriserait à visiter ses installations et tourner un film sur le sujet ?

— Très probablement, et nous allons le savoir tout de suite.

Il décroche le téléphone. Un quart d'heure plus tard, John arrive en jeep, nous discutons.

— C'est d'accord, je vous accompagnerai sur la plate-forme demain matin pour vous présenter aux personnes qui y travaillent... Vous avez de la chance, l'expert japonais vient d'arriver, il commence ses greffes aujourd'hui.

— Il n'est pas sûr que notre présence soit souhaitée...

John sourit.

— Il n'y a pas de secret, on peut tout observer, tout filmer. La réussite tient à la précision de l'opération, au millimètre près, au savoir et au doigté du spécialiste. En plus, il est très ouvert, connaît sa valeur et ne craint ni l'espionnage ni la concurrence.

Tiare Moana et Stéphanie ont abandonné leurs Barbies qui se prélassent sur la petite plage devant la maison de Jack. A la plus grande joie des fillettes, le canot à moteur fonce et saute, creusant un profond sillon dans les eaux du lagon en même temps que deux gerbes blanches pulvérisées qui créent de jolis arcs-en-ciel de chaque côté de l'étrave. Nous avons de la peine à réaliser que les huttes aux toits de palmes, qui grossissent à vue d'œil, abritent une ferme perlière et ne sont pas des bungalows de tourisme de haut standing. Si la perliculture devait cesser, la reconversion ne poserait aucun problème.

Montée sur un pâté de corail, peuplé de nombreux poissons attirés par les détritus alimentaires que leur jettent les employés, la plate-forme est entourée d'autres bancs de madrépores qui tapissent de belles taches brunes l'eau cristalline du lagon. Exemple parfait d'une activité humaine qui marie avec bonheur esthétique, écologie et rentabilité.

Après les présentations, nous nous asseyons et écoutons John attentivement.

"Commençons par le début, la phase de collectage. Les nacres, ou huîtres perlières, se reproduisent en lâchant des œufs qui se promènent en essaims au gré des courants et se fixent sur des supports naturels, si l'homme n'intervient pas. Avant la période de la ponte, le dernier trimestre de l'année, nous immergeons jusqu'à cinq mètres de fond et cela dans des eaux sombres et calmes, c'est-à-dire profondes, des collecteurs qui étaient, jadis, de simples branches d'un arbuste qu'on appelle *miki-miki* et qui sont, aujourd'hui, des embryères, des filets, pratiques et réutilisables, que l'on plie parfois pour leur donner une forme de boudin. Ces collecteurs sont introduits dans de longs cylindres pour les protéger des prédateurs. Les embryons qui s'y fixent sont invisibles à l'œil nu, ils ont une taille de 40 microns, mais croissent rapidement. A six mois, ils sont de la grosseur d'un ongle. A une année, nous récoltons les collecteurs, les petites nacres ont environ deux centimètres. Nous les prélevons une à une, cela s'appelle le détroquage, et les plaçons dans des corbeilles, baptisées paniers lanternes à cause de leur forme. La phase d'élevage commence. Ces paniers sont immergés à moins trois mètres en des lieux où la circulation de l'eau est optimale pour la croissance des nacres, c'est-à-dire dans les passes ou les chenaux naturels entre les coraux, là où le courant est régulier, sans être violent, et où les flux de marées véhiculent abondamment le plancton. C'est un point important car il détermine la vitesse de développement et la santé des bivalves, facteur capital lorsqu'il s'agira de greffer. Tous les deux mois, les paniers sont relevés et les nacres nettoyées, au couteau pour les plus petites, à la brosse ensuite. Parvenues à une taille de cinq centimètres, correspondant à environ dix-huit mois, les nacres sont retirées et logées dans des filets munis de poches, d'où leur nom de filets "Kangaroo", afin d'offrir aux mollusques un plus grand espace vital. A partir de cette dimension, le nettoyage peut se faire au *Kärcher,* jet d'eau sous pression, sans dommage pour les intéressées. Lorsque les huîtres ont grosso modo sept à huit centimètres de diamètre, soit à l'âge de deux ans, nous perçons un trou dans la coquille près de la charnière pour y passer un fil qui permettra de suspendre les animaux, le long d'une corde, en chapelets d'une dizaine de nacres espacées de 50 centimètres ; toujours dans le but d'augmenter le volume d'eau disponible. Lorsque les coquilles ont atteint la taille souhaitée, entre deux ans et deux ans et demi, vient alors la phase cruciale de tout le processus, la greffe..."

— A table !

Une corpulente Mangarévienne, en tablier coloré, nous appelle. Sur la plate-forme, on immerge les nacres que l'on était en train de nettoyer, puis chacun se dirige vers la salle à manger. Au menu, des pâtes accompagnées de sauce aux huîtres qu'un premier tri a révélées impropres à la greffe.

Une heure plus tard, le travail reprend.

— Qu'est-ce que tu fais là ?

— Je prépare les nacres pour "l'opération".

A l'aide d'un écarteur, l'homme ouvre la nacre, observe la gonade, la glande sexuelle, et, s'il est satisfait, y introduit une petite cale. Dans le cas contraire, elle agrémentera le repas du soir.

Aucune chance de trouver une perle dans les huîtres de grande consommation que l'on vend sur nos marchés européens, ces mollusques appartiennent à la famille des ostéridés, cousine des ptériidés ou huîtres perlières. Mais même parmi celles-ci, la probabilité d'une heureuse découverte est infinitésimale, car il faut bien réaliser qu'il s'agit d'un accident de la nature dû à l'introduction fortuite d'un ver parasite, cestode, dans le manteau de l'animal, cette partie charnue qui double la coquille et sécrète la matière calcaire. Souvent, le coquillage rejette l'intrus. S'il n'y parvient pas, il finit par l'enrober de nacre afin de l'isoler. Mise au point en 1912 par un Japonais, Mikimoto, la greffe consiste à introduire une petite bille, appelée nucléus, à l'intérieur de la gonade de l'animal dans le but de provoquer son enrobement. Aujourd'hui encore, les meilleurs spécialistes de cette technique viennent de l'empire du Soleil levant.

Sadao Ishibashi a installé son laboratoire près de la fenêtre. Il se lève, examine les nacres dans le bac qu'on vient de lui apporter. Il en choisit une, l'ouvre entièrement et découpe, au bistouri, plusieurs lamelles étroites dans le bord du manteau à un endroit spécifiquement choisi qui influencera la couleur de la future perle. Il hache ensuite ces languettes en petits carrés de deux à trois millimètres de côté. Il positionne une huître, toujours maintenue entrouverte par sa cale, pratique une fine incision dans la gonade, puis choisit un nucléus qui convient à la taille de l'animal, y dépose un fragment de manteau et glisse la bille en un point, connu de lui seul, à l'intérieur de la glande. La cale est instantanément retirée, la nacre vole dans un deuxième bac et la suivante est déjà sur le support ; du travail à la japonaise... Sadao est le meilleur spécialiste de la greffe de la perle polynésienne, aussi appelée perle noire ou perle tahitienne. Sympathique et très ouvert, il n'escamote aucune question.

— Si vous êtes encore là dans une dizaine de jours, vous pourrez assister à la première récolte de la ferme, nous allons ouvrir les nacres que nous avons greffées il y a dix-huit mois. Je suis moi-même curieux et impatient de connaître le taux de réussite !

Le séjour à Mangareva se prolonge donc, et ce n'est pas pour nous déplaire.

Après la greffe, les huîtres sont remises à l'eau en chapelets, puis retirées régulièrement tous les deux mois pour nettoyage. Le cycle complet s'étale ainsi sur environ quatre ans.

Sur la plate-forme, le labeur se poursuit dans la bonne humeur et la décontraction qui sont, avec la gentillesse et le sourire, les traits marquants de cette race. Trois hommes jeunes débarquent du canot des chapelets de nacres qu'ils sont allés chercher. Ils portent, à longueur de journée, des bermudas qu'ils ne retirent pas pour plonger et qui sécheront sur la peau au soleil. Quelques gouttelettes d'eau perlent sur les torses cuivrés, joliment sculptés par la pratique régulière de la pirogue, sport roi en Polynésie. Nous embarquons à notre tour dans le hors-bord avec les blocs de plongée. Afin de les greffer à titre d'expérimentation, John aimerait prélever les huîtres qui se sont fixées sur les cordes reliant les flotteurs aux corps-morts et qui n'ont pas suivi la même phase d'élevage que leurs congénères. Un plongeur en apnée, chargé de contrôler l'état du matériel immergé à faible profondeur, nous accompagne. Le premier à l'eau, il part faire sa tournée. Nous glissons sous les paniers lanternes suspendus en guirlandes dans le bleu clair ; chapeaux chinois formant une décoration orientale qui flotte dans le fluide aussi transparent et léger que l'air. Nous nous coulons, slalomons entre les chapelets de nacres, étonnante garniture accrochée au plafond translucide. Nous descendons le long des gros cordages qui sondent le bleu sombre, puis détachons les nacres qui s'y sont collées.

John, qui a rempli son filet à provisions, rejoint l'embarcation tandis que je continue ma récolte. Remarquant que l'aussière avait beaucoup de mou, je m'assure qu'elle ne s'est pas détachée de son corps-mort, à 50 mètres de fond, et remonte doucement. A moins 30 mètres, quelqu'un me tape sur l'épaule, je me retourne et regarde, stupéfait, l'apnéiste qui, ayant aperçu mes bulles, vient me dire bonjour…

De retour à la surface, je suis surpris de voir que John est à peine sorti de l'eau.

— Je suis allé prélever quelques nacres greffées qui vont probablement nous confirmer que le moment de la récolte est arrivé… Choisis-en une et ouvre-la. S'il y a quelque chose dedans, ce sera pour Stéphanie.

Un *keshi !* Une petite perle naturelle que l'huître a sécrétée après avoir réussi à expulser le nucléus.

John lance dans un sourire :

— Lorsqu'elle sera jeune fille, pour qu'elle se souvienne…

C'est le grand jour, orgie d'huîtres en perspective et fin du suspense pour Sadao et John, surtout, qui va connaître le résultat de quatre années de travail et d'investissements. Le flegme n'est pas l'apanage des seuls Britanniques, aucun émoi, aucune fébrilité sur le visage du jeune patron, à quelques minutes de l'heure de vérité alors que les nacres s'entassent dans les bacs que l'on apporte à Sadao. Sans lui attribuer une valeur exagérément prémonitoire, nous imaginons que notre ami aimerait bien que la première huître contienne une perle… En moins de temps qu'il ne faut pour l'écrire, la nacre est ouverte, la gonade incisée. Oui ! Sadao prend la perle, la débarrasse du reste du mucus, la frotte dans une étoffe imbibée d'eau douce.

Fascinante création dont il est impossible de décrire la couleur en un seul mot. A la lumière, la robe bleu violet prend des reflets verts ou aubergine, semblables à ceux laissés par le manteau à l'intérieur de la nacre.

— Voilà pourquoi on parle de perles noires…

— En fait la gamme est bien plus étendue, corrige Sadao, regardez celle-ci !

— Quelle drôle de chose, on dirait une goutte d'eau, et elle est vert émeraude.

— Ce sont des colorations et des formes très recherchées en bijouterie, joliment mises en valeur en pendentifs.

Les perles, une fois passées au gros sel et essuyées avec un chiffon humide, sont déposées dans un saladier en verre qui, à la fin de la journée, présente la saisissante image d'un cocktail de perles étincelant au soleil dans une gerbe d'éclats lancés par plusieurs centaines de "billes", toutes différentes les unes des autres. Certaines sont parfaitement sphériques ; d'autres allongées en goutte d'eau ou en ampoule ; quelques-unes ressemblent à des grains de maïs, des haricots, de minuscules pommes de terre ; certaines sont coniques et striées à la base, comme pour faciliter leur futur montage ; d'autres, enfin, présentent un appendice pour rappeler que si l'homme amorce le processus en implantant un corps étranger, la nature décide de la forme en façonnant ces contours baroques, qui donnent à ces perles un caractère unique que n'ont pas leurs consœurs parfaitement calibrées.

Que ce soit les perles foncées, à dominante anthracite, verte, parfois bleue, ou les perles claires, à l'enveloppe cuivrée, jaune doré, voire gris-argent, elles ont toutes un point commun malgré le registre étonnamment large des couleurs. Ce sont les reflets métallisés, auxquels s'ajoutent très souvent des irisations qui reprennent, adoucies, celles qui décorent l'intérieur des coquilles. Tout sourire, les employés entourent le saladier qui ne va pas tarder à déborder. John et Sadao sont comblés, le taux de réussite des greffes approche 70 % et dépasse les meilleures espérances.

Les tauds de cockpit et de bôme sont pliés dans les coffres, l'annexe est fixée sur la plage avant. Le canot à moteur s'amarre à couple et John enjambe les filières, un sac à la main.

— Je ne voulais pas vous laisser partir sans un petit souvenir…

Nous restons sans voix en déballant les cadeaux… Un magnifique livre sur la perliculture et deux splendides perles noires pour Françoise et Stéphanie.

21

Adieu l'artiste

Il se nommait Dan Phan.

Nous l'avions rencontré à Pornic, tandis que s'achevait la construction d'*Alacaluf* à quelques kilomètres de là. Il préparait son catamaran *Mami Wata* pour se rapprocher de la petite flamme, qui l'appelait comme un sémaphore et qui s'est allumée alors qu'il était plongeur professionnel off shore. Nous l'avions revu une seconde fois durant notre séjour à Salvador, à son retour du Grand Sud, rayonnant et serein, le cœur illuminé après avoir trouvé et ramené la petite flamme, qui désormais ne le quitterait plus.

La mer était sa vie et leur union si forte qu'elle l'a enlevé pour toujours, apprenons-nous aujourd'hui, lors d'une plongée au large d'un îlot près de Carriacou, un jour d'été 1991. Un an déjà.

Il personnifiait un idéal de plénitude et d'épanouissement, et cette image restera dans les mémoires de tous ceux qui ont eu la chance de l'approcher.

A titre d'hommage et de sujet de réflexion, voici ce que fut sa démarche :

Si l'on oppose qualité à quantité
Il faut s'attendre à ce qu'intensité ne rime pas avec longévité
Qu'importe si l'on a su préférer
Maintenant à demain
Changement à quotidien
Mouvement à inaction
Enthousiasme à résignation
Et si l'on a su conjuguer dans l'alternance
Les auxiliaires Avoir et Etre
Sans au premier donner toute l'importance.

22

L'atoll enchanté

Nous déambulons au centre de Papeete. A l'angle de deux rues...

— Quelle surprise, qu'est-ce que vous faites là ?

Christian et Jacqueline nous racontent leur séjour à Hao et dans d'autres atolls.

— Et cette traversée depuis les Gambier ?

— La plus agréable que nous ayons jamais faite, force 3 établi, plein arrière.

— Et maintenant, quels sont vos projets ?

— Nous sommes bientôt fin septembre et, dans quelques jours, nous mettrons le cap sur la Nouvelle-Zélande, question d'esquiver les cyclones et d'effectuer divers travaux sur *Alacaluf*.

— Vous n'allez quand même pas quitter la Polynésie sans avoir vu les Tuamotu... Vous qui aimez la nature sauvage, ce serait une grave erreur, vous sautez le meilleur !

Les jours qui suivent, au mouillage près du récif à l'entrée de la majestueuse baie de Cook à Moorea, ces mots reviennent comme un leitmotiv "ce serait une grave erreur, vous sautez le meilleur" et nous forcent à trouver une réponse à cette lancinante question :

pouvons-nous prendre le risque de passer la mauvaise saison aux Tuamotu ? Les livres que nous avons à bord nous apportent de précieuses informations, mais les personnes les mieux placées pour nous aider à prendre une telle décision sont les spécialistes de la météorologie nationale de l'aéroport de Faaa. Rendez-vous est donc pris avec M. Pascal, aimable météorologue au nom prédestiné. Les conclusions de l'entretien sont les suivantes : en temps normal, la Polynésie se trouve, à la saison chaude, dans une zone nettement moins exposée que l'ouest du Pacifique et même que l'archipel des Cook, pourtant relativement proche. Mais il en est tout autrement lorsque se produit le fameux phénomène d'*el Niño*. Habituellement, les eaux froides des hautes latitudes remontent le continent sud-américain jusqu'à la hauteur du golfe de Guayaquil, où elles se joignent aux eaux chaudes descendant du golfe de Panama pour partir à l'ouest et former le courant sud-équatorial qui traverse tout le Pacifique sur une large tranche de latitudes. Sur son flanc nord, il est bordé par un contre-courant équatorial, plus faible et beaucoup plus étroit qui, lui, fait route à l'est. Dans les "années *Niño*", un double phénomène se produit. Le contre-courant équatorial descend anormalement sud et envoie un volume d'eaux chaudes qui se marie à une extension, aberrante elle aussi, du courant provenant du golfe de Panama. Leur réunion renverse le courant de Humboldt, appelé également courant du Pérou, et ce jusqu'au nord du Chili parfois. La composition et la force du courant sud-équatorial sont donc complètement altérées. Outre des conséquences écologiques et économiques désastreuses le long des côtes péruviennes, *el Niño* a des retentissements climatiques quasi planétaires et, pour ce qui nous concerne, favorise la genèse de cyclones sur le nord de la Polynésie. Sommes-nous dans une "année *Niño*" ? Si oui, cap sur la Nouvelle-Zélande ; si non, nous tentons le coup. Les premières manifestations, notamment hausse inopinée de la température de l'eau, apparaissent au milieu du printemps austral, c'est-à-dire maintenant. Le recul est donc faible, mais rien d'insolite n'a été relevé à ce jour, si ce n'est que depuis la dernière saison chaude qui était un "mini *Niño*" la température de l'océan, dans la zone subéquatoriale, n'est pas revenue à la moyenne habituelle.

Alacaluf est mouillé à l'abri d'une ceinture de corail près des parcs à poissons, en face de quelques maisonnettes bâties côté lagon au nord de la passe. Nous attendons des conditions favorables pour poursuivre dans d'autres atolls, exempts de ciguatera, notre expérience de Robinsons des mers du sud. Un mois déjà s'est écoulé depuis notre départ de Tahiti...

Le temps, serein au début, nous a permis d'ancrer près de l'île aux Oiseaux, atoll dans l'atoll, avec son cordon de récif et ses petites passes praticables en annexe. Un matin, dans un calme absolu, le lagon est devenu un miroir dans lequel se réfléchissait le gréement. Nous avons approché de l'îlot. Au-dessus des coraux, le pneumatique paraissait comme suspendu. Aucune ondulation, aucune risée ne trahissait la présence de l'eau. "Là, une porcelaine daim !" avait crié Stéphanie, qui s'était aussitôt immergée pour aller la chercher. L'impression de profond apaisement et d'immuable tranquillité que nous avions sur la lagune disparut lorsque nous débarquâmes. Une extrême âpreté se dégageait des troncs convulsionnés archi-secs et du sol calcaire dentelé, hérissé de pointes, presque déchiqueté. L'intérieur de l'île était peuplé d'essences plus grandes et de quelques cocotiers. De nombreux oiseaux ont trouvé à leur goût ce paradis rugueux et sauvage. Il y avait là des fous à pieds rouges, des frégates, des sternes, des noddis et deux espèces particulièrement appréciées et respectées des indigènes : des aigrettes blanches, qui nichaient au sommet des palmiers, et des gygis, merveilleuses d'élégance et de blancheur, pas farouches et pas exigeantes, se contentant de couver leur unique œuf sur une simple branche. La limpidité de l'eau était trop exceptionnelle pour laisser passer l'occasion, et après une longue séance d'apnée avec Françoise et Stéphanie, j'ai pris un bloc pour une petite exploration en scaphandre. Quelle ne fut pas ma surprise, à l'angle d'un pan de madrépores, de me trouver en face d'un énorme tétrodon étoilé (*arothron stellatus*), qui me fixait de ses yeux noirs, immobile, et qui n'avait pas l'intention de me céder le passage, sachant bien qu'aucun plongeur ne lui cherchera jamais noise puisque sa chair, si elle était consommée, a une probabilité de 60 % d'envoyer ledit plongeur de l'eau d'ici dans... l'eau-delà.

Puis le temps a changé, l'alizé a vu son terrain de jeu envahi par des vents obsédés par faire le tour de la rose, avec une préférence pour les secteurs nord, nord-ouest et sud-ouest, qui nous imposèrent de fréquents changements de mouillage. Les petits cumulus cotonneux ont été remplacés par de lourdes et sombres formations bourgeonnantes que le soleil par moments empourprait, composant des éclairages d'enfer, comme si, pour prendre leur revanche sur l'alizé qui les chasse le reste de l'année, les mauvais génies fourbissaient leurs armes avant d'envoyer sur l'atoll foudre et cataractes.

Les premières pluies nous permirent de récolter de l'eau, mais les moustiques en profitèrent aussi pour pondre dans les flaques. En fin d'après-midi, il était exclu de se promener à terre sans habits. Après avoir fait provision de bernard-l'ermite et de bigorneaux, nous partions avec Stéphanie pêcher sur les pâtés de coraux. Une fois, nous avons vu approcher une petite raie manta. "Retire ta ligne, vite !" Trop tard, la manta avait déjà pris l'appât. Tout en douceur, elle a effectué un looping, s'est débarrassée de l'hameçon et s'en est allée, ondoyant calmement. Certains vont à la pêche pour se détendre. Personnellement, lorsque je vois des mérous tourniquer autour du leurre pendant vingt minutes, l'air dédaigneux et circonspect, je ne dirais pas que cela me procure l'apaisement souhaité... Comme les diététiciens sont unanimes pour vanter la valeur nutritive du poisson, toutes ces pêches se sont transformées en chasses sous-marines, bien supérieures sur les plans agrément, sport, efficacité... et montée d'adrénaline.

— Si, avait dit Françoise, je devais les classer par ordre croissant de dangerosité...

— Plaît-il ?

— Dangerosité !

— Ah ! j'ai cru que tu parlais latin... ou de politique.

— Je mettrais en bas de l'échelle le *mamaru,* l'aileron blanc du lagon, aussi appelé requin corail (*triaenodon obesus*).

— La longue fusée que j'ai vue aux Gambier ?

— Oui.

— Eh bien ce jour-là, il n'était pas content...

— Ensuite le *mauri*, l'aileron noir de récif (*carcharhinus melanopterus*).

— Ces sales bêtes prêtes à nous attraper les mollets lorsque nous marchons sur le platier ?

— Oui et, à ce titre, les petits, qui n'ont pas encore eu l'occasion de craindre l'homme, peuvent être plus dangereux que les adultes, surtout lorsqu'ils n'aperçoivent de l'individu que les pieds. Ensuite je mettrais l'*arava*, requin citron (*negaprion acutidens*), normalement placide, mais connu pour ses sautes d'humeur imprévisibles. Puis le *raira*, requin gris de récif (*carcharhinus amblyrhinchos*), parce qu'il est foncièrement curieux, sans complexe et très vif. Enfin le *tapete*, aileron blanc de récif (*carcharhinus albimargitus*), car c'est un costaud, râblé, qu'il est préférable d'éviter. Tu ne devrais pas rencontrer de *mako* (*isurus oxyrinchus*), qui sont rares en Polynésie ; tant mieux car leur denture, constituée de dents préhensiles, pointues comme les canines des chiens, est redoutable. Les requins que je viens de mentionner gravitent autour et dans les atolls, ce sont des squales de récifs qui mangent des petits poissons et des céphalopodes. S'ils venaient à attaquer un plongeur, ce ne serait pas dans un but alimentaire, mais par instinct de combat, parfois de territorialité et, surtout, en état de forte stimulation, comme lors de parties de chasse sous-marine. Exceptionnellement dans les lagons, mais dans les passes et à l'extérieur, tu peux rencontrer des "clients" beaucoup plus sérieux, qui peuvent facilement mettre l'homme à leur menu puisqu'ils se nourrissent, notamment, de thons, de dauphins, de baleineaux. Dans cette catégorie, il y a le requin bleu, assez rare, les différents types de marteaux et le *parata*, aileron blanc du large (*carcharhinus longimanus*), que tu ne peux pas confondre avec le *tapete* parce que son aileron et ses nageoires pectorales, bien que tachetés de blanc, sont plus larges et fortement arrondis. Reste celui qu'il vaut mieux ne pas croiser, le requin tigre (*galeocerdo cuvier*), colosse de quatre mètres et de 500 kilos, le plus dangereux des squales après le grand requin blanc. Est-ce que tu as toujours envie de plonger et de chasser ?

Après cette introduction particulièrement encourageante, nous sommes passés aux observations sur le terrain. Nous avions remarqué que les squales étaient attirés par les vibrations que nous faisions lorsque nous marchions au bord de la plage. L'un d'eux avala un appât, constitué d'un morceau de rémora, vilain poisson-ventouse qui avait une prédilection pour la carène d'*Alacaluf*. Grâce à un système de va-et-vient, nous pûmes le hisser contre un tronc et observer la vitalité, la frénésie de l'animal, qui se tordait comme un ver à une vitesse folle, dans des claquements de mâchoires impressionnants. C'était un aileron noir, un *mauri*, d'un mètre cinquante, qui nous a donné un aperçu de ce dont il est capable lorsqu'il se déchaîne. Nous avons tenté d'en attraper d'autres, sans succès. Un cassa le bas de ligne en inox et un spécimen de grande taille réussit, une nuit, à recourber les pattes d'un double croc en acier galvanisé et à s'éclipser, après une lutte qui dut être chaude au vu des traces laissées dans le sable par le filin. Stéphanie put se baigner par la suite sans aucune crainte, les requins s'enfuyaient dès qu'ils entendaient un clapotis. Mes parties de chasse m'entraînaient assez loin sur des bancs de madrépores où la vigilance était de nouveau de rigueur, spécialement après avoir fléché deux ou trois poissons. Il n'est pas question d'accrocher les victimes à un fil de fer passé à la ceinture, comme on le fait en Méditerranée. Chaque prise est remontée, tenue à bonne distance en bout de flèche, puis maintenue hors de l'eau, le temps de palmer jusqu'à l'annexe pour l'y déposer. En fin de séance, j'avais souvent la visite de *mauri* et de *mamaru*, qui étaient évidemment excités par l'agonie des poissons mais qui réagissaient aussi au bruit du fusil. Je m'en suis rendu compte en manquant quelques cibles et en ramenant la flèche, doucement, sous l'œil intrigué d'un squale qui s'était précipité et tournait, déçu, autour du fer.

Un après-midi, nous vîmes accoster un canot à moteur, deux hommes et des chiens débarquèrent. Les Paumotu, c'est ainsi qu'on appelle les habitants des Tuamotu, s'enfoncèrent, machette en main, dans le *motu*, puis repartirent. La nuit, nous entendîmes des gémissements sur la berge. Au matin, nous nous équipâmes pour une expédition sur le platier extérieur. Nous cheminions le long du *hoa*, petite passe de faible profondeur et impropre à la navigation qui fait communiquer l'océan et le lagon, lorsque Françoise vit arriver vers elle un petit chien, geignant, très mal en point. L'animal avait de la peine à marcher et son ventre, fortement ballonné, le rendait difforme. Il était adulte, mais de petite taille, avec un pelage tricolore noir, blanc, roux, symétriquement réparti. Il avait l'air gentil et nous regardait de ses grands yeux tristes, la tête basse, abattu, résigné. Il tenta de nous suivre pendant quelques minutes puis s'affaissa. Stéphanie, revenue en arrière, le prit dans ses bras et resta près de lui tout le temps que nous explorâmes le platier à la recherche de coquillages. De retour sur la plage en face du voilier, Françoise partit à bord chercher une boîte de sardines et de l'eau. Le chien, épuisé, resta couché à l'ombre tout l'après-midi. Lorsque nous fîmes mine de regagner l'annexe, il poussa un long soupir, allongea sa tête sur le sol, indifférent aux mouches et aux moustiques qui l'assaillaient. Françoise se ravisa.

— Il est exclu de laisser cet animal dans ces conditions.

Effectivement, nous ne pouvions abandonner cette pauvre bête à son sort, mais je réalisai bien l'engrenage dans lequel nous mettions le doigt et le retour de manivelle lorsqu'il s'agira d'expliquer à Stéphanie qu'il nous est malheureusement impossible de le garder. Notre programme de navigation, une fois la Polynésie dans le sillage, allait être une suite de longues traversées. De plus, ayant renoncé à la Nouvelle-Zélande, une escale technique en Australie sera indispensable et, s'il y a un pays où les animaux ne sont pas les bienvenus, c'est bien celui-là. Les voiliers qui ont un chien ou un chat à bord ont l'obligation de se mouiller à bonne distance de la côte. Il leur est interdit de s'amarrer à quai et, a fortiori, de hisser le bateau à terre pour un carénage.

Stéphanie trouva vite un nom pour ce nouveau compagnon, "Moustique", et, comme il était prévisible, s'y attacha beaucoup ; le chien d'ailleurs le lui rendit bien. Dormant sur une natte dans le cockpit à l'abri du taud, il passait la tête, le matin, par le hublot de la cabine de Stéphanie et couinait, l'air de dire "Allez debout, c'est l'heure". La vie s'organisa donc avec Moustique, qui mangeait peu au début, jusqu'au jour où il put expulser ce qui le gênait. La transformation fut radicale. Fini le chien amorphe, à l'abdomen distendu. La silhouette redevint svelte et Moustique, frétillant, retrouva sa vivacité pour la plus grande joie de Stéphanie qui l'emmenait en balade et lui faisait prendre des bains, exercices qui ne l'enchantaient pas mais le rafraîchissaient. Moustique adorait le poisson et Stéphanie me demandait toujours d'en ramener un spécialement pour lui. Après trois semaines de joyeux ébats et d'agréments partagés, vint le moment tant redouté de faire comprendre à la petite que la vie du chien était ici, dans l'atoll, avec de l'espace, auprès d'une famille disposée à l'adopter et non sur une coquille de noix ballottée sur les immensités mouvantes. Au petit village, nous avons abordé un homme jeune, d'aspect sympathique et liant, qui poussait une brouette. Nous lui racontâmes l'histoire de Moustique. "C'est d'accord, je le prends ! J'habite dans la maison là-bas." Nous nous y rendîmes. Eh bien, si cette famille était à la hauteur du cadre idyllique de ce *fare*, à 50 mètres du lagon, Moustique se préparait de beaux jours. Une grand-maman, souriante, répondit en désignant deux chiots : "Voyez, nous en avons déjà, et Moustique est un joli nom ; il sera bien chez nous." La gentillesse de ces gens nous rassura, mais n'empêcha pas deux grosses larmes de couler sur les joues de Stéphanie.

Davantage que le baromètre, ce sont les cirrus échevelés et un halo autour du soleil qui nous dissuadent d'appareiller. Nous partons en annexe explorer les îlots et récifs qui s'étirent au sud de la passe et forment un étrange réseau, un petit delta de chenaux et de bassins, séparés par des petites digues naturelles faites de corail mort truffé de trous.

— Stéphanie, j'ai l'impression que nous allons chasser sans mettre un orteil à l'eau.

La première victime est un mulet, qui pensait être à l'abri sous un petit surplomb. La seconde est un grand perroquet bleu à bosse. Nous avons été surpris d'apprendre que, contrairement aux Caraïbes où leur chair est fade, les perroquets sont appréciés en Polynésie, notamment cuits dans le jus de citron vert selon la traditionnelle recette tahitienne. Stéphanie court devant et m'appelle lorsqu'elle aperçoit des poissons près du bord. Il est aisé de les attraper quand on peut les ajuster à la verticale, mais il est nettement plus délicat de les harponner selon une trajectoire oblique, car il faut viser sous le poisson pour compenser l'indice de réfraction de l'eau, et se forcer à tirer à côté de la cible n'est pas facile au début. Nous progressons ainsi jusqu'à une épave, un mille en contrebas, dont la position curieuse, très à l'intérieur du récif-barrière, laisse penser que le bateau s'est échoué il y a un certain temps déjà et que les coups de vent et les marées l'ont peu à peu repoussé jusqu'aux abords du lagon. Au retour, nous nous arrêtons près d'une embarcation à partir de laquelle chassent trois Paumotu, afin de leur demander si le baliste géant que nous avons harponné en dernier est consommable. Ils font la moue et hochent négativement la tête. "Certains les mangent, mais il faut faire attention." L'un d'eux plonge la main dans un bac et en ressort un énorme chirurgien noir à queue blanche, de plus de 40 centimètres. "Avec ça vous serez tranquilles, et les filets sont très bons." Effectivement, ce poisson, très charnu, se révélera délicieux.

Nous nous rendons à terre pour discuter requins avec ces plongeurs hors pair qui les côtoient tous les jours. Ils nous confirment "l'échelle de dangerosité" que Françoise avait tirée de ses lectures et nous mettent en garde contre la rencontre, rare mais possible, de squales pélagiques venus faire un tour à l'intérieur du lagon, particulièrement dans les atolls munis de larges passes.

A savoir, dans l'ordre croissant de risque : les marteaux, souvent placides, les mako, les ailerons blancs du large et bien sûr les tigres. Au sujet de la nage d'intimidation, lorsque celle-ci consiste en balancements latéraux exagérés, cela signifie que le requin est inquiet. Lorsqu'elle s'effectue dans le plan vertical, le corps arqué et les nageoires pectorales abaissées, la situation devient scabreuse et, si on a un poisson fléché, mieux vaut l'abandonner… S'il n'y a pas de stimulus alimentaire, l'objet du mécontentement étant manifestement le plongeur, il faut s'écarter, sans précipitation, toujours en faisant face et en ayant quelque chose à interposer au cas où…

— Y a-t-il déjà eu des accidents ici ?

On nous désigne un Polynésien bâti en hercule, mais bien enveloppé. L'homme a une balafre de 50 centimètres qui part du milieu de l'abdomen et remonte sous le bras jusque vers l'omoplate. On nous explique qu'un *tapete* s'est introduit, de nuit, dans un des parcs qui sont montés des deux côtés de la passe et emprisonnent, comme de gigantesques nasses, les poissons qui entrent au gré des marées. Au matin, l'homme a plongé pour étoffer le repas de midi. Le squale, pris au piège, s'est jeté sur lui. Il n'a eu la vie sauve que grâce à un transfert aérien éclair vers Papeete.

— Vous voulez du poisson pour ce soir ?

— Oui, s'il n'y a pas de requin…

Le canot démarre. Une minute plus tard, il accoste le grillage. Un jeune Paumotu met son masque et observe de la surface. La voie est libre. Il s'immerge, tenant à la main une lance terminée par trois fers à béton emmanchés en trident. Une courte apnée, et il remonte avec un bec-de-cane qu'il balance dans le bateau ; deuxième immersion, et c'est une carangue qui atterrit sur le plancher.

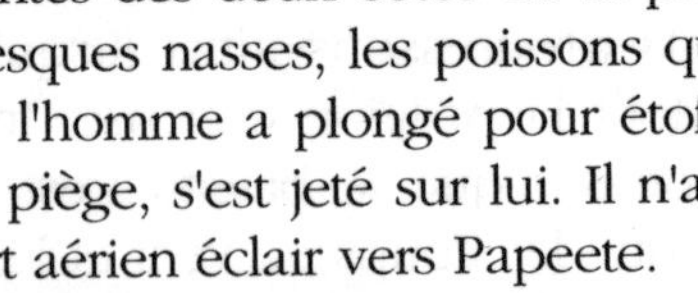

La nuit est calme, nous naviguons sous le vent de l'atoll de Fakarava qui est, après Rangiroa, le plus grand des Tuamotu. Nous progressons parallèlement à la côte distante d'une dizaine de milles, satnav enclenché, nous nous méfions. A 3 heures du matin, une position nous situe à cinq milles de la barrière ouest. Un courant traversier, de sens exactement opposé à la brise qui souffle, nous a déviés de 40 degrés de notre cap et rapprochés du récif en partie submergé. Dans cette région, les courants sont d'une grande violence durant les marées à fort coefficient et, curieusement, pas seulement au voisinage des passes. Nous comprenons clairement, maintenant, les raisons du naufrage de *Trismus* du regretté Patrick Van God sur l'atoll de Rangiroa, la nuit du 24 mars 1973, trois jours après l'équinoxe.

Nous guettions depuis une heure, et ils ne sont apparus que très tardivement. Une ligne noire, incertaine, souvent avalée par la houle, qui s'est précisée, a grossi, pour donner naissance à des silhouettes qui sont devenues cocotiers. Par chance, le vent de nord-est, frais ces dernières trente-six heures, a faibli et nous remontons mieux que prévu le côté nord de l'atoll. Les crêtes d'écume qui galopent sur le bleu roi de l'océan attaquent sans transition le platier extérieur. Les rouleaux basculent et courent jusqu'au rivage, inlassablement battu, ultime rempart qui protège la végétation qui démarre à quelques mètres au-dessus des flots. Celle-ci, repliée sur un étroit cordon, lutte contre l'enfoncement, le soleil implacable, les projections de sel et la mer qui affouille l'estran. Combat continuel pour la survie, qui s'exprime dans le grondement du récif qui casse la houle. Sourd bourdonnement, profond ronflement, roulement monocorde et perpétuel joué par des milliers de tambours qui rythment les assauts sans relâche. C'est peu de chose un atoll ; diadème de verdure qui couronne une pyramide condamnée et qui oppose le vert de la vie et de l'espoir au bleu des abysses qui le cernent ; fragile anneau qui a su développer en son sein un monde fabuleux de formes et de couleurs, peut-être une facette du paradis. Nous progressons en longeant le récif à une petite encablure et surveillons attentivement son contour, clairement indiqué par la coloration vert pâle de l'eau. Les berges défilent. A cette courte distance, l'on voit bien que la bande de terre est, en fait, constituée de plusieurs îlots allongés, les *motu*, séparés par des chenaux peu profonds, les *hoa*.

Parvenus aux abords de la passe est, nous nous arrêtons pour observer le léger mascaret que forme le jusant lorsqu'il rencontre la mer levée par le vent, puis nous nous engageons, en contrôlant au sondeur. L'incroyable transparence de l'eau nous fait croire, un instant, que l'appareil déraille en indiquant 15 mètres. Les vagues hérissées de la barre sont dans le sillage, ne subsistent que quelques remous et tourbillons. Nous suivons l'ouverture, bien nette, qui sépare les bancs de coraux sur chaque bord. Cette petite passe est magnifique, un vrai bijou. Nous ne savons qu'admirer et nos regards passent des stupéfiants détails qui glissent sous la coque aux rives couvertes de cocotiers entre lesquels nous nous engouffrons. Une demi-douzaine de baraques en tôle ou en *niau*, feuilles de palmier tressées, défilent sur bâbord, personne en vue. Et tout à coup c'est le choc... L'impression de pénétrer dans l'irréel. Cette merveilleuse passe n'était pas qu'un passage, c'est un seuil, une porte qui donne sur un autre monde. Nous nous regardons sans pouvoir y croire. C'est comme si on avait actionné un commutateur. En quelques secondes, tout a basculé, l'eau est devenue plate comme un miroir et un grand silence a remplacé le bourdonnement incessant de la barrière. Quel calme, quelle paix ! La cocoteraie n'a pas filtré, mais a stoppé le grondement du large. A la sauvagerie de la côte au vent succède la féerie du lagon, inondé de lumière, éclatant au soleil. Un coup de baguette magique a métamorphosé l'atoll, l'a enchanté. Le vert des palmes jaillit sur le bleu tendre du ciel. La blancheur des plages de sable de corail éblouit les rétines, comme le lagon, au levant, qui brille de mille feux avant d'épuiser, plus à l'ouest, toutes les nuances turquoise entre les massifs coralliens. Nous sommes dans un écrin, au cœur même de la perle, hypnotisés par l'éclat de toutes ses facettes.

Alacaluf n'est pas mouillé, il est suspendu au bout de sa chaîne dans un fluide d'une incroyable transparence. C'est l'impression que nous avons du pont lorsque nous regardons par-dessus bord, et cette image est plus forte encore quand nous levons la tête, accrochés à l'ancre, et que nous voyons le voilier flotter dans le bleu translucide.

Presque pleine dans cette première partie de la nuit, la lune nous survole. Sa clarté est telle que nous distinguons encore tous les détails des madrépores qui nous entourent, de même que les poissons qui font une ronde autour d'*Alacaluf*. La magie se poursuit sous les étoiles.

En nous équipant, nous ne pouvons détourner nos regards de ce jardin sous-marin que la surface du lagon, aussi plate qu'une vitre, nous permet d'admirer. Nous glissons doucement le long du boudin du pneumatique, l'eau est merveilleusement tiède. A marée basse, le haut de l'énorme massif de corail est tout juste immergé et nous offre, en guise de bienvenue, une multitude de bouquets d'*acropora* aux délicates ramifications, tandis que d'autres s'étalent en magnifiques parasols faits de petites pointes finement ciselées. Alliés à la transparence de l'eau et à la quantité de lumière, la conformation, la densité, la couleur des madrépores créent un décor qui dépasse, et de loin, tout ce que nous avions vu comme paysages coralliens jusqu'à ce jour. Que l'œil embrasse l'ensemble ou qu'il se fixe sur les détails, l'émerveillement est constant. La splendeur de cet éden déborde le plaisir purement visuel et provoque une fascination, un envoûtement, une béatitude même, qui ne sont pas étrangers au fait d'évoluer dans le liquide. Une sensation de bien-être absolu nous envahit et nous invite à poursuivre la découverte, à nous fondre dans ce paradis.

A côté des très nombreuses gerbes d'*acropora*, d'autres formations coralliennes s'épanouissent, moins élancées, moins hérissées, plus compactes, mais toujours aussi délicates. Certaines rappellent des choux-fleurs qui se seraient ouverts, comme les *pocillopora verrucosa*, et prennent d'époustouflantes colorations fluorescentes roses, mauves ou violettes. Très peu de compositions massives, comme les porites, ou monotones, tels les champs de *montipora* et les cornes d'élan. La nature a choisi le raffinement pour sculpter avec élégance les branchettes d'*acropora*, les calices des *favia* ou des *pavona* et les lamelles des *fungia*. Elle a vraiment donné dans la dentelle pour réaliser ces merveilles de beauté et de fragilité que sont les ramures miniatures des *distichopora violacea*, fantastiques broderies roses, violettes ou jaunes de quelques centimètres de hauteur.

Nous savons que le lagon est un milieu où la lutte pour la vie est terrible, aussi sommes-nous surpris par la tranquillité et le calme qui nous entourent. S'agit-il d'une trêve, est-ce dû à l'absence de vent, de courant, de rides en surface ? Beaucoup de poissons nous observent, eux aussi immobiles, comme ce banc de surmulets argentés et jaunes. Au-dessus des *acropora*, les petits chromis bleu ciel font un ballet tandis que les demoiselles brunes nous regardent passer, ébaubies, bouche ouverte, en nage de sustentation, prêtes à fondre à l'abri des épineux massifs. Des poissons-bagnards et leurs copains sergents-majors font tranquillement leur ronde. Les perroquets broutent par-ci par-là et libèrent leur nuage de sédiments en se déplaçant, sous le regard figé de quelques poissons-lézards. Plusieurs variétés de chirurgiens se promènent groupés, alors que les poissons-soldats et les écureuils préfèrent rester prudemment sous leurs surplombs en compagnie d'un cousin, tout aussi rouge et piquant, mais nettement plus grand. Une carangue passe, furtive, et s'enfonce dans le bleu, suivie par une daurade tropicale qui, elle, prend son temps. Elle n'est pas bien belle avec son front bossu, ses gros yeux noirs et sa couleur grise. Ah ! mais en voilà un nettement plus joli, qu'on a d'ailleurs baptisé baliste picasso à bon escient. Les fonds coralliens ne seraient pas ce qu'ils sont sans les poissons-papillons, aplatis et magnifiquement colorés, qui, inquiets, zigzaguent en nage saccadée entre les pâtés lorsqu'on les approche. Stéphanie a un faible pour une espèce particulièrement comique avec son long nez qui lui vaut le nom de poisson-pincette (*forcipiger longisrostris*). Elle aime aussi les nasons, à l'air renfrogné, très drôles eux aussi avec leur rostre frontal. Des signaux lumineux sur notre gauche ? Non, ce ne sont que les reflets argentés lancés par la robe de quelques barracudas. Les mérous sont nombreux et il est amusant de noter les différences de comportement selon les espèces. Les plus méfiants, les mérous célestes, s'éloignent en se coulant entre les coraux ; ils ont une peau beige et bleu foncé, parsemée de petits points bleu ciel. D'autres, en tenue de camouflage, bien dodus, nous fixent de leurs yeux globuleux, agitant doucement leurs nageoires et reculant très lentement, à contrecœur, lorsque nous sommes à moins d'un mètre. Les loches mouchetées, tachetées de blanc et de brun clair comme le pelage d'un léopard, restent tapies, immobiles, sûres de leur mimétisme. Contrairement à ces trois variantes qui se complaisent autour des bouquets de coraux, les mérous pointillés et à selle de cheval, *tonu* en tahitien, se tiennent souvent en pleine eau. Nettement plus grands, ils pensent que leur taille et leur gueule menaçante, constamment entrouverte, les mettent à l'abri des mauvaises surprises ; ce qui donne à penser qu'ils n'ont pas souvent eu l'occasion de croiser des chasseurs. Stéphanie s'élance à la poursuite de ce qu'elle appelle des "zèbres", parce que parcourus verticalement de bandes noires et blanches. Ce sont des taurillons et des cochers, *heniochus acuminatus* et *zanclus cornutus*, poissons emblématiques de la Polynésie. Ils ont une nageoire dorsale dont le premier rayon, très développé, a la forme d'une corne qu'ils font frétiller lorsqu'ils sont inquiets avant de déguerpir. Dans les Caraïbes, nous étions en admiration devant l'ange royal. Ici, il a deux "frères" pour lui contester le titre de plus beau poisson tropical, eux aussi de la famille des anges. L'empereur, *pomacanthus imperator*, effectivement impérial dans sa robe bleue striée de lignes dorées horizontales. Il porte un masque noir sur les yeux, comme Zorro, couleur qui lui décore aussi le menton et l'arrière des ouïes. Son rival, dans ce concours de miss ou mister Univers sous-marin, est le *pygoplite diacanthus*, qu'on aurait bien pu nommer "tigre" d'ailleurs, tant sa livrée rappelle le grand carnassier par ses rayures verticales orange, noires, blanches, avec en plus, puisque nous sommes dans l'eau, du bleu.

J'avais bien insisté sur ces quelques points : "Stéphanie, tu restes à ma droite, sans traîner derrière ni partir en avant. Palme doucement pour ne pas effrayer les poissons et, si tu vois un requin, ne t'agite pas ; surtout ne te précipite pas vers l'annexe !" Nous étions convenus d'un signe, on ne peut plus explicite, pour aviser l'autre de la présence de squales : phalanges jointes, approcher et écarter les doigts du pouce en ouvrant et fermant alternativement la main. La petite porte un tee-shirt, pour se prémunir des coups de soleil, et des gants. Subjuguée, écarquillant les yeux, elle est sage comme un ange au début et m'observe de la surface lorsque je fais une apnée pour lui montrer telle formation corallienne ou telle espèce de poisson, avant de tenter à son tour d'approcher l'objet de sa curiosité. Mais peu à peu, gagnée par l'enthousiasme, elle part dans des rushes rapides à la poursuite de poissons en poussant des petits cris, et je dois la rappeler à l'ordre. Un instant, une grosse murène brune sort à moitié de son trou et nous dévisage, offusquée, l'air de dire "je suis chez moi".

— Tu vois Stéphanie, si tu t'étais élancée, elle aurait pu t'attraper le mollet !

L'avertissement a l'effet escompté... durant dix minutes ; et la petite fonce sur un labre à long museau, joliment bariolé. Je l'arrête en lui saisissant la palme.

— Maintenant tu me donnes la main !

Cinq minutes plus tard, panique générale. Stéphanie se glisse dans mon dos, m'entoure le cou, et j'aperçois sur la droite du masque une petite main qui s'ouvre et se referme.

Lorsqu'à sept ans on voit un squale approcher pour la première fois, ça fait tout drôle, et la réaction est habile. "Le vieux d'abord. Rassasié, le requin me laissera tranquille !" Le *raira* s'amène, sans nervosité apparente. Le fusil est chargé et la corde de la flèche est libérée. Accrochée à mes épaules, Stéphanie n'en perd pas une. Nous tournons ensemble face à l'animal qui, comme un chien, renifle à gauche, à droite, furetant partout. Sa nage est normale, il n'y a pas de stimulus alimentaire... Stéphanie mise à part. Il est surtout mort de curiosité, au point d'approcher à moins de quatre mètres avant de filer dans le bleu.

— Papa...

— Oui ?

— J'aimerais retourner à l'annexe...

Côté lagon, le motu est bordé par un platier irrégulier de faible profondeur et par un cordon de récif asséché, tranchant, aux multiples aspérités. Largement échancré, il forme par endroits des petites plages ou des bassins. Nous pénétrons en zodiac dans celui qui se trouve en face du voilier, magnifique petit port naturel. Nous aidant de la machette, nous nous faufilons à travers la végétation jusqu'à la côte exposée, sauvage, grondante, parsemée de gros blocs arrachés au récif par les tempêtes. Nous n'insistons pas, ce n'est pas aujourd'hui que nous pourrons dénicher des porcelaines sur le platier. Les rouleaux, même à bout de course, rendent la progression hasardeuse. Nous longeons la rive en bordure des *miki-miki* et des arbrisseaux rampants, puis nous nous enfonçons entre les pandanus aux impressionnantes racines apparentes et surélevées. Leurs fruits, en forme de grosses boules dures, se consomment, mais nous n'avons aucune idée de la façon de les apprêter. Les cocotiers dominent bien sûr, mais Françoise est agréablement surprise par la diversité des espèces. Certaines sont courtes, avec des troncs et des branchages torturés, ce sont les *purau (hibiscus tiliaceus)* et les *miro (thespesia populnea)*. Ces derniers, appelés parfois bois de rose, sont recherchés en ébénisterie et poussaient, jadis, en abondance sur l'île de Pâques. Nous avons la chance d'observer un *tou (cordia subcordata)*, bas et trapu lui aussi, dont le bois dur est également prisé par les sculpteurs. A l'intérieur de la cocoteraie, surtout côté lagon, poussent des essences plus grandes, les *kahaya (guettarda speciosa)*, dont les feuilles plates rappellent celles du caoutchouc, les *gatae (pisonia grandis)*, vénérés par les anciens Paumotu, et quelques robustes et splendides *aito (casuarina equisetifolia)*, qui doivent la robe brun rouge de leur tronc à la couleur de la sève.

Alacaluf est transformé en plate-forme de plongée. Le pont avant est envahi par le matériel lourd, compresseur et blocs, le reste de l'équipement et les appareils de prise de vues sont étalés à l'abri du taud. La matinée est consacrée à l'école et à différents travaux d'entretien. Vers 13 heures, nous profitons de l'ensoleillement maximum pour une plongée sur ce sanctuaire qu'est le grand massif situé à une encablure du voilier. Et dans l'après-midi,

il nous faut bien songer au ravitaillement, nous partons, Stéphanie et moi, attraper quelques poissons sur des récifs assez éloignés, afin de respecter la faune que nous avons tant de plaisir à admirer autour d'*Alacaluf*. L'annexe est mouillée à proximité d'un pâté de corail bien habité, un bec-de-cane est déjà dans le seau. Un mérou céleste nous regarde, près du sable à l'angle du récif. Pendant que Stéphanie lui fait face et le distrait, je m'éloigne, fais le tour du madrépore, plonge et approche sur l'arrière de l'animal qui se retourne. La flèche part, passe la gueule et ressort vers la queue du poisson, embroché dans cette position de totale surprise. "Encore un et le compte est bon !" Nous nous déplaçons et en apercevons un autre de la même espèce, très méfiant celui-là. Plusieurs manœuvres d'approche sont nécessaires pour exciter sa curiosité et lui faire sortir le museau. Je tire. Touché, il arrive à reculer dans une anfractuosité. Devant me réalimenter en air, j'abandonne le fusil au fond. De la surface, nous voyons débouler un mérou camouflage qui s'arrête, perplexe, avant de plonger sur l'arbalète qui repose devant ce que nous comprenons être "son trou". Il fixe le tube, "tiens, quel drôle de poisson !" et le mord pour lui signifier qu'il n'a rien à faire ici. M'étant ventilé, je redescends et tente de dégager la victime, qui résiste. L'autre, le camouflage, me regarde, ahuri, "qu'est-ce que c'est que ce remue-ménage chez moi !" Il tombe en arrêt lorsque sort le poisson empalé, "quoi, un squatter ?", et il le pourchasse pendant que je le remonte puis revient se positionner devant la fente, l'air de dire "ça suffit, du balai, plus personne chez moi, je surveille !"
Nous nous esclaffons.
— Tu as vu ça ? Il n'a peur de rien, quelle personnalité !
— Oui, et il a mordu ton fusil.

Ce serait un jeu d'enfant que de harponner le pauvre diable devant son trou. Il ne mérite vraiment pas ça, mieux vaut revenir avec la caméra, dans l'espoir qu'il nous refasse son numéro en chargeant l'appareil…

Le pneumatique est ancré dans le petit port naturel. Stéphanie, en paréo, un gant à la main gauche, tient la tête du poisson qu'elle écaille avec un couteau. Elle se lève, trempe l'animal dans l'eau, me l'amène et en prend un autre. Lorsqu'elle a terminé, elle vient m'aider à tailler les filets. Les derniers rayons du soleil embrasent la cocoteraie et distillent une lueur dorée, chaude et apaisante. Nous aimons beaucoup nous retrouver en fin d'après-midi pour préparer le poisson, tranquillement. C'est devenu un rite, un prolongement de cette complicité qui nous unit sous l'eau.

C'est le grand jour, le bi-bouteille, les deux détendeurs, la bouée-Fenzy et le reste du matériel sont déposés sur la plage. Françoise nous observe, un sourire aux lèvres. Son aisance et sa maîtrise de l'apnée ouvrent désormais à Stéphanie la voie royale de la plongée en scaphandre. Cette liberté, cette autonomie extraordinaire qui permet de se fondre, de s'intégrer à ce monde fabuleux, sans devoir se contenter d'un survol en surface et de quelques brèves incursions. Ce plaisir unique qui dévoile la face cachée de la terre et qui permet, libéré de la pesanteur, de s'offrir un voyage sur une autre planète en se transformant, l'espace d'une demi-heure ou davantage, en "aquanaute", léger, volant dans le fluide, ébloui, fasciné par ce que l'on y voit, transporté par la volupté et la quiétude procurées par l'élément.

La petite barbote en faisant de grandes éclaboussures.

— Alors Stéphanie, et ce nouveau masque ?

— Il va très bien.

— Pas d'entrée d'eau ? La sangle est bien réglée ? Tu arrives à te pincer les narines ? Viens t'asseoir près de moi. Tu es déjà familiarisée avec les noms de tout ce matériel, je vais t'expliquer comment cela fonctionne. Mets l'embout en bouche et respire, voilà. Maintenant retiens bien ceci, je te demanderai de me le répéter. Alors Stéphanie, que dois-tu faire pendant la descente ?

— Pincer le nez et souffler pour équilibrer les oreilles. Insuffler un peu d'air dans la cuve du masque pour qu'il ne fasse pas ventouse.

— Et si tu veux me dire quelque chose ?

— Je te presse la main.

— Montre-moi les principaux signes ! D'accord. Au fond, et surtout pendant la remontée, que ne faut-il pas faire ?

— Des apnées.
— Exactement, oublie le tuba, profite de l'air dont tu disposes et expire toujours bien. Je te tiendrai par la main et te regarderai souvent. Si je vois de l'eau dans ton masque, nous remontons doucement le vider en surface. Chose qui ne sera plus nécessaire lorsque tu seras une bonne plongeuse, mais pour l'instant, on fait comme ça. Tu as des questions ?

Nous partons de la plage. Lorsque Stéphanie a de l'eau jusqu'aux épaules, nous nous agenouillons, échangeons quelques signes et nous nous relevons.

— Alors tes impressions ?
— Ça fait du bruit !

Nous sortons de l'échancrure du récif, puis descendons sur un fond de deux mètres au pays des perroquets et des poissons-papillons, nous coulant entre les coraux, serpentant au-dessus du sable sillonné par les ondes lumineuses créées par les rides de la surface. D'autres images se superposent aux corolles minérales qui étincellent de blancheur. Je me rappelle du bébé de sept mois aux grands yeux bleus qui demandaient "pourquoi ?" lors des premières séances. Je me revois l'emmailloter alors qu'il buvait avidement son lait chaud au bord de la piscine. Je me souviens de quelques protestations durant certains exercices plusieurs mois plus tard. "Pourquoi ?"... La réponse est dans cette poignée de main qui nous unit, dans ces exclamations d'enthousiasme et dans cette passion qui naît aujourd'hui.

Malgré la chaleur, j'ai revêtu un vieux survêtement et des espadrilles.

— A quelle hauteur sont-elles ?
— A cinq ou six mètres.

Pour un début ça suffira. Après avoir récolté toutes les noix de coco vertes qui étaient facilement accessibles, il faut bien se résoudre à cette petite séance de gymnastique. N'ayant ni la technique ni l'habileté des jeunes Paumotu, je suis condamné à crapahuter le long du tronc, l'enserrant avec les bras et les jambes. Arrivé au départ des palmes, il faut, tout en s'agrippant, libérer une main et faire tourner les noix sur elles-mêmes jusqu'à ce qu'elles se détachent. "Nom de nom, je suis en train de tétaniser. Attention aux crampes !" Quelques cocos choient sur le sol. Je redescends. "Horreur ! je ne sens plus ni mes biceps ni mes cuisses."

— Bravo papa, tu as bien fait le singe !

— On aurait dit un *pongo pygmaeus*...

Je regarde Françoise, interrogateur.

— L'orang-outan de Bornéo.

Il est plus facile de se procurer de la salade. Nous choisissons un jeune cocotier de trois mètres de haut et l'attaquons à sa base à la machette. Le tronc abattu, reste à en extraire le cœur, dont la partie comestible se concentre vers le bas. Le résultat sera une délicieuse salade, parfumée et croquante, qui agrémentera le traditionnel menu riz-poisson.

Françoise repose les jumelles.

— C'est une embarcation... Elle a une drôle d'allure.

L'engin flottant accoste le platier. Un homme saute sur le récif, tenant à la main une longue lance. Après avoir parcouru une trentaine de mètres, il lève le bras, s'immobilise quelques secondes dans cette position, projette son harpon et s'en retourne vers le bateau remettre le poisson à un compagnon resté à l'intérieur, puis part dans la direction opposée ajuster une autre victime. Un quart d'heure plus tard, la barcasse approche. "Mais c'est le radeau de la Méduse !" Il s'agit d'un Zodiac, à peine plus grand que le nôtre, sur lequel des planches ont été disposées en travers, ne laissant qu'un minimum de place aux deux gaillards sur l'arrière. Le radeau disparaît sous un incroyable bric-à-brac fait de caisses entassées, de pieux, d'une hotte, d'une toile de tente et de matériel de pêche.

— Ohé du voilier, ça fait longtemps que vous êtes là ?

L'homme qui s'adresse à nous est un Français de la métropole, grand et très enveloppé. Son compagnon, celui qui maniait la lance tout à l'heure, est un Paumotu, teint cuivré, torse d'athlète, longs cheveux noirs réunis derrière la tête.

Nous leur proposons de poursuivre la conversation à l'abri du taud, en buvant quelque chose.

— Qu'est-ce que vous fabriquez avec tout ce barda ?

La discussion s'engage et nous allons de surprise en surprise.

Le Paumotu, taillé comme un boxeur, s'appelle Tapu. Il est né dans cet atoll et, lorsqu'il fut adulte, ses grands-parents lui cédèrent une bonne partie des *motu* qui le constituent. Après la terrible saison cyclonique 1982-1983 qui a balayé toutes les installations de l'époque, Tapu s'est mis à bourlinguer dans tout le Pacifique, d'Hawaii aux Tonga, en faisant divers métiers. De retour à Tahiti, la nostalgie de l'atoll l'a poussé à revenir et à se lancer dans la pêche à la langouste, qu'un caboteur ravitaillant les Tuamotu emmène tous les deux ou trois mois à Papeete. Thierry, le métropolitain, l'assiste dans différentes tâches. Ils reviennent justement d'une expédition sur les îlots de la côte sud, ce qui explique le matériel transporté sur leur pneumatique.

— Et ces langoustes, où sont-elles ?

— Sur le platier extérieur. La nuit, elles sortent et on les attrape à la lumière des lampes à pression. Nous les conservons immergées dans ces caisses. La récolte terminée, nous les déchargeons dans un parc qui est aménagé à un demi-mille là-bas.

Tapu remarque les gros hameçons qui sont posés sur le rouf.

— Qu'est-ce que vous pêchez avec ça ?

— Des requins.

Ses yeux étincellent.

— ... Nous aussi, pour nourrir les langoustes.

— Et le bateau, quand doit-il venir ?

— Nous l'attendons, il a du retard. Nous aimerions renouveler nos provisions, et l'essence se fait rare.

Ayant suffisamment de carburant pour le compresseur et le hors-bord, nous les dépannons avec un jerrycan de 20 litres, du café, du thé, du lait condensé, de la farine et des cigarettes. Ravis, ils nous laissent quatre langoustes.

— Venez donc mouiller près du campement, c'est joli, et nous pêcherons les requins ensemble.

Les baraques n'ont rien de bungalows de luxe, mais l'endroit est magnifique. Il s'en dégage une atmosphère de profonde tranquillité et de douceur de vivre. Sous une toile de tente, Tapu et Thierry ont préparé une grande table couverte de palmes de cocotier. Les langoustes et les poissons grillés sont disposés dans des feuilles de *kahaya*. Des fleurs de *tiare*, dans de petites soucoupes, sont destinées autant au plaisir des yeux qu'à celui des narines. Toute la magie de l'hospitalité polynésienne. Quel merveilleux accueil, réalisé avec ce qu'offre la nature : poissons, bourre de coco pour le feu et pulpe pressée pour la sauce, noix vertes pour se désaltérer, feuillage pour le couvert et fleurs pour la décoration. Simples ingrédients qui, réunis sous cette cocoteraie inondée de soleil, donnent à ce repas un charme extraordinaire.

Stéphanie a déjà exploré de fond en comble toutes les cabanes et hésite à pénétrer dans la petite bâtisse blanche, un peu à l'écart, dont l'entrée est surmontée d'une croix. Nous l'accompagnons. L'intérieur est très sobre, mais Tapu a pris la peine de décorer le petit autel et la statuette de Marie de fines branches de corail-dentelle, jaunes, roses et mauves.

Le lendemain, nous nous rendons tous, avec *Alacaluf*, au parc à langoustes pour quelques travaux d'entretien et alimenter les pensionnaires. L'enclos a été aménagé dans un renfoncement du rivage. Il est couvert de branchages et protégé par une première clôture extérieure. A l'intérieur, 500 langoustes, produit de plusieurs mois de travail, se gavent de restes de requins. Pendant que Tapu et Thierry consolident la barrière, je pars chercher le nécessaire pour le repas de midi. Entendant des cris, j'interromps la séance de chasse et reviens.

— Que se passe-t-il ?

— Regarde cette saleté de *nohu !*

Thierry tient, embranché au bout de son trident, un poisson-pierre ; rascasse particulièrement hideuse, difficile à repérer tant son mimétisme est parfait, et qui inocule par ses arêtes dorsales un venin souvent mortel.

— Où était-il ?

— Là, à cinq mètres du grillage, à demi enfoui dans le sable entre les coraux morts.

— Après ces émotions, préparons le repas !

Nous creusons un trou dans la caillasse faite de débris de corail, y déposons des branches sèches, allumons, puis recouvrons de plus gros morceaux légers et poreux. Le bois brûlé s'affaissant, reste un lit de pierres bouillantes alimenté par les braises. Les langoustes et les poissons sont simplement posés dessus, sans intercaler ni grille ni papier d'alu. Assis sous une petite hutte, grossièrement faite de palmes de cocotier, nous dégustons le tout, arrosé d'un filet de vinaigre car le citron se fait rare.

Dans l'après-midi, le vent, qui soufflait du nord depuis notre arrivée, se lève en force du sud-est et nous oblige à déguerpir pour aller trouver refuge sous le vent des *motu* de la frange orientale de l'atoll.

— Allez ! ce soir, changement de menu. Est-ce que des spaghettis *a la bolognese* vous feraient plaisir ?

Tapu et Thierry sont enchantés par cette proposition.

— Tu comprends, des langoustes, toujours des langoustes ; des mérous, encore des mérous ; des carangues... Tiens ! cette nuit, on pourrait aller aux *kaveu !*

Les *kaveu* sont des crabes de cocotier. Impressionnantes bestioles, tant par la taille des gros spécimens que par la puissance de leurs pinces asymétriques et celle de leurs pattes pointues, qu'elles utilisent pour perforer les noix et leur bourre.

Vers 22 heures, le *morigaz* (lampe à pression), deux torches de plongée, des seaux et des machettes sont embarqués dans le Zodiac. Afin d'économiser les accus des lampes, nous les enclenchons par intermittence... juste à temps pour éviter la forme blanchâtre d'une patate de corail à fleur d'eau. Un peu plus et nous éventrions le pneumatique. Tapu part devant. Il a les yeux partout, en bordure de la cocoteraie, sous les taillis, près de la plage où les crabes se rendent, la nuit, pour boire. Il marche rapidement, en souplesse, le corps légèrement penché, à l'affût, tous ses sens en éveil. On devine une grande habitude, un instinct, il ne va pas au hasard, il pressent, devine, ses pupilles sondent les ténèbres et distinguent des choses qui nous échappent. "Là, en voilà un !" Pris dans le faisceau de la torche, l'animal reste immobile. Tapu en fait le tour. Il lui plaque la main sur le dos et lui enserre avec les doigts les pinces et les pattes antérieures. Un geste précis, rapide, qu'il ne faut pas manquer. De l'autre main, il arrache quelques feuilles sèches de pandanus afin de ligoter le crabe qu'il dépose dans un seau. En une heure, sept *kaveu* sont ainsi attrapés.

— Il fait soif !

Tapu dépose son *morigaz* au pied d'un cocotier, aussi droit qu'un poteau télégraphique. Puis il s'élance à la conquête des noix, utilisant une technique époustouflante qui fait travailler, en opposition et simultanément, le pied gauche et la main droite et, dans la seconde suivante, le pied droit et la main gauche. Cela sans baisser le rythme, ce qui serait synonyme de dégringolade. Arrivé à la hauteur des palmes, il continue et, se maintenant aux plus hautes branches, appuie du pied sur les cocos qui finissent au sol.

Revenus au voilier, nous déposons les deux seaux dans le cockpit, puis couvrons chaque récipient d'une épaisse planche de bois. Sur le plus petit, nous plaçons la ceinture de lest de cinq kilos ; et sur celui qui contient les plus gros crabes, nous disposons l'ancre de dix kilos de l'annexe. Tapu dort sur un banc du cockpit, Thierry sur une couchette de quart, Françoise et Stéphanie sur le lit breton à l'avant, et moi dans la cabine de Stéphanie. Au petit matin, des grattements me réveillent ; j'ouvre les yeux et aperçois, en équilibre sur le hublot ouvert, un gros *kaveu* prêt à me sauter sur le ventre. Les animaux avaient réussi à se détacher et à pousser la planche et l'ancre sur une quinzaine de centimètres !

La chair des *kaveu* a un goût bien différent de celle des autres crabes, comme une légère saveur de noix de coco. Outre les pattes, l'intérieur de l'animal est excellent et comprend une poche contenant un liquide huileux qui se consomme également.

Le *maramu* de sud-est fait vaciller la flamme de la lampe à pétrole. Des reflets dorés éclairent le visage de Tapu, figé par un rictus. Ses yeux sont de braise.

— Il y a des "balèzes", c'est sauvage ici. Un jour, une équipe, menée par un Américain, est venue tester un nouveau modèle de *lupara* (fusil sous-marin à balles à tête explosive). Je les ai prévenus. "T'en fais pas, j'ai l'habitude", m'a répondu le gars. Il s'est mis à l'eau, a vu monter du fond deux monstrueux requins, et n'a pas insisté. Il est sorti en disant qu'il n'avait jamais rencontré de tels "bestiaux". Une autre fois, je travaillais en scaphandre à la pose d'un corps-mort avec un copain. Un gros squale s'est approché, mon compagnon a regagné la surface. J'avais un *lupara*. Le requin, nerveux, faisait des cercles, s'éloignait, revenait et a chargé. Je l'ai touché à la tête. La blessure, grande comme la main, n'était pas suffisante vu sa taille. Il est devenu fou et se lançait sur les pâtés de coraux en les mordant. J'ai rechargé, puis je suis remonté quelques mètres en m'approchant et j'ai tiré sous l'aileron dorsal. Touché à la colonne, il s'est affaissé, incapable de nager, mais il n'était pas mort. Je ne les aime pas. J'ai un compte à régler avec eux. Enfant, mon oncle s'occupait de moi. C'est lui qui m'a appris tout ce qu'on peut faire dans un atoll. J'avais dix ans, nous étions en pirogue dans la grande passe. Il s'est mis à l'eau, a commencé à chasser. Une de ces sales bêtes l'a attaqué... Il est mort sous mes yeux.

— Quelle taille ont ces tigres ?

— Environ quatre mètres. Mais il y a un géant, six mètres, aussi large qu'un grand requin blanc. On l'a vu de la surface, il est plus long qu'un *speed boat*. Il se tient à l'extérieur de la grande passe et est souvent accompagné d'une poignée d'oiseaux qui tournoient au-dessus de lui, essayant d'attraper les poissons qui l'escortent. Lors des journées calmes qui suivent une période agitée, lorsque le soleil darde ses rayons rouges sur le chenal, à l'aube ou au crépuscule, il monte du fond, comme attiré par cette couleur...

Un récif divise la petite passe en deux bras, que l'on peut appeler principal et secondaire. Tapu nous propose d'amarrer le voilier dans l'étroit goulet, à quelques mètres de la berge en face du campement. Une découpure du rivage, suffisamment profonde car les fonds dégringolent rapidement, crée un recoin abrité du courant, très fort au milieu du chenal. Après avoir placé deux ancres et des chaînes sur le récif ainsi que deux aussières à terre, nous nous engageons, au début de l'étale de pleine mer, mouillons la CQR oringuée*, reculons d'une vingtaine de mètres et immobilisons le bateau entre les quatre amarres préalablement disposées en croix. Pour pouvoir résister au *maramu* qui, lorsqu'il souffle frais, lève le lagon sur une bonne distance, nous prolongeons l'orin de la CQR et l'assurons à un arbre, loin devant l'étrave. Pas de cafouillage, c'est heureux car nous avons dû manœuvrer dans un mouchoir de poche. Bientôt, le jusant recommence à vider le lagon et un véritable fleuve se crée à 15 mètres du voilier. Nous sommes contents, il ne sera plus nécessaire de déplacer *Alacaluf* aux quatre coins de l'atoll selon l'humeur du vent, très changeante en cette saison.

Après le repas, nous balançons nos lignes à requins, appâtées avec des têtes de poissons.

— Zut, la mienne s'est encore prise dans un pâté de corail !

— Il fait trop sombre pour aller la dégager, dit Tapu, tant pis, nous la libérerons demain matin.

La journée est superbe. Après le petit déjeuner, j'entre doucement dans l'eau avec masque et tuba en m'assurant que la voie est libre, puis me déhale sur la ligne. "Est-ce que je vois bien ?" Un demi-squale est croché au bout du câble qui est entortillé dans les coraux. Rien en vue, je m'approche. C'est bien ça, un requin citron de deux mètres a mordu à l'appât et est resté prisonnier, la gueule coincée à 50 centimètres du corail. Alerté par ses tentatives désespérées pour se libérer, un gros est venu le tronçonner comme un vulgaire gigot d'un coup net à la hauteur de l'aileron dorsal... Quel monstre a pu avaler ainsi la moitié de cet *arava ?*

Je libère le câble du corail et remonte ce qui reste de l'animal. Tapu arrive.

— Quand je vous disais qu'il y a des monstres là-dessous !

— Stéphanie ! viens voir... Interdiction formelle de te baigner toute seule !

Nous remouillons nos lignes l'après-midi.

— J'en ai un, j'en ai un ! crie Thierry.

Non, ce n'est pas un squale mais un napoléon ! Un labre énorme de 50 kilos, avec un bulbe sur le haut du front, un véritable poisson préhistorique.

— Tapu, est-ce qu'il est comestible ?

— Ici oui, mais ailleurs il faut faire attention.

— Bon, d'abord le pain, ensuite le napoléon !

Thierry remplit la moitié du fût de bourre de coco, y met le feu et s'en va pétrir la pâte. Bientôt, deux grosses miches brunissent et s'imprègnent de cette odeur âcre qui parfume agréablement la croûte.

Le soir, attablés sous le *kahaya*, nous dévorons nos quartiers de poisson et prolongeons la veillée à la lumière du *morigaz* en parlant, toujours et encore, de ce sujet inépuisable qui nous fascine tous, les requins... échafaudant un système qui nous permettra de nous attaquer à "Moby Dick", c'est ainsi que nous avons baptisé le grand requin tigre.

Nous avions appâté avec un mérou entier, présenté à l'envers de façon à ce que l'hameçon ressorte par la queue. Coup double ce matin, deux squales sur la même ligne ! Le premier, un gros requin dormeur, a coupé le poisson en deux et s'est évertué à gober la tête, qu'il a repoussée ainsi le long du câble jusqu'au nœud de chaise frappé sur une vieille écoute d'*Alacaluf*. Avalant le tout, il s'est étouffé. Excité par ce carrousel, un *mauri* s'est intéressé à la partie restante qui cachait l'hameçon. Nous nous répartissons le travail. Tapu s'applique à détacher la peau, coupe nageoires et ailerons qu'il sèche pour les vendre aux Chinois de Papeete, très friands de ces appendices avec lesquels ils font de la soupe. Je m'occupe des mâchoires.

Stéphanie accompagne sa maman à la recherche de coquillages. La collection s'étoffe. Il y a surtout des porcelaines, des cônes, quelques mitres, des térèbres qui ressemblent à des carottes, des trocas dont la coquille, joliment nacrée, a la forme d'une toupie, ainsi que des "sept-doigts" (*ptérocères*) à l'allure de grosses araignées. Les cours de français et de mathématiques sont remplacés par des leçons de sciences naturelles, avec exercices de détermination, planches à l'appui, et explications du mode de vie. Chaque fois que nous attrapons un requin, la petite accourt. "C'est un *mamaru*, c'est un *raira*, c'est un *mauri*", et elle ne se trompe pas. Elle est radieuse, pleine de vie, s'intéresse à tout, suit Tapu lorsqu'il va chasser les perroquets à la lance sur le platier extérieur, prépare le poisson, alimente le feu et rouspète un peu quand vient l'heure d'aller se coucher alors que nous sommes en train de parler requins...

Ce n'est plus une annexe, c'est un Zodiac de commando. Du tableau arrière dépassent deux arbalètes de chasse et deux longs fusils tahitiens en bois, munis chacun d'une flèche de fort diamètre à l'extrémité de laquelle se visse un cylindre qui sert de logement à la douille. Lorsqu'on appuie sur la détente, le fer, propulsé par un gros sandow, jaillit et la tête de la balle explose lors de l'impact. Tapu préfère ce modèle de *lupara* à celui des plongeurs d'Hawaii, qui utilisent une munition plus puissante fixée au bout d'une courte canne, car cette arme, qui s'emploie comme un fusil sous-marin ordinaire, est beaucoup plus précise et permet de tirer à deux ou trois mètres, ce qui est préférable à un corps à corps... Nous mouillons le pneumatique derrière le récif qui sépare la petite passe en deux et se prolonge dans le lagon. Nous plaçons les dangereuses munitions dans la manche de la combinaison, coincées entre le dessus de l'avant-bras et le néoprène. Tapu prend un *lupara* et surveille tandis que je chasse. Après avoir harponné deux mérous célestes, sentant mon ami *paumotu* brimé, je lui propose d'échanger les rôles. Ça ne traîne pas, quelle aisance, quelle efficacité, ces gars sont nés dans l'eau ! Après avoir fléché un poisson, Tapu lui introduit le fer à la base du crâne et laisse l'animal, décervelé et inerte, flotter entre deux eaux. Je ramène les prises au Zodiac...

— Attention "cafard" !

J'ai le temps de balancer les mérous dans l'annexe pendant que le *tapete* décrit un cercle. Tapu me rejoint, saisit le second *lupara* et le charge. Je fais de même avec le mien.

— A toi l'honneur !

— J'hésite. Une petite démonstration, en guise d'exemple, ne serait pas superflue. Mais si je me dégonfle, Guillaume Tell va se retourner dans sa tombe...

— Tu vises trois doigts en dessous du prolongement de l'aileron dorsal.

Le squale serpente au-dessus des coraux, fouinant, flairant les poissons, se demandant où ils sont passés. Son allure est normale, mais le rayon de ses girations diminue. Je m'écarte du Zodiac, plonge et m'agrippe aux madrépores. Le voilà qui arrive, de sa nage chaloupée, bien de profil. Je tire... "Anh !" J'ai l'impression de recevoir une ruade dans le thorax, ce n'est que l'onde de choc. Le requin s'effondre comme un sac de ciment. Si ondulant, si coulé il y a quelques secondes encore, ce parfait modèle d'hydrodynamique s'est figé et a sombré comme une enclume. La colonne brisée, le squale repose à plat sur le fond, incapable d'esquisser un seul mouvement latéral, se contentant d'ouvrir et de fermer la gueule. Du côté de l'impact, la balle a fait un trou de la grosseur du pouce, de l'autre, une ouverture béante de quinze centimètres sur dix. Nous passons une corde autour de la queue du requin, l'amarrons à l'annexe et le remorquons jusqu'au campement.

— C'est bientôt l'étale, si on allait jeter un coup d'œil au milieu de la petite passe ?

— Vous êtes fous ! proteste Françoise.

— Avec deux *lupara*, tout de même...

Le flot n'étant pas terminé, nous nous laissons glisser au fil de l'eau en tenant l'amarre du pneumatique. Nous dérivons ainsi, observant le fond de la passe, 18 mètres plus bas. Voilà les "cafards" ! Deux requins à ailerons blancs profitent aussi du courant entrant. Tapu plonge obliquement, en tenant compte du déplacement des squales. A quelques mètres au-dessus du fond, il attend que le plus gros se présente de côté, puis palme vigoureusement dans sa direction. De la surface, le geste est impeccable, l'attitude magnifique. J'ai de la peine à croire que cette forme longiligne, prolongée par les palmes, le long fusil tendu devant elle, fondue dans l'élément, soit une créature humaine. Surpris, le requin marque un temps d'arrêt. Pan ! il s'écroule dans une verticalité parfaite ; comme si, auparavant, il était mû, telle une marionnette, par des fils qu'on aurait soudainement sectionnés. Une "fumée" verte s'échappe en abondance du requin inerte ; du sang qui, à cette profondeur, perd sa coloration rouge. Tapu exulte.

— Super ! C'est un beau morceau. Maintenant, il faut aller le chercher... Le mieux est de lui tirer une flèche à bout portant et de le remonter à la palme.

Je me ventile, bascule et entame la descente. Les oreilles passent bien. J'arrive près du requin qui me fixe de ses petits yeux ronds. Pas de doute, il m'identifie comme la cause de son malheur, je crois deviner comme une interrogation : "Comment as-tu fait ce grand bruit et cette déchirure fatale ?" Il roule légèrement sur le côté, présentant son ventre blanc où la peau est nettement moins dure que sur le dos. J'ajuste la flèche entre la mâchoire inférieure et la ligne joignant les deux nageoires pectorales. A ma grande surprise, le fer rentre comme dans du beurre et traverse la bête. Je dégage le filin, qui s'est pris dans des morceaux de coraux, et remonte. Second sujet d'étonnement, ce squale de deux mètres ne pèse pas plus, dans l'eau, qu'une demi-douzaine de kilos. C'est un *mamaru*, étonnamment large. D'ordinaire, ces requins sont fuselés, tout en longueur… Nous allons comprendre pourquoi. Revenus au campement, nous tirons l'animal sur la berge et déchargeons l'annexe. Malgré sa terrible blessure, le squale vit toujours.

— Regardez, c'est une femelle, elle expulse un "requineau" !

Et un deuxième, cinq minutes plus tard. D'instinct, les bébés tentent par des reptations de rejoindre la mer. Stéphanie en prend un dans les mains, l'observe et le remet à l'eau. C'était donc ça, une femelle pleine qui a lutté pour rester en vie afin d'accomplir son ultime devoir et qui, ensuite, mourra en quelques minutes… nous laissant songeurs quant à cette magnifique démonstration de volonté de se prolonger au-delà de la mort. J'interroge Tapu du regard, qui comprend ma question sans que j'aie besoin de la formuler.

— C'est infesté de requins, dans les passes, dehors, dans le lagon, partout. Je garde les ailerons et la peau, toi les mâchoires. Leur chair nourrit les langoustes qui sont dans le parc. Ce n'est pas un massacre inutile, on est loin de la pêche industrielle…

Les mâchoires ont été grossièrement découpées et trempent dans un seau. Nous terminerons leur nettoyage demain. Nous avons allumé les lampes à pétrole. La fumée du feu, sur lequel grillent les poissons, éloigne les *nono*, ces désagréables moustiques miniatures. La soirée s'annonce douce, très douce. Je suis allongé dans le hamac que nous avons fixé entre deux cocotiers. C'est la première fois que nous l'utilisons depuis que nous l'avons acheté au Brésil, il y a trois ans. Nous avons passé quatre heures dans l'eau aujourd'hui, une agréable fatigue nous plonge, Tapu et moi, dans un état second. Les yeux mi-clos, les pensées perdues dans le bruissement des palmes qu'une petite brise fait onduler, j'écoute Tapu qui parle à voix basse à Stéphanie.

— Noéa, c'est un joli nom. C'est celui d'un *motu* sur la côte sud. Il te va bien, ce sera ton prénom tahitien...

Et, s'adressant à Françoise.

— Pourquoi ne pas vous établir sur ce *motu*. Construire un petit *fare*. Stéphanie est heureuse ici. Nous pourrions travailler ensemble, il y a plein de choses à faire.

Les quatre gros pare-battage d'*Alacaluf*, solidement ficelés entre eux, représentent un volume de flottabilité de 140 litres. Une chaîne les relie à un corps-mort d'une cinquantaine de kilos, dix mètres plus bas, lui-même amarré à un cocotier par une longue aussière. Ce cordage est en polypropylène de 18 et flotte près du rivage au-dessus des coraux. L'appât est constitué d'un petit requin d'un mètre de long, dans lequel nous avons fait passer un câble qui ressort près de la queue où nous avons fixé notre plus gros hameçon. Porté par le courant, le requin flotte à l'horizontale, trois mètres sous la surface, au bout de son câblot qu'une chaîne rattache par un émerillon à celle qui va des flotteurs au corps-mort. Nous avons immergé le tout sur le côté extérieur de la petite passe... "Magnifique, diabolique, génial ! Cette fois il est "cuit" ! Ce jeune requin va lui rester en travers de la gorge."

Tapu renchérit.

— Seul "Moby Dick" a la puissance d'enfoncer un tel volume sous la surface. Tout autre requin, même gros, restera lamentablement pendu.

Le lendemain matin, les flotteurs ont disparu.

— Youpie ! Laissons-le se fatiguer, ce n'est pas le moment de se risquer là-bas en pneumatique !

L'après-midi, le doute nous gagne.

— Tu crois vraiment qu'il est au fond ? Il faudrait quand même aller voir...

Nous embarquons deux *lupara* par précaution, puis approchons lentement. Tapu se penche par-dessus bord et utilise son masque comme une lunette de calfat.

— Là, l'amarre cassée... Le corps-mort a disparu !

— Attends, ce n'est pas possible ! Il doit vaincre une résistance de 140 kilos qui le tire à la surface, et il traîne un boulet de 50 kilos qui a toutes les chances de se coincer dans le corail... Est-ce que tu vois une trace ?

— Oui, nettement même.

Le tête dans l'eau, Tapu me guide par gestes. La traînée est bien visible ainsi que les débris de coraux fracassés ici et là. Le squale a fait de grandes courbes, mais la direction est claire : le large. La profondeur augmente, Tapu l'estime à 15 mètres, puis à 20. Le fond est irrégulier, fait de trous et de brusques remontées. Stupéfiant ! On dirait que le requin a tiré son boulet comme une balle de tennis, le faisant sauter par-dessus les crevasses et les monticules. Entre 25 et 30 mètres maintenant, et toujours la valse du corps-mort bondissant et retombant sur les madrépores qu'il écrase sur son passage. Tapu se relève, ôte son masque.

— C'est fini, il a filé dans le bleu... Quelle poisse ! Un requin de trois à quatre mètres ne peut pas faire une chose pareille... C'était "Moby Dick", m... !

Sept jours plus tard, nous relevons nos amarres et nous nous déplaçons à l'ouest de la grande passe en vue d'appareiller plus aisément. La fin de l'année approche, du courrier nous attend à Papeete et nous devons reconstituer les provisions de base. Nous descendons à terre repérer un marais dans lequel Tapu pense retrouver une vieille pirogue ayant appartenu à ses ancêtres. Il s'agit plus, en fait, d'une tourbière et de sables mouvants, impossibles à sonder et qu'on ne peut dégager qu'à la suceuse. Nous poursuivons jusqu'aux abords de la grande passe qui, aujourd'hui par ciel couvert, prend des allures lugubres. Nous la parcourons du regard et nos yeux s'arrêtent sur quelque chose de blanc qui flotte à une encablure de la rive. Ce n'est pas vrai, nos pare-battage ! Nous approchons en annexe. Les bouées sont toujours reliées par la chaîne au corps-mort, mais le câble inox de six millimètres est cassé... Incroyable, il aurait fallu disposer d'une soucoupe de plongée pour pouvoir suivre l'odyssée de cet attirail dans les abysses, entraîné par un requin en furie. Une chose est certaine, le squale géant ne s'en est pas débarrassé en profondeur, parce que les pare-battage, comprimés par la pression, n'auraient pas eu un volume suffisant pour remonter le corps-mort. Le requin est donc revenu, de lui-même, aux alentours de la grande passe comme il en avait l'habitude et a pu, après sept jours de lutte, casser le câble fatigué... Les bouées, poussées par les vagues, sont arrivées près du rivage où le corps-mort s'est coincé dans le corail. Bloc de béton qui semble avoir été passé dans une meule, car, rectangle cubique au départ, il est devenu cylindre.

Si "Moby Dick" nous a rendu notre matériel, il emporte de notre rencontre un douloureux souvenir au fond de la mâchoire... que ses puissants sucs gastriques mettront longtemps à dissoudre, mais ils y parviendront, et le mythe du Monstre de la Grande Passe reste entier...

Le soleil déclinant décore d'une frise orange le pourtour des cumulus, alors qu'au premier plan se profile en contre-jour la frange des cocotiers dont les fines silhouettes noires ressemblent à des danseurs figés dans l'embrasement du crépuscule. Stéphanie a eu l'excellente idée de manger sur l'avant du voilier. Elle a improvisé une petite table sur deux seaux renversés, en y plaçant une planche sur laquelle elle a disposé le couvert et quelques coquillages.

Nous sommes de retour dans les Tuamotu, après une escale de quatre semaines à Tahiti où nous avons passé les fêtes de fin d'année et effectué passablement de bricolages. Curieusement, ce séjour nous laisse un goût étrange. Accablés par le climat lourd, chaud et humide, nous nous sommes bourrés de produits frais, de vitamines, de sels minéraux, allant même jusqu'à absorber des vermifuges et des antipaludiques afin de faire disparaître les sensations de raideur et de courbature et trouver l'énergie nécessaire pour mener à bien la longue liste de travaux.

"Je t'ai vu changer, te transformer dès qu'*Alacaluf* a embouqué la passe", me dit Françoise. Les flammes des falots à pétrole chancellent dans l'obscurité sous l'effet de la faible brise. Les objets qui nous entourent brillent et s'animent, les mouvements de nos propres ombres semblent être le reflet de cet enthousiasme qui renaît.

Le lendemain, nous nous dirigeons vers la petite passe, Françoise saisit les jumelles.

— Un canot vient vers nous... C'est Tapu et Christian qui nous souhaitent la bienvenue.

Quatre bras se lèvent dans l'annexe, six leur répondent sur le voilier, les retrouvailles sont chaleureuses. Une demi-heure plus tard, *Alacaluf* est mouillé à quelques encablures du campement. Nous plongeons dans l'eau tiède pendant que Tapu ouvre trois belles noix vertes à la machette. Accrochés à la jupe du tableau arrière, nous buvons avidement le délicieux liquide qui garde toute sa fraîcheur grâce à l'épaisse bourre qui isole la noix. Nous avions revu Christian et Jacqueline à Tahiti et, bien sûr, leur avions parlé des deux mois que nous venions de passer dans les atolls aux charmes contagieux, puisque ce sont eux qui nous les ont fait découvrir... Juste retour de contamination, sans Jacqueline, retenue à Papeete pour des raisons professionnelles, Christian appareillait seul, dix jours plus tard, sur *Naos*, lequel est actuellement amarré près du campement à l'endroit occupé par *Alacaluf* un mois auparavant. Le lendemain à l'étale, les deux voiliers se retrouvent côte à côte. La soirée est animée et la discussion s'emballe sur le sujet fétiche... les requins, puis :

— As-tu des nouvelles de Filou ?

— Oui, d'après un correspondant radio, il a appareillé des Marquises et ne devrait pas tarder.

Un matin lors d'une reconnaissance sur la côte au vent, nous voyons grossir la coque rouge du *Doran*, toutes voiles dehors. Christian lui fait des signaux lumineux avec un miroir. Le voilier s'approche, roulant passablement dans une mer formée, et comprend nos gestes qui lui indiquent de continuer jusqu'à la grande passe.

Nous partons à sa rencontre en annexe. Les visages de Filou et de Robert, son cousin, témoignent du même émerveillement qui nous avait saisis lorsque nous avons pénétré pour la première fois au cœur de l'Atoll Enchanté. Un peu "groggy" par la fatigue et le roulis, ils tournent la tête de tous les côtés, hilares, en se demandant s'ils ne rêvent pas. Nous amarrons le *Doran* derrière *Naos* et *Alacaluf*, puis entraînons les deux compères à la découverte de l'envers de l'atoll, cette face, merveilleuse, camouflée sous la surface du lagon.

"Gas-ton ya l'pois-son qui at-tond, et ya ja-mais per-son pour l'har-pon." Le grand Filou a manqué sa vocation, il aurait dû se lancer dans la psychiatrie. Avec lui, les neurasthéniques, les hypocondriaques et les atrabilaires auraient été vite guéris...

Au campement, la vie s'organise. En dehors de la traditionnelle séance de chasse de l'après-midi et de la préparation du repas du soir, chacun se consacre à ses activités. Christian accompagne souvent Tapu, la nuit, sur le platier extérieur à la recherche de langoustes. Thierry bricole, entre deux fournées de pain. Filou sculpte un tiki et un plat dans du *tou* ramené des Marquises ; Robert s'essaie à cet art difficile. Françoise peint les moules géantes de Patagonie et les nacres que lui a données John. Stéphanie révise, paraît-il, ses leçons dans les cabanes qu'elle s'est aménagées un peu partout. Et je m'occupe d'entretien mécanique, entre deux nettoyages de mâchoires. Le soir, nous nous retrouvons, dans de grands éclats de rires, sous le *kahaya* ou dans une cabane en *niau* s'il pleut, peaufinant la technique pour attraper les gros requins, quand ce n'est pas "la perche à cocos", imaginée par Christian pour "déguiller" les noix sans risquer de se rompre les os. Débordant d'idées, l'ami Christian s'est lancé dans la confection de masques en peau de requin, très réussis d'ailleurs, et il projette d'édenter systématiquement les futures prises pour fabriquer des colliers et des bracelets. Chaude ambiance…

— Et avec les queues, qu'est-ce qu'on pourrait faire à part de la soupe ?

— … Des girouettes !

Le grand Filou s'esclaffe et lève les bras au ciel.

— Mais tu te rends compte ces souvenirs ! Quand on sera gagas et qu'on évoquera le bon vieux temps où on pêchait le squale dans les mers du sud, mais on est riches, on est riches jusqu'à la fin de nos jours !

Je regarde Tapu, circonspect.

— C'est tentant… mais pas bien prudent.

— Il y a des gros, c'est plein de gros… Avant votre arrivée, j'ai fléché une énorme carangue.

— Seul, à l'extérieur ?

— Il y a des gros…

— O.K. allons-y !

Nous sortons de la passe et mouillons le Zodiac sur un fond d'une douzaine de mètres qui s'incline doucement jusqu'à l'aplomb du tombant qui s'enfonce dans les abysses. François, un Paumotu venu d'un atoll voisin, nous accompagne. C'est l'étale de basse mer et pourtant le flot se fait déjà sentir, nous sommes un quart d'heure trop tard. Nous palmons pour nous éloigner du pneumatique, afin d'avoir du champ et de pouvoir nous laisser filer quelque peu dans le fluide sans nous époumoner. "Ah ! effectivement, ils sont gros !" Des lutjans rouges, de 80 centimètres à un mètre de long, nagent près des coraux. Je descends le premier. "Quel courant, à se faire sauter les bronches !" Je m'approche avec peine, le poisson se méfie, s'écarte lentement. Je le suis, insiste et tire. La flèche le touche en bout de course sans pénétrer suffisamment. J'émerge en face du Paumotu qui me regarde avec des yeux tout ronds.

— T'as vu le requin ? me lance Tapu.

— Quel requin ?

François, les yeux toujours exorbités, fait de grands signes de la tête.

— Regarde, poursuit Tapu en me montrant sa flèche cassée net à 15 centimètres de la pointe, je l'ai tiré, il fonçait droit sur toi !

— Mais... quel type de requin ?

— Un *mako*, de deux bons mètres. Je nageais en surface et j'ai remarqué François qui s'agitait. J'ai tourné la tête au moment où le squale, qui avait surgi du tombant, se précipitait sur ton flanc gauche.

Tapu part d'un grand éclat de rire.

— J'ai pensé, "Alain l'a pas vu, il va se faire bouffer !" Lorsqu'ils montent comme ça du bleu et fondent sur un plongeur sans hésitation, c'est dangereux, très dangereux. Ils attaquent, "boum !"

François s'est rapproché et nous sommes deux à écouter en roulant de gros yeux.

— Alors, j'ai plongé sur lui et l'ai tiré dans la tête en arrière des yeux. Ça l'a stoppé. Il est resté une seconde sans réaction, puis est reparti furieusement sur le côté et a cassé le fer... J'ai pensé qu'il allait recharger, mais non, bien blessé, il s'est enfui.

— Merci mon vieux, merci... Un peu plus et vous aviez de la viande hachée ce soir au menu. Ça vous aurait changé du poisson !

— Alors, cette fois vous allez vous calmer ! s'exclame Françoise.

— Il a voulu me transformer en steak tartare. Il ne sera pas dit qu'un fils de Tell se laisse ainsi marcher sur l'arbalète. Demain, on le finit au *lupara !*

Tapu approuve.

— Demain, on prend les scaphandres et on le pulvérise !

La mer est agitée et secoue durement le Zodiac, lourdement chargé, tiré par son petit 2 cv. Nous capelons nos blocs, je bascule et attends Tapu près de l'ancre que nous coinçons dans le corail. Nous avons chacun un *lupara* et j'emmène également un fusil de chasse. "Bon sang quel courant, c'est pire qu'hier !" Nous progressons en diagonale, comme des crabes, gagnant lentement en profondeur jusqu'à 25 mètres, puis nageons au-dessus de l'ahurissant tombant, ce pas de porte des abysses qui descend d'un jet à plus de 1000 mètres de fond. L'eau, très claire, permet à l'œil d'accompagner en surface les bulles qui s'échappent et grossissent. Hallucinante impression de "survoler" un rempart, la première enceinte qui défend l'atoll-citadelle. Je m'écarte sur ma gauche et regarde Tapu qui s'est arrêté. Il paraît comme suspendu au-dessus du "chemin de ronde". Sous lui, le mur de madrépores dégringole à la verticale et se perd dans un bleu de plus en plus intense, de plus en plus noir ; un abîme vertigineux, un gouffre sans fond, sans fin à notre échelle, le plus impressionnant que j'aie jamais vu. Nos chapelets de bulles et le bruit des détendeurs éveillent la curiosité de quelques habitants. Des carangues et des bonites à dents de chien arrivent du large. Au-dessus des coraux, un *tonu* nous dévisage, interloqué, à en juger par sa tête ahurie. Des lutjans rouges s'enhardissent et viennent nous reluquer. Les napoléons sont plus méfiants et se contentent d'observer en effectuant de larges cercles à bonne distance. Un petit requin arrive, puis un beau *mamaru* qui s'éclipse aussitôt. "Ah ! mais voilà un excellent poste d'observation" ; les coraux amoncelés forment une petite tour, un véritable donjon qui surplombe les abysses. Nous nous calons sur les madrépores, telles des sentinelles. Beaucoup de poissons, mais peu de requins. Je fais comprendre par gestes à Tapu qu'il faut appâter. Une carangue approche et ne repartira plus. Touchée volontairement en plein centre, elle se lance dans un véritable carrousel, tournant littéralement autour de la flèche en émettant des grognements. Ce n'est pas très gentil, mais c'est le meilleur moyen d'attirer les "cafards". Nous abrégeons les souffrances de l'animal et le plaçons, étripé, bien en vue sur un morceau de corail. Son trépas n'aura pas été vain, un *mauri* arrive, puis un autre, beau spécimen dans les deux mètres. Nous surveillons nos arrières... Le *mamaru* de tout à l'heure et un copain, le nez dans les coraux, flairant comme un chien, s'amènent aussi... Et voilà un *raira*, bien nerveux, zigzaguant en tous sens. "Ça y est, c'est lui !", je presse le bras de Tapu qui regardait sur sa droite. "Non, c'est un autre *raira*." Six maintenant, tourniquant, s'entrecroisant, disparaissant derrière la "muraille", resurgissant plus loin. Il y en a devant, derrière, au-dessus, fébriles, s'excitant les uns les autres, menant une folle sarabande qui pourrait bien, de loin, ressembler à une danse du scalp. Heureusement que Françoise ne nous voit pas, agenouillés dans notre bastion, défenseurs de l'atoll, piquiers coincés aux avant-postes, cernés par les squales qui se coulent entre les coraux comme en terrain conquis, puis bifurquent, virevoltent, plongent, remontent, s'éloignent, reviennent.

Mais la situation n'est pas aussi scabreuse qu'un observateur pourrait l'imaginer. Ce sont des requins de récifs et nous sommes puissamment armés, ils le sentent. Aucun d'eux n'approche à moins de trois mètres, ils sont continuellement sur leurs gardes, parfaitement aptes à discerner qui et quand est proie ou prédateur. Nous espérions la venue de l'agressif *mako* d'hier, il semble avoir décliné l'invitation... pour cause de mal de crâne probablement. Nous attendons encore cinq minutes. Le manomètre indique qu'il est temps de regagner le Zodiac. Nous levons le siège, à regret.

A notre retour au campement, l'accueil de Françoise est mitigé.

— Voilà les chairs à saucisse en sursis qui reviennent... Ils n'étaient pas en appétit ?

— Ils sont d'un difficile... Ils n'ont même pas goûté à la carangue.

Tapu s'éloigne en annexe nourrir ses langoustes, fait un crochet vers le drum de 50 litres que nous avons fixé comme flotteur au milieu de la passe, puis revient.

— Un gros *arava* de trois mètres s'est fait prendre cette nuit !

— Il est vivant ?

— Je ne crois pas. Prudence tout de même si tu y vas en plongée... Je pars m'occuper des langoustes.

Je me mets à l'eau. Oui, il est bien mort. Quelle belle bête ! C'est un grand requin citron, potentiellement dangereux pour l'homme. Je descends le long de la chaîne qui est amarrée au corps-mort. Au bout de sa ligne, le squale semble nager dans le jusant, gueule béante, yeux ouverts. Ses grandes nageoires pectorales, bien écartées, font penser à des ailes ; on dirait qu'il vole en effectuant lentement des tours sur lui-même. Je reste songeur, dire que ce fût de 50 litres a eu raison de sa résistance en une nuit, et je repense aux flotteurs de 140 litres et au bloc de béton que le tigre géant a trimbalés durant sept jours...

Nous remorquons le citron à terre. Une heure plus tard, il est méconnaissable, écorché, édenté, dépecé.

Tapu a chargé ses langoustes sur le caboteur et s'est embarqué pour Papeete régler quelques affaires. En compagnie d'une demi-douzaine de Paumotu venus d'une île voisine, nous avons passé, hier, une dernière soirée ensemble autour de la grande table dressée sous le *kahaya*, assis sur des sièges improvisés, bidons renversés, caisses de bière, bouées de pêche. Après le repas, quelques individus se sont groupés sur la grève entre la tablée et l'eau. Des notes aigrelettes se sont échappées des *ukulele* qu'ils accordaient. Les lampes, posées sur le sol, n'éclairaient que les mains qui dansaient sur les cordes et donnaient vie aux instruments. La mélodie semblait sortir de la nuit et du passé... de la nuit des temps.

La journée est magnifique, peu de vent. Autour du lagon qui étincelle, l'atoll rayonne de couleurs vives, la visibilité est exceptionnellement nette. La chasse fut fructueuse et les poissons, vidés, reposent à l'ombre. Christian nous exhibe sa dernière trouvaille, un chapeau en peau de requin qui a fière allure.

— Voilà un beau créneau, artisanat exotique... avec l'odeur en prime.

Un bruit de moteur sort de la cocoteraie, c'est Filou qui abat, avec la tronçonneuse de Thierry, un vieil arbre sec pour en faire des tambours. Assise sur une branche de *miki-miki* en forme de Y dont la pointe est taillée en biseau, Françoise râpe la pulpe de quelques noix. Les copeaux sont récoltés dans un torchon qu'elle presse ensuite pour en extraire le lait qui, mélangé aux tomates pelées, à l'ail et aux échalotes, accompagnera le poisson cuit dans le jus des citrons verts. Stéphanie s'est monté une petite boutique de coquillages qu'elle vend contre des porcelaines appelées monnaies. Elle a déjà des clients... "Nounette", "Nounours", "Kouki" le singe et "Clément" le manchot font la queue devant le magasin.

Le soir, l'ambiance est euphorique. Les conditions, très calmes, nous permettent de projeter une plongée en scaphandre sur la côte d'ordinaire exposée, à la hauteur d'un *hoa* où la faune doit être abondante. Robert, déchaîné, dissuade Christian d'aller se coucher et les deux compères s'en vont sous la pleine lune chercher des langoustes sur le platier extérieur, étrangement tranquille.

A 2 heures, nous sommes réveillés par le crissement des amarres, particulièrement celles qui relient *Naos* et *Alacaluf*, et par les mouvements désordonnés des deux voiliers. Nous sortons sur le pont, Christian également. Un vent de nord s'est levé.

— Pour la plongée de tout à l'heure, c'est "cuit".

— Tu as vu la mer ?

L'eau dépasse de deux mètres son niveau habituel, lèche les pieds des premiers arbres et menace d'envahir le sol de la cabane où sont entreposés le générateur et différents outils. Alerté, Thierry met le matériel à l'abri.

Je regarde les vagues qui entrent dans la passe et qui nous valent d'être pareillement secoués et tiraillés.

— Christian, cette montée des eaux, cette houle, cet air chaud. On est "mûrs" !

— C'est aussi mon sentiment...

A 8 heures, la météo de Faaa, que nous captons par bribes, annonce une dépression tropicale sur le nord des Tuamotu. Mais une manifestation de ce type n'entraîne pas une telle élévation du niveau des eaux ni une pareille houle ; toutes deux indiquent clairement que nous sommes situés à l'avant de ce phénomène tourbillonnaire et que les choses ne vont pas en rester là. Nous sommes dans le carré du *Doran* et, tel un état-major, griffonnons des plans de bataille. Il y a quelques jours, dans notre donjon avec Tapu, nous faisions face à une escarmouche ; aujourd'hui, c'est l'atoll-citadelle lui-même qui est assiégé.

— Si cette saleté file dans notre est, ce n'est pas du vent de nord que nous aurions, mais du nord-est, puis de l'est et finalement du sud-est. Les *motu* de la frange orientale de l'atoll nous protégeraient d'un raz éventuel et de la houle. Ne subsisterait qu'un furieux train de vagues lancé sur un *fetch** de quelques milles, que nous devrions pouvoir encaisser grâce à la protection du récif du milieu de la passe. Par contre, comme cela semble être le cas, si le centre descend dans notre ouest, nous pouvons nous attendre à une rotation au noroît, à l'ouest, au suroît, voire au sud si l'œil est proche. Donc, si nous partons nous protéger dans l'angle nord-ouest de l'atoll, nous serons bien pour la première partie du festival, et très mal ensuite...

Christian et Filou approuvent.

— Le mieux est de rester ici, abrités par le *motu* et les récifs côté lagon. Mais il faut consolider le siège... et prévoir une évacuation "sur les hauteurs" en cas de raz de marée.

Filou plonge dans un coffre et en ressort ses baudriers et ses cordes d'escalade.

— Parés pour la "directissime du cocotier !"

Nous allons à terre observer la côte au vent. Le spectacle n'est pas très rassurant. L'eau a passé la première barrière de la berge et a envahi toute une zone autour de la chapelle. A marée haute, un cours d'eau, constamment alimenté, se déverse côté lagon, coupant le motu en deux. Les premiers escadrons de déferlantes, d'environ quatre mètres de haut, attaquent le platier et s'engouffrent dans la passe. Revenus aux bateaux, nous sortons tout ce qui est cordes, aussières, écoutes et drisses de secours pour maintenir les trois voiliers qui se retrouvent au centre d'une toile d'araignée de trente-sept amarres. Celles de tribord, terminées par des chaînes, sont fixées dans le récif du milieu de la passe. Celles de bâbord sont frappées à terre. L'après-midi, nous équipons deux gros arbres avec des échelles de corde et attachons, à bonne hauteur, des sacs contenant du matériel de sécurité : balise, VHF portative, feux, pharmacie, nourriture, équipement de pêche, papiers importants. Nous laissons aussi des jerrycans d'eau prêts à être hissés. Ces préparatifs terminés, nous repartons voir la côte exposée. Le vent, qui était à force 7 le matin, est monté à 10 lorsque la pluie a cessé. La cocoteraie ressemble à une gigantesque soufflerie. Les palmiers sont secoués, ébouriffés, giflés, beaucoup sont déplumés et le sol est couvert de feuilles. La hauteur des lames, qui explosent, laminent et rongent le platier, a encore augmenté. Nous suivons, inquiets, celles qui s'engagent dans la passe et déferlent sur toute la largeur du passage. Leur direction est nord-sud. L'extrémité du *motu* et le petit platier intérieur qui le prolonge nous protègent ; mais si les vagues devaient prendre une orientation ouest-est, les voiliers seraient perdus.

La météo de 17 h 25 parle maintenant de tempête tropicale, avec des vents de 50 nœuds, forcissant à 70 sous grains près du centre. Dans des atolls au nord de notre position, des stations perlières ont été anéanties, un aérodrome ainsi que plusieurs ports ont été endommagés.

Stéphanie, Françoise et Robert rejoignent Thierry à terre et logeront dans une grande hutte en *niau*. Seuls les skippers restent à bord des voiliers afin de surveiller, jusqu'à la maniaquerie, l'usure des cordages que nous avons fourrés aux endroits vulnérables avec des bouts de tuyaux et des habits. La nuit tombe. C'est bientôt l'étale. Le jusant, qui s'oppose aux déferlantes en formant un monumental mascaret, va céder la place au flot et permettre aux lames de pénétrer de tout leur élan très en avant dans l'axe principal de la passe. Le feu de mât d'*Alacaluf* éclaire la girouette que nous surveillons anxieusement ; pourvu que le vent ne saute pas à l'ouest avec la marée montante... L'impression est dantesque, on ne voit plus les vagues, on les entend, on les devine. Ça croule, ça roule, ça bouillonne. La passe est complètement blanche sous la pleine lune, l'écume n'a pas le temps de se résorber et tout n'est que mousse en mouvement.

A terre, Thierry et Robert prennent soin à tour de rôle des aussières que le corail entame. Chaque fois que nous sortons sur le pont, nous distinguons une silhouette recroquevillée, à côté du *morigaz* sous le *kahaya*, qui répond à chacun de nos signaux. Françoise tient par moments compagnie au veilleur, puis repart rassurer Stéphanie qui ne peut pas dormir.

Christian m'appelle.

— Sur l'avant bâbord, une des trois amarres a cassé... Il me reste un dernier jeu de drisses de réserve toutes neuves.

Robert les passe en double autour d'un gros *aito*... "Vous avez vu, l'arbre bouge !" *Naos* et *Alacaluf* sont ligaturés par un réseau de gardes* et de traversières* posées en triple. Nous avons l'impression d'être en navigation, tellement ça remue. Les cordages couinent, crissent, ça gémit partout. Une des amarres qui relie l'avant d'*Alacaluf* au récif s'effiloche. Depuis l'annexe qui danse la gigue, nous faisons un nœud de chaise sur la partie saine et la prolongeons avec le dormant d'une autre aussière. Une des traversières saute, nous la remplaçons par la manœuvre du frein de bôme. Le jusant reprend, le mascaret se reforme, la deuxième partie de la nuit devrait être moins rude.

Au matin, Filou sort deux grosses aussières, trop courtes pour être posées à terre. Il les enroule sur la bitte d'amarrage et nous les lance pour que nous les placions à l'arrière de *Naos* et d'*Alacaluf* avec des amortisseurs en caoutchouc. Je défais le jeu d'écoutes du girofoc... A quoi serviraient-elles si le voilier disparaît ? Les cordages qui nous inquiètent le plus sont ceux qui maintiennent la poupe du *Doran*. Le bateau de Filou est le plus exposé et si ses aussières cèdent, il sera projeté sur les deux autres. Un violent mouvement de ressac, et me voilà en train de danser le twist sur un des bancs du cockpit. J'évite de justesse de m'étaler sur les lattes délavées. Christian a remarqué le numéro.

— Attention ! Après deux nuits blanches, nous n'avons plus tous nos réflexes et notre lucidité. Prudence !

— Juste. As-tu des vitamines ? Les nôtres sont dans les arbres, je n'ai rien mangé depuis une quarantaine d'heures.

C'est bientôt l'heure de la renverse, le jusant touche à sa fin. Filou essaie de récupérer la corde du *drum* à requins qui a été drossé à terre. Je fais de même avec la seconde ligne qui est au milieu du bras secondaire, en me déhalant sur une des amarres arrière du *Doran*. J'agrippe le nylon qui s'est entortillé autour et tente de le démêler, tandis que le vent monte, monte... "Mince, les bourrasques les plus fortes sont sur nous et le flot va démarrer !" Tout va très vite. Le Zodiac se dresse... et je le prends sur la tête. Sans lâcher l'amarre, j'arrive à le saisir et à me tirer, ainsi que le pneumatique, en direction du *Doran*. Christian a vu la scène ; il descend dans son youyou et contemple, impuissant, le reste d'un cordage, cassé la veille, qui s'est pris dans l'hélice du hors-bord. Filou m'aperçoit, regagne son bateau, s'encorde et vient me rejoindre. A deux, nous réussissons à retourner l'embarcation sans être expulsés par le courant à l'intérieur du lagon.

— Regarde, la girouette est plein ouest ! Et ça coïncide avec la culmination du vent, le flot et les courants de pleine lune. On a tout pour nous…

Le vent, déchaîné, lève la mer qui culbute, la marée montante la dope et encourage ses énormes rouleaux à s'engouffrer à pleine puissance dans la passe. C'est l'hallali. Le vent hurle, la mer gronde en roulant, tonne en s'écrasant sur le récif, charriant des morceaux de coraux et les éparpillant le long de la berge comme s'ils n'étaient que confettis. A terre, livide, Robert suit, comme un spectateur durant un match de tennis, le va-et-vient des lames entre le platier et le *Doran*. Thierry nous fait de grands signes "Coupez tout, dégagez !" C'est bien sûr absolument impossible. Sur la grève devant la hutte, Françoise et Stéphanie sont assises, silencieuses, les yeux dans le vague. A quoi pensent-elles ? A la même chose que moi. Nous avons encaissé, au mouillage, des coups de vent plus forts que les 60-70 nœuds que nous avons depuis une heure, mais jamais la mer n'avait autant menacé le voilier, la traversée de Penas mise à part. Nous nous en tirerons, mais lui… Lui qui, comme dit la petite, nous a portés sur son dos cinq années durant… Le ciel est blanc, comme l'océan, couleur linceul. Un rouleau, plus gros que les autres, balaie le platier et creuse un grand trou dans lequel le *Doran* s'enfonce, avant que la vague ne le projette en avant. C'est la fin. Filou, sur le pont, a de la peine à garder son équilibre. Il ferme le capot du cockpit, le verrouille, met les clés dans une pochette plastique contenant quelques affaires, la lance à Robert et s'apprête à saisir une amarre pour se tirer jusqu'à terre. Christian a les yeux rivés sur l'arrière, un rictus déforme son visage, il serre les mâchoires à s'en casser les dents. J'ai de la peine à retenir des larmes ; des larmes de rage devant notre impuissance, devant l'inéluctable, les voiliers vont sombrer dans ce qui était encore il y a deux jours le paradis… La rage ; la rage qui me fait taper du poing sur l'hiloire et défaire du taquet la plus grosse aussière qui nous relie à *Naos* pour la passer autour du winch et mieux contrôler, à la main, les embardées des bateaux. D'autres rouleaux arrivent, le *Doran* se cabre, s'élève, se propulse en avant, son bout-dehors* à quelques centimètres de nos tableaux arrière. Comment les amarres résistent-elles à un tel ressac ?

Les aussières tiennent toujours. C'est un miracle. La petite blondinette sur la grève, silencieuse et les mains jointes, y est peut-être pour quelque chose.

Les cordages ont tenu. Le vent revient à force 9 en fin d'après-midi. La météo annonce que la tempête se décale dans le sud-ouest en direction des îles Australes. Il n'y aura pas de rotation au suroît, ni au sud.

Troisième nuit blanche. Nous reprenons notre travail de bénédictins sur la surveillance des aussières, mais nous ne sentons pas la fatigue. Les voiliers ont survécu…

Au matin, les trois quarts des cocotiers sont déplumés ou ont leurs palmes pendantes. Plusieurs se sont effondrés. La topographie de la berge a complètement changé ; les rives se sont creusées et sont jonchées de divers matériaux abandonnés par les plus hautes eaux. Un pan du toit de la chapelle, qui servait à récolter l'eau de pluie, s'est effondré. Le front de mer est sinistré. Sur le platier, des blocs de madrépores de plusieurs mètres cubes ont été arrachés. Les arbres et les arbustes sont passés, en trois jours, de l'été à l'hiver. Les feuilles, fouettées par le vent et rongées par les embruns, sont brunes, racornies, recroquevillées.

L'enfer s'est évanoui comme il s'était formé, d'une façon presque irréelle. Le lagon est redevenu miroir. Nous nous retrouvons tous autour d'un banc de corail, près du campement. Les uns admirent le haut du massif, les autres chassent en contrebas. La fatigue des derniers jours, le contraste du calme revenu, le plaisir d'évoluer dans cette eau de cristal, le bien-être et la détente qu'elle procure nous plongent dans une douce béatitude, un état second. Les apnées s'enchaînent, de plus en plus longues, sans effort. Le corps fonctionne au ralenti, les besoins en oxygène réduits au minimum.

Les tirs sont d'une précision inhabituelle, cinq mérous sont remontés coup sur coup. Un rêve vécu éveillé, sous forme de ballet aquatique dans le plus beau des aquariums.

Christian observe Stéphanie :

— Dites donc, ce n'est plus une fille que vous avez, c'est un poisson !

— C'est son signe, elle est née un 13 mars...

La coque fend la vitre du lagon. Assis à l'étrave, Stéphanie sur mes genoux, nous ne pouvons décoller nos regards de cet écran où défile le film des fonds somptueux qui nous ont éblouis, émerveillés, trois mois durant. Nous avons le cœur gros...

"C'est un joli nom Noéa, il te va bien... Pourquoi ne pas vous établir ici ?"

23

La rencontre

Pour qui connaît *Joshua*, le bateau de légende de Bernard Moitessier, repérer *Tamata* dans la petite marina d'Apooiti n'est pas difficile. Il y a des signes qui ne trompent pas ; la célèbre annexe, qui n'est rien d'autre qu'une chambre à air de tracteur couverte d'une toile ; la couleur rouge vif de la coque ; le pont blanc ; le long bout-dehors ; le mât haut perché, haubané en acier galvanisé ; la forme du rouf et du cockpit. Tout dans cet autre bateau plus petit, dix mètres, construit avec des moyens modestes, rappelle *Joshua*. Partout on retrouve la patte du célèbre propriétaire et l'âme du grand voilier. Nous apprenons que Bernard Moitessier demeure dans un bungalow qui est situé exactement en face de l'endroit où *Alacaluf* est mouillé, à un mille de la marina, dans une échancrure de la côte nord-ouest de Raiatea...

Le Zodiac aborde la petite plage. J'enfonce l'ancre dans le sable. Le lagon est figé. Pas un frémissement dans les palmes. Une tranquillité absolue, une quiétude envoûtante... Je sais Bernard Moitessier gravement malade et occupé à rédiger un livre dans le calme de cette retraite. Je tiens à respecter l'individu, son emploi du temps, et désire simplement lui faire comprendre qu'une petite entrevue ainsi qu'un souvenir de sa main dans le livre d'or d'*Alacaluf* nous combleraient Françoise et moi. Je m'approche de la maisonnette. Seul un vélo bleu, appuyé contre un pilier, trahit la présence de quelqu'un à l'intérieur. La baie vitrée est largement ouverte.

— Bernard ?

— Entre, entre !

— Les "envahisseurs" débarquent par la mer...

Dans le coin cuisine, séparé de l'avant-pièce par une commode, l'homme se tourne lentement et me regarde avec un petit sourire. Je poursuis.

— J'ai appris que tu habitais ici et je ne voulais pas quitter la Polynésie sans te rencontrer. Cela fait maintenant plus de vingt ans, à la sortie d'un examen d'uni, j'ai enclenché la télévision. Il y avait au programme un barbu hirsute sur sa coquille de noix... Ce fut un choc, la naissance d'une passion, la révélation d'une étoile qui brillait tout là-haut, qu'un jour, il faudrait aller décrocher...

Tout en parlant, je me suis approché du meuble qui fait séparation et réalise que Bernard, dans sa cuisine, est nu. Loin de s'en formaliser, il m'écoute en continuant de couper son poisson. L'homme est d'une stature supérieure à la moyenne. On devine, malgré la maigreur actuelle, une musculature longiligne saillante, développée jadis par la pratique de la natation et entretenue ensuite par la vie au grand air. Le visage est émacié, mais cela, il l'a toujours été. Quelqu'un qui verrait Bernard Moitessier pour la première fois serait probablement frappé par la minceur du personnage ; mais même en pleine force de l'âge, le grand navigateur a toujours été d'une morphologie assez sèche.

— Aah, aah ! tu es en bateau, lequel est-ce ?

— Le cotre* en alu là-bas. C'est le seul voilier aujourd'hui, les amis sont partis à Tahaa.

— J'ai observé trois bateaux à couple dimanche, les gars démâtaient celui du centre, c'était vous ?

— Oui, pour refaire une soudure au niveau de l'embase des barres de flèche.

— Bravo, faut le faire ! Pas facile sur l'eau. Ça s'est bien passé ?

Je suis surpris du compliment et de la gentillesse du ton employé. Le dialogue est lancé. Bernard me pose des questions sur notre voilier et son gréement. Il me dit tout le bien qu'il pense des cotres, notamment à bout-dehors, qui permettent d'augmenter la surface du triangle avant de façon importante par petit temps et de se replier sur l'étai de trinquette lorsque ça se gâte. Il recommande aussi un mât élevé pour pouvoir porter un maximum de toile dans la faible brise, quitte à réduire plus vite. Nous parlons de son voilier actuel, *Tamata.*

— Dix mètres, c'est la bonne taille. A mon âge, je ne pouvais plus m'occuper d'un bateau comme *Joshua.* Sa perte, finalement, était peut-être un signe du destin... *Tamata* a été construit à San Francisco. L'idée était de privilégier la simplicité et de réduire le coût au minimum... J'ai même installé un petit moteur et ne le regrette pas. Dans les zones à fort courant, dans les passes, c'est un facteur de sécurité. Mais je ne l'utilise jamais au large. Et toi, lorsqu'il n'y a pas de vent, que fais-tu ?

Je rigole... et lui raconte nos deux aventures dans l'Atlantique et le Pacifique-Sud, en panne de moteur.

— Que penses-tu de ce poisson ? Je l'ai acheté ce matin à Uturoa, mais je ne suis pas sûr qu'il soit de première fraîcheur.

— Tu es beaucoup plus qualifié que moi pour émettre un avis sur un tel sujet !

Reniflant le thon, je le rassure.

— S'il y avait un doute, je crois que ça se sentirait.

Le poisson est-il vraiment en cause ? Il me semble que c'est plutôt une façon de nous mettre à la même hauteur, d'abattre, en quelque sorte, la barrière entre le maître et l'élève. Bernard parle calmement, une sérénité, une force intérieure impressionnantes émanent de ses propos, de même qu'une grande simplicité. Nous évoquons le naufrage de *Joshua.*

— C'était en décembre 1982, au nord du Mexique côté Pacifique, à une époque où les cyclones ne frappent qu'une fois en cinquante ans. Nous étions vingt-cinq voiliers mouillés dans une baie ouverte à l'ouest. La veille, j'ai eu un pressentiment et j'ai hésité à appareiller. Je ne l'ai pas fait... Ce fut terrible. Des vents déments ont levé une mer en proportion, tous les bateaux ont fini sur la berge. La plupart étaient en polyester, ils ont littéralement éclaté. Lorsque les choses se sont calmées, on pouvait voir, ici et là, des moitiés, des quarts de voilier jonchant la plage. Un est venu exploser sur la coque de *Joshua* et s'est ensuite éparpillé. Avec ses bordés en acier de cinq millimètres, mon bateau a résisté. Il était bosselé, défoncé, mais il n'y avait pas une fissure, pas un trou... En revanche, le pont a été saccagé et l'intérieur était ensablé. Seul, à 58 ans, sans un rond, je ne voyais pas comment sortir mon vieux compagnon de là. Le destin... Je l'ai donné à deux gars qui, avec du temps et des moyens que je n'avais pas, l'ont renfloué, puis revendu. Des Français ont retrouvé sa trace et la ville de La Rochelle l'a racheté. Maintenant, il navigue en bateau-école et continue d'humer les embruns, ce qui me fait très plaisir. J'aurais été peiné qu'il soit transformé en voilier-musée. Et que faisais-tu avant de naviguer ?

— Economiste, je m'occupais d'investissements...

Je suis très curieux de voir la réaction de Bernard, lui qui a délibérément tourné le dos aux sociétés occidentales et à leurs valeurs. Aucun signe de surprise, au contraire, cela débouche sur de nouveaux échanges.

— Et comment vois-tu la crise que traversent actuellement les pays développés occidentaux ?

Je lui donne mon opinion et Bernard enchaîne.

— Il y a trois types d'hommes. Les myopes qui ne voient rien, les visionnaires, très rares, qui peuvent prédire l'avenir, et il y a ceux qui voient d'un œil, mais qui ont de la peine à apprécier les distances, le relief. Je crois que je suis de ceux-ci. L'écroulement des régimes communistes des pays de l'Est était prévisible, par exemple, mais pratiquement personne ne le pronostiquait pour 1989-1990 ; c'est survenu finalement assez rapidement. Eh bien, il me semble qu'un chambardement important se prépare à l'Ouest, je pressens quelque chose, mais je serais incapable d'en préciser l'ampleur et le *timing*.

— Je ne vois pas, concrètement, en tenant compte des réalités, quel type de société notablement différente de celles que nous connaissons on pourrait bâtir, à moins de donner dans l'utopie. Mais je pense que le bât blesse sur le plan des aspirations, des sujets d'intérêt, que l'on sacrifie sur l'autel des valeurs exclusivement matérielles en se contentant, par ailleurs, de satisfactions passives, immédiates et de grandes "tartes à la crème"...

— C'est ça, les veaux d'or et à côté le vide. Valeurs morales et spirituelles aux oubliettes !

— Il y a bien des domaines où l'on pourrait développer ces valeurs, le sport par exemple, mais là aussi l'état d'esprit n'est pas toujours sain...

— Dans ma jeunesse, j'ai beaucoup pratiqué la natation en Indochine. J'étais membre de l'équipe du Viêt-nam de water-polo. Ce sport m'a laissé un souvenir de fair-play, même au niveau international. Et quelle ne fut pas ma déception, quelques années plus tard, en participant à un match en Europe de voir dans quel esprit il était pratiqué, avec l'objectif de vaincre à tout prix en usant de n'importe quel coup tordu.

Je sens que le courant passe bien, ne me fais aucune illusion, mais propose tout de même :

— Je sais que tu es très occupé, toutefois si tu peux te le permettre, vous êtes les bienvenus ce soir à bord.

— Cela me ferait plaisir, néanmoins il faut que je me limite. Je termine une autobiographie et prends beaucoup de temps pour l'écrire, j'ai commencé il y a huit ans... Je souffre d'un cancer et je dois me ménager si je veux arriver au bout. La carcasse est bien diminuée, mais la tête fonctionne et, Dieu merci, je peux encore nager.

Bernard se lève pour passer une chemise sur son paréo et poursuit.

— Je suis devenu très sensible au soleil et aux moustiques, les *nono* surtout... Tu ne te fais pas piquer en ce moment ?

Il chausse ses lunettes et observe le flacon qu'il tient à bout de bras.

— Qu'est-ce que ça vaut ça ?

Je reconnais l'insecticide que nous avons à bord.

— C'est de la citronnelle et du monoï, c'est assez efficace et ça sent bon. Mais dis-moi, ces mémoires commencés il y a huit ans, c'est une bible que tu es en train de nous pondre…

— Oh non ! J'ai écrit *"Un Vagabond des Mers du Sud"* assez rapidement, *"Cap Horn à la Voile"* en une année, *"La Longue Route"* en deux ans, et celui-ci me prend un peu plus de temps…

Un quart d'heure plus tard.

— Vous êtes deux m'as-tu dit, vos amis et votre petite fille sont à Tahaa. Venez manger ici ce soir, nous partagerons le poisson cru.

— Que c'est joli ! C'est vraiment toi qui l'as faite ?

Bernard examine et retourne la nacre dans laquelle Françoise a peint un trois-mâts que l'on voit à la peine sous voilure réduite dans une grosse mer.

— Véronique arrivera à la nuit, elle fait de la pirogue. Si vous voulez vous doucher, ne vous gênez pas. Françoise prends la serviette du milieu, Alain, utilise celle de droite, c'est la mienne.

Un bruit devant le *fare*. Véronique, la compagne de Bernard Moitessier, range sa bicyclette et entre.

— Ah ! c'est vous qui cherchiez Bernard l'autre jour…

— Non seulement nous l'avons découvert, mais nous envahissons votre demeure. On n'a même plus la paix aux antipodes… *Ti'punch* pour tout le monde ? Bernard, tu en prends un ?

— Pour trinquer avec vous, mais très léger, je ne bois pratiquement pas d'alcool.

Lorsque nous étions mouillés à Port Phaeton à la hauteur de l'isthme de Taravao qui sépare la grande île de la presqu'île de Tahiti, nous admirions souvent, à la tombée du jour, l'entraînement des pirogues à balancier propulsées par des équipages impeccablement rodés et qui effleuraient la surface comme de grosses araignées. Lorsque l'obscurité était totale, on n'entendait plus que le chuintement de l'étrave, qui fendait l'eau comme une lame, et les ordres des barreurs qui ponctuaient les changements de bord, *"hep... nei, hep... nei.* Bernard compare les pirogues polynésiennes avec les cambodgiennes, qu'il a bien connues, et trouve ces dernières mieux adaptées pour un seul rameur et plus facilement transportables.

— Bernard, nous avons suivi le fil de ton existence au travers de tes trois livres, mais après avoir relâché à Tahiti, qu'es-tu devenu ?

— J'ai passé douze ans en Polynésie, dans les îles de la Société et dans les Tuamotu, notamment à Ahe, puis quelque temps aux Etats-Unis et récemment en France. Ecrivant beaucoup, entreprenant quelques croisades sur des thèmes qui me sont chers et dont je parle dans ce dernier bouquin. A l'échelle de l'atoll d'abord, en essayant d'introduire certaines améliorations et de secouer la douce indolence, et ensuite sur un plan plus général, en tentant de faire prendre conscience de l'urgence de respecter certaines valeurs de qualité de vie.

Nous parlons de petites flammes, et sommes bien d'accord sur la richesse et la source d'épanouissement qu'engendre la quête qu'elles impliquent. Mais nous convergeons également sur le danger de telles démarches, lorsqu'on les pousse à l'extrême, jusqu'à ce moment où l'intensité et la durée de la recherche placent l'individu à une distance considérable de son point de départ et amincissent le fil, de plus en plus ténu, dont la rupture est synonyme de non-retour, dans l'acception la plus large du terme.

— Je crois, Bernard, qu'il y a deux façons de se brûler avec la petite flamme. La première c'est de tenter de l'étouffer et la laisser consumer à petit feu celui qu'elle habite. La deuxième c'est, une fois à l'air libre, de la serrer trop longtemps dans sa main... Pour ne pas nous brûler, nous avons quitté le Chili et nous devrons, demain, partir de la Polynésie... Durant la Longue Route, tu as dû mettre cap au nord sur Tahiti au milieu de la seconde boucle. Il nous semble que c'était une réaction de lucidité par rapport à une recherche que tu as poussée à la limite, à un stade où le contrôle t'en échappait ; expérience de "satellisation en solo autour du globe", qui s'autoalimentait et ne demandait qu'à se perpétuer.

— C'est vrai, le danger d'une dérive psychique et morale était bien réel. J'étais tenté de poursuivre, mais je sentais aussi la frontière à ne pas franchir. Dix mois plus tard, les vivres du bord avaient bien diminué et il n'y avait plus la variété ni la qualité du départ. Nous étions fatigués, *Joshua* et moi, deux haubans avaient cassé dans l'Indien austral. C'était des avertissements, nous étions au bout de la Route. Ne pas remonter sur Tahiti, c'était perdre contact avec la réalité, définitivement. Mais j'ai dû me faire violence...

Véronique nous questionne sur notre expédition hivernale et nous évoquons les colères du Géant de l'Ouest. Dans le dédale des canaux, la mer n'est pas à craindre, à l'exception des endroits ouverts sur le large, des passages à l'extérieur et des journées exécrables durant lesquelles les conditions atmosphériques et la visibilité rendent la navigation impossible. Le voilier doit se garer du vent et de ses terribles accélérations dues au relief. Il doit être prêt à soutenir un "siège prolongé" si nécessaire. Ses armes sont l'esquive, la patience et une bonne technique de mouillage.

— Et au large pendant si longtemps, Bernard, comment faisais-tu ?

— L'esquive aussi... dans le sens prévision. J'avais à bord un bouquin formidable *"Instant Weather Forecast"*, d'Adlard Coles. Grâce à lui, j'étais rarement pris par surprise et je prenais un cap en conséquence.

— Lorsque nous étions "scotchés" dans le Pot-au-Noir, nous avons relu "La Longue Route" et nous nous sommes aperçus, primo, que tu l'avais passé comme une fleur et, secundo, que les moyennes dans les zones de vents variables et dans l'alizé étaient remarquablement élevées pour un déplacement lourd armé pour un très long périple. Nous avons bien réalisé que ces vitesses n'avaient pu être atteintes qu'au prix de manœuvres incessantes, en surtoilant le bateau.

— Dans le Pot-au-Noir, j'ai eu de la chance, et après tu aurais fait pareil...

Pour nous ce soir, en toute simplicité, Bernard Moitessier fait rimer retenue avec vertu, modestie avec harmonie, sagesse avec gentillesse.

— Une dernière question, Bernard, tu es bien sous les tropiques ?

— Oui, pourquoi ?

— Nous aussi, mais par moments, à la saison humide surtout, nous avons l'impression de fonctionner à 60 % de nos capacités. Jamais nous n'avons connu ça dans le Sud, au contraire... un tonus du tonnerre, un bien-être, une sérénité...

— C'est vrai, c'est beaucoup plus vivifiant. Moi aussi, jamais je ne me suis senti aussi bien que là-bas...

Ce fut dit à voix basse, les yeux mi-clos. Derrière les paupières, des images ineffaçables avaient ressurgi, intenses, celles qui se gravent à jamais dans le cœur et la mémoire et font que, grâce à ce que l'on a vécu aujourd'hui, demain sera éternellement plus beau qu'hier.

— Bernard, nous te remercions très sincèrement, Françoise et moi, pour cette extraordinaire soirée et davantage encore pour ce que tu as apporté à tous ceux qui, par toi, ont vu s'allumer une petite flamme.

24

Le retour

Il fait encore nuit lorsque nous nous dirigeons sur la passe de Bora Bora, où nous venons de passer trois semaines. Filou appareillera le soir, Jacky et Monique, sur le *Leysin*, quelques jours plus tard. Nous devons tous nous retrouver à l'atoll de Mopelia, distant de 130 milles. En fin de journée, nos regards fixent une accumulation de nuages sur bâbord, noirs et sinistres, crachant de lourdes ondées qui les relient, tant par la forme que par la couleur, à la surface sombre de la mer.

— C'est curieux, dit Françoise, je ne suis pas sûre qu'il ne s'agisse que de formations orageuses, on dirait un front qui s'avance...

La nuit est infecte, noyée sous des trombes d'eau. Au matin, le ciel a pris un double visage. A tribord, au nord, les petits cumulus courent dans le bleu clair. A bâbord, au sud, le rideau noir est toujours là, menaçant. Qui va l'emporter ? A 9 h 15, lorsque nous voyons émerger la côte nord-est très boisée de l'atoll, les cohortes fuligineuses ont déjà enfoncé les lignes bleu pâle et nous gratifient des premières salves de rafales et de pluie avant d'engager l'artillerie lourde, linceul de plomb, déluge et purée de pois meurtrière.

Car il s'agit bien d'un assassinat, l'île évanouie, évaporée alors qu'on la touche ; notre dernier atoll polynésien, englouti dans la grisaille, rayé de la carte. Nous temporisons, faisons même marche arrière, en vain. Nous avions pourtant soigné la couverture météo, car la passe de Mopelia, longue et étroite, est dangereuse et ne peut être négociée que dans de bonnes conditions. Joint trente-six heures auparavant, un "prévisionniste" nous avait annoncé "alizé de nord-est, faible à modéré". Remplacé par une onde tropicale d'arrière-saison. Adieu plongées, chasses sous-marines, cœurs de cocotier, *kaveu*, adieu l'Atoll... La longue chevauchée cap à l'ouest commence.

Navigation efficace mais désagréable, malgré l'allure de largue, due aux violents et incessants coups de gîte provoqués par une grosse houle de sud qui croise les vagues levées par le *maramu* de sud-est. Nous ne pouvons rester longtemps dans le cockpit, fréquemment arrosé, et passons de nombreuses heures allongés dans nos couchettes, ce qui permet à Stéphanie de franchir une nouvelle étape dans la lecture. Délaissant ses albums d'images, la petite entreprend de lire "L'Ane Cadichon" de la comtesse de Ségur, puis réclame d'autres livres, les dévorant à une vitesse incroyable. Nous devons même la freiner : "Arrête un moment, tu vas attraper des maux de tête. Il ne fait plus assez jour, tu n'y vois rien." Les conditions, trop remuantes, ne permettent pas d'introduire de nouvelles notions. Aussi, consolidons-nous les acquis, en maths notamment, en utilisant le "lexi-data" et le "mini-luck" qui permettent de travailler d'une façon indépendante et de s'auto-corriger. A Bora Bora, Stéphanie a fait la connaissance d'une petite amie américaine avec laquelle elle jouait souvent. Un jour, de retour à bord, elle a enclenché son baladeur pour écouter spontanément la cassette d'initiation à l'anglais que nous lui avions achetée à Papeete et elle continue au cours de cette traversée. L'école terminée, elle passe aux collages et s'organise des albums, appelés "Princesses" ou "Poissons" selon qu'ils contiennent des photos de dames en grande tenue ou des "copains" qu'elle a l'habitude de voir en plongée. Des journées bien remplies qui débutent, le matin, avec la préparation du petit déjeuner de ses protégés : un fond de lait en poudre pour le porridge de "Nounette", un biberon pour

"Kouki" et des galettes pour "Nounours". La collation terminée, vient le moment de la toilette et du brossage des dents, qui laisse sur le museau des intéressés des traces toute la journée. Puis on passe à l'habillage de tout ce petit monde, cérémonial qui, un jour, prend une importance particulière... pour le mariage de "Nounette" et de "Nounours". Puisant dans le tas d'habits farfelus qu'elle a dénichés à Bora Bora dans les baraques en ruine du village de la secte des Extraterrestres, abandonné en anticipation de l'apocalypse imminente, tout comme le ketch au milieu du lagon... elle affuble ses peluches d'oripeaux, les transformant en Berbères emmitouflés et enrubannés. Le soir, après que chacun a enfilé une tenue adéquate pour la nuit, toute l'équipe est placée dans des petits lits préparés dans tous les recoins de la cabine, alors que les jeunes mariés ont droit à une niche transformée en alcôve et garnie de petits rideaux...

Sur onze jours de navigation "sportive", nous avons droit à un répit de quarante-huit heures qui nous permet d'admirer, une nuit de clair de lune, la coque d'*Alacaluf*, lancée à près de sept nœuds, encadrée par les traînées luminescentes formées par la vague d'étrave. Des centaines de gouttelettes phosphorescentes éclatent sur chaque bord tandis que s'égrène, dans le sillage labouré par le safran, un chapelet de perles luisantes et fugaces. Puis le vent fait une rapide rotation par le nord et l'ouest avant de s'établir à nouveau au sud, nous offrant un régime toujours soutenu, alimenté cette fois par l'anticyclone de Kermadec situé au nord-est de la Nouvelle-Zélande. Le temps près des centres de hautes pressions n'est pas fait que de ciel bleu et de brises légères, loin s'en faut, et c'est sous un plafond d'altocumulus grisâtres que nous déboulons sur la partie septentrionale des Tonga, appelée Vavau Group.

Nous longeons les falaises de la côte nord. La découpe du littoral et la première ligne de végétation, abstraction faite des cocotiers fichés sur les hauteurs, nous laissent perplexes... Ce paysage nous rappelle celui de l'archipel des Chonos. Certes le ciel terne et cette mer foncée y sont certainement pour beaucoup, mais tout de même, quel changement avec la Polynésie française. Nous passons ensuite près de petits îlots, parfaitement ronds, dont la circonférence, attaquée et rongée par les flots, leur donne l'aspect curieux de champignons aplatis.

— Ce n'est pas seulement l'heure que nous devons rectifier, mais aussi la date, fait remarquer Françoise.

Nous sommes dans le fuseau horaire de l'antiméridien de Greenwich, et ce dimanche 23 mai se transforme en lundi 24. Désormais, nous n'avons plus du retard, mais de l'avance sur le temps universel.

Dans l'île principale où se trouve Neiafu, le chef-lieu, le contraste avec la Polynésie, que nous venons de quitter, s'intensifie. Tant sur le plan du climat, du niveau de vie, de l'environnement que du type humain. La température de l'air, comme de l'eau d'ailleurs, est nettement plus fraîche. Les constructions sont beaucoup plus austères et dépouillées, les fleurs et la petite touche décorative ont disparu. Les traits raciaux sont différents, avec des caractères nettement mélanésiens et parfois négroïdes. L'habillement nous surprend également. Bras et jambes sont couverts. Les femmes portent de longs vêtements qui descendent jusqu'à mi-mollet et une ceinture tressée autour de la taille. Les hommes sont parfois en pantalon, mais l'on en voit beaucoup avec d'étranges jupes foncées. Nous comprenons l'origine de cet accoutrement, surprenant sous ces latitudes, en croisant plusieurs gaillards, bien bâtis, le crâne rasé, portant chemise blanche, cravate noire impeccablement ajustée et une jupe de la même couleur. Il s'agit d'adeptes d'une des très nombreuses sectes anglo-saxonnes présentes dans l'archipel. La phobie du soleil pousse même certaines femmes à se promener avec un parapluie, qu'elles ouvrent à chaque rayon quelque peu insistant de l'astre. Sans épiloguer sur les effets qu'eurent la colonisation et l'introduction des conceptions occidentales, religieuses et morales, sur les populations, nous sommes frappés par l'incongruité de ces tenues et de ce qu'elles sous-entendent car elles ne recouvrent pas que le corps. Leur austérité assombrit aussi l'esprit, en mettant sous l'éteignoir certains traits de caractère propres à cette région que James Cook n'avait pas baptisée "Friendly Islands" (îles de l'Amitié) pour rien. L'enjouement, la joie de vivre ne sont plus à l'ordre du jour. Nous sommes loin de la désinvolture enfantine des Polynésiens, dont les femmes, une fleur d'hibiscus ou de *tiare* à l'oreille, enroulées dans leur paréo, sont les meilleures ambassadrices. Nous venons de quitter la Polynésie et le constat s'impose déjà, c'était bien unique...

... Unique cet accueil de Stéphane, biologiste à la station de recherche IFREMER, qui, lors de notre arrivée à Tahiti, est venu nous souhaiter la bienvenue en canot, puis nous conduisit à terre en vue de nous offrir des boissons fraîches, du pain et du chocolat pour Stéphanie. Unique l'attitude des gens dans le *truck*, camion transformé en bus, qui, lorsqu'il est bondé, se serrent afin de vous faire une place sur la banquette, en souriant. Unique la réaction de ces personnes qui, nous voyant passer devant leur *fare* à la Pointe-des-Pêcheurs de Punaauia alors qu'ils étaient à table, nous ont proposé de nous asseoir et de partager leur repas. Unique cette rencontre le 25 décembre à Taravao, quand une Polynésienne s'est approchée pour nous inviter sur sa terrasse tandis que nous regardions deux ânes dans leur enclos. Pendant que nous discutions avec son boute-en-train de mari, Georges Reynaud, gendarme retraité, elle a mesuré Stéphanie et nous a dit : "Revenez dans une semaine, nous mangerons ensemble..." Sept jours plus tard, Stéphanie essayait, radieuse, trois magnifiques robes tahitiennes ! Uniques la taille et l'éclat de Vénus qui brille dans le ciel austral comme un diamant et que vinrent observer James Cook et les savants de la Royal Society, lors du premier voyage du grand navigateur. Unique, quoique nous ayons souvent entendu "Papeete n'est plus ce qu'elle était". C'est bien possible, on ne peut pas demander à une ville de 100 000 habitants, européanisée, d'avoir le charme de la bourgade d'antan. Mais la Polynésie, et même Tahiti, ce n'est pas que Papeete et l'essentiel, à notre avis, a été préservé...

Un matin, alors que nous venons de regagner notre bord après avoir fait des courses au petit marché de Neiafu, un homme, dans une pirogue, nous aborde pour nous proposer des fruits et des légumes. Le pauvre bougre a triste mine au fond de son canot, avec ses pieds déformés. De plus, il n'abuse pas, ses prix sont tout à fait raisonnables. Mais il arrive trop tard et nous en sommes réellement désolés. Le regardant s'éloigner, nous pensons aux boîtes de conserve que nous avons en réserve, et particulièrement à celles que nous utilisons à l'heure de l'apéro lorsque nous avons du monde à bord. La prochaine fois que nous mangerons des toasts aux sardines, nous aurons devant les yeux l'homme estropié, pagayant dans sa pirogue et pataugeant au milieu de ses citrons... Les toasts auront un bien mauvais goût. Nous rejoignons l'indigène en Zodiac. L'homme ouvre de grands yeux à la vue du lait condensé, du maïs et des boîtes de sardines. Il se saisit d'un panier fait d'une feuille de cocotier savamment tressée, le remplit de citrons et nous le tend en disant "cadeau, cadeau !" Il ne s'agissait pas d'un troc, mais devant le sourire du handicapé, nous acceptons.

Nous sommes mouillés devant une petite plage, lorsque nous voyons la coque rouge du *Doran* se présenter dans la minuscule passe qui permet d'accéder à la lagune de Hunga. L'après-midi, nous partons ensemble à la découverte du très typique village qui se trouve sur un plateau, à une petite demi-heure de marche du mouillage. Les maisons sont soit en *niau*, avec le toit recouvert de plusieurs épaisseurs de feuilles de cocotier, soit en bois. Très espacées et séparées par des étendues d'herbe rase où se promènent de nombreux porcs, elles donnent au village une note plaisante et aérée. Pensifs, nous observons un tronc largement évidé au fond duquel repose une grosse massue, lorsque nous avons la réponse à nos interrogations. Vêtu d'une chemise blanche et d'une cravate rouge, d'une veste bien boutonnée et d'une longue jupe noire, un autochtone, pieds nus, s'approche de ce que nous croyions être une fontaine et, se saisissant du gourdin, se met à cogner comme un sourd pendant trois bonnes minutes pour appeler les fidèles. Nous dénombrons cinq églises, appartenant à autant de sectes différentes, laissant l'embarras du choix aux 300 villageois...

Attirés par un martèlement incessant, nous nous approchons d'une habitation. Une femme est occupée à battre de grandes feuilles blanchâtres pour confectionner un *tapa*. Dans un anglais approximatif, elle nous explique comment obtenir cette étoffe végétale qui, jadis, était utilisée dans un but vestimentaire et qui sert, aujourd'hui, à faire de magnifiques tentures. L'écorce de l'arbre à pain, l'*uru*, plus rarement celle du mûrier, est fendue dans le sens de la longueur, séparée du tronc, puis trempée durant quelques jours dans de l'eau douce pour l'assouplir. Il faut ensuite détacher, ou gratter, la pellicule extérieure qui recouvre le liber. Vient alors la fastidieuse séance de battage des lamelles disposées sur un tronc afin de les amincir et de les étaler. Les grands *tapa* ont parfois plusieurs épaisseurs et les pièces qui les constituent, imbibées avec l'amidon d'un tubercule, sont superposées et collées par martèlement. Une fois séchés, les *tapa* sont décorés de motifs bruns ou rougeâtres, obtenus avec des teintures végétales, en particulier l'écorce de l'*aito*. Certains *tapa* sont vraiment superbes. L'artisanat aux Tonga est d'ailleurs d'un niveau remarquable, qu'il s'agisse des sculptures, de la vannerie ou du tissage, et d'un excellent rapport qualité-prix.

Nous avons fait la connaissance d'Emily, une indigène dans la trentaine, au beau visage légèrement carré et à l'abondante chevelure crépue, qui nous a proposé de partager un repas traditionnel dans sa hutte. Au crépuscule, nous nous dirigeons vers la maisonnette. Elle est exclusivement construite avec des palmes de cocotier tressées, à l'exception de la charpente, en utilisant deux techniques différentes, pour les murs et la toiture respectivement. L'habitation est divisée par un rideau qui sépare la demi-pièce, entièrement recouverte de nattes, de la chambre à coucher où trône un énorme lit de fer. Aucun siège, nous nous asseyons sur le sol autour d'une lampe à pétrole. L'unique mobilier est constitué d'une malle et d'un petit buffet abritant un peu de vaisselle qui ne doit servir que dans les grandes occasions. L'avalanche de farineux et de féculents, taros, ignames, *uru*, patates douces ne nous laissera qu'un souvenir bourratif. Nous préférons les deux autres plats, poisson ou corned-beef mélangé avec des épinards, le tout coupé menu, et surtout le dessert, papaye et lait de coco.

Nous avions remarqué une grande bâtisse en dur, qui sert d'abri en cas de cyclone, dans laquelle des jeunes femmes tissaient de gigantesques nattes. Après le repas, nous y retournons pour assister à une répétition de danse folklorique. Participants et spectateurs sont assis en tailleur et se font face. Surprise ! Les artistes ne se lèvent pas, commencent à chanter en effectuant avec les bras, les mains surtout, parfois la tête, des mouvements qui nous semblent d'une grande complication. Aucun pas de danse, tout le spectacle se déroule ainsi, en mélopées et en gestuelle savante, déroutante pour les non-initiés. D'ailleurs, éparpillés entre les connaisseurs qui n'ont aucune hésitation et regardent droit devant eux, quelques "apprentis" s'efforcent de les imiter ; lorgnant de côté et se risquant, un sourire aux lèvres, à des gesticulations comiques. Nous croyons comprendre que certains refrains constituent des points de repère pour des séries de jeux de mains répétitifs, dont la mémorisation exige, quoi qu'il en soit, un sérieux entraînement. Petit entracte au bout de trois quarts d'heure. Quelques-uns se roulent une cigarette, d'autres continuent de chanter et de s'exercer. Une jeune femme, en costume, se lève et répète les mêmes techniques, mais en esquissant des pas de danse, lents et coulés. Un homme la rejoint et imite grossièrement les gestes de la fille en se déhanchant exagérément ; le numéro enchante l'assemblée. C'est alors que je sens une main qui me pousse dans le dos... "*you dance ?*", me demande une indigène. Horreur ! là au milieu, en train d'effectuer la ronde du scaphandrier à court d'air par 30 mètres de fond... Je m'en tire avec mille excuses, des sourires désolés et de la chance, elle n'insiste pas... réfléchit une minute et change de tactique. Empoignant le bras du grand Filou, elle lui désigne la piste. Olala ! Vêtu d'un sweater avec capuchon, curieusement coupé à mi-manche et grand ouvert sur la poitrine, ainsi que d'un bermuda "taillé maison" qui donne à ses jambes de vaillant montagnard l'allure de deux cannes maigrichonnes, le grand Filou n'est pas à son avantage, hirsute et barbu... Roulant de grands yeux, le sourire légèrement figé, il essaie de suivre au mieux ce que sa partenaire lui suggère ; bras écartés, guibolles fléchies, tourniquant dans un sens puis dans l'autre, comme un ours. L'assemblée, hilare, s'esclaffe et applaudit. Bravo Filou, c'est gagné ! Pris en traître, la meilleure défense était encore de faire l'andouille... ou le scaphandrier.

Ce n'est pas l'euphorie ce 10 juin 1993 lorsque nous voyons le petit point rouge décroître à mesure que nous nous éloignons. Les sillages du *Doran* et d'*Alacaluf* se séparent définitivement. Filou va retrouver Christian et Jacqueline en Nouvelle-Calédonie, et nous reprenons notre chevauchée à l'ouest.

Trois bons jours de navigation nous permettent d'atteindre la longitude de l'île de Kandavu située au sud de Suva, le grand port des Fiji. Après une journée magnifique, le temps se couvre par le sud et le ciel présente à nouveau cet aspect d'une moitié de bleu immaculé au nord, qui va bientôt se faire gangrener, noircir, salir par cette monstrueuse grisaille qui s'étend à bâbord comme un cancer. Encore un coup de cet anticyclone de Kermadec, qui nous nargue avec un baro bloqué à 1020 millibars et un hygromètre à 70 % annonçant l'arrivée de masses d'air sec. Dans cette région et à cette saison, c'est le monde à l'envers ; le "sorcier" monte, attention ça va pulser... C'est une équation que nous retrouverons souvent, en Australie le long de la Grande Barrière ainsi qu'en mer Rouge : haute pression = vent fort. Nous prenons un ris, c'est une erreur, il aurait fallu les prendre tous. Force 8 à 9 durant la nuit. Puis, selon un scénario connu, rotation au sud-est et stabilisation à force 6 quelques jours, régime de nord-est modéré ensuite, suivi par des brises de secteur nord. Et c'est reparti pour un tour, avec l'apparition des cirrus dans le sud-ouest et la venue d'un autre front de sud.

Au matin du 19 juin, apparaît devant l'étrave le sommet pyramidal d'Emao qui prolonge au nord-est Efate, l'île principale où se trouve Port-Vila, capitale du Vanuatu. Longeant la côte, nous passons au large de modestes villages et remarquons l'aspect curieusement chétif de la végétation de même que le petit nombre de cocotiers clairsemés. Après une journée de repos dans une petite crique au sud d'Efate, qui nous permet de souffler trois poissons sous le nez d'un grand *mamaru*, nous gagnons Port-Vila, caché au fond d'une belle baie et bien protégé par l'îlot Iririki. Cette ville, mignonne et gaie, contraste fortement avec ce que nous avons vu du reste de l'île et de ses voisines. A quelques heures de vol des grands centres australiens et néo-zélandais, Port-Vila a compris tout le bénéfice qu'il pouvait tirer de cette situation et c'est devenu un paradis fiscal où croissent, comme champignons, trusts, fondations et autres institutions.

Avant l'indépendance, la République de Vanuatu s'appelait les Nouvelles-Hébrides et était gérée par un condominium franco-britannique. Même si l'anglais domine largement dans les contacts avec les étrangers, le français est assez souvent parlé, les indigènes utilisant entre eux le *bislama,* qui est du pidgin, langage hybride de racines mélanésiennes mélangées à des termes anglais modifiés. Par ailleurs, de nombreux dialectes sont parlés dans les différentes îles. Cette influence française encore présente nous permet de refaire provision de livres pour Stéphanie, qui a épuisé ce que nous avions acheté à Papeete et connaît par cœur la série des Heidi, "La Petite Sirène" d'Andersen et le dernier ouvrage de notre ami Ely Boissin, intitulé "Princesse", qui relate la très belle histoire de l'auteur-navigateur et de sa chienne (Editions Terradou). Excellent, ce goût pour les livres non illustrés, à huit ans. Les conditions remuantes que nous avons eues depuis Bora Bora y sont certainement pour quelque chose... "Votre enfant rechigne à lire ? A fond de cale, un mois, avec une pile de livres !"

La population présente des caractères mélanésiens plus typés qu'aux Tonga. Visage large, nez épaté, lèvres épaisses, cheveux très crépus et barbe broussailleuse fréquente chez les hommes. Leurs compagnes portent des robes de texture légère, amples et tombantes, un peu à la manière des femmes enceintes des pays occidentaux, mais avec des couleurs vives et de courtes manches joliment décorées de plis flottants. Ces vêtements s'appellent des *mary dress.* Seyants, légers et agréables, ils auraient été introduits par les missionnaires... qui ne devaient pas être les mêmes que ceux des Tonga. Nous sommes agréablement surpris sur le plan du ravitaillement. Deux supermarchés bien pourvus proposent la viande, importée d'Australie ou de Nouvelle-Zélande, à un prix que nous n'avons plus revu depuis le Chili et qui est la moitié de celui du poisson. Les produits locaux sont disponibles au marché qui se tient dans les ruelles où les marchandises reposent à même le sol. Que l'on considère l'inspiration ou la réalisation, l'artisanat n'est pas comparable à celui des Tonga et nous sommes davantage étonnés par la quantité, presque industrielle, d'objets et de statuettes attendant preneurs en rangs serrés, que par leur originalité.

Si nous étions arrivés quelques semaines plus tôt, nous nous serions rendus dans l'île Pentecôte, un peu plus au nord, pour voir les fameux sauts du haut de tours abracadabrantes desquelles s'élancent les indigènes, une liane nouée autour des chevilles. Ces festivités se déroulent aux mois de mai et de juin et visaient, jadis, à s'octroyer la bienveillance des dieux et une bonne récolte d'ignames. Cérémonies, aujourd'hui, à connotation clairement touristique mais néanmoins très spectaculaires.

Désireux de tenir un programme de navigation assez chargé, nous appareillons après une cure de steaks et un dernier verre au "waterfront grill bar". Cela malgré un *"warning of strong winds due to a high pressure located in the east of Tasmania"* (avis de vent fort), habitués que nous sommes désormais au carrousel provoqué par les anticyclones... Occasion supplémentaire pour Stéphanie de perfectionner la lecture.

Nous hésitons puis, finalement, renonçons à pénétrer et mouiller dans les récifs situés en plein océan au nord de la Nouvelle-Calédonie. C'est une manœuvre risquée sans GPS car, contrairement à la navigation dans les atolls, il n'y a pas de repère visuel par mer formée si ce n'est un changement de la coloration de l'eau au tout dernier moment. Et c'est un exercice que nous aurons l'occasion de pratiquer à l'intérieur de la Grande Barrière en nous éloignant du passage balisé près du continent. Mieux vaut profiter, pour l'instant, de ces conditions de navigation express, grand largue ou plein vent arrière.

Un après-midi, Stéphanie écoute une cassette dans sa cabine, nous sommes étendus sur nos couchettes. Dans un demi-sommeil, j'entrevois des vaches dans les prés, des clarines qui tintent, des cloches qui sonnent... Nom de nom, un poisson ! Et quelle pièce, une daurade coryphène aussi longue que le cockpit ! La pêche devient soudain miraculeuse à l'approche de l'Australie. Le surlendemain, nous attrapons un énorme thon que nous n'arrivons pas à remonter à bord, même mort, et deux jours plus tard, un autre plus petit, dans les 15 kilos tout de même. Successivement, nous l'apprécierons en salade tahitienne, en filets, au court-bouillon, en matelote et enfin sous la forme d'un salmigondis bien relevé...

question d'oublier le goût du poisson. Arrivant trop rapidement sur le phare qui marque l'entrée de la passe Grafton au large de Cairns, nous mettons à la cape en fin de journée. Stéphanie, qui observe la descente de l'astre, demande.

— Mais le soleil... il plonge dans la mer le soir ?

— Oui, il a bien travaillé, il va se coucher...

— Mais alors... le lendemain matin lorsqu'il ressort, il est tout mouillé !

Alacaluf est sur le terre-plein du Cairns Cruising Yacht Squadron. Le carénage est terminé et la mise à l'eau est prévue pour demain. Stéphanie tient dans ses bras une boule de poils gris-bleu de cinq semaines. C'est un chaton femelle, appelé Noéa, que nous accueillons à bord pour tenir compagnie à la petite et qui comblera le vide que nos éternels départs créent lorsqu'il s'agit de quitter des amies avec lesquelles elle s'est fortement liée. "Citoyenne" australienne, Noéa a reçu la bénédiction du tout-puissant service de contrôle sanitaire. Elle a son passeport, avec sa photo, de jolis tampons et un carnet de vaccination.

Après l'expédition australe, les atolls et les longues traversées à travers les immensités du Pacifique, le premier contact avec cette ville florissante fut un choc. Celui de l'agitation et du bruit. Celui de la taille des infrastructures touristiques toutes récentes construites avec des capitaux japonais. Celui de la foule qui déambule dans les rues, devant les boutiques, ou qui attend sur les aires d'embarquement, dans la valse des catamarans géants qui font la navette avec les îles ou les lieux de plongée. Celui des distances aussi, considérables, à l'échelle de ce pays-continent. Une impression de gigantisme, de démesure, dans l'espace et les moyens mis en œuvre. Une impression de neuf et de solidité également. On ne fait pas les choses à moitié, on les fait en grand et de qualité. Le premier jour, désireux d'acheter du matériel pour le bateau, je suis parti à pied voir quelques shipchandlers... et suis rentré six heures plus tard après avoir marché une vingtaine de kilomètres dans la zone suburbaine. L'après-midi, nous avons été au "Pier", impressionnant centre touristique, attrayant et original, avec tous les commerces imaginables, quantité d'astuces et de gags. Hommes-statues "plâtrés", parfaitement immobiles, qui tout à coup saluent un passant ou prennent l'escalier roulant. Foule bigarrée de diseuses de bonne aventure, de masseurs chinois, de vendeurs de farces et attrapes, de montreurs de reptiles et de crocodiles. Perdus là au milieu, ouvrant de grands yeux, nous nous faisions l'effet de Martiens venant d'atterrir.

Cette partie nord-est de l'Australie, la province de Queensland, jouit d'un climat tropical. Elle est donc soumise à l'alternance d'une saison sèche, de mai à novembre avec régime d'alizé de sud-est, et d'une saison des pluies, entre décembre et avril avec risque de cyclones et des vents variables, souvent de secteur nord. Cela explique la présence d'une bande de végétation variée et exubérante, la Rain Forest, qui abrite une faune très intéressante, paradis pour un biologiste qui peut y observer quantité d'espèces endémiques qu'on ne rencontre sur aucun autre continent. Malheureusement, notre séjour à Cairns se résuma à une escale technique. La dernière avant l'Europe... La précédente, celle de Valdivia, datait de quinze mois, c'est dire si une foule de travaux nous attendaient, outre l'antifouling. Nous ne pouvions nous attarder, si nous voulions respecter notre programme de navigation et éviter de nous retrouver en période cyclonique dans l'océan Indien. Françoise se contenta donc de faire connaissance avec ces curiosités de la nature au travers des livres. Elle écuma, en revanche, les galeries de peinture, enchantée par la technique des artistes inspirés par les richesses terrestres de la Rain Forest ou sous-marines de la Grande Barrière.

Le caractère ouvert, direct et entreprenant des Australiens nous plut ; toujours prêts à renseigner ou à rendre service.

Nous avons fait la connaissance de Jean-Paul et Maryse, deux sympathiques Français qui tenaient le restaurant du yacht-club et essayaient d'introduire quelque raffinement dans les habitudes alimentaires de leurs clients. Nous avons revu Denis, un compatriote rencontré au Brésil quatre ans plus tôt, marié à une Australienne et père d'une petite fille. Tous les trois étaient parfaitement satisfaits d'avoir émigré et n'entendaient nullement revenir en Europe.

Nous passâmes notre dernière soirée à Cairns en compagnie de Mick, de sa femme et de leurs deux fillettes. Venant d'acheter un très joli sloop* néo-zélandais, ils comptaient partir en famille quelques années et nous posaient beaucoup de questions sur notre périple et sur l'instruction de Stéphanie. Au moment de nous quitter, Mick répéta encore une fois cette recommandation, sachant que nous plongeons :

— *Mind the crocs, if I had to choose between a croc and a shark, I'd take the shark... With the croc, no chance !*

(Fais attention aux crocodiles, si je devais choisir entre un croco et un requin, je prendrais le squale... Avec le croco, aucune chance !)

Et il avait ajouté : "Un requin t'enlèvera un bon morceau et peut-être s'en contentera. Le crocodile te noiera et te mangera..."

C'est effectivement un problème sérieux pour les baigneurs sur le continent, particulièrement dans les estuaires et même autour des îles proches. De nombreux écriteaux sont là pour le rappeler : panneaux triangulaires de signalisation routière montrant un de ces animaux, gueule grande ouverte. Toutes les espèces ne sont pas dangereuses, celle qui est en cause est le crocodile marin, *salt water crocodile*, dont les grands spécimens atteignent cinq mètres. Protégés, ils se sont multipliés et ne sont pas rares dans toute la partie septentrionale de l'Australie.

Nous entrons dans Cairns Reef, un récif en forme de fer à cheval d'une dizaine de milles de long situé dans le sud-est de Cooktown, et mouillons à son extrémité sur un fond de quatre mètres... si l'on en croit le sondeur, car nous ne voyons pas le sable. Plusieurs raies mantas répètent, en couple, une chorégraphie aquatique. Leurs ondulations rappellent davantage le vol que la nage. Vers midi, profitant de la basse mer et de la protection maximum du mur de madrépores, je m'immerge avec le fusil. Le bal des mantas est terminé et, de toute façon, je n'aurais pas pu les filmer car l'eau est glauque ! C'est aussi dommage qu'ennuyeux, parce que c'est la porte ouverte à un face à face surprise avec un "cafard"... et le plus étonné des deux ne sera pas le requin. Je ne m'écarte pas d'un massif corallien, de manière à n'avoir à surveiller, terme osé dans cette "bouillasse", qu'un seul secteur. Je remonte tout de même deux lutjans et un *tonu*, redescends, je ne sais trop pourquoi, le ravitaillement étant assuré, et longe le fond à une distance d'un mètre... Dans le sable, deux gros yeux me fixent. Mon regard court le long de l'échine de la "chose". "Aah la queue !" Je me redresse d'un coup de reins à l'instant où la raie pastenague s'ébroue, fouette l'eau... et le bas de mes palmes. Ces animaux ont un ou deux aiguillons très venimeux sur le dessus de la queue, et les grands spécimens peuvent infliger des piqûres parfois fatales. Je regagne *Alacaluf*, désillusionné, je pensais que la situation de ce récif, à une dizaine de milles du continent, garantirait des eaux claires.

Remonter la Grande Barrière, en période d'alizé, comblera le navigateur par de bonnes traites journalières, vent portant, et de jolis mouillages le soir sous le vent de petites îles désertes. Mais le plongeur restera sur sa faim, à moins qu'il ne s'écarte notablement du continent, parce que, dans le passage balisé, les eaux sont troubles... C'est l'histoire de ces touristes venus en car visiter Paris et qui découvrent la tour Eiffel, le Sacré-Cœur, Versailles, dissimulés sous de monstrueux échafaudages. Les organisateurs de charters plongées le savent et emmènent leurs clients sur le ruban extérieur, Ribbon Reef, à l'aide d'impressionnants engins qui atteignent 25 nœuds sans sourciller, le nez dans la plume. Mais les navigateurs-plongeurs sur leurs coquilles de noix souvent l'ignorent et sont déçus. Parce que slalomer à l'extérieur entre les récifs totalement immergés, même avec des cartes très détaillées et un GPS, n'est pas une partie de plaisir lorsque l'alizé souffle frais. De plus, les mouillages ne seront pas de tout repos, spécialement à marée haute. Il y a un moyen de tourner la difficulté, mais il est rarement compatible avec un calendrier de navigation hauturière, c'est d'explorer cette région en octobre-novembre, à l'entre-saison.

Nous nous rattrapons en passant dix jours à Lizard Island. Située à 18 milles de la côte, qui s'incurve dans le nord-est à cette latitude, cette île, largement balayée par l'alizé, semble bénéficier de ce changement topographique et est entourée d'eaux claires. L'île des Lézards doit son nom au capitaine Cook, lequel, de son sommet, aperçut une ouverture dans la barrière extérieure qui lui permit de sortir, temporairement, des pièges au milieu desquels il se débattait depuis de longues semaines. Mais il le regretta très rapidement car, une fois au large, le vent tomba et il s'en fallut d'un cheveu que la houle ne fracassât l'*Endeavour* sur le meurtrier cordon madréporique. Les Australiens considèrent cette île, à juste titre, comme la perle de la Grande Barrière. Des hauteurs, la vue est magnifique ; sur le lagon turquoise qui sépare l'île principale des îlots du sud ; sur les coraux de la côte ouest ; et sur les 360 degrés de la rose qui font successivement défiler le Ribbon Reef, tous les brisants des alentours et le continent.

Alacaluf est mouillé dans Watson Bay, à quelques mètres d'un gros massif de madrépores que nous explorons souvent en apnée. Stéphanie inaugure la combinaison à jambes courtes que nous lui avons achetée à Cairns. Elle porte également un tee-shirt et un collant, car la température, 21°, n'a pas la tiédeur des eaux polynésiennes. Un matin, nous longeons l'île jusqu'à sa pointe sud-ouest et, profitant des grandes marées équinoxiales, nous nous engageons, à basse mer, entre les polypiers jusqu'à l'îlot Palfrey. C'est la première fois que nous admirons, à l'air libre, des coraux découvrant ou à fleur d'eau. Un festival de couleurs roses, violettes, mauves ou jaunes.

Même les bénitiers géants émergent. Ces bivalves sont d'une taille monstrueuse, 80 centimètres, et leurs doubles coquilles étaient parfois utilisées pour faire des lavabos. Aujourd'hui, ces fantastiques créatures sont protégées et même élevées dans un but de réimplantation. Toujours largement ouverts, les mollusques exposent au soleil leurs manteaux chatoyants, grenat, verts, bleus ou bruns, parcourus de stries et de petits points, qui n'ont pas qu'une fonction décorative. Ils permettent surtout à l'animal de se nourrir en produisant, par photosynthèse, des algues, zooxanthelles, qu'il digère et auxquelles, accessoirement, il doit ses stupéfiantes colorations. Alors que les autres bivalves se nourrissent en filtrant le plancton, ces étonnants bénitiers sont capables "d'élever" les algues microscopiques, base de leur alimentation, en n'ayant besoin pour cela que de la lumière. Soleil et eaux claires, un régime qui conviendrait à beaucoup de monde…

Nous avons mentionné plus haut avoir été frappés par le gigantisme du pays ; cette remarque s'applique également à la faune. Dans les eaux froides du sud, rôde le plus puissant squale du monde, le requin blanc *(carcharodon carcharias)*, si l'on excepte le requin baleine à l'alimentation très particulière. Dans celles tempérées du nord, le plus grand des crocodiles. Et ce qui différencie les plongées dans la Grande Barrière des immersions dans d'autres eaux tropicales, c'est la taille des spécimens rencontrés, bénitiers et mérous géants, énormes napoléons, pour ne citer que les principaux. L'univers corallien, par contre, n'a pas occulté la féerie du "jardin sous-marin" de l'Atoll Enchanté, ni la variété de ses habitants. Les moniteurs qui travaillent à la base de plongée, rattachée à l'unique hôtel, nous ayant aimablement indiqué les meilleurs sites de la côte ouest, je les visite tous successivement. Un jour, nous amarrons l'annexe à la bouée qui balise un endroit favorable au nord de Watson Bay. Stéphanie respire sur le bi-bouteille. Nous descendons de quelques mètres tandis que Françoise nous observe, au tuba, de la surface. Je leur ai demandé de m'accompagner, car je suis sûr, étant venu la veille, que le carrousel va se renouveler. Ça ne manque pas. Sortant du bleu, les poissons-disques arrivent. Ce sont des platax, curieusement aplatis, tout en hauteur, avec un drôle de faciès surmonté d'un grand front. Leur morphologie leur impose une nage qui est aussi comique que leur apparence. Ayant sous le ventre une nageoire anale aussi développée et reculée que la dorsale, ils approchent, ondulant, dans un frémissement vertical de ces appendices, comme s'ils se réjouissaient. Stéphanie est ravie, elle a eu souvent l'occasion de plonger au milieu de bancs de papillons peu farouches, mais la familiarité de ces disques argentés est surprenante. Ils nous frôlent, la petite les touche et retire promptement sa main, car leur robe est râpeuse comme une toile d'émeri. Après avoir bien joué avec ces espiègles compagnons, nous remontons. Stéphanie grimpe dans le Zodiac, la suite du programme, profondeur 14 mètres, n'étant pas compatible avec ses huit ans. Je descends le long de l'aussière qui est fixée sur le haut d'un monticule de corail mort, véritable colline creusée de nombreux trous. La situation et la nature du site expliquent l'absence de perroquets, de chirurgiens et de papillons, mais je suis étonné par le nombre de représentants d'autres espèces et par leur attitude. Immobiles, ils m'observent. Si les petits sont en bancs, les gros, eux, préfèrent la solitude. Les poissons-écureuils et les priacanthes aux gros yeux restent près de la roche, fidèles à leur habitude, tout comme les lutjans, vivaneaux à queue noire, toujours sur le qui-vive. Je vois pour la première fois un banc de daurades tropicales. A ce jour, je n'avais rencontré que des individus isolés. Les rougets à bande jaune sont les plus nombreux. Ils forment un véritable essaim et me regardent, le corps de profil, impassibles. Je m'approche de quelques poissons étranges, assez lourdauds, à la robe décorée de traits bruns disposés en tous sens : des poissons-lapins réticulés. Des saupes grises, mine méprisante, s'esquivent doucement. Tournant le dos à cette faune de pleine eau, je m'intéresse à la colline de corail mort. "Oula, attention aux épines !" Logé dans une anfractuosité, un pterois, toutes arêtes déployées, fait la roue. De beaux lutjans et d'imposants mérous squattent les cavités et les grottes. Un gros *tonu* se prélasse dans une caverne ouverte aux deux extrémités. Son impressionnante silhouette se détache superbement sur le fond bleu clair. Je m'avance, il lève les yeux et regarde les bulles qui s'agglutinent au-dessus de ma tête sous le plafond de l'arche. Bientôt une heure que je suis au fond, il faut songer à remonter. Je contourne l'amoncellement de blocs et me trouve en face d'une meute, d'un mur de barracudas, qui se laissent approcher à moins de trois mètres avant de s'ébranler doucement, maintenant cette distance qu'ils considèrent comme limite de sécurité. Combien y en avait-il ? Plusieurs centaines…

Désireux de plonger sur le Ribbon Reef, malgré la force de l'alizé et l'état de la mer, je me joins, une journée, à l'équipe qui emmène les clients de l'hôtel. La puissante vedette taille sa route dans la lame entre deux geysers permanents qui obligent les passagers à se tenir à l'intérieur. Trois personnes ont le mal de mer, deux se remettront et pourront s'immerger, la troisième restera couchée. Nous mouillons dans Cormoran Pass et plongeons en retrait du chenal que nous suivons sur une bonne distance le long d'un joli tombant d'une trentaine de mètres. Dans sa partie supérieure, la falaise est constituée de terrasses et de surplombs, joliment décorés de bouquets de coraux. Peu de poissons malgré une situation apparemment favorable. A midi, les deux groupes de *snorkellers*, adeptes du tuba, et de plongeurs se retrouvent sur la plage du chris-craft pour un monstrueux buffet. L'hôtel est un établissement de haut standing, avec prix en rapport, et le repas est à la hauteur de sa réputation. J'observe les gens. Pas une manifestation de satisfaction, pas un commentaire, rien. Un pareil banquet sur le récif extérieur de la Grande Barrière, une des sept merveilles du monde, normal, banal... Le bonheur est un état d'esprit. On peut lui trouver d'autres définitions, comme savoir conserver intacte sa capacité de se réjouir, de s'émerveiller. Les pauvres diables, je les plains sincèrement. Ils ont bien du chemin à faire... en marche arrière ! La seconde plongée me laissera un fantastique souvenir. Certes il s'agit d'un show bien rodé, mais quel spectacle ! Nous nous immergeons au lieu-dit Cod Hole, le trou à mérous, descendons sur un fond d'une douzaine de mètres et voyons arriver deux, trois puis quatre énormes mérous patates *(epinephelus tukula)*. Ces gros poissons sont plus que familiers, sans complexe, carrément insistants. Ils effleurent les plongeurs dans un premier temps, puis s'enhardissent jusqu'à donner des coups de museau dans les épaules et les bras, l'air de dire "Alors ça vient ?" Un des moniteurs sort des morceaux de poissons de son sac et la distribution commence, alertant tous les intéressés du voisinage. Nous nous retrouvons bientôt au centre d'une folle sarabande, menée par une dizaine de ces monstrueuses bestioles, plus grandes que les plongeurs, qui tissent devant nos masques une trame de trajectoires entrecroisées qui donnent le tournis. Ces mérous doivent leur nom, patate, aux taches marron qui parsèment leur robe beige. Ils sont, avec leurs cousins les troussequins *(epinephelus daemelii)*, les plus gros mérous existants, si l'on excepte les loches géantes *(epinephelus lanceolatus)*, aujourd'hui rarissimes. La fête excite l'appétit d'autres espèces, nettement plus méfiantes. Une belle murène sort à moitié de son trou, ouvrant et fermant alternativement la gueule, penchée en avant, dans une attitude qui ne laisse aucun doute sur ses pensées : "Pourriez pas m'en lancer un morceau par ici ?" Un autre poids lourd fait son apparition. C'est un napoléon, aussi gros que les mérous, qui tourne majestueusement au-dessus des "invités". Ces poissons sont beaucoup plus difficiles à apprivoiser. Il aimerait bien se joindre au festin, mais son tempérament le retient et il se contente de "survoler" les agapes, l'air faussement dédaigneux. Les réjouissances terminées, la palanquée* s'éloigne en direction du large dans l'espoir d'apercevoir des squales. Les mérous se dispersent. Un remonte près de la surface et s'installe sous des blocs. Situation idéale pour une petite sieste... et une photo sensationnelle, dans trois mètres d'eau avec le soleil au zénith.

Nous arrondissons le cap York, extrémité septentrionale du continent, après avoir embouqué la passe Albany et connu quelques émotions aux abords de l'entrée sud, parcourue par de curieux courants traversiers dont l'intensité atteignait la vitesse du voilier. Nous mouillons, le soir, à l'ouest de l'île Possession dans le détroit de l'Endeavour. Nous nous rendons à terre pour observer les termitières géantes et grimper sur le sommet de l'île afin de jeter un dernier regard nostalgique au Pacifique, auquel nous tournons le dos après y avoir passé presque trois ans...

Une vingtaine de bateaux sont ancrés dans la baie sablonneuse, en face du très accueillant yacht-club de Gove. Un drôle de radeau attire notre attention, nous nous en approchons... L'engin, soutenu par des flotteurs, est en fait une grande cage. La porte est relevée et un morceau de viande est suspendu au plafond. Un piège à crocodiles, au milieu des voiliers ! Nous aurons l'occasion d'admirer ces sauriens en semi-liberté dans un parc attenant à une ferme d'élevage et verrons, lors d'une escale aux îles Wessel, les traces toutes fraîches laissées par trois de ces monstres... Les empreintes, très larges, rappelaient celles d'une chenillette. On distinguait clairement le travail des pattes avant et celui des postérieures, bien écartées, labourant le sable, ainsi que la marque du passage de la queue. Après avoir emprunté un chenal très étroit et difficile à repérer, the Hole in the Wall, qui dispense de faire le tour des îles

Wessel par l'est, nous ancrons sur bâbord à la sortie du goulet, puis descendons à terre, armés ; toujours les crocodiles... Le temps est splendide et l'important marnage nous vaut, à basse mer, un fabuleux tableau. Depuis les dunes surchauffées bordant le bush odorant, écrasé de chaleur, nous regardons la petite silhouette du voilier. *Alacaluf* semble presque au sec, la quille à quelques centimètres du fond, au-delà de l'immense étendue de sable mouillé qui brille comme un miroir sous le soleil de plomb. Un bien joli cadeau pour notre dernière journée au pays des kangourous, dont les traces trahissent la très nombreuse présence d'ailleurs.

Voilà dix jours que nous avons quitté les îles Wessel au nord de Gove, dix jours que nous nous traînons sur cette mer d'Arafura, et maintenant de Timor, toutes les deux aussi plates, mortes et figées qu'un étang ; royaume des serpents marins que l'on voit zigzaguer entre les plaques jaunâtres de poussière végétale. Journées agrémentées, une fois, par la visite d'un requin tigre, qui a envoyé en l'air la cloche du cousin en gobant notre plus beau leurre, et par la venue d'un fou brun, qui a tenté de s'introduire dans la cabine par un hublot puis par la descente, pas impressionné du tout par l'attitude de la petite Noéa, oreilles à l'horizontale, feulant de rage. Journées qui s'écoulent, torrides, rythmées par le ronron du Yanmar qui, en tournant cent cinquante heures depuis notre départ, nous a permis d'engranger près de 700 milles, un record ! En naviguant exclusivement au moteur, notre autonomie est de 1000 milles, ce qui est beaucoup pour un petit voilier, mais nous ne savons pas si cela sera suffisant pour atteindre une longitude suffisamment ouest à partir de laquelle nous accrocherons enfin l'alizé. Car ici, fin septembre, aucun espoir de vent sur ces étendues mornes et peu profondes, si ce n'est un cyclone d'avant-saison…

Au matin du 26, jour de mon anniversaire, nous apercevons une flamme orange qui monte dans le bleu frais du ciel. Nous nous approchons, une plate-forme ? Plus exactement une station d'extraction mobile, constituée d'un bateau-usine embossé sur un petit derrick transportable. N'obtenant pas de réponse à la VHF, nous nous avançons jusqu'à portée de voix de l'arrière du bâtiment, le *Skua Venture*, et agitons en l'air deux jerrycans… Quelques minutes plus tard, la radio crachote et le dialogue s'engage… "C'est d'accord, nous vous remplissons vos bidons." Une épaisse fumée noire s'échappe de la cheminée-moteur et une sirène retentit. "*Standby*, je vous rappelle dans une demi-heure, nous avons un problème à bord, écartez-vous !" Nous nous exécutons très, très rapidement… L'homme n'est pas seulement de parole, il est aussi ponctuel ; trente minutes plus tard, il nous contacte à nouveau, l'incident est maîtrisé.

— O.K. vous pouvez venir !

— Euh ! Pas avec le voilier. Dans dix minutes, le temps de gonfler l'annexe.

Le pneumatique amarré à quelques mètres de la muraille, montant et descendant au rythme de la longue houle, je vois "tomber du ciel" un récipient bleu rempli de chocolats, de fruits et de boissons glacées ! Je regarde les gars accoudés au bastingage, 20 mètres plus haut.

— C'est ma fête !

— Jour de chance !

— Non, aujourd'hui 26, c'est mon anniversaire.

— *Happy birthday* et envoyez vos jerrycans !

Nous bavardons pendant que les trois bidons font l'ascenseur.

— Combien vous dois-je ?

— Oubliez ! mais si on vous demande, dites que c'est de l'eau… Nous n'avons pas le droit de vous fournir du fuel.

De retour à bord, Françoise et Stéphanie ne perdent pas le nord.

— Il faut se dépêcher de manger tout ce chocolat avant qu'il ne fonde... et boire ces limonades pendant qu'elles sont fraîches.

Nous effectuons une séance de gymnastique et de yoga sur l'avant du voilier en admirant les tonalités tango, vives et chaudes, de l'astre qui frôle l'horizon. Un bateau s'approche, décrivant un arc de cercle. Nous reconnaissons l'allure caractéristique des pêcheurs australiens. Quatre personnes se tiennent debout à l'étrave. Un grand gaillard sympathique engage la conversation, puis lance :

— *Nice weather, good fishing today, come for a drink !*

Je répète, incrédule, en regardant Françoise, pour me persuader d'avoir bien entendu.

— Beau temps, la pêche a été bonne, ils nous invitent à prendre un verre !

Françoise n'en revient pas non plus.

— Co... comment, ici en pleine mer de Timor ?

— Après tout c'est ma fête, une petite bière bien fraîche...

Dix minutes plus tard, *Patricia* est ancrée sur 70 mètres de fond ! et *Alacaluf,* amarré par une aussière, se balance une quinzaine de mètres en retrait. Nous faisons la connaissance de ces quatre joyeux drilles et d'une jeune femme, qui passent une semaine à pêcher en haute mer à 400 milles de leur port d'attache, Broome, situé sur la côte ouest de l'Australie. L'ambiance monte, ponctuée par les pchtt des canettes qu'on décapsule et les glouglous qui leur succèdent. Nous visitons les installations du bord et les cales frigorifiques qui contiennent déjà trois tonnes de poisson. "Restez donc pour dîner", propose Lex, le capitaine. Ça alors, si on m'avait dit, ce matin, qu'on célébrerait mon anniversaire au "restaurant"... La soirée se prolonge, Stéphanie s'est endormie sur les genoux de Françoise. Nous racontons à nos amis le ravitaillement surprise de la matinée.

— Nous avons quatre *drums* de 200 litres de réserve à l'arrière que nous n'utilisons pas. Si vous voulez compléter le plein, il n'y a pas de problème.

Il est 3 heures, Stéphanie dort enfin dans sa couchette. Nous nous activons à remplir les jerrycans et le tank principal.

— Merci infiniment Lex, combien ça fait ?

— Oublie ! c'est ta fête. Allez, encore une petite "pour la route" et on va dormir.

A 7 h 30, après une courte nuit, nous amarrons *Alacaluf* à la ligne de mouillage, puis embarquons sur *Patricia* pour une journée de pêche. Il n'y a toujours pas un souffle de vent et le risque que le voilier parte sans nous est nul. Curieuse impression tout de même que d'abandonner ainsi, en pleine mer, son bateau, sa maison... La pêche s'effectue sur des fonds de 60 à 130 mètres, en immergeant des nasses métalliques qui contiennent un petit panier bourré de sardines. Les casiers sont balisés par des bouées et leurs positions mémorisées dans un ordinateur. Lors du relevage, les nasses sont maintenues sur un mécanisme qui les fait basculer par-dessus le pavois. Les prises sont immédiatement placées dans deux cuves d'eau glacée, qui provoque un tel choc thermodifférentiel que les animaux se retrouvent instantanément ventre en l'air, transis. Sous l'effet du froid, le sang reflue vers les organes, laissant les filets impeccablement blancs. Cette pêche vise les poissons de fond et de roche, et nous verrons durant cette journée quantité d'espèces différentes de lutjans, de mérous et d'empereurs, tous très prisés pour leur chair et souvent de très belle taille.

Ayant repris notre route et ne distinguant du bateau qu'un petit point noir perdu dans le bleu, nous nous demandons si nous n'avons pas rêvé ; si cette rencontre, cette soirée et cette journée, toute cette gentillesse étaient bien réelles. Les deux gros poissons qui gisent au fond du cockpit sont là pour nous persuader que ce n'était pas un songe...

Le lendemain, nous apercevons quelques voiles blanc et bleu qui battent désespérément dans le résidu de houle. De l'une d'elles se détache une pirogue, grossièrement creusée dans un tronc. Un homme souque vigoureusement dans notre direction, s'arrête, crie et exhibe un jerrycan... Il demande de l'eau. Nous lui remplissons son bidon. Tout heureux, il repart. Nous le suivons, curieux d'observer de près l'étrange voilier. Sept individus sont sur le pont, quelques-uns portent un chapeau de paille, très plat et largement évasé. La coque du bateau est massive, basse sur l'eau. Le mât est en plusieurs tronçons. La voile aurique est taillée dans un tissu bicolore étrange, on dirait du plastique. La poupe, rectangulaire, fait penser à un petit gaillard arrière. Ce sont des pêcheurs indonésiens qui attrapent à la ligne quelques poissons sur le fond, mais qui, surtout, se contentent de requins. Ils boucanent les morceaux dans un demi-fût renversé qui fume au milieu du cockpit, puis les exposent au soleil sur le pont et le rouf. Ce qui explique l'odeur épouvantable qui enveloppe le bateau.

Ashmore Reef est dans le sillage. Nous y avons passé trois jours, mouillés à côté de la grosse vedette de surveillance que les *Coast Guards* australiens maintiennent en permanence à la saison sèche, afin d'éviter que les Indonésiens ne s'en prennent aux oiseaux qui nichent sur les îlots, à leurs œufs, ainsi qu'aux tortues. Ce mini-atoll est connu pour la grande variété de serpents mortels qui pullulent dans ses eaux. Risque très théorique car, souvent, l'étroitesse de la gueule de ces reptiles exclut l'inoculation de venin et ils témoignent une parfaite indifférence à l'encontre du plongeur, même lorsqu'on les approche à un mètre. Unique précaution, ne pas être sur leur trajectoire lorsqu'ils remontent respirer à la surface.

Sitôt quitté Ashmore Reef, nous accrochons un vent de sud qui peu à peu tourne au sud-est. Sept jours plus tard, nous nous retrouvons à Flying Fish Bay dans l'île de Christmas, possession australienne, après une traversée rapide réalisée à la vitesse de 5,8 nœuds, une moyenne record pour *Alacaluf.* Si les installations, à moitié abandonnées, pour l'acheminement et l'embarquement du phosphate ne créent pas un décor des plus attachants, Françoise se console en observant trois magnifiques volatiles qu'on ne rencontre nulle part ailleurs. Le paille-en-queue doré, notre oiseau marin préféré après l'albatros, une véritable splendeur ; l'imposante frégate d'Andrew, dont l'envergure dépasse aisément le mètre ; et le fou d'Abbott, au joli bec bleu ciel, très élégant dans sa robe noir et blanc. Isolée dans le sud de l'Indonésie, cette île est un parfait exemple de cohabitation réussie. Plusieurs communautés y vivent en bonne harmonie, dans le respect mutuel des différences culturelles et religieuses. Des Chinois, les plus nombreux, des Australiens, des Indonésiens, des Malais et des Japonais. En témoignage de ces rapports de bon voisinage, l'île compte plusieurs mosquées, des temples bouddhistes et quelques églises chrétiennes. Christmas Island est célèbre pour ses crabes, la variété rouge, principalement, qui traverse par milliers d'immenses espaces à l'époque de leur "transhumance". Mais nous avons été surpris par le nombre de représentants d'autres espèces, les crabes bleus et les *kaveu*. Ces derniers un peu moins nombreux lors de notre départ...

Il n'a ni l'authenticité ni la beauté rude et sauvage des Tuamotu, ces anneaux magiques disposés au milieu du grand océan, mais il est joli et il y a beaucoup de requins. L'atoll des Cocos Keeling a été racheté en 1955 par le gouvernement australien à la famille Clunies-Ross, qui y avait édifié, avec l'aide de Malais, un petit empire basé sur la production du coprah. Nous y passons six semaines, retenus par le renvoi en Australie d'une caméra Sony, flambant neuve, tombée en panne après quelques semaines d'utilisation et qui, réparée, refusera à nouveau tout service un mois plus tard... Merci pour la fiabilité et la garantie.

Malgré son "passeport" australien, les jolis tampons et son carnet de vaccination, la présence à bord de la petite chatte Noéa nous impose de rester mouillés à plusieurs centaines de mètres de la plage au-delà de deux grosses bouées jaunes de quarantaine. Un jour, voyant le voilier chahuté, le policier en charge des formalités d'immigration nous suggère de nous rapprocher quelque peu. Ce que nous faisons. Une semaine s'écoule, l'officier du service de quarantaine, basé sur l'île principale à l'autre bout de l'atoll, vient faire une tournée de routine et attrape un coup de sang. A mi-chemin entre l'orang-outan pour l'aspect physique et le bovin pour l'ouverture d'esprit, le simiesque et pansu jocrisse frise l'ictus lorsque nous lui demandons de faire un petit effort intellectuel pour saisir les motivations de son collègue gendarme et de s'en inspirer dans l'application du règlement. Peine perdue, l'épaisseur du pariétal du fonctionnaire ne permettant pas à cette suggestion de pénétrer jusqu'à l'encéphale. Nous reprenons donc notre mouillage en eau agitée... et la pêche aux squales ; au grand dam des *yachties* anglo-saxons, ancrés près du rivage, qui s'exclament : "Ils pêchent les requins, les dépècent sur la plage et parfois les mangent !" Effectivement, nous avons des goûts différents. Aux hamburgers et saucisses congelés de leurs barbecues, nous préférons nos poissons grillés et les petits squales en matelote... car, au-delà d'un mètre de long, ils peuvent avoir une désagréable saveur d'ammoniac ; à leur bière glacée, nous préférons l'eau des cocos vertes ; et nous refusons de passer une soirée en leur compagnie, bercés par la "musique" du générateur alimentant un téléviseur portatif qui débite un bêtifiant feuilleton. Les navets dans la soupe, pas dans l'atoll... Nous sympathisons, en revanche, avec quatre solides Vikings qui ont mené leur bateau, *Gullhaar*, de Norvège jusqu'ici via Magellan, et avec deux jeunes Suédois qui ont acheté le leur aux Etats-Unis. Curieusement, les deux équipages ont connu récemment quelques émotions en eaux indonésiennes avec des apprentis pirates. Et nous retrouvons avec plaisir Guy et Anne sur leur magnifique voilier en alu. Nous les avions rencontrés à Cairns et revus plusieurs fois par la suite. Dans les Caraïbes, nous avions été impressionnés par l'enthousiasme de deux sexagénaires qui bouclaient une circumnavigation sur leur voilier, appelé *Saga*. Guy et Anne sont du même calibre, car il en faut de l'énergie pour se lancer, à l'âge de la retraite, dans un tour du monde. Chapeau !

Sur l'île voisine, Home Island, réside la petite communauté de 300 Malais, qui ont préféré demeurer dans l'atoll plutôt que de revenir au pays ou d'émigrer sur l'île de Christmas. Nous nous rendons en annexe remplir nos jerrycans d'eau au robinet de la jetée. Le ferry accoste justement et les passagers débarquent, leur journée de travail terminée. Religion musulmane oblige, tout le monde est couvert. Les hommes portent pantalon et chemise, les femmes de splendides robes, longues et soyeuses. Les têtes sont enveloppées dans de larges voiles qui font office de coiffes et ne laissent apparaître que l'ovale du visage, souvent maquillé. Les jeunes sont habillées avec beaucoup de recherche dans les coloris. Les observer marcher à petits pas donne l'impression d'un défilé de mode orientale, à cent lieues de l'austère rigueur de la tenue des femmes arabes. La sobriété prévalait certainement jadis, mais l'éternel féminin a astucieusement tourné la difficulté.

La pêche aux squales va bon train, de même que le fastidieux nettoyage des mâchoires. La matinée est réservée à l'école et, l'après-midi, nous partons pour la traditionnelle séance de chasse sous-marine. Le temps passe vite, trop vite. La mauvaise saison vient d'être officiellement ouverte par l'arrivée d'un phénomène tourbillonnaire pas catholique, décelé par la station météorologique située sur West Island, l'île principale.

Guy et Anne appareillent demain pour les Chagos et nous passons une ultime soirée ensemble. Dans les derniers éclats du soleil, Stéphanie, un paréo noué autour des épaules, prépare le poisson alors que démarre le feu de bourre de coco qui dispense sa bonne odeur et éloigne les quelques moustiques. Puis, charmés par le léger bruissement des palmes, nous dégustons nos mérous grillés en admirant le lagon immobile virer à l'orange, puis au bleu, un bleu de plus en plus noir. Moments privilégiés qui se prolongent à la lueur intime des lampes à pétrole, petites flammes tremblotantes, complices, qui entretiennent la magie de ces veillées uniques, à deux pas du lagon endormi.

Après avoir passé de longues années à étudier les squales et joué un rôle de pionnier en observant, sur le terrain, le comportement de ces animaux, Dick Johnson s'est converti à une passion moins dévorante : la botanique. Nous avons souvent eu l'occasion de discuter requins dans le bungalow qu'il tient à côté de l'hôtel Maeva, à Tahiti. Si j'ai le bonheur de ne point périr bêtement, comme vaticinent certains, ou de terminer ce périple intact malgré les fréquentes séances de chasse sous-marine en solitaire, entouré de squales, c'est à lui que je le devrai... ainsi qu'à Tapu. Aussi recommandons-nous vivement aux plongeurs et chasseurs opérant en eaux coralliennes la lecture de son livre "Requins des mers tropicales et tempérées" (Editions Delachaux & Niestlé).

Pour la première fois, hier, j'ai été inquiété par un *raira*, requin gris de récif, surexcité par les efforts que faisait un mérou fléché pour se libérer. Alors que je me méfiais surtout des deux gros spécimens de la même espèce qui tournaient dans les environs, ce squale de taille moyenne, un mètre cinquante, a chargé. L'ayant vu

Moai de l'ahu Tahai.
La ferme d'élevage de John.
L'île aux oiseaux.
Stéphanie dans l'atoll enchanté.

Un aquarium...
Requin citron.
Jeux aquatiques.
Dorade coryphène.
La collection s'agrandit !

Françoise fait griller une carangue et un tonu.
Noël dans l'océan Indien
Christian Santander,
le grand Filou (Philippe Bonnet), en figure de proue,
Tapu et Thierry dans l'annexe.

venir, je me suis allongé en lui présentant mes palmes. Nageant obliquement, j'ai pu regagner la surface et maintenir le mérou hors de l'eau. Ne rencontrant que du caoutchouc, il a reculé, puis est revenu, insistant, gueule ouverte. Tout en continuant de le shooter, je lui tapais sur le museau avec l'extrémité du fusil déchargé. Après trois ou quatre tentatives, le *raira* s'est éloigné, s'est arqué, les pectorales à la verticale, effectuant une série de sauts de cabri. Il a rechargé, repris quelques coups sur le nez, puis s'est enfui, calmé. Comme si cette danse avait constitué un exutoire suffisant pour libérer son agressivité. De retour à bord, nous en parlons avec Françoise. Nous relevons que le requin ne s'est pas jeté sur le mérou lorsque je l'ai extirpé de son trou, ainsi qu'il l'aurait fait si la stimulation était purement alimentaire. Les signaux émis par un poisson harponné sont très distinctement et précisément perçus par les appareils sensoriels ultraperfectionnés dont les squales sont pourvus, tant en ce qui concerne la détection des ondes et des vibrations, que sur le plan olfaction, électro-stimulation, sens tactile et gustatif. Sa mauvaise humeur était dirigée contre moi, son insistance et sa danse d'intimidation le prouvent bien. C'est un exemple qui n'est pas rare, chez les requins gris de récif, d'instinct de combat aiguillonné par des considérations si ce n'est de territorialité tout au moins de domination. Chez les squales, c'est un moyen d'établir la suprématie d'une espèce sur une autre et, à l'intérieur d'un même groupe, de hiérarchiser les individus.

Quelques jours plus tard, nous mouillons l'annexe sur un des sites habituels. Tiens ! le lagon est moins clair que d'habitude... et les poissons peu nombreux. Après deux prises, les "cafards" arrivent et je demande à la petite de remonter dans le pneumatique. Dans sa belle combinaison bleue, elle est mignonne à croquer ! "Pas terrible aujourd'hui, pas fameux... Oh, les gros là-bas !" Trois magnifiques diagrammes arlequins *(plectorhinchus chaetodonoides)*, que Stéphanie appelle "léopards" à cause de leur robe, m'ont aperçu et s'engouffrent sous une grande colonie d'*acropora* qui s'étend comme un parasol. Comment procéder ? S'ils me voient approcher de loin, ils quitteront leur refuge. Je tente un "agachon diabolique", tête en bas, suspendu à la verticale au-dessus de la formation corallienne, espérant qu'un des poissons sorte le bout de son nez. C'est bien ce qui se produit... mais de l'autre côté du disque de madrépores, et l'animal me regarde en se demandant ce que je fabrique dans cette position. Adoptant une tactique plus orthodoxe, je palme en rasant le fond jusqu'au bord du "parasol" et me faufile à l'intérieur. Quittant à moitié son abri, un poisson risque un œil, puis se cache à nouveau. J'avance doucement le fusil et commence à compter les secondes... "Voilà, sors encore un peu !" Le diagramme arlequin me fixe. Il semble rassuré par la distance qui nous sépare ; c'est oublier la pointe de la flèche qui, elle, est nettement plus près. "Zut ! il a bougé au moment où le coup est parti." Le fer manque le cerveau et le poisson, transpercé, tente désespérément de fuir. J'abandonne l'arbalète sous le massif de corail et me dégage à reculons. Je vois alors surgir les deux gros requins gris, le grand aileron blanc au continuel rictus, un habitué lui aussi, un de ses "petits frères", un aileron noir et un troisième *raira*, moins râblé que les deux costauds. Je n'ai pas le temps de regagner la surface que le pauvre diagramme est happé, tronçonné, englouti par le grand *mamaru* et le dernier arrivé, "vigousse" en diable, qui pourrait bien être l'excité de l'autre jour... Merci tout de même de m'avoir laissé la flèche.

Nous dégoulinons dans nos couchettes et nous nous épongeons régulièrement, tandis que le voilier taille sa route au près, tous capots fermés. Les images rafraîchissantes de ces derniers jours vécus dans l'atoll me repassent devant les yeux. Notre descente du *hoa*, portés par le courant, et la mine offusquée des gros nasons qui s'empressaient de libérer le passage. Et je revois Stéphanie, jouant avec son petit voilier fait d'une demi-bourre de coco, allongée dans l'eau cristalline devant l'îlot miniature de Prison Island, gerbe de cocotiers surgie de l'océan.

Le début de cette traversée nous vaut des conditions extrêmement changeantes. L'alizé se meurt et ne souffle plus que sporadiquement. Ce n'est pas étonnant, nous sommes fin novembre et, il y a quelques dizaines d'années à cette même époque, un cyclone avait détruit pratiquement toute la cocoteraie de l'atoll. Aussi avons-nous prudemment opté pour un cap nord-ouest qui nous fasse rapidement perdre en latitude, de façon à nous maintenir entre les parallèles 8° et 7° sud et prendre plein nord en cas de mauvaise rencontre. Car aux environs du 6e degré, la force de Coriolis n'est plus suffisante pour générer des phénomènes tourbillonnaires d'importance. Sur le plan navigation en revanche, la facture se paie sous la forme de vents variables, d'est à noroît, et de nombreux grains.

Six jours après le départ, nous profitons d'un résidu de vent portant et glissons, voilure en ciseaux. Nous sommes allongés dans nos couchettes. Tout à coup, la mer remue anormalement et de l'eau arrive, par l'avant ! jusqu'au capot grand ouvert. Nous sortons. Sur notre arrière, tout est clair, régime alizéen d'est, poussif mais régulier. Devant, un "mur" noir nous envoie un train de vagues de direction exactement opposée. *Alacaluf* valdingue en tous sens, mélangeant roulis et tangage, dans le claquement des voiles qui suivent avec un temps de retard. Un pareil "shaker" en pleine mer, c'est du jamais vu. Passe dans les canaux, ou au large d'un cap, mais ici au milieu de l'océan Indien ! Le temps de se frotter le menton, le voilier sort de cette zone de contact entre les deux systèmes de vent et pénètre dans le domaine du peu sympathique phénomène. La mer chahute moins, mais joue aux hérissons. Les vagues semblent obéir à un mouvement ascendant qui affine leurs pointes, et le vent vient de l'ouest. Le bateau, sous l'action du régulateur, repart en arrière... parcourt une encablure, retrouve le régime alizéen d'est et refait un demi-tour... pour se heurter au "mur" qui lui fait comprendre que, réglé comme il l'est, il doit retourner d'où il vient. Et de trois ! Après un quatrième tour de carrousel, nous retirons le tangon et nous nous employons à contourner la ténébreuse formation. Le nez au ciel, nous réfléchissons et observons la lutte que se livrent les masses d'air. Au-dessus du mât, les vents s'opposent clairement de face ; mais devant l'étrave, qui pour l'instant pointe au nord-est, les nuages noirs viennent du nord. Il y a donc bien amorce de rotation, mais il ne s'agit pas d'une trombe, car nous l'aurions repérée de loin et son développement serait plus vertical. Nous mettons une douzaine d'heures pour faire le tour de ce phénomène tourbillonnaire en gestation, que nous nous félicitons d'avoir rencontré ici, par 7°35 sud, et non pas quelques degrés plus bas... en pleine maturité.

Onzième jour de mer, grand beau temps. Ayant remarqué un bruit anormal au niveau de l'étambot*, je plonge pour observer la sortie de l'arbre. Celui-ci s'est décalé. Nous avons bel et bien un problème d'alignement, qu'on ne peut résoudre qu'en désaccouplant et en rectifiant la position du moteur... sur un plan d'eau absolument plat, aux Chagos par exemple, distants d'un peu plus de 300 milles. Attirées par la carène immobile du voilier, des daurades coryphènes approchent.

— Stéphanie, passe-moi le fusil !

Noéa a compris et se tient tout à l'arrière, très intéressée... puis lorgne, à plat ventre, les oreilles à l'horizontale, ces deux grosses bêtes qui gigotent dans le cockpit.

La nuit, Françoise me réveille.

— Tu as entendu ce bruit ? Le moteur...

Je vais voir.

— Il ronronne parfaitement. Il n'y a aucune vibration.

... Et pour cause, l'hélice n'est plus entraînée ! L'extrémité de l'arbre est cassée dans la flasque d'accouplement. Et de trois ! Après le Pot-au-Noir, le Pacifique, l'Indien maintenant. C'était écrit, une "plantée" dans chaque océan ! Durant trois jours, nous tentons de redresser la situation et je passe des heures à forer, coincé derrière le moteur, pour chasser les parties de boulons qui sont restées prises dans la pièce, refroidissant la perceuse avec l'air des blocs de plongée, passant autant de temps à affûter les mèches qu'à entamer le métal. Et cela pour la gloire, puisque, le travail terminé, je m'aperçois que les mâchoires ne bloquent pas suffisamment l'arbre sur les cinq millimètres disponibles pour le serrage. Pour effectuer la réparation, nous n'avons qu'une alternative : nous dérouter sur la base américaine de Diego Garcia, en espérant qu'on ne nous refoule pas, ou Djibouti. Diego Garcia est à 300 milles dans notre sud-ouest, quant à Djibouti... inutile de se perdre en prévisions fumeuses, nous ne pouvons l'atteindre en suivant l'orthodromie. Le régime des vents, le passage de l'équateur et de ses calmes, une vieille connaissance ! les courants, de même que l'archipel des Maldives qu'il faut contourner nous imposent une navigation en forme de Z, dont les trois branches seraient successivement : Cocos Keeling - Chagos, Chagos - Sri Lanka, Sri Lanka - Djibouti.

— Françoise, des hamburgers congelés et du coca, ça te dit pour Noël ?

— Pas du tout !

— Moi non plus ! Cap sur Djibouti !

C'est notre dernière traversée océanique, à nous de la transformer en cadeau de Noël. Nous avons des vivres en suffisance. Au départ, notre autonomie d'eau était de quarante-cinq à cinquante jours, ce qui pourrait bien correspondre à la durée de cette étape ; mais pas de souci de ce côté-là, nous ne manquerons pas de pluie.

Nous oublions le temps, volontairement. Nous ne regardons plus la montre du bord, et celle réglée à l'heure universelle ne nous donne qu'une information technique pour les calculs astronomiques. Nous oublions les jours, ceux de la semaine et ceux qui passent ; seule Stéphanie a entamé un compte à rebours qui doit se terminer le 24 décembre. La nuit, le réveil ne sonne plus. Nettement en dehors des routes maritimes, nous nous levons seulement pour manœuvrer ou pour le plaisir de méditer sous les étoiles. Les jours s'écoulent, s'enchaînent, les calmes succèdent aux calmes et les grains aux orages. Nous avons passé l'équateur et gagnons lentement en latitude, toujours au près et dans des vents variables, en étant fortement déhalés dans l'est par le contre-courant équatorial, étonnamment fort. Si la notion du temps s'est diluée, est volontairement devenue très floue, nous maintenons, à dessein, un cycle d'activités autour desquelles les journées et les nuits s'organisent. Il ne s'agit pas de sombrer dans la léthargie, mais de profiter de l'immobilité des aiguilles de la façon la plus enrichissante possible. Beaucoup de lecture et d'heures passées à consolider les acquis linguistiques, passablement d'école pour Stéphanie, séances de gymnastique et de yoga sur la plage avant dès que les conditions le permettent. La petite apprécie autant que nous cette longue traite à travers l'océan Indien, en dépit des conditions versatiles.

Un point la tracasse tout de même, aura-t-elle la visite du Père Noël ? Nous lui expliquons que nous sommes en mer depuis suffisamment longtemps pour qu'il nous ait repérés, mais elle n'est qu'à moitié rassurée. Cette fête a pour Stéphanie un écho très particulier, supérieur à celui de son propre anniversaire. Elle a aidé sa maman à disposer les décorations, début décembre déjà, et il se dégage du carré d'*Alacaluf* une atmosphère douillette, intime et réjouie. Aussi le 24 au soir, après un repas de circonstance, envoyons-nous quantité de fusées pour signaler notre position au Vieux Voyageur.

Le lendemain matin, nous sommes réveillés très tôt par des petits pas furtifs qui glissent vers le sac de jute posé sur le lit breton. Papa Noël n'a pas oublié la petite blondinette au milieu de l'océan… Des gourmandises, un cheval, une Barbie sirène, un voilier et une belle tortue sculptée dans un morceau de corail noir.

Les jours passent. Dans la seconde partie de la nuit, la Croix du Sud est de plus en plus basse sur l'horizon. Un matin, à 4 heures, nous réveillons Stéphanie.

— Qu'est-ce que tu vois là-bas ?

— Le cerf-volant… la Croix du Sud.

— Ce magnifique cerf-volant a illuminé nos nuits dans l'hémisphère Sud pendant trois ans. Regarde-le bien encore une fois, petite Nani. Il nous a conduits depuis Panama jusqu'au Horn, comme il a guidé de nombreux navigateurs dans le passé. Lorsque nous étions tout en bas du continent, il brillait parfois juste au-dessus du mât d'*Alacaluf*. Ce cerf-volant magique que Papa Noël utilise pour s'amuser, il ne faudra jamais l'oublier. En Suisse, tu ne le verras plus, mais tu sauras qu'il vole dans le ciel austral, là-bas, au bout du monde où, un jour, notre voilier nous a menés tous les trois.

Les yeux de Stéphanie sont embués, le sommeil sans doute.
— Je ne lui dis pas adieu, parce que j'aimerais bien y retourner. Alors, au revoir cerf-volant, au revoir...
Petit à petit, nous nous déhalons dans le nord, atteignons la latitude de l'extrémité méridionale du Sri Lanka, y rencontrons un courant qui pousse fortement à l'ouest maintenant et touchons des vents de nord/nord-est, faibles au début, puis plus réguliers, la mousson. Nous poursuivons, au près, jusqu'à la hauteur du 9 Degree Channel, passage entre les archipels des Maldives et des Laquedives, puis abattons, cap à l'ouest. Grand largue, hublots et capots ouverts, *Alacaluf* refait chanter son étrave, et la stabilité de l'allure permet à Stéphanie de grimper le long des haubans et de jouer au "cochon pendu" sur le tangon.
A l'approche de Socotra, le vent vire au nord en forcissant. Ce n'est pas étonnant dans cette région qui a très mauvaise réputation, particulièrement en mousson de sud-ouest. Puis il repasse à l'est dès que nous entrons dans le golfe d'Aden.
L'ancre s'enlise profondément dans le fond boueux du port de Djibouti, quarante-quatre jours après notre départ des Cocos Keeling et une traversée de 4400 milles. Moyenne honorable, si l'on tient compte de sept jours de calme plat.

❖

Nous sommes contents, nous n'avons pas besoin de mettre *Alacaluf* en cale sèche. Mais ce n'est pas une mince affaire, à deux, que d'ôter l'hélice en plongée à l'aide d'un arrache-moyeu, sortir le moteur, retirer l'arbre par l'intérieur en évitant que trop d'eau ne pénètre, puis le replacer, confectionner de nouveaux supports, positionner la machine et régler le parallélisme des flasques d'accouplement.
Grâce à l'amabilité de la Marine française, la réparation des éléments défectueux est exécutée dans les ateliers du bâtiment d'assistance technique *La Garonne*. L'extrémité de l'arbre a été prolongée par un manchon embouti à la presse hydraulique, puis usiné. Du très beau travail. Mais le quartier-maître Pierrot nous rend

la flasque en disant : "Nous l'avons rectifiée, avons percé des trous pour le passage de boulons de plus fort diamètre qui permettent un meilleur serrage. Mais cette pièce ne me plaît pas. Il faudrait en refaire une. Malheureusement, nous appareillons demain pour l'île de la Réunion... Ne vous en faites pas, ça devrait tenir jusqu'à Marseille !"

Après trois semaines passées dans les eaux glauques de Djibouti, nous sommes tout heureux de recouvrer la limpidité sur les très jolis fonds du golfe du Ghoubbet, à 30 milles à l'ouest de la grande ville. C'est une région peu sûre, à la limite du territoire des Afars, en opposition ouverte avec le gouvernement djiboutien dominé par les Issas. D'ailleurs, une dizaine de jours auparavant, un catamaran français s'est fait canarder au fond du golfe près de l'îlot du Diable. Une bavure semble-t-il, car les tirs provenaient d'une position de l'armée régulière. Au bout d'une semaine, nous avons la visite d'un petit bateau de guerre de la Royale qui nous suggère gentiment de ne pas traîner. Confiants dans l'effet que produit le pavillon rouge à croix blanche, symbole de stricte neutralité, sur nos semblables de par le monde... nous restons, discrètement mouillés derrière l'îlot Etoile, conquis par la sauvagerie du lieu et les merveilles cachées sous la surface des eaux.

Juste derrière le voilier, les fonds sont parsemés de splendides colonies d'*acropora* en forme de pins parasols, de plusieurs mètres de diamètre parfois. Si la plupart s'étalent dans un plan horizontal, certaines ont crû obliquement et ressemblent à d'épineuses paraboles, minutieusement ciselées et dentelées. En voyant quelques-unes dressées verticalement, nous pensons tout d'abord qu'elles ont été malmenées. Il n'en est rien. Les polypiers ont grandi naturellement selon cet axe et rappellent ces parasols de plage qu'un vent vif a renversés. Nous nous approchons d'une grande coupole, largement évasée. Par quelle analogie, quelle imitation époustouflante, les polypes ont-ils pu produire cette merveille inspirée du monde végétal ? Devant nous, au milieu de la corolle minérale, une seconde production madréporique s'est développée, rouge vif, comme un cœur, pour offrir aux poissons, et accessoirement aux plongeurs, une phénoménale fleur de corail.

Je m'immerge souvent le long de la côte nord à partir du Zodiac, et suis chaque fois comblé par la quantité et la taille des poissons rencontrés. En dehors de la faune habituelle des eaux coralliennes, il y a beaucoup de gaterins et de diagrammes, de la famille des haemulons, et de nombreuses carangues, dont une variété complètement jaune *(carangoides bajad)*. Un jour, j'aperçois un gigantesque barracuda, nettement plus grand que moi, très large, avec une gueule aussi longue que mon fémur. En pleine eau, à une dizaine de mètres du tombant, il me regarde, immobile, de profil. Me sentant passer sur son arrière, il décrit un petit arc de cercle et me fixe à nouveau de son autre œil, puis gagne le large.

Le paysage est d'une extrême aridité. Au-delà de la petite plage devant laquelle nous sommes mouillés, ce n'est qu'amoncellements de caillasse et de blocs, couleur de lave, qui forment des collines et même de véritables montagnes au second plan. Un cri dans le ciel, Françoise prend ses jumelles : "Un gypaète, ou aigle de mer." Le soir, nous voyons régulièrement descendre des hauteurs une gazelle qui vient brouter les quelques herbes rases et grasses éparpillées au bord de mer. Un jour, Françoise découvre des traces de félin, elle les suit. Les empreintes correspondent à celles d'un chien de taille moyenne et mènent à un bouquet d'arbres surchauffé d'où s'exhale une forte odeur de fauve. Un guépard est à coup sûr dissimulé dans les branches. Elle n'insiste pas... et emmène Stéphanie observer un dromadaire, revenu à l'état sauvage, qui a élu domicile autour d'une petite oasis, à un demi-mille de notre mouillage. Je les accompagne. Le camélidé se contente de se lever, les laissant approcher. Son regard passe de Françoise à Stéphanie dans un dodelinement de tête d'une nonchalance qui en dit long sur sa conception du stress. Voilà une bestiole qui ne sera jamais candidate à un infarctus.

Un bruit de moteur. Une barque accoste *Alacaluf*. Trois pêcheurs nous demandent un peu d'essence, nous les dépannons avec un jerrycan. L'un d'eux prend une petite tortue et nous la remet en remerciement. Stéphanie est folle de joie et remplit l'annexe d'eau de mer pour que sa protégée passe une nuit tranquille. Au matin, elle lui attache un filin à la patte, prend le Zodiac et va jouer, en apnée, avec l'animal avant de lui redonner la liberté.

— Attention aux filets petite tortue ! Ne te fais pas attraper encore une fois ! Au revoir...

Sur la route du retour, nous ancrons près de la presqu'île de Ra's Eiro. Je vais faire une reconnaissance en scaphandre et demande à Stéphanie de se préparer. L'eau est moins claire que dans le golfe du Ghoubbet, et cette remarque s'applique aussi aux îles Musha, situées en face de la ville de Djibouti. En fin de plongée, je progresse le long d'un petit tombant, à faible profondeur, me retourne... "C'est pas vrai !"... Un monstrueux requin approche, de face, et me fixe alternativement d'un œil puis de l'autre, au rythme du lent balancement de sa tête, énorme, un peu carrée, qui tombe presque à angle droit sur l'avant. Et cette incroyable largeur, ces pectorales qui ne sont plus des nageoires mais des ailes, le ventre blanc et le dessus gris foncé... un tigre géant. "Cette fois, mon p'tit père..." Le requin avance, il est maintenant de trois quarts, à quelques mètres... Sur son dos, des amorces de taches blanches... "Ouf ! Olala ! j'aime mieux ça, un requin baleine !" Je retourne au voilier.

— Stéphanie, tu es prête ? Il y a une surprise...

Je la mets au courant bien sûr, afin d'éviter un affolement, une panique complète à trois mètres de profondeur qui peut avoir de graves conséquences pour une fillette de son âge... ayant eu moi-même toutes les peines du monde à ne pas avaler mon détendeur.

Nous redescendons, en respirant à deux sur le bi-bouteille, et nous nous promenons le long de la falaise. Soudain, je sens la main de Stéphanie qui étreint fortement la mienne, puis la petite m'agrippe et essaie de grimper sur les blocs que j'ai dans le dos. Je la rassure par signes, l'entoure du bras, pendant que le monstre s'avance. Quel "bestiau" ! Sept mètres de long environ, mais plus que la longueur, c'est la largeur de la partie antérieure qui est stupéfiante. Quelle puissance ! Tout est démesuré, jusqu'à la caudale, pourvue d'un immense lobe supérieur. Nous palmons ferme pour nous maintenir, une minute, à côté de l'incroyable créature qui poursuit tranquillement sa nage ondulante. J'ai déjà vu des reportages sur les requins baleines. Rien à voir avec ce spécimen-là, véritable squale, qui s'apparente bien plus à un gigantesque tigre qu'au cétacé dont il porte le nom... On efface les points blancs sur le dos, et bonjour les dégâts !

❖

La mer Rouge est balayée, la plupart du temps, par des vents de nord qui rendent sa remontée pénible. La période la plus favorable pour un voilier qui veut atteindre Suez se situe entre janvier et avril. La première moitié du trajet devrait être effectuée au début de l'année, afin de profiter des régimes de sud, parfois forts, qui peuvent pousser les yachts jusqu'à la hauteur de Port-Soudan.

Nous sommes mouillés dans une baie de la côte ouest de l'île Hanish al Kabir, située dans le sud de la mer Rouge. Le vent de force 8 à 9, violent mais favorable, nous propulserait comme une ogive trois jours durant. Nous restons pour deux raisons. Stéphanie a son anniversaire après-demain et nous lui avons promis de le fêter au mouillage. Par ailleurs, je suis allongé à plat de couchette avec, sur la figure, des cataplasmes bouillants que Françoise change toutes les demi-heures, pour tenter d'atténuer les douleurs causées par une infection des sinus, sans écoulement, contractée à la suite des immersions dans les eaux polluées du port de Djibouti. Nous en viendrons à bout, moyennant une forte ponction dans la réserve d'antibiotiques du bord. L'ambiance est plus que morose, nous méditons, ruminons et devons bien accepter cette évidence : le mauvais œil nous a rattrapés. La "scoumoune" colle à la carène d'*Alacaluf* aussi fortement que les anatifes. Cette sale série a débuté avec les ennuis de la caméra Sony, flambant neuve, imitée par l'appareil de photo Nikon qui, lui, a des circonstances atténuantes car il s'est fait doucher. Ce fut ensuite la rupture de l'arbre d'hélice et des problèmes avec le circuit de refroidissement. Puis ce fut le coup dur, la disparition de Noéa, au mouillage dans le port de Djibouti, une nuit de calme absolu. La petite chatte est tombée à l'eau, nous n'avons rien entendu. Ce ne fut pas facile d'expliquer à Stéphanie qu'elle s'en était retournée là-bas, dans le ciel austral, au-dessus de son beau pays. Jouant, la nuit, avec le cerf-volant, regardant, de jour, notre petit voilier du haut des nuages, en continuant de naviguer avec nous, en pensée. Et puis, il y eut quelque chose de tout aussi incompréhensible, quelque chose que nous avons tous vu, de nos propres yeux, pendant deux heures, et qui faillit avoir des conséquences catastrophiques : le déplacement, une vingtaine de milles dans le sud, de l'image des îlots des Sept Frères, Jaza'ir Seba. Un mirage ! D'après notre estime, nous n'aurions pas dû les apercevoir avant la tombée de l'obscurité. Mais ils étaient là, sur l'avant bâbord, et glissaient peu à peu sur notre côté au fur et à mesure que nous progressions dans le nord-est. Les instructions nautiques ouvertes à la page où figure un dessin de l'archipel, nous suivions son déplacement au compas de relèvement. Tout collait, nous pouvions identifier chacun des îlots. Pensant les avoir débordés, nous avons modifié notre cap. A 21 h 30, le satnav, totalement muet durant tout l'après-midi, nous donna enfin une position... Dans le noir, nous foncions droit sur l'île la plus orientale du groupe, qui n'était plus qu'à deux milles devant l'étrave. Nous virâmes de bord une première fois, puis une seconde, afin de prendre la cape à l'approche du "rail" des cargos qui s'engagent dans le détroit de Bab el Mandeb, embouchure sud de la mer Rouge... La grand-voile s'ouvrit en plein milieu. Nous l'avons remplacée par une autre, plus légère, que nous avons en réserve et qui restera à poste, car la réparation exige une machine, toutes les coutures étant "cuites" par le rayonnement ultra-violet.

Ces périodes de noire déveine, qui s'abattent sur tout un chacun dans l'existence, prennent pour le marin une ampleur particulière, et cela explique certainement les nombreuses superstitions, ou les habitudes, qui ont cours même parmi les grandes figures de la course hauturière. Réaction d'humilité sans doute, reconnaissance de sa vulnérabilité devant le déchaînement des éléments, renforcé par un enchaînement d'événements calamiteux.

Deux boutres érythréens sont ancrés devant nous tout près de la plage, seuls les membres d'équipage restent à bord. Le reste du groupe, dont des femmes et des enfants, préfère manifestement la terre ferme et a élu domicile dans des cavités creusées au pied des falaises d'où déboulent les rafales appuyées qui balaient la crique. Larges et peu profondes, ces grottes offrent un abri idéal. La vie au campement s'organise, et c'est un spectacle étonnant que de voir, du voilier, ces silhouettes amplement vêtues se mouvoir dans leurs cavernes. Etranges apparitions, créatures humaines ou fantômes on ne sait trop, véritables troglodytes assurément, qui vont et viennent, préparant leur repas dont l'odeur nous parvient sous la forme d'âcres senteurs de feu et de galettes brûlées.

Dès que le vent de sud cesse, celui de nord prend immédiatement la relève et nous avons juste le temps de rallier l'excellent refuge situé à la pointe méridionale de Jabal Zuqar. Nous mouillons près de l'épave d'un petit cargo. Cette île et celles du groupe Hanish appartiennent à la République arabe du Yémen. Elles sont inhabitées et offrent un paysage volcanique escarpé, d'une grande aridité, érodé malgré le peu de précipitations. Champs de lave grenat, collines de blocs couleur pourpre foncé, montagnes noirâtres qui s'élèvent à plusieurs centaines de mètres de hauteur. Impression sauvage, d'une extrême stérilité, sensation renforcée par la découverte, au bord d'une lagune, de quelques tombes à côté d'un campement de pêcheurs de requins, précipitamment abandonné. Des carcasses de squales se dessèchent près de l'armature d'une ancienne cabane, alors qu'aux alentours traînent, debout ou couchés, des blocs de plongée de marque anglaise ; comme oubliés, comme les défunts qui reposent sous terre ; cette terre où les marins ne font que passer… ou trépasser.

Nous quittons Jabal Zuqar dans un régime de nord et devons composer avec cette réalité du louvoyage, lorsque la mer est formée, qui veut qu'on ne trace en route directe sur la carte que la moitié de la distance effectuée en surface. A la hauteur de l'archipel des Dahlak, un vent d'est/sud-est se lève, violent, et nous oblige à solliciter durement le gréement pour nous écarter du groupe d'îles, car nous étions déjà engagés dans le chenal sud qui mène à Mitsiwa, principal port érythréen. Malheureusement, ces conditions favorables ne durent que vingt-quatre heures et sont suivies par un jour de calme, puis par le retour des vents contraires. Après une petite semaine de navigation, nous sommes à la latitude de l'archipel Sawakin, au Soudan, et relâchons à l'abri de l'île Talla Talla Saghir. Nous y passons cinq jours, mouillés près du platier, explorant les fonds coralliens de la côte sud. Nous ne sommes pas les seuls à apprécier le charme tranquille de cette île plate, parsemée d'herbes sèches et de petits buissons en bordure de plage. Les oiseaux trouvent aussi que c'est l'endroit rêvé pour se refaire une santé. Des cormorans et des sternes font leur promenade sur le rivage, tandis que les pélicans préfèrent la baignade et les aigles de mer le vol plané au-dessus des récifs. Quelques huppes nichent dans les dunes et viennent parfois nous rendre une petite visite, perchées sur le balcon avant. Les fonds sont très poissonneux et nous autorisent le luxe de repas à la carte. "Ah ! aujourd'hui, carangues uniquement... Non, on en a eu avant-hier, barracudas plutôt !" Nous fléchons, un matin, notre plus gros mérou, un *tonu* de plus d'un mètre de long que Stéphanie a de la peine à soulever. Le menu ne variera pas pendant quelques jours.

Nous nous engageons dans le chenal, longue ouverture dans le récif frangeant, qui mène au port intérieur de Sawakin. De petites embarcations locales nous accompagnent. Leur forme et leurs voiles rapiécées, gonflées par une brise de nord-est, rappellent les *jangadas* brésiliennes.

— C'est le mouillage des mille et une nuits, s'exclame Françoise.

Dans une atmosphère affadie par la poussière, diffuse, presque trouble, teintée de jaune par les derniers rayons du soleil, nous admirons le fascinant spectacle de cette petite île de carton-pâte émergeant au milieu de la lagune. Fantomatiques décombres dans le couchant, immense champ de ruines, invraisemblable pierrier, d'où s'élèvent des pans de murs, des moitiés d'édifices, quelques rares demeures encore entières et des minarets vacillants, vestiges d'une splendeur passée.

Le sens de l'hospitalité aussi s'est effondré, mais il s'agit là certainement d'un phénomène récent, lié au régime islamiste en place à Khartoum. L'étranger est toléré mais il n'est pas le bienvenu, et nous n'aurons droit à passer que quelques heures à terre grâce à une autorisation journalière qu'un "agent" nous remet, quand il y pense. Tracasseries d'une administration délirante qui, de plus, essaime un peu partout des commis en civil de la sécurité nationale, véreux et confondant Soudan et goulag. Par chance, nous faisons la connaissance d'un sympathique et débrouillard indigène, nommé Awad, qui réussira à nous fournir du fuel, du pain et de l'eau. C'est ainsi qu'un matin, nous voyons arriver un bourricot tirant une citerne que l'on a remplie au puits voisin. Nous débarquons donc avec nos jerrycans et un ravitaillement des plus folkloriques s'organise. Puis Awad nous conduit au marché. Françoise est sidérée.

— S'il y a un endroit où je m'attendais à en rencontrer, c'est bien ici, et il n'y a aucune femme !

Les vendeurs, en djellaba, sont assis sur leurs étalages et bavardent nonchalamment, à l'ombre, en se grattant les pieds.

Nous poursuivons jusqu'à un grand bazar qui se tient à la périphérie de la bourgade ; impressionnant alignement d'étals rudimentaires faits de bouts de bois assemblés grossièrement et recouverts de vieilles toiles. Un troupeau de moutons, poussé par des jeunes gens, envahit la ruelle de terre battue en bêlant, soulevant un nuage de poussière. Nous nous asseyons devant la deuxième cabane d'un groupe de quatre baraques attenantes. Le tenancier apporte les cafés. Ils sont servis dans de petits vases métalliques dont les goulots sont garnis d'herbes aromatiques qui parfument le liquide lorsqu'on le verse. C'est délicieux. Dans l'échoppe voisine, deux clients aspirent, goulûment, sur les pipes à eau que le patron vient de leur apporter. Un sbire, vêtu à l'européenne, s'approche de notre table.

— *Go back to your yacht !* (Retournez à votre voilier !)

Dissimulé dans la foule, il nous suivait et se croit obligé de faire du zèle… notre laissez-passer étant échu depuis une heure.

L'avenir nous le confirmera, mais nous le pressentons, *Alacaluf* est pour la dernière fois transformé en plate-forme de plongée, ancré derrière la barrière nord du récif de Sanganeb, au large de Port-Soudan. Dix jours de rêve, qui font suite aux deux que nous avons passés dans Towartit Reef, 15 milles plus au sud. Etrange impression que celle d'être mouillé à l'abri de ce rempart madréporique qui surgit des profondeurs et s'arrête à 50 centimètres de la surface. Aucun repère visuel devant l'étrave, si ce n'est une perche qui balise l'extrémité de l'écueil. A trois milles dans notre sud s'élève le grand phare d'atterrissage qui domine le récif de ses 55 mètres de hauteur. Un jour, lors d'un coup de vent chargé de sable, il disparaît complètement dans l'opacité. Nous portons une seconde ancre sur un pâté de corail et assurons le mouillage principal par une longue aussière. Le vent, qu'aucun relief n'accélère, se stabilise entre force 7 et 8. Magnifique spectacle que celui de la mer, creusée, qui explose sur la barrière ; fortification naturelle qui casse la houle, l'artillerie lourde de cette armée, dont seule l'avant-garde nous parvient sous la forme de petites vagues levées par un *fetch* de 200 mètres. Nous limitons nos chasses sous-marines à l'intérieur de "l'enceinte", réservant le côté extérieur pour de phénoménales explorations en scaphandre. L'annexe est ancrée au bord du platier dont les colorations blanches, jaunes et brunes tranchent avec la limpidité de l'eau et le bleu intense qu'elle prend en profondeur. Nous bouillons d'impatience et devons faire un effort de concentration pour ne rien oublier, plongés que nous sommes déjà, par l'esprit, dans ce monde féerique. Sous la surface, c'est un feu d'artifice, une explosion de couleurs qui enflamment les massifs, les gerbes et les bouquets de coraux, un festival de lumière et d'effets spéciaux qui sondent les abysses, inondant les anfractuosités et les petites grottes que l'on explore à l'aplomb du grand bleu. Dans les premiers mètres, la richesse et l'exubérance des polypiers sont telles qu'elles dissuadent le plongeur de poursuivre jusqu'à la limite de visibilité, 40 mètres plus bas, où d'ailleurs la pente s'enfonce, monotone, entrecoupée de terrasses qui dominent de nouveaux ravins. Le spectacle est permanent. Que l'on se tourne vers les madrépores, et c'est la ronde des poissons multicolores. Que l'on regarde vers le large, et c'est l'apparition fortuite de quelques carangues, le ballet majestueux et prudent d'un napoléon, la nage stationnaire d'un barracuda ou le passage rapide d'un squale. Sans oublier, au-dessous, le gros mérou, mort de curiosité, qui dévisage le plongeur en levant la tête, les yeux exorbités... Quand ce n'est pas l'apparition d'une affolante créature, qui tient plus du fantasme ambulant que du poisson, avec un museau pointu, des pectorales aussi larges que celles des raies et un corps qui ondule comme celui des requins... Une guitare de mer *(rhynchobatus djiddensis)*, inoffensive en dépit de ses airs de vampire marin.

Huit jours après notre départ de Sanganeb, nous entrons dans la baie de Safága et mouillons devant l'hôtel Paradise en compagnie d'une demi-douzaine d'autres voiliers. Nous avons eu de la chance d'avoir pu effectuer ce trajet d'une traite, si l'on excepte deux courtes escales nocturnes. Ce fut toujours dans du vent debout, mais maniable, soufflant du nord-ouest le matin et virant au nord-est dans l'après-midi.

Nous descendons à terre pour participer au splendide buffet que l'hôtel propose à ses clients le soir. Nous planons sur un nuage, la cuisine est divine, la bière bien fraîche, la mer Rouge est dans le sillage et sa remontée, sans être agréable, fut en dessous des difficultés que sa réputation laissait présager. Restent les 180 milles du golfe de Suez, étroit bras de mer, peu profond, d'une quinzaine de milles de large en moyenne.

Le lendemain, je plonge gratter la carène d'*Alacaluf* et espère, ce faisant, la débarrasser des dernières traces de "scoumoune" qui pourraient encore y adhérer, car il nous semble percevoir une amélioration... jusqu'au moment où, nettoyant l'arbre et l'hélice, j'entends un "clac" chaque fois que j'inverse la rotation. Un coup d'œil à l'accouplement confirme nos craintes, les boulons de serrage ont à nouveau cassé. Une partie, coincée à l'intérieur, fait office de clavette et entraîne encore l'arbre... Mais la marche arrière est désormais interdite, le reste du goujon ne résisterait pas longtemps. "Inch Alláh !" comme disent les gens par ici.

Partis le matin, nous avons le complexe touristique d'Hurghada par le travers à midi, puis nous nous engageons dans le détroit de

Gubal. La nuit est calme et la progression satisfaisante. Mais le lendemain en milieu de journée, un vent violent se lève, de face, c'est fini. Les bons mouillages n'étant pas nombreux dans cette région, nous nous replions, à contrecœur, sur Tor, abandonnant de précieux milles. Abrités par une bande de terre, nous passons trois jours devant cette petite ville, chef-lieu égyptien du Sinaï, dont le gouvernement encourage le développement. La population est accueillante, souriante. Nous sommes souvent interpellés. *"Hello, welcome to Egypt !"* (Bonjour, bienvenue en Egypte !) Un matin, nous achetons des légumes au petit marché, Françoise récupère la monnaie. A côté de nous, un homme s'adresse au marchand ; nous ne saisissons évidemment pas un traître mot ; il se tourne vers nous. "Ce n'est pas le prix correct !" Grâce à lui, le vendeur nous rend un billet supplémentaire. L'après-midi, nous nous rendons, guidés par un garçon d'une dizaine d'années, à une banque passablement éloignée pour y changer des dollars. Devant l'établissement, nous lui donnons quelque chose pour le remercier. Un employé sort, houspille et chasse le gamin. *"No bakchich here !"* Au retour, nous prenons un verre sur la terrasse d'un bar à glaces, totalement isolé au bout de la lagune en face du voilier. Un chaton de quelques semaines joue avec les lacets des souliers de Stéphanie... et se retrouve à bord le soir même, puis, la nuit suivante, dans un épouvantable rodéo, baptême du feu vraiment précoce pour la pauvre petite bête.

Après avoir engrangé 55 milles, nous voyons, en fin de journée, un rideau noir fondre sur nous depuis le nord. Un *khamsin* de 30 nœuds se lève en quelques minutes, augmentant jusqu'à la force du coup de vent. Désireux de conserver les milles durement gagnés, nous continuons, sous trois ris et tourmentin. Une nuit infecte, à veiller les cargos que 40 nœuds de vent dans le nez ne gênent apparemment pas. Mastodontes taillant leur route dans le rail qui leur est réservé, indifférents aux manœuvres d'un petit voilier qui essaie de s'y maintenir après avoir frôlé, en s'en écartant, des plates-formes abandonnées et non éclairées. Nous nous imposons cette nuit pourrie, étrave dans la piaule, pour atteindre, au matin, Ra's Ruahmi et tenter de mouiller à l'abri du récif. Lorsque nous enclenchons le moteur pour la manœuvre d'approche, pas une goutte d'eau ne sort de l'échappement... Le soir, nous nous retrouvons à Tor Sinaï, et Noéa II à la case départ.

Nous redémontons le circuit de refroidissement pour la énième fois. Tout est clair, c'est la pompe à eau qui est défectueuse, malgré un impeler neuf. Le joint autour de l'axe n'est plus étanche et elle aspire de l'air. Sans moteur pour appuyer la voilure, nous ne pouvons remonter, vent debout, ce boyau dont il faudrait changer le nom, golfe de Sueur, comme nous ne pourrons pas passer le canal. Françoise et Stéphanie restent à bord. Je débarque avec la récalcitrante pièce, puis reviens deux jours plus tard, après un invraisemblable carrousel dans les souks et les ateliers mécaniques de Suez, tapis au fond de ruelles sombres ou enterrés au sous-sol d'immeubles délabrés.

Il est 20 heures. Nous avons parcouru près de 90 milles depuis notre départ de Tor la veille, lorsque nous voyons, descendant du nord, le sinistre voile noir sous lequel galopent déjà les moutons écumants. Nous sommes à la hauteur de Ra's Abu Suweira, à 43 milles de Suez en ligne droite... Eh oui ! nouvelle nuit à danser le jerk dans un goulet large d'une dizaine de milles, dont le centre est occupé par les cargos. Voilure au minimum, nous tirons des bords et prenons la cape, par intermittence, entre deux manœuvres. L'idée est de contrôler notre dérive afin de nous replier, au matin, sur marsa Hammam près de Ra's Mal'ab, côté Sinaï. Nous passons une nuit blanche, j'ai tout le loisir de préparer l'atterrissage et dis à Françoise : "Tiens ! pour une fois ce sera du nougat, les amers ne manquent pas."

L'usine à phosphate d'abord, que j'ai observée de la route lors de mon escapade à Suez, puis un château d'eau noir, à côté de bâtiments blancs, et un petit débarcadère. Il y a aussi un rocher et une montagne caractéristiques à l'arrière-plan, auxquels je n'attache pas grande importance car, venant du nord, l'optique est différente de celle qu'ont les navires qui approchent par le sud.

— Voilà, maintenant tu peux faire route sur le ponton, je vais préparer le mouillage.

— Tu as vu la couleur de l'eau ?

Je suis à l'avant, regardant les maisons blanches, le réservoir d'eau et, plus loin, l'usine... Françoise a raison. "Vire de bord ! Mets la barre sur tribord, toute ! Trop tard, le voilier heurte le fond, tape et, poussé par la grand-voile au bas ris, insiste, avance et enfonce davantage sa quille dans la vase. Bien que nous soyons protégés par la forme de la côte, les rouleaux, encore importants, butent et se pulvérisent contre la coque d'*Alacaluf* qui tremble de tout son haubanage à chaque assaut. Nous affalons la voilure en vitesse, gonflons l'annexe pour me permettre d'aller porter une ancre au large. La gîte est telle que l'on peut, pour l'instant, tenter de nous dégager par l'arrière sans risque pour le safran. Françoise et Stéphanie sont perchées en bout de bôme, je m'escrime sur le winch comme un sourd en mettant les gaz au maximum. Pas le moindre résultat. Une heure s'écoule, nous insistons. Pas la plus petite amorce de mouvement. Une question m'obsède : "Comment est-ce possible ?" L'usine, les bâtiments blancs, la citerne, le ponton, tout collait... Françoise observe la côte aux jumelles et fixe un point précis à un mille dans le sud.

— Là-bas ! ton château d'eau, tes entrepôts blancs et ton débarcadère !

— Ne me dis pas que c'est encore un mirage !

Non, ce que nous avons devant les yeux est bien réel : un mirador que nous avons pris pour un réservoir, des baraquements militaires tout neufs, bien blancs, et la jetée, récente elle aussi...

Deux heures que nous sommes "plantés", secoués, entendant gémir les boiseries. Cette fois, nous ne nous en tirerons pas tout seuls, il faut aller demander de l'aide à l'usine. Un bruit de moteur ! Un pêcheur, roulant comme un pendule, descend la côte, visant manifestement marsa Hammam. Il vient vers nous. La discussion s'engage, ainsi que la négociation. Ils veulent bien nous tirer de là, mais pas pour nous être agréables. Nous nous mettons d'accord sur la somme de 400 dollars. Nous sortons notre plus grosse amarre et la fixons à l'avant. *Alacaluf* bouge, tape, hoquette, se dégage. Comme prévu, le remorqueur décrit un arc de cercle pour gagner le large, mais le voilier se replante dans un autre banc. Un noiraud, costaud, qui était monté à bord durant le marchandage, libère l'aussière, que ses compères récupèrent aussitôt. En gage disent-ils ! Nous préparons d'autres cordes, qui cassent les unes après les autres. Je vais en annexe parlementer, afin qu'ils daignent nous "prêter" notre amarre qu'ils pourront garder par la suite. Nous acceptons que plusieurs Egyptiens montent à bord, dans le but de faire gîter le bateau et d'accroître les chances de libérer la quille de l'emprise de la vase. Les tentatives reprennent, brutales. *Alacaluf* cogne, bute, tressaute et finalement flotte, temporairement, car d'autres bancs nous entourent. "Bravo !" Notre joie est d'autant plus vive que nous n'y croyions pas beaucoup, et nous faisons signe au remorqueur de poursuivre au large. Quelle n'est pas notre surprise de voir les indigènes s'exciter, vociférer, l'air tout à coup très sombre. Le bateau de pêche a d'ailleurs fait demi-tour et Françoise s'efforce de contrebarrer, en mettant les gaz à fond, pour maintenir le nez du voilier face au large. Un Egyptien tente de lui ôter la main de la commande moteur. *"Money, money !"* s'écrie le grand noiraud. Je descends chercher l'argent, pensant que cela va les calmer. Par précaution, je charge le barillet du revolver, remonte et tends l'enveloppe. Ils se sont donné le mot, c'est l'hystérie. Le costaud hurle *"more money, more money !" ;* un grand barbu dévisse le hors-bord de sa chaise ; deux gars sautent dans l'annexe, sous les yeux horrifiés de Stéphanie qui crie et les empêche de défaire le nœud frappé sur les filières ; deux autres essaient de pénétrer dans la cabine. Malgré les efforts de Françoise, le voilier, entraîné par l'amarre, pointe à nouveau l'étrave vers les bancs de sable.

— *O.K., O.K. we give you more money...*

(D'accord, d'accord, nous vous donnons plus d'argent...)

Je descends, ressors avec le gros calibre, ajuste le costaud, 30 centimètres au-dessus de la tête, et tire. Les types se liquéfient, bredouillent, esquissent quelques sourires contrits et fourbes. Les deux qui étaient dans le pneumatique remontent et se serrent contre le balcon arrière. Seul le gros noiraud ne bronche pas.

— Stéphanie, va chercher le couteau à poisson !

Agenouillé, je cisaille l'aussière et regarde le costaud approcher de la petite qui se tient près du mât. "Il est capable de tenter de l'attraper. Tant pis pour lui..."

— Stop !

Il avance toujours, doutant de ma détermination.

— *One step more, and I shoot you !*

(Un pas de plus, et je tire !)

Il avance encore... En une fraction de seconde, quantité d'images se bousculent dans ma tête. Je vois le coup partir, le gars basculer par-dessus bord, les conséquences... et cette scène qui restera à jamais dans l'esprit de Stéphanie, comme une monstrueuse tache, une conclusion indigne à notre périple. Un claquement sec, je viens d'armer le chien et vise le bas du corps... Il a enfin compris et rejoint les autres. Nous n'avons pas l'intention de récupérer l'argent donné... bien qu'ils le mériteraient. Il est beaucoup plus important de contrôler la situation et d'éviter un bain de sang.

— *No swim, no swim !* s'égosillent-ils.

Nous leur avons intimé l'ordre de sauter par-dessus bord, mais certains ne savent pas nager. Le bateau approche pour les récupérer et, dans un coup de roulis, nous enfonce le bordé tribord sous la lisse de pont. Nous mettons le cap sur la côte africaine et mouillons, le soir, dans marsa Thelemet à l'abri d'une longue bande de terre formant une lagune. Nous y resterons six jours, bloqués par un vent violent et des tempêtes de sable. Françoise étudie la carte.

— Le mot Ra's revient souvent... Il signifie cap.

— Oui, et j'en vois un beau se profiler à l'horizon... Ra's le Bol !

— A propos, Alain, tu nous avais bien dit que cette dernière partie constituerait le dessert... C'est de l'eau de boudin que tu nous sers entre la poire et le fromage...

— Une gourmandise... dont le seul agrément est d'avoir l'inégalable saveur de la glorieuse incertitude de l'Aventure...

Un après-midi, sur l'avant du voilier.

— Qu'est-ce que tu fabriques avec le compas manuel ?

— Je prends le relèvement de cette pelle mécanique, là-bas, abandonnée à côté de la piste. C'est bien le diable s'il ne reste pas une vingtaine de litres de diesel dans le réservoir, j'irai voir ce soir...

Il faut savoir que la vente directe de carburant aux étrangers est interdite en Egypte, que cela doit se faire par l'intermédiaire d'un "agent"... Nous avons bien cherché, aucune trace de ces "indispensables" derrière les dunes qui s'étendent à perte de vue devant le voilier... C'est un cas de force majeure, nous n'avions pas prévu toutes ces marches arrière. Le soir donc, j'ancre le Zodiac en bordure de plage. Muni d'un bidon, d'un tuyau, d'une lampe frontale et du précieux compas, je m'élance, rongé de remords et plein de résipiscence, sous le clair de lune... qui brille fort à propos en ce début de nuit. Je parcours une quarantaine de mètres et vois, à la lueur de l'astre éclairant comme un projecteur, une forme qui bouge. Je m'arrête, observe. L'ombre se déplace suivant un arc de cercle dont je suis le centre, très lentement. Je remarque que la partie antérieure est nettement plus basse que la postérieure... J'arrive même à distinguer le mouvement des pattes qui se croisent : une panthère ! "Olala ! Je ne suis pas armé et n'aurais de toute façon aucune envie d'engager un combat nocturne. Même tactique qu'avec les requins, battre en retraite dans la plus grande dignité, sans montrer que l'on est au bord de l'ictus." Mais les derniers mètres perdent en superbe, le matériel est lancé dans l'annexe, ainsi que l'ancre, et le Zodiac "s'envole".

Le lendemain matin, Françoise confirme en regardant les traces : "C'est bien une panthère, et ce n'est pas un bébé. Les empreintes sont aussi larges que celles d'un saint-bernard. Elle doit passer la journée dans les collines là-haut et descend, la nuit, chasser en plaine ou en bordure de mer."

Agent ou pas, panthère ou pas, il nous faut du fuel, que nous allons nous procurer à la ville la plus proche en faisant du stop. Je marche donc avec mes deux jerrycans jusqu'à la route, distante d'un bon kilomètre. Sur les bas-côtés, des panneaux, où l'on voit une tête de mort et une gerbe figurant des éclats, dissuadent les automobilistes d'aller se rafraîchir au bord de l'eau... pour cause de mines. De mieux en mieux ! et de plus en plus "savoureux"...

❖

Lorsque *Alacaluf* quitte l'abri de la longue digue de Port-Saïd et s'élance en Méditerranée, c'est une explosion de joie malgré les conditions peu engageantes. Le canal est dans le sillage, et avec lui la sinistre clique gravitant autour qui laisse une bien sombre image de l'Egypte aux yachts de passage. Epouvantable mafia qui multiplie les tracasseries, que la vue de quelques billets dissipe miraculeusement ; guignols grotesques, comme cet "agent" qui se fait appeler "Prince", véhiculé par un chauffeur privé, déambulant en toge et babouches, à l'affût du moindre ennui technique qu'il monte en épingle et dramatise pour justifier d'exorbitants honoraires.

Nous avons résolu notre problème d'arbre sans recourir aux services de ce triste sire et, après quatre jours de près serré, l'ancre crève le miroir d'une petite crique sous le vent de Castellorizo, la plus orientale des îles grecques.

Un concert de cigales en guise de bienvenue. Une taverne accueillante, à l'ombre de grands arbres, sur une petite place perdue dans les hauteurs. Un village aux maisonnettes éclatant de blancheur, à côté d'une eau d'un bleu profond. De l'ouzo, du vin grec, de la charcuterie. Des couleurs intenses, des sourires et de la joie de vivre. Le paradis après le purgatoire…

25

Souviens-toi Stéphanie

"... Noéa, c'est un joli nom, il te va bien, ce sera ton prénom tahitien. Pourquoi ne pas vous établir ici ?..."

❖

Calanque de Sormiou, quatorze mois après avoir quitté la Polynésie.

Nous nous penchons par-dessus les filières. L'eau est plate et transparente, mais il n'y a que du sable... Les pâtés de coraux, les perroquets et les mérous sont loin dans le sillage...

La boucle est achevée. Le port des Goudes, d'où nous avons appareillé six ans auparavant, est à quelques milles.

Nous parlons à Stéphanie. Ses souvenirs du départ et des premiers mois de notre voyage sont diffus, perdus dans les brumes de la petite enfance. Sa mémoire démarre à l'escale de Dakar et à la traversée de l'Atlantique. Elle aura bientôt 10 ans. A ce jour, ce périple fut toute sa vie, le voilier sa maison, et elle a découvert le monde avant de connaître son pays d'origine. Elle a entrevu la petite flamme qui, plus tard, la motivera ; ce sémaphore dressé sur l'île magique et aimantée qui l'attirera et que l'on atteint après une longue navigation dans une mer qui, pour elle, s'appelle école, travail, persévérance, patience... Une navigation assez semblable à celle qui se termine, avec ses caps maudits balayés par des vents contraires, bornes qu'il faut négocier au bas ris, en insistant ; avec ses écueils divers auxquels il faut donner un large tour, notamment lorsqu'ils se nomment "drogues" ; avec ses courants qui poussent vicieusement dans des calmes où l'on s'englue, le miroir aux alouettes, les faux-semblants ; avec ses coups de torchon qui obligent à rester rivé à la barre. Pense alors, petite Stéphanie, aux oiseaux de mer, infatigables car bien entraînés, qui se rient de la tourmente parce que leurs plumes, constamment huilées, ne laissent pénétrer ni le vent glacé ni les embruns piquants.

Stéphanie, nous devons te remercier très sincèrement et du fond du cœur. Ta présence a illuminé ce voyage. Grâce à toi, ce fut un continuel enchantement. Tu étais le rayon de soleil qui éclipsait les moments noirs. Tu as été notre meilleur passeport, tu nous as ouvert toutes les portes. Loin de nous peser, ton instruction fut une source de joie, un plaisir que l'organisation de notre société n'autorise pas, un véritable luxe que nous avons pu nous offrir. Nous pourrions repartir dans le futur, ce ne sera jamais plus pareil. Grâce à toi et à tes jeunes années, ce fut unique, Stéphanie.

Et nous voudrions terminer, petite fille, en te racontant ce que pensait Platon, un vieux Grec, qui vécut il y a bien longtemps. Parlant des hommes, il disait :

"Il y a les vivants,
Il y a les morts,
Et il y a ceux qui s'en vont sur les mers."

Nous en ajoutons une quatrième espèce : les morts vivants
Dont l'épitaphe pourrait être : "Mort à 25 ans, enterré à 75"
... Mort de manque d'enthousiasme.
Garde-toi, petite Stéphanie, de ne jamais leur ressembler.

Glossaire

Les termes définis ci-dessous ne constituent en aucun cas une liste exhaustive du vocabulaire maritime. Ils apparaissent tous dans le texte et nous avons pensé rendre service au lecteur non familiarisé avec ces appellations spécifiques en présentant ce petit lexique, rédigé volontairement succinctement et qui ne s'adresse pas aux "vieux loups de mer".

Abattre, abattée. Se dit d'un bateau qui s'écarte du lit du vent.
Adonner. Se dit d'un vent dont la direction s'écarte du cap suivi par le bateau.
Ardent. Se dit d'un bateau qui a tendance à lofer.
Ariser. Diminuer la surface d'une voile en prenant un ou plusieurs ris.
Aulofée. Action de lofer ; de se rapprocher du lit du vent.
Bâbord. Côté gauche d'un bateau lorsque l'on regarde l'avant.
Bâbord amures. Se dit d'un bateau naviguant en recevant le vent sur sa gauche.
Balancine. Cordage soutenant la bôme ou un autre espar.
Balcon (de mât). Structure métallique permettant de s'appuyer et de manœuvrer en sécurité au pied du mât.
Barbotin. Petite roue du guindeau sur laquelle viennent s'engrener les maillons de la chaîne.
Barre de flèche. Pièce horizontale servant à écarter les haubans ou les galhaubans du mât et à contrôler le cintrage latéral de ce dernier.
Bastaque. Câble, parfois cordage, servant à contrôler la tenue du mât dans sa partie supérieure et situé nettement sur l'arrière de celui-ci.
Beaupré. Sur les anciens voiliers, mât disposé obliquement à l'étrave dans le but d'envoyer plusieurs voiles d'avant. Remplacé de nos jours par le bout-dehors.
Bôme. Espar horizontal s'articulant sur le mât et servant à maintenir la bordure de la grand-voile.
Booster. Voile d'avant double qui peut s'utiliser "ouverte en ciseaux" au vent arrière, ou repliée bord sur bord aux autres allures.
Bordé. Le flanc d'un bateau.
Border. Raidir une manœuvre, une écoute, une drisse.
Bosse (de ris). Manœuvre (cordage) servant à prendre un ris et à assujettir contre la bôme le point d'écoute arisé.
Bout-dehors. Espar disposé obliquement à l'étrave. Voir beaupré.
Britany. Type d'ancre plate à bascule munie de deux pattes pointues.
Cadènes. Ancrages renforcés sur le pont où sont fixés les éléments du haubanage (haubans, étais, bastaques, pataras).
Cape, capeyer. Manœuvre consistant à laisser dériver le bateau soit dans du gros temps,

soit pour temporiser en vue d'un atterrissage diurne par exemple. La cape courante se prend généralement grand-voile arisée bordée plat, voile d'avant à contre, barre sous le vent.

Carène. Partie immergée de la coque.

Carré. C'est au voilier ce que la chambre de séjour et la salle à manger sont à l'appartement… en nettement moins spacieux et souvent beaucoup plus chaleureux.

Chaumard. Pièce fixée sur le pont à proximité des taquets d'amarrage et servant de guide aux aussières.

Choquer. Détendre, mollir une manœuvre, une écoute, une drisse.

Clearance. Document officiel remis à un bateau lors de l'appareillage, très en vogue dans les pays anglophones…

Cotre. Type de gréement à un mât permettant d'envoyer une grand-voile et deux voiles d'avant.

CQR. Type d'ancre ressemblant à un soc de charrue.

Davier. Pièce placée à l'étrave, dans laquelle file la ligne de mouillage.

Déclinaison (solaire). Latitude du point théorique que laisse sur la surface du globe la droite reliant respectivement les centres du Soleil et de la Terre.

Drisse. Cordage, parfois câble, servant à établir, hisser une voile.

Droite de hauteur. Segment d'arc, tracé sur la carte au terme d'observations et de calculs astronomiques, sur lequel se situe le bateau. L'intersection de deux de ces segments, qui à l'échelle du navigateur sont des droites, donne une position.

Echo-sondeur. Appareil émetteur d'ultrasons, indiquant la profondeur.

Ecoute. Cordage servant à orienter et à régler une voile.

Ecubier. Ouverture de la baille à mouillage par laquelle passe la chaîne.

Embosser. Amarrer un navire de façon à le maintenir dans une certaine direction.

Empanner. Virer de bord vent arrière.

Empenneler. Fixer plusieurs ancres sur une même chaîne.

Encablure. Unité de distance valant environ 200 mètres.

Endrailler. Fixer une voile sur son étai en crochant les mousquetons.

Enseignure. Expression marseillaise signifiant amer ; objet de toute nature servant de point de repère à terre.

Epontille. Renfort en forme de tube, implanté généralement dans la quille, qui soutient le pont, le rouf.

Espar. Terme général désignant toute pièce, de forme allongée, qui sert à établir une voile. Mât, bôme, tangon, bout-dehors, etc.

Etai. Câble, ancré sur l'avant du bateau, qui maintient le mât et permet d'envoyer une voile.

Etambot. Le terme a plusieurs sens. Dans ce livre, il désigne la pièce en forme de tube dans laquelle passe l'arbre d'hélice, la lunette d'étambot.

Fetch. Anglicisme signifiant distance sur laquelle le vent peut lever la mer.

FOB. Type d'ancre plate à bascule munie de deux pattes pointues.

Foc. Voile d'avant de taille moyenne.

Franc-bord. Distance verticale entre le niveau du pont et l'eau.

Galhauban. Sur *Alacaluf* : hauban de tête de mât.

Garde. Longue amarre croisée, frappée aux deux extrémités du bateau et fixée à terre dans la direction opposée.

Génois. Voile d'avant de grande dimension.

Girofoc. Voile d'avant de la taille d'un génois, que l'on réduit en l'enroulant sur elle-même.

Gîte, gîter. Angle que fait un bateau en s'inclinant sur un bord.

GPS. *(Global Positioning System).* Appareil de localisation par satellite fournissant une position quasi immédiate.

Grand frais. Vent fort (force 7) n'atteignant pas l'intensité du coup de vent (force 8 et au-delà).

Gréement. Ce qui sert à la propulsion vélique : mâture, voilure, haubanage, cordages, poulies, etc.

Guindant. Bord de la voile qui se fixe au mât ou contre l'étai.

Guindeau. Treuil servant à mouiller ou relever une ancre.

Hauban. Câble maintenant le mât dans le plan latéral.

Haubanage. Ensemble des haubans, et par extension tous les câbles ou cordages servant à maintenir le mât.

Hiloire. Partie verticale des aménagements du cockpit et du rouf.

Hunier. Voile carrée des anciens voiliers située dans la partie supérieure de la mâture.

Impeler. Petite roue-turbine en caoutchouc assurant la dépression aspiration d'une pompe à eau.

Jaumière. Tube à l'intérieur duquel passe la mèche du safran.

Jupe. Appendice prolongeant la coque à l'arrière d'un bateau.

Kelp. Algues du type laminaire atteignant parfois de très grandes tailles.

Ketch. Type de gréement à deux mâts, appelés respectivement grand mât et mât d'artimon.

Largue (allure de). Il y a trois possibilités.

Petit largue. Naviguer en recevant le vent légèrement sur l'avant du travers.

Largue. Naviguer en recevant le vent sur l'arrière du travers.

Grand largue. Naviguer en recevant le vent environ de trois quarts arrière.

Ligne de vie. Câble fixé à plat pont permettant de crocher le mousqueton du harnais de sécurité.

Loch. Appareil enregistrant la distance parcourue (et donnant une estimation de la vitesse ponctuelle).

Lofer. Se dit d'un bateau qui se rapproche du lit du vent.

Méridienne. Droite de hauteur particulière qui permet de se situer en latitude, grâce à une méthode de calcul simplifiée basée sur une observation au moment où l'astre culmine en croisant le méridien de l'observateur.

Mille (marin). Unité de distance standard en navigation correspondant à une minute d'arc de latitude. 1852 mètres.

Mortes-eaux. Marées de faible coefficient, donc de petite amplitude.

Nœud. Unité de vitesse standard en navigation correspondant au nombre de milles marins parcourus en une heure.

Noroît. De secteur nord-ouest.

Orin, oringuer. Cordage reliant l'ancre à un repère en surface, de façon à la situer et tenter de la libérer par l'avant si elle est engagée.

Orthodromie. Route la plus directe en navigation et qui emprunte un segment d'un grand arc terrestre.

Palanquée. Groupe de plongeurs.

Pataras. Câble du haubanage reliant la tête du mât à la poupe.

Pavois. Le terme a plusieurs sens. De nos jours, partie du bordé au-dessus du pont servant de protection contre les projections d'eau et de rambarde. Grand pavois : ensemble des pavillons du code international, hissé en signe de réjouissance.

Pilot Books. Instructions nautiques de l'Amirauté britannique.

Pilot Charts. Ensemble de cartes fournissant pour chaque océan et tous les mois de l'année des informations diverses, par zone, sur le régime des vents, des courants, des coups de vent, etc.

Portant. Toutes les allures de navigation avec le vent sur l'arrière du travers.

Près. Allure d'un voilier remontant au vent. Près serré : le plus près possible du vent. Près bon plein : légèrement plus "ouvert".

Rapala. Type de leurre de pêche imitant un poisson et la nage de celui-ci.

Refuser. Se dit d'un vent qui se rapproche du cap suivi par le bateau.

Régulateur d'allure. Pilote automatique mécanique maintenant le voilier sur un cap constant par rapport au vent. *Alacaluf* est équipé d'un modèle anglais "Hydrovane" qui a donné entière satisfaction, même par faible vent arrière, qualité assez rare...

Ridoir. Pièce servant à tendre et régler le haubanage.

Ris (bande de). Plusieurs œillets disposés horizontalement dans la voile et permettant de la réduire.

Rouf. Toit de la cabine.

Roulis. Mouvement latéral de balancement d'un bateau.

Safran. Pale immergée du gouvernail.

Satnav. Navigateur par satellite de l'ancienne génération (système Transit), remplacé par le GPS, beaucoup plus rapide et plus précis.

Sloop. Type de gréement à un mât permettant d'envoyer une grand-voile et une voile d'avant.

Suroît. De secteur sud-ouest.

Tableau arrière. Poupe inclinée des voiliers modernes.

Talonner. Heurter le fond avec la quille.

Tangage. Mouvement longitudinal de balancement d'un bateau.

Tangon. Espar mobile fixé perpendiculairement au mât et à l'extrémité duquel se croche le point d'écoute d'une voile d'avant, de façon à ce qu'elle ne batte pas dans la houle.

Touée. Longueur de la ligne de mouillage ou du câblot de remorquage.

Tourmentin. Petit foc renforcé de gros temps.

Traversière. Courte amarre disposée à l'avant et à l'arrière, faisant grosso modo un angle droit avec l'axe du bateau.

Tribord. Côté droit d'un bateau lorsque l'on regarde l'avant.

Tribord amures. Se dit d'un bateau naviguant en recevant le vent sur sa droite.

Trinquette. Seconde voile d'avant, plus petite que le foc et située en retrait de celui-ci (plus près du mât).

Vives-eaux. Marées de grand coefficient, donc de forte amplitude.

Vit-de-mulet. Pièce fixant et articulant la bôme sur le mât.

Winch. Petit treuil servant à raidir et régler différentes manœuvres (écoutes, drisses).

Zarpe. Document officiel remis à un bateau lors de l'appareillage, très prisé dans les pays sud-américains...

CARACTÉRISTIQUES TECHNIQUES D'ALACALUF

Construit au chantier METALU,
à Saint-Brévin-les-Pins (FRANCE), en 1982.

Plans originaux : Flot 32, architecte Sylvestre Langevin
Modifications apportées par Guy Thomas, directeur technique

Longueur .... 10 m
Largeur .... 3.35 m
Tirant d'eau .... 1.50 m
Déplacement lège .... 4 tonnes
En charge .... 6 tonnes
Gréement de cotre
Voilure maximum au près .... 60 m²

Imprimerie CHIRAT - 42540 Saint-Just-la-Pendue
Dépôt légal décembre 1997 - 4700